이 책의 근본적인 출발점은 구약성서가 오래된 옛 언약 같은 것이 아니라 지금도 여전히 오늘의 현실을 향해 존재하는 하나님의 영감으로 된 말씀이라는 것이다. 구약을 어떻게 설교할 것인가와 같은 주제의 책은 이미 여러 권이 존재하지만, 이 책의 특징을 꼽자면 설교 기술이나 설교 전달 방식보다는 해당 구약 본문의 신학과 특징에 좀 더 집중한다는 점, 그리고 다른 책들에 비해 오늘날 우리 시대의 고통스럽고 쉽지 않은 현실을 훨씬 더 인식하고 있다는 점이라고 여겨진다. 그러다 보니 이 책은 단연 추천할 만한 구약 개론이기도 하고, 간결하면서도 깊은 구약신학이기도 하며, 나아가 구약을 어떻게 이해할 것인지를 찬찬히 다룬 구약해석학이기도 하다. 내러티브에 대한 설명, 인물 설교의 유의점 등을 다룬 장들도 유익하지만, 이사야서나 에스겔서에 대한 설명은 그야말로 간결하면서도 탁월하다. 아가를 별개의 장으로 다룬 점도 단연 인상적이다. 율법의 의미와 중요성에 대한 장 역시 오늘의 개신교 교회에서 반드시 읽어야 할 내용이다. 오늘의 현실에 대한 인식이 또렷하다는 특징은 이 책에 실린 대부분의 글에서 현실과 사회를 어떻게 바라보고 살아갈 것인가를 다룬다는 점에서 드러난다. 저자들은 간편한 대답을 말하지 않고 고민과 질문, 그리고 상상력의 중요성을 이야기한다. 그래서 이 책에는 탄원, 저주시, 쉽게 답할 수 없는 구약의 난제 같은 것을 다루는 장들도 있다. 이 책에 참여한 여러 저자는 하나님의 말씀으로서의 구약, 그리고 쉽게 설명할 수 없는 현실 모두를 굳게 견지한다. 손쉬운 정답, 기독론과 같은 교리에 사로잡힌 틀에 박힌 말이 아니라, 최근의 구약 이해를 반영하며 고통과 불의가 가득한 현실을 염두에 두면서 구약 본문에 대한 이해와 설교를 제안한다. 이 책이 널리 알려지고 읽혀서 오늘을 향한 구약의 말씀이 충분히 드러나고 선포되기를 기대한다.

김근주 기독연구원 느헤미야 연구위원

주님의 몸 된 교회를 위한 목회적 관심이 현저한 열세 명의 구약학자의 글을 모은 이 책은 구약성서 본문으로 설교를 준비하는 목회자들을 위해 아주 유익한 책이다. 이 책은 구약성서의 각 장르에 최적화된 설교를 준비하는 데 도움을 준다. 이 책을 읽기 전

과 읽은 후의 구약 설교는 분명히 다를 것이다. 거시 플롯을 제쳐두고 미시적인 상황에 지나친 의미를 부여해 은혜를 끼치려 하거나 특정 등장인물을 해석학적 여과장치 없이 곧장 도덕적 이상형으로 만들거나 영웅화하려던 설교자들이 필독참고서로 읽기를 기대한다. 기복 설교, 건축 설교, 주일 성수 등 몇 가지 테마에 집중해 구약 본문을 설교하던 목회자들이었다고 할지라도 이 책을 읽은 후부터는 어떤 장르의 구약 본문에 대해서도 설교할 수 있는 용기를 얻게 될 것이다. 다만 원래 학술적인 글을 좀 더 넓은 독자들을 위해 수정한 글이라서 처음 읽는 이들은 각각의 논문이 건조함과 논리성으로 무장된 촘촘한 글이라는 점을 염두에 두고 읽어야 한다. 이 책을 읽자마자 감동할 것을 기대하거나 내용을 곧장 실제 설교에 적용하려고 서두르지 말고 차분하고 꼼꼼하게 읽어나간다면 큰 깨달음과 유익을 얻을 수 있을 것이다.

김회권 숭실대학교 기독교학과 구약학 교수

신약만큼이나 구약도 성경이다. 분량을 따지면 구약이 929장이고 신약은 260장이다. 그럼에도 많은 설교자가 구약을 지나친다. 이유는 다양하겠지만, 그중 하나는 구약을 어떻게 다루어야 할지를 놓고 망설이기 때문이다. 구약의 전문가들이 의기투합하여 설교자들을 도우려고 발 벗고 나섰다. 이 책은 구약의 다양한 문헌적 형태(내러티브, 율법, 시, 지혜, 예언 등)를 어떻게 다루고 이해해야 하는지를 학문적으로 안내할 뿐만 아니라 구약 본문의 해석이 실제로 어떻게 설교로 이어져야 하는지를 자세하게 소개해 준다. 저자마다 견실한 구약 해석에 기반을 두고 설교를 준비하도록 친절하게 이끌어 준다. 구약 설교 기피증을 진단하고 치료하는 중요한 처방전이 될 것이다. "구약과 설교"에 관한 신뢰할 만한 안내서이기에 정독을 통한 유익을 얻으리라 믿는다. 목회자, 설교자, 신학생들에게 꼭 추천하고 싶은 책이다.

류호준 백석대학교 신학대학원 구약학 은퇴교수

본문이 이끄는 설교를 해야 한다는 당위성에 동감하지만 그런 설교를 접하기는 어렵다. 접해보지 못한 설교를 만들어내기란 여간 어려운 것이 아니다. 많은 신학도의 고민이 여기 있다. 『구약 설교, 어떻게 할 것인가?』는 이런 목마름을 조금이나마 해결해 줄 훌륭한 지침서다. 라이트, 웬함, 롱맨, 윌리엄슨, 모벌리 등 쟁쟁한 구약성서학자들이 자기 전공 분야를 살려 어떻게 설교하면 좋을지를 연구해온 경험에서 우러나온 지혜를 나눠준다. 내러티브에서 율법, 묵시에 이르기까지 구약의 모든 장르를 망라하고 있다. 짙게 묻어나는 학문성과 민감한 현장성의 조화는 덤이다. 이런 흔치 않은 배움의 기회를 어찌 마다하랴. 구약 설교를 가르칠 때 사용할 좋은 교재를 만나게 되어 개인적으로도 기쁜 마음이다.

홍국평 연세대학교 신과대학 구약학 교수

우리는 다행스럽게도 비평적 연구가 설교자들을 도울 수 있도록 구약성서에 대한 많은 접근법을 만들어놓은 시기에 구약성서를 연구하고 설교한다. 수십 년 전에는 이것을 상상도 할 수 없는 일이었다. 이 책은 구약성서에서 다양한 종류의 본문을 사용하여 설교하기 위한 가장 유용한 지침서다.

존 골딩게이(John Goldingay) 풀러 신학교 은퇴교수

이 책은 구약성서의 메시지를 이해하는 방법에 대한 실제적인 제안들을 담고 있는 매우 중요한 논문집이다. 각각의 장이 오늘날의 주요 쟁점들을 다루고 있어 성직자들뿐만 아니라 평신도들도 이 책을 읽음으로써 유익을 얻게 될 것이다.

월터 C. 카이저(Walter C. Kaiser Jr.) 고든-콘웰 신학교 전 총장

이 책은 기독교 설교자들이 구약성서로부터 복음을 설교할 때 직면하는 다양한 과제에 대한 철저한 논의를 제공한다. 특별히 각 기고가가 구약성서의 저명한 교수이자 학자이며 입증된 설교자라는 사실은 이 주제와 관련된 최근의 논의 중에서 가장 돋보인다.

존 세일해머(John Sailhamer) 『모세 오경 신학』의 저자

이 책은 사람들에게 온 마음을 다해 하나님을 사랑하라고 가르칠 수 있는 진정으로 사려 깊은 설교자들의 세대를 만들어내는 데 도움이 될 것이다. 이 책은 진실성과 능력과 권위를 갖춘 설교를 할 수 있도록 우리를 지도해줄 수 있다.

존 오트버그(John Ortberg) 캘리포니아 멘로파크 장로교회 목사

나는 구약성서로부터 예수 그리스도의 복음을 설교하는 것보다 더 큰 기쁨을 가져다주는 것은 아무것도 없음을 깨달았다. 이 명논문집은 현대의 설교자들이 모든 장르의 구약 문학을 더 깊고 명료하게 이해하고 선포하며 적용하도록 도와줄 것이다.

필립 그레이엄 라이큰(Philip Graham Ryken) 휘튼 대학 총장

'He Began with Moses···'

Preaching the Old Testament today

한국구약학연구소 총서 004

구약 설교, 어떻게 할 것인가?

구약 설교의 이론과 실제

대니얼 I. 블록, 트렘퍼 롱맨 III세, 고든 J. 웬함,

H. G. M. 윌리엄슨, 크리스토퍼 J. H. 라이트 외 **지음**

그렌빌 J. R. 켄트, 폴 J. 키슬링, 로렌스 A. 터너 **엮음**

차준희 **옮김**

이 책을

역자의 모교회인 서부교회에서

18년 동안 섬기면서

참 목회자의 정체성을 친히 보여주신,

진심으로 존경하는

고(故) 정재홍 목사님(1938년 7월 10일~2019년 4월 25일)과

원정심 사모님(1942년 2월 10일~)께 헌정합니다.

한국구약학연구소 총서 KOTL

Korea Old Testament Library

성서의 모든 말씀은 시공간을 넘어 언제나 유효한 하나님의 계시입니다. 특히 오늘날과 같은 급변하는 시대적 정황 속에서도 성서는 여전히 삶에 대한 해답을 제시합니다.

《한국구약학연구소 총서》(Korea Old Testament Library)는 이러한 시대적 요청에 부응하고자 기획되었습니다. 국내 유수의 구약학자들의 연구 성과는 물론, 세계적인 구약학자들의 저명한 저서를 번역 출간하려고 합니다. 이를 통해 신학생을 위한 교과서를 제공함은 물론, 목회자들의 성서 지평을 확장하는 데 유익을 주고, 나아가서 한국교회 성도들에게 은혜의 말씀이 선포되는 데 기여하기를 소망합니다.

《한국구약학연구소 총서》는 한국교회의 강단에 구약성서의 케리그마가 풍성하게 선포되기를 바라는 "한국구약학연구소"(Korea Institute for Old Testament Studies)의 마음입니다.

한국구약학연구소장 차준희

차례

집필진 목록

- 대니얼 I. 블록(Daniel I. Block)은 미국 일리노이주 휘튼 대학(Wheaton College)의 구약학 군터 H. 크노들러(Gunther H. Knoedler) 교수다.

- 데이비드 G. 퍼스(David G. Firth)는 영국 더비셔의 클리프 대학(Cliff College)의 구약학 교수이자 학사 과정 지도자(BA Course Leader)다.

- 그렌빌 J. R. 켄트(Grenville J. R. Kent)는 오스트레일리아 시드니의 웨슬리 대학(Wesley Institute)의 구약학 교수다.

- 폴 J. 키슬링(Paul J. Kissling)은 오스트리아 TCMI 대학(TCMI Institute)의 구약성서와 성서 언어 교수이자 연구 책임자다.

- 앨리슨 로(Alison Lo)는 영국 노스우드의 런던 신학교(London School of Theology)의 구약학 교수다.

- 트렘퍼 롱맨 III세(Tremper Longman III)는 미국 웨스트몬트 대학(Westmont College)의 성서학 로버트 H. 건드리(Robert H. Gundry) 교수다.

- 어니스트 C. 루카스(Ernest C. Lucas)는 영국 브리스톨 침례 대학(Bristol Baptist College)의 부총장(Vice-Principal)이자 성서학 교수다.

• 월터 모벌리(Walter Moberly)는 영국 더럼 대학교(Durham University)의 신학 및 성서 해석학 교수다.

• 로렌스 A. 터너(Lawrence A. Turner)는 영국 브렉널의 뉴볼드 대학(Newbold College)의 구약학 교수이자 연구 책임자다.

• 페데리코 G. 빌라누에바(Federico G. Villanueva)는 필리핀 마닐라의 얼라이언스 대학원(Alliance Graduate School)의 구약학 조교수다.

• 고든 J. 웬함(Gordon J. Wenham)은 영국 글로스터셔 대학교(University of Gloucester-shire)의 명예 교수이자 영국 브리스톨의 트리니티 대학(Trinity College)의 구약학 강사다.

• H. G. M. 윌리엄슨(H. G. M. Williamson)은 영국 학술원 특별 회원(FBA)이며 영국 옥스퍼드 대학교(University of Oxford)의 히브리어 흠정 교수(Regius Professor)다.

• 크리스토퍼 J. H. 라이트(Christopher J. H. Wright)는 국제 랭함 파트너십(Langham Partnership International)의 국제 디렉터(International Director)다.

역자 서문

"한 나라의 장래는 결국 그 땅에 있는 설교자의 성실성에 좌우된다"(루돌프 보렌).

설교는 종교개혁 이후 교회에서 가장 중요한 역할과 기능이 되었다. 그런데 강단에서의 설교를 살펴보면 대체로 구약 본문에 대한 설교는 신약을 본문으로 하는 설교와 비교할 때 미약하다. 신약 본문에 대한 설교가 절대다수를 차지한다. 게다가 설교 현장에서 구약은 기본적으로 경시되거나 무시되고 심지어 그저 예화로만 사용되는 경향이 있는 것 같다. 구약은 신약의 머리말 혹은 전 단계로 취급당한다. 구약은 엑스트라이고, 신약은 주인공인 셈이다. 우리가 구약을 이렇게 취급해도 되는 걸까?

초기 교회 사도들이 전한 설교의 핵심은 예수 그리스도였다. 즉 "예수님의 십자가(죽음)와 부활"이라는 복음이었다. 그러나 예수님의 설교는 구약의 말씀이었다. 즉 구약에 나타난 "하나님 나라"가 예수님의 설교의 핵심이었다. 다시 말해 예수님의 오리지널 프리칭은 구약의 하나님 나라였고, 사도들의 프리칭은 복음서의 예수님의 삶과 선포였다. 설교자라면 예수님의 설교와 사도들의 설교를 모두 계승해야 하지 않을까? 구약과 신약 본문에 대한 설교의 균형을 바로잡기 위해서라도 그동안 억울하게 푸대접을 받아온 예수님의 설교 텍스트인 구약에 좀 더 주목해야 한다. "예수님"(신약)뿐만 아니라 "하나님 나라"(구약)도 설교의 본문으로 존중되어야 하기 때문이다. 그래야 설교가 더욱 깊이 있고 다채로워질 것이다.

구약은 크게 보면 다섯 가지 신앙을 담아내고 있다. 곧 율법 신앙, 역사 신앙, 지혜 신앙, 예언 신앙, 묵시 신앙이다. 이 다섯 가지 신앙은 서로 다른 독특한 신앙 세계를 드러내며 하나님 나라를 전한다. 설교자들은 이 각각의 신앙의 특징을 정확하게 분별하고 사용할 수 있어야 한다. 그들은 청중과 교회, 사회와 역사적 상황을 잘 살펴서 구약에서 적절한 본문을 선택하고 그 본문에 담긴 하나님의 마음을 제대로 해석하여 진정성 있게 전달해야 할 사명이 있다.

이 책은 이런 다섯 가지 신앙과 관련한 설교와 더불어 시편 설교(탄원시와 찬양시), 구약의 어려운 본문에 대한 설교, 구약성서로부터 그리스도를 설교하는 내용에 이르기까지 구약 설교에 관한 내용을 폭넓게 포함하고 있다. 이 책의 기고자들은 국제적으로 존경받는 복음주의 구약학자들로서 모두 다양한 교회 전통을 섬기며 전 세계적인 지역에서 실제로 설교하고 있는 설교자들이다. 이 책은 이런 탁월한 학자 겸 설교자들이 각각의 장마다 관련 주제에 따른 설교문을 실제로 제시해준다. 따라서 이 책은 설교의 이론과 실제라고 말해도 무방하다. 이 책이 구약 본문의 다양한 양식을 고려한 설교 지침서로서 강단에 새로운 젖줄이 되기를 간절히 바란다.

역자는 이 책을 정재홍 목사님과 원정심 사모님께 헌정한다. 두 분은 역자가 태어나고 하늘 양식을 받아먹으며 성장한 모교회인 서부교회를 18년 동안 섬기신 신실한 목회자 부부다. 역자는 특히 두 분의 은혜와 배려로 신학대학 학부, 대학원 석사과정, 그리고 독일 유학까지 마칠 수 있었다. 귀국 이후 역자가 서부교회에서 협동목사로 섬기는 동안 교회에 어려움이 생겼다. 그때 정목사님은 평소의 목회 소신대로 "목회자가 교회를 위해 존재하는 것이지, 교회가 목회자를 위해 존재하는 것은 아니다"라고 하시면서 교회와 교회의 미래를 위해 조기 은퇴를 결행하셨다. 목사님의 희생으로 서부교회는 다시 일어섰고 건강하게 부흥하는 공동체로 나아갈 수 있었다. 이런 목회자가 참으로 그리운 시대이기에 정목사님이 더욱 존경스럽게 느껴진다. 오늘날은 "메시지"(설교)보다 "메신저"(설교자)가 더 중요하지 않은가!

이 책의 초벌 번역은 한세대학교 신대원(M.Div.)과 대학원(Th.M.)을 졸업하고 지금은 독일에 유학 중인 박주원 전도사가 담당해주었다. 이 초역본을 자랑스러운 제자 한사무엘 박사가 잘 다듬어주었다. 역자는 다시 한번 재수정한 원고를 가지고 2018년 2학기 한세대학교 신대원 "구약 설교" 수업에서 학생들과 함께 꼼꼼히 읽으면서 한 학기 수업을 진행했다. 원우들의 날카로운 비판과 애정 어린 수정 제의가 큰 도움이 되었다. 이후 초역

원고와 수정원고를 탈고하는 고난의 행군은 온전히 역자의 몫이었다. 지금까지의 시간보다 더 많은 시간이 요구되었고 반복해서 다듬고 또 다듬어 드디어 한 권의 책이 탄생하게 되었다. 역시 번역은 할 짓(?)이 아니다. 아마도 부족한 사람을 도와주는 손길들이 없었다면 이 책은 빛을 보지 못했을 것이다. 학문적인 도우미들이 그저 고마울 뿐이다. 진심으로!

이번 책도 새물결플러스를 통해 멋있는 책으로 세상에 내놓는다. 부족한 원고도 특유의 절차탁마(切磋琢磨)하는 장인의 정신으로 여러 차례의 수정 과정을 거치는 새물결플러스를 통과하면 최고의 책으로 거듭난다. "새물결의 매직"(?)이라고나 할까. 이런 출판사가 기독교 안에 존재한다는 것은 하나님의 큰 은혜다. 새물결플러스의 김요한 대표와 편집부 가족들에게도 감사한 마음을 표하고 싶다. 또한 이 책이 역자가 책임자로 섬기고 있는 한국구약학연구소의 〈한국구약학연구소 총서〉의 시리즈로 실리게 됨도 기쁘게 생각한다. 이 시리즈가 구약의 메시지를 대중화하는 일에 계속 유용하게 사용되기를 바란다.

책이 출판될 때마다 가족의 훈훈한 마음이 늘 따뜻하게 다가온다. "이젠 책을 그만 쓰고 여유롭게 살자"고 걱정해주는 아내 구경선 교수, "늘 바쁘게 사신다"며 안쓰러워하는 큰딸 현진, "교수는 안 되고 싶다"고 툴툴대는 작은딸 예진, 이들의 관심과 사랑 및 격려에 힘입어 또 하나의 작품이 세상에 나온다. 소중한 가족을 선물로 주신 하나님께 늘 감사한다.

2019년 7월 24일

한세대학교 연구실에서

차준희

약어

ABD	*Anchor Bible Dictionary*
AOTC	Apollos Old Testament Commentary
BCOTWP	Baker Commentary on the Old Testament Wisdom and Psalms
BST	The Bible Speaks Today series
CCLI	Christian Copyright Licensing International
CPNIVOTC	College Press NIV Old Testament Commentary series
CSCD	Cambridge Studies in Christian Doctrine
ESV	English Standard Version of the Bible
ET	English translation
HUCA	*Hebrew Union College Annual*
IBCTP	Interpretation Bible Commentary for Teaching and Preaching
ICC	International Critical Commentary
IDB	*The Interpreter's Dictionary of the Bible*
JNSL	*Journal of Northwest Semitic Languages*
JSOT	*Journal for the Study of the Old Testament*
LHBOTS	Library of Hebrew Bible/Old Testament Studies
MT	Masoretic Text
NCB	New Century Bible

NT	New Testament
NIB	*New Interpreter's Bible*
NIBC	New International Biblical Commentary
NICOT	New International Commentary on the Old Testament
NIDOTTE	*New International Dictionary of Old Testament Theology and Exegesis*
NIV	New International Version of the Bible
NLT	New Living Translation of the Bible
NRSV	New Revised Standard Version of the Bible
NTS	*New Testament Studies*
OT	Old Testament
OTL	Old Testament Library
SBLMS	Society of Biblical Literature Monograph Series
SBLSP	Society of Biblical Literature Seminar Papers
TDOT	*Theological Dictionary of the Old Testament*
TOTC	Tyndale Old Testament Commentaries
WBC	Westminster Bible Companion

서론

서론에 시간을 낭비하지 말라.…

이것이 일부 사람들이 구약을 건너뛰는 이유가 아닐까?

그러나 예수는 혼란스러워하는 친구들과 동행하면서 모세와 예언서들에서 시작하여 히브리 성서에 있는 자신에 관한 모든 것을 설명했다. 현대의 청중 역시 성서에서 이와 같이 오래되고 이국적이며 끊임없이 매력적이고 지극히 도전적인 부분의 다양성을 통해 예수의 목소리를 들을 때 그들의 심장이 자신 안에서 불타오르는 것을 느낄 수 있다.

만약 당신이 바쁜 목사이거나 평신도 설교자 또는 교사라면, 우리는 이 책이 성서에서 종종 방치되는 78퍼센트를 사용하도록, 그리고 오늘의 신앙생활에 대한 성서의 유용함과 관련성을 입증하도록 당신을 격려하기를 바란다.

이 책은 견실한 학문을 이해하기 쉬운 형식으로 제공한다. 이 책은 당신이 다른 사람의 갑옷을 입고 싸우게 하려고 시도하지 않으며, 구약성서 설교를 준비하는 데 있어 당신이 사용할 수 있는 접근법과 고려할 수 있는 주제에 대한 여러 가지 성찰을 제공한다. 이 책은 여러 문학적 장르의 특징

구약 설교, 어떻게 할 것인가?

에 주의를 기울이면서 구약성서 본문의 메시지를 이해하는 방법과 그 주제들을 현대의 청중에게 전달하는 방법에 대한 실제적인 제안을 제공한다. 각 장은 이론에 대한 논의와 설교의 실제적 예시를 (요약 형태로) 포함하고 있다.

이 책은 본문을 주의 깊게 읽지만 기원전의 세상에만 머무는 또 다른 형태의 구약 주석이 아니다. 그리고 본문을 단순하고 표면적으로 읽는 것에 만족하는 일반적 설교 기술에 관한 책도 아니다. 이 책의 기고자들은 구약학자일 뿐만 아니라 구약의 메시지를 현대의 청중에게 전달하는 도전과 기쁨을 정기적으로 경험하는 설교자들이기 때문에 선택되었다. 이 기고자들은 고대의 본문이 의미하는 것에 매우 충실하며, 오늘날 그 본문을 설교하는 방식에 대해서도 깊은 관심을 갖는다. 그들은 북미, 아프리카, 호주, 남미, 영국, 유럽, 홍콩, 필리핀, 그리고 중동—기본적으로 남극을 제외한 모든 대륙—에서 설교하고 가르치며, 광범위한 교회 전통들—영국 성공회, 침례교, 은사주의, 회중교회, 독립 복음주의, 감리교, 연합교회 등—을 섬긴다. 따라서 그들은 당신에게 신선한 관점들을 제공해줄 수 있다.

구약성서는 대단히 중요한 이야기 안에서 제시되며, 그래서 우리는 내러티브 즉 플롯(plot)과 등장인물(character)을 이해하는 것에 관한 두 장으로 시작할 것이다. 다음으로 우리는 율법(torah) 본문을 설교하는 방법을 살펴볼 것이다. 우리는 잠언, 욥기, 특히 전도서를 연구하면서 지혜문학에 관해 설교하는 것을 고려할 것이다. 또한 우리는 독특한 종류의 지혜로서 아가를 제시할 것이다. 이어서 우리는 시편을 설교하는 것을 고려할 것이다. 당연히 찬양시(praise psalms)뿐만 아니라, 애석하게도 방치되었던 탄원시(lament psalms)까지도 다룬다. 그리고 예언서를 주목할 것이다. 즉 이사야서 같은 고전적 예언서, 다니엘서와 같은 묵시적 예언서, 에스겔서, 그리고 스바냐서 같은 소예언서를 다룬다. 그다음에 우리는 두 가지 특별한 주제를 연구할 것이다. 곧 "어려운" 본문들을 설교하는 방법과 구약으로부터 그리스도를 설교하는 방법이다.

각 장은 2009년 7월 케임브리지 대학교에서 개최된 Tyndale Fellowship Old Testament Study Group에서 발표된 논문들에 기초한다.

역사상 위대한 영적 부흥 중 하나는 에스라와 레위인들이 "하나님의

구약 설교, 어떻게 할 것인가?

율법책을 낭독하고 그 뜻을 해석하여 백성에게 그 낭독하는 것을 다 깨닫게 했을"(느 8:8) 때 일어났다. 그 결과는 남자와 여자들이 하나님의 말씀을 듣고 이해한 것을 크게 기뻐하고, 하나님과의 새로운 관계에서 즐거움과 힘을 발견하는 것이었다. 우리의 기도는 당신과 같은 독자들이 또 다른 부흥의 원천이 되는 성령의 능력 안에서 성서의 모든 풍부한 자원을 사용하는 것이고, 그렇게 해서 하나님 나라의 복음이 온 세계에 선포되고 우리가 다시 오시는 그리스도를 볼 수 있게 되는 것이다.

그렌빌 J. R. 켄트(Grenville J. R. Kent)

폴 J. 키슬링(Paul J. Kissling)

로렌스 A. 터너(Laurence A. Turner)

'HE BEGAN WITH MOSES...'
PREACHING THE OLD TESTAMENT TODAY

제1장

내러티브 설교하기: 플롯

로렌스 A. 터너(Laurence A. Turner)

1. 서론

문학적 관점으로 볼 때 구약성서 내러티브는 인류 역사상 가장 위대하다고 할 수 있다. 그러나 전통적으로 일생 동안 기억에 박히면서 직접적이고 즉 각적으로 의사소통하는 이런 성서의 이야기들을 제대로 설교하지 못해왔 다. 내러티브가 작동하는 방법에 대해 설교자들의 부족한 민감성은 그들이 자세히 설명하려는 그 이야기보다 영향력이 적은 설교를 초래했다. 예를 들어 성서의 이야기를 상세하게 다시 이야기하고 거기에 흔한 도덕적 의 무를 덧붙이는 설교는 단순히 내러티브 자체를 읽는 것보다도 항상 덜 효 과적일 것이다. 내러티브의 어떤 부분으로부터 이러저런 요점만을 꽉 붙잡 고, 그것을 "아리스토텔레스식 논리학의 틀"(the frame of Aristotelian logic)[1] 에 고정시키며, 그다음에 그것의 무시간적 진리에 대해 부연 설명하는 설 교자 역시 유사한 운명에 처하게 된다.

구약성서 내러티브에 대한 성공적인 설교는 그 이야기의 특성들, 즉 플롯(plot)이라는 핵심 요소에 대한 이해를 필요로 한다. 플롯과 내러티브 의 역동성에 대한 우리의 이해는 최근 몇 년 동안 내러티브비평(narrative criticism)의 훈련으로 강화되었다. 그러나 불행하게도 본문에 대한 이런 접

---

[1] Fred B. Craddock, *As One Without Authority*, rev. ed. (St Louis : Chalice Press, 2001), 45.

근법은 종종 복음주의 집단들 안에서 적대적이라고까지 말할 수는 없지만 매우 조심스럽게 수용되었다.

20세기 대부분의 기간에 보수적인 복음주의 구약학계는 성서 본문의 역사적 가치에 대한 진보적인 "역사-비평적"(historical-critical) 폄하에 대항하여 승산 없는 싸움을 했다. 만약 한 본문이 실제의 역사적 상황을 정확하게 반영하지 않는다면 어떻게 본문의 신학을 신뢰할 수 있을지가 논쟁이 되었다. 결론적으로 구약성서에 대한 복음주의의 참여는 역사와 신학을 강조했다. 본문의 문학적 기술에 강조점을 둔 내러티브비평은 많은 복음주의자들이 보기에 신학에는 거의 관심이 없으면서 역사와는 독립적으로 작동하는 것처럼 간주되었다. 그에 대한 반응은 노골적인 거부[2] 또는 매우 조심스러운 관심[3]에서부터 해석을 위해 그것의 잠재력을 합리적으로 수용하는 입장[4]까지 다양했다. 내러티브비평의 관점으로 쓴 복음주의적인 글은 서술된 사건들이 실제로 발생했다는 것을 확언해야 할 의무가 있는 것처럼 보였다. 왜냐하면 본문의 미학(aesthetics)에 관한 관심이 종종 그것의 역사성을 부정하는 것으로 보였기 때문이다.[5] 그러나 좀 더 최근에 내러티브비평은 더욱 극단적인 포스트모더니즘의 전제들을 배제한 상태로, 복음주의의 주류 안으로 진입했다.[6] 일단 내러티브가 그 안에서 성서 저자들이 가장 중

---

2 Carl F. H. Henry, "Narrative Theology : An Evangelical Appraisal," *Trinity Journal*, 8 (1987), 19, 다음 논문에서 인용됨. J. Daniel Hays, "An Evangelical Approach to Old Testament Narrative Criticism," *Bibliotheca Sacra*, 166 (2009), 3-18(4).

3 Grant R. Osborne, *The Hermeneutical Spiral: A Comprehensive Introduction to Biblical Interpretation*, rev. and expanded 2nd ed. (Downers Grove, Ill : InterVasrsity Press, 2006), 212-215.

4 예. Tremper Longman III, *Literary Approaches to Biblical Interpretation*, Foundations of Contemporary Interpretation (Grand Rapids, MI : Academie Books, 1987), 3.

5 예. Leland Ryken, "And It Came to Pass : The Bible as God's Storybook," *Bibliotheca Sacra*, 147 (1990), 131-142(134).

6 이런 흐름에 대한 최근의 개요를 위해서는 다음을 보라. Hays, "An Evangelical Approach to

구약 설교, 어떻게 할 것인가?

요한 문제들을 다루는 주된 방법이라는 것과 역사적 관심사들이 성서와의 모든 연관성을 그대로 서술할 필요는 없다는 것을 우리가 수용하게 되면, 내러티브의 역동성에 대한 이해가 신학적이고 영적인 이익으로 이어지는 일이 뒤따르게 된다. 내러티브 플롯에 대한 다음의 접근은 내러티브비평이 성서의 고등관점(a high view)과 양립 가능할 뿐 아니라 비전문가 설교자들도 그것의 통찰을 이용함으로써 그들의 설교를 풍성하게 만들 수 있다는 확신에 기초한다.

2. 구약성서 내러티브 안의 플롯

일반적으로 "내러티브"와 "플롯"이라는 용어는 중첩된 의미들을 지닌다. 내러티브는 "연결된 사건들의 이야기"로, 플롯은 기록 또는 구전 문헌 속에서 "사건들의 주요 배열"로 정의된다.[7] 이런 비슷한 정의들은 내러티브와 플롯의 긴밀한 관계를 나타내지만, 두 단어가 동의어는 아니다.

일반적으로 내러티브는 네 가지 주된 특징을 가지고 있다. 첫 번째는 시간의 흐름을 중단시키는 사건들의 배열이다. 두 번째는 서술된 사건들을 결말로 이끄는 행동이나 동기를 가진 주요 등장인물 또는 등장인물들이다. 세 번째는 개별적 사건들에 대해 중요한 일관성을 제공하는 플롯이다. 마지막 네 번째는 사건들 사이의 원인과 결과를 암시하기 위한 방식으로 된 플롯의 구조화다.[8] 세 번째와 네 번째 기준은 플롯에 대해 분명히 언급하고

Old Testament Narrative Criticism," 3-18.

7 *The Concise Oxford Dictionary*, ed. Judy Pearsall, 10th ed. (Oxford : Oxford University Press, 1999).

8 이런 특징에 대한 더 자세한 토론을 위해서는 J. M. Adam의 연구에 기반을 둔 다음의 글을

있고, 첫 번째와 두 번째 기준은 어느 정도 플롯과 관련되어 있다는 것을 주목하라. 더 많은 사항이 언급될 수 있으나, 내러티브에 대한 이런 예비적 정의는 플롯을 고찰하기 위한 기초를 제공하기에 충분하다.

플롯은 내러티브와 밀접한 관계가 있다. "적어도 최소한의 플롯이 없는 내러티브는 이해될 수 없을 것이라는 점에서 플롯은 무엇보다도 모든 기록 내러티브와 구전 내러티브의 정수다."[9] 플롯은 서술된 인물의 행동과 경험의 혼돈에 질서를 부여하는 "주요 체계화 원리"[10]를 제공함으로써 반드시 간단하지는 않다고 할지라도 일관성 있는 내러티브를 나타나게 한다. 그러나 하나의 플롯이 어떻게 이런 기능들을 수행하며, 구약성서의 독자들과 설교자들은 왜 그것을 인식해야 할까?

고전적 플롯은 5중적 또는 "5부"(quinary) 구조를 가지고 있다. 비록 각각의 요소를 위해 사용되는 용어에서 어느 정도의 다양성이 존재한다고 할지라도 이에 대한 일반적인 합의가 존재한다. 여기서 나는 마르그라(Marguerat)와 부르캥(Bourquin)[11]의 어휘를 사용하여 사무엘하 11장의 내러티브에 관한 분석을 설명하려고 한다.

참조하라. Daniel Marguerat and Yvan Bourquin, *How to Read Bible Stories: An Introduction to Narrative Criticism*, trans. John Bowden (London: SCM Press, 1999), 16.

9 P. Brooks, *Reading for the Plot: Design and Intention in Narrative* (New York: Knopf, 1984), 5.

10 Jan P. Fokkelman, *Reading Biblical Narrative: An Introductory Guide* (Philadelphia: Westminster John Knox Press, 2000), 76.

11 Marguerat and Bourquin, *How to Read Bible Stories*, 43.

구약 설교, 어떻게 할 것인가?

(1) 초기 상황(또는 도입)

등장인물, 그들의 상황, 그리고 때때로 그들의 동기와 관련한 암시들에 대한 정보를 통해 독자들은 내러티브 안에서 이어지는 발전을 이해할 수 있다. 초기 상황은 플롯이 진행되기 위한 발전 또는 불안정화를 필요로 한다. (**군대가 암몬 사람들을 향해 진을 치고 있는 동안, 다윗왕은 예루살렘에 있는 그의 성에서 편안히 있다. 1절**).

(2) 문제의 심화

이것은 초기 상황으로부터 내러티브의 궤도를 시작한다. 이 움직임은 말, 행동, 문제의 폭로, 사실상 문제들이 해결되지 않은 채 남아 있을 수는 없음을 가리키기 위해 그 상황 속으로 충분한 긴장을 도입하는 어떤 것에 의해 시작될 수 있다. (**그는 부재중인 헷사람 우리아의 아내이자 매력적인 밧세바에 빠지고, 그녀는 자신이 임신했다고 그에게 말한다. 2-5절**).

(3) 전환적 행동

전환적 행동은 이 문제를 제거하거나 극복하거나 다루거나 어떤 방식으로 대응하기 위한 (잠재적) 수단들을 제시한다. 이것은 분명히 플롯의 심장부에 위치하며, 해결을 향한 초기의 움직임을 나타낸다. (**다윗은 우리아를 부르고 집으로 내려가도록 그를 설득하려고 시도한다. 우리아는 단호히 거절하고, 그래서 다윗은 그의 죽음을 모의한다. 6-15절**).

(4) 대단원(또는 해결)

이것은 전환적 행동으로 인해 시작된 움직임을 결론으로 이끌고, (적어도 부분적으로는) 그 문제가 제시한 사안들을 해결한다. (**우리아는 죽임을 당하고,**

다윗은 그의 죽음을 전해 듣는다. 16-25절).

(5) 최종 상황

이것은 어떻게 그 상황이 초기의 상황으로 돌아갔는지, 또는 평형 상태의 새로운 국면으로 접어들었는지를 보여줌으로써 내러티브를 휴식처로 이끈다. (**밧세바는 우리아를 위해 애도하고, 다윗과 결혼하여 아들을 낳는다. 하나님은 기뻐하지 않으신다. 26-27절**).

플롯이 있는 내러티브에서 한 움직임으로부터 다음 움직임으로의 전환은 갑작스럽게 이루어지기보다는 서서히 일어난다. 그래서 그 사이를 구별하는 정확한 위치에 관해서는 서로 다른 의견이 존재할 수 있다. 예를 들어 사무엘하 11장에서 정확히 어느 지점에서 **전환적 행동**이 **해결**로 통합되는가? 그럼에도 불구하고 5중적 플롯을 통한 내러티브의 일반적 진행은 명백하다. 필요한 자격을 다 갖춘 플롯은 5부의 구조를 갖지만 다섯 가지의 모든 요소가 반드시 있어야 하는 것은 아니다. 그러나 **초기 상황, 문제의 심화**, 그리고 **해결**은 거의 항상 존재한다.

그러므로 한편으로 어떤 내러티브의 플롯은 미리 결정된 궤도를 지닌다. 그러나 하나의 좋은 내러티브가 완전히 예측 가능한 것으로 강등되는 것을 방지하는 것은 특정한 세부 사항을 첨가하고 다른 것을 생략하는 내레이터의 창의성이다. 예를 들어 사무엘하 11장에서 내레이터는 밧세바의 감정을 전면에 위치시키는 것을 선택할 수 있었다. 그러나 가장 끝부분에 있는 그녀의 애도에 관한 짧은 언급을 제외하고 우리는 그녀가 이 비극적 사건들에 대해 어떻게 반응했는지를 들을 수 없다. 이런 잠재적인 요소들이 생략되는 반면 다윗이 그의 뜻을 이루기 위해 모든 사람을 "보낸 것" 또

구약 설교, 어떻게 할 것인가?

는 우리아가 집으로 내려가기를 거절한 것과 같은 다른 요소들은 내내 반복된다. 이런 생략과 첨가는 해석자들에게 내러티브의 강조점이 무엇인지와, 그것의 의미를 자세히 설명하기 위해 어디에 머물러야 하는지를 지적한다. 최종 결과는 내러티브의 일반적인 플롯 구조를 읽기 전에 예측할 수 있다는 것이지만, 이는 놀라움으로 가득한 하나의 이야기다.

기본적인 플롯 구조에 관해 수많은 변형이 존재한다. 예를 들어 창세기 18:16-33에서 우리는 16절의 **초기 상황**(아브라함의 손님들은 소돔을 향해 출발하고, 그는 그들을 전송한다)으로부터 17-21절의 **문제의 심화**(아브라함은 그의 조카 롯의 집이 있는 소돔에 하나님의 심판이 내려질 수 있다는 것을 알게 된다)로 이동한다. 이것은 하나님께 공정하게 행동해달라고, 의인 오십 명이 있으면 도시 전체를 구해달라고 도전하는 아브라함의 용감한 **전환적 행동**으로 이어진다(23-25절). 아브라함의 간청을 수용하는 하나님의 응답(26절)은 **해결**로 나타나고, 독자는 이제 우리가 **최종 상황**에 있게 될 것이라고 가정할 수 있다. 그러나 아브라함은 계속 간청하고 이번에는 그 기준점을 사십오 명으로 줄인다(27-28a절). 그래서 **전환적 행동**으로 되돌아가고 하나님의 긍정적인 대답(28b절)은 또 다른 잠재적 **해결**이 된다. 이런 **전환적 행동**과 **해결** 사이의 진동은 하나님이 열 명의 의인이라는 최소치에 동의할 때까지 네 번이나 반복된다(29-32절). 그러므로 한 번에 한 단계씩 기준점이 낮아질 때마다 독자의 관심은 커져간다. 우리는 이제 **해결**에 도달했는가, 혹은 아닌가? 아브라함의 협상은 갑작스럽게 "그 자리를 떠난" 하나님에 의해 끝이 난 반면에 아브라함은 "자신의 장소로 돌아갔고"(33절), 따라서 간략한 **최종 상황**이 생겨난다.

내레이터는 완전한 것이 아니라 부분적이거나 열린 결말일 수 있는 여러 종류의 **해결**도 사용한다. 전형적인 예는 하나님의 질문을 포함하는 책인 요나서다. "하물며 이 큰 성읍 니느웨에는 좌우를 분변하지 못하는 자가 십이만여 명이요 가축도 많이 있나니 내가 어찌 아끼지 아니하겠느냐?"(욘 4:11). 이 질문은 하나님 자신의 태도와 관련되지만, 요나와 독자에게 도전하고 무응답인 채로 남는다. 이 열린 결말의 **해결**은 요나서의 내러티브가 결코 하나의 확실한 **최종 상황**을 달성하지 않음을 의미한다. 적어도 내레이터가 제공하는 것은 하나도 없다. 요나가 대답했을 수 있는 방식, 또는 독자가 반응할 수 있는 방식은 내레이터가 그의 내러티브를 듣는 사람들에게 넘겨준다.

내레이터가 플롯 전개의 기본적 틀을 다루는 방식의 중요한 특징은 "내러티브 시간"(narrative time)과 "내레이션 시간"(narration time)의 차이다. "내러티브 시간"은 내러티브 세계 안의 여러 행동으로 구성되는 시간적 공간을 말한다. "내레이션 시간"은 내러티브를 통해 독자 또는 청자의 세계에 그런 행동들을 전달하는 실제 시간을 묘사한다. 한 등장인물의 삶에서 이십 년("내러티브 시간")이 다섯 구절("내레이션 시간")로 서술될 수도 있고, 다음에 이어지는 하루가 열 구절로 서술될 수도 있다. 플롯의 다양한 요소에 상응하는 내러티브 공간의 상이한 분량은 내러티브의 강조점에 대한 표지다. 예를 들면 사무엘하 11장에서 **초기 상황**과 **문제의 심화**(1-5절)는 수 주일의 기간인 반면에 **전환적 행동**(6-15절)은 일주일 정도를 차지한다. 그러나 비교적 장황한 직접화법(19-21, 23-25절)으로 주로 구성된 **해결**(16-25절)은 훨씬 더 짧은 내러티브 시간을 다룬다. **최종 상황**(26-27절)은 수개월의 시간에 걸쳐 있다. 내러티브 시간과 내레이션 시간 사이의 불일치는 적어도 우리아의 죽음에 대한 다윗의 극적인 반응을 지연시키는 **해결**에 존재한다(25절). 독자가 계속해서 다윗의 응답을 기다리도록 하는 것은 플롯에서 그것의 중요성을 강조한다.

구약 설교, 어떻게 할 것인가?

구약의 내러티브들은 더 큰 내러티브 단위로 둘러싸이는 경향이 있다. 이는 플롯들이 각각의 미시-내러티브들(micro-narratives)을 구성하는 반면에 이 플롯들 자체가 더 큰 거시-내러티브(macro-narrative)의 일부분이 된다는 것을 의미한다. 개별 플롯은 그것의 **최종 상황**으로 진행될 수 있는데, 이는 이어지는 에피소드의 문제에 대한 **초기 상황**을 제공하는 것과 균형을 이룬다. 예를 들어 다니엘 2장은 다니엘이 느부갓네살 왕의 꿈을 성공적으로 해석한 결과로서 왕이 다니엘과 그의 하나님을 인정하는 것으로 마무리된다. 느부갓네살 왕의 꿈에서 왕은 금으로 된 머리로 표현된다. 다니엘 3장은 "느부갓네살 왕이 금 신상을 만들었으니…"로 시작되는데, 이는 이전 에피소드의 **최종 상황**을 중단시키는 **초기 상황**이다.

개별 에피소드들이 더 큰 플롯의 일부분으로서가 아니라 고립되어 관찰될 때 심각한 오해가 발생할 수 있다. 이것의 한 예는 창세기 38장인데, 많은 주석가들은 이 장을 한 어리석은 편집자가 야곱의 가족에 대한 이야기에 집어넣은 무단 침입으로 간주했다. 그러나 이 내러티브의 플롯은 결코 그 문맥과 관련이 없는 것이 아니라, 오히려 이전 서술의 요소들을 발전시키고 이어지는 서술을 위한 길을 준비한다. 예를 들어 창세기 37장에서 형제들에게 요셉을 팔아 이득을 얻자고 말하는 유다의 제안은 요셉의 운명과 관련하여 야곱을 속이려는 형제들의 기만을 가능하게 하는 **전환적 행동**에 기여한다. 창세기 38장에서 다말의 매춘부 같은 옷차림은 유다를 속여 그녀와 동침하게 하는 전환적 행동이다. 이것은 차례로 창세기 39장의 **문제의 심화**를 예상하게 한다. 거기서 보디발의 아내는 요셉이 강간 미수의 죄를 지었다고 생각하도록 그녀의 남편을 속인다. 세 가지 에피소드는 모두 속임수에 대한 촉매제로서 옷이라는 물건을 사용한다. 즉 요셉의 피 묻은 옷, 다말의 베일, 그리고 요셉의 의복이다. 적어도 유다가 유혹에 쉽게 넘어간 것과 요셉이 단호히 거절한 것 사이의 대조는 이 에피소드의 플롯들이 어떻게 얽혀 있는지를 보여준다. 거시-내러티브에서 창세기 38장의 역할에 대한 이해는 그 장뿐만 아니라 그것과 관련된 다른 에피소드들에 관한 우리의 이해도 증진한다.

플롯에 대한 이해는 우리가 내러티브를 다시 읽는 것에도 영향을 미친다. 처음과 끝을 알지 못한 채 성서 내러티브를 처음 읽는 독자로서 우리는 점증하는 미해결된 긴장감과 함께 최후의 결정적인 움직임까지 알려지지 않는 **해결로** 인도된다. 우리는 성취감을 느끼며 그 내러티브를 한편에 놓는다. 그러나 우리가 그 내러티브를 다시 읽을 때는 어떨까? 두 번째 읽는 독자로서 우리는 결론을 이미 다 알고 있고, 그래서 그 해결은 더 이상 놀랍게 다가오지 않는다. 물론 우리는 매번 마치 처음 읽는 것처럼, 즉 우리의 사전 정보들을 유보한 채 최초 참여자로 존재하는 플롯의 등장인물들의 관점을 채택하면서 읽을 수도 있다. 그리고 나는 만약 우리가 이 내러티브의 천재성을 인식할 수 있다면, 하나의 성서 내러티브에 대한 모든 독서에 놀라움의 요소들이 반드시 있다고 주장할 것이다. 예를 들어 창세기 22:1은 "그 일 후에 하나님이 아브라함을 시험하시려고"라고 전한다. 어떤 주석가들은 이후에 일어날 일은 **단지** 시험이기 때문에, 독자는 이삭이 안전하고 죽지 않을 것임을 깨닫는다고 일반적으로 진술한다. 그러나 그것은 단지 아브라함이 시험받고 있다는 것만을 알고 있는 처음 읽는 독자에게는 해당하지 않는다. 아마도 그 시험은 아브라함이 실제로 자기 아들을 죽일지 아닐지를 보기 위한 것이다. 마치 처음 읽는 것처럼 하는 독서는 내러티브의 감정적 영향을 재발견하는 데 유용한 전략이지만 그럼에도 불구하고 우리는 두 번째의 독서를 피할 수도 없고 피해서도 안 된다. 그래서 **문제의 심화**가 해결되는 방법에 관한 지식을 갖고 창세기 22장을 읽는 것은 우리가 새로운 시각으로 플롯의 구성 부분들을 다시 찾아볼 수 있게 해준다. 최초의 독서는 당연히 **초기 상황**에서 **해결**과 **최종 상황**까지의 플롯을 통해 이루어진다. 두 번째 독서는 결론을 알고 시작한다. 그러므로 그것은 새로운 시각으로 **초기 상황**과 **전환적 행동**을 다시 찾아볼 수 있다. 최초의 독서에서 수수께끼같이 보였던 것—예. 아브라함이 자신과 이삭이 "예배하고 우리가 너희에게로 돌아오리라"(5절)라고 종들에게 말한 진술—이 이제는 이후의 플롯 발전에 대한 중요한(무의식적인?) 암시로 간주될 수 있을 것이다. 이와 같은 두 번째 독서는 플롯의 요소들 사이의 상호 관련성을 다시 고려하고 구약 내러티브의 자명한 이치를 입증함으로써 최초의 독서를 보완한다.

플롯에 대한 간결하고 필수적인 이런 선별적 개요는 그것에 대한 지식이 일반적인 내러티브들과 특별히 구약성서 안에서 발견되는 내러티브들의 역동성을 감상하는 데 어떻게 도움을 주는지를 나타내기에 충분할 것으로 기대된다. 플롯 구조를 분석하는 것은 한 내러티브가 제시하는 것뿐만 아니라 그것이 작용하는 방식과 그것의 강조점이 어디에 놓여 있는지에 대한 통찰을 제공한다. 한 주제에 대한 변형들 역시 더 쉽게 확인되고 평가될 수 있다. 개별 에피소드의 플롯들을 관찰하는 것도 사람이 나무만 보고 숲을 놓치는 일이 없도록 이것들이 어떻게 서로 관련되고 거시-내러티브의 중요한 플롯에 공헌하는지를 질문하도록 해준다.

3. 구약성서 내러티브 설교에서의 플롯

플롯은 내러티브의 구조적 틀을 제공하기 때문에 우리는 특정한 내러티브의 플롯 구조와 그 내러티브를 설명하는 설교 구조의 관계를 먼저 고려해야 한다. 유명한 삼 대지 설교(three-point sermon) 구조는 주제적/시사적 제시 또는 난해한 바울 서신의 설명에 적합할 수 있다. 이는 좀 더 정확히 말하자면 (본문의 의도를) 덜 손상시킨다. 그러나 그것은 미적으로 정교하고 귀납적인 본래의 내러티브를 논리적으로 연역적이고 종합적인 설교로 대체함으로써 내러티브에 대한 설명을 결국 망칠 수 있다. 플롯 구조가 문화적으로 결정되었거나 인간의 정신에 내장되었다는 생각과 상관없이, 고대 서사시부터 당신이 좋아하는 연속극의 마지막 에피소드에 이르기까지[12] 인류 사회를 관통하는 편재성은 사람들이 플롯이 있는 내러티브를 이해하고 거기에 반응한다는 것을 보여준다. 비록 그들이 그 이유를 알지 못할지라도 말이다. 전형적인 플롯 구조는 흥미를 유지한다. 설교자가 "묘사적 이야기"(illustrative story)에서 설교의 실제 주제로 넘어갈 때 회중에게서 호기심이 썰물처럼 사라지는 것을 주목하라. 대부분의 사람들의 마음속에는 정교하게 구성된 플롯에 어떤 저항도 없이 꼭 들어맞는 내러티브 형태의 공간이 있다. 따라서 설교자는 구약성서의 내러티브를 받아들일 만한 설교의 형식으로 재구성하기 위해 "플롯을 파괴해서는" 안 된다. 내러티브는 실용적인 결과로 이어지는, 논리적으로 종속된 논증으로 지지되는 논문이 아니다. 이런 방식으로 구조화된 내러티브에 기초한 설교는 이야기의 문학적 본질과 관계를 맺지 못한다.

이런 문제를 피하기 위한 한 가지 확실한 전략은 설교 구조가 내러티브가 설명하고 있는 구조를 되풀이하게 하는 것이다. 예를 들어 다니엘 3장의 설교는 플롯의 윤곽들을 따를 수 있다. 이 플롯은 느부갓네살 왕이 그의 금 신상/우상을 세우고 모두 그 앞에 절하라고 명령하는 **초기 상황**으로 시작하고(1-7절), 다음으로 그것을 거부하는 세 친구의 **문제의 심화**(8-18절)가

---

12 Christopher Booker, *The Seven Basic Plots: Why We Tell Stories* (London : Continuum, 2004).

구약 설교, 어떻게 할 것인가?

나온다. 이어서 세 친구를 풀무불로 던지는 느부갓네살의 **전환적 행동**(19-23절)이 나오고, 네 번째의 신적 형상이 함께하는 동안 그들은 화염 속에서도 해를 입지 않고 느부갓네살이 참 하나님을 인정하는 극적인 **해결**(24-29절)이 나타나며, 왕이 세 친구를 높이는 **최종 상황**에 의한 결론으로 끝을 맺는다(30절).

이 일반적인 구조를 가지고 설교는 여러 가지 방법 중 어느 하나로 진행될 수 있다. 예를 들어 플롯의 각 요소(본문의 세계)는 회중의 세계와의 연결을 가능하게 한다. 설교는 이 두 세계 사이에서 움직이는데, 플롯의 구조가 각 단계를 결정한다. 즉 본문의 **초기 상황**으로부터 회중의 상황으로, 내러티브 안의 **문제의 심화**로부터 청중의 삶에 있는 갈등으로 이동하는 것 등이다. 이것은 병행하는 두 "이야기"를 만들어낼 수 있다. 즉 성서 이야기와 예배자의 이야기다. 그러므로 성서의 내러티브는 단순히 회중에게 전달되는 이야기가 아니라 그들이 참여하는 이야기다. 또 다른 가능성은 설교자가 내러티브 안에 있는 한 등장인물의 인격—아마도 세 친구 중 한 사람 또는 느부갓네살—을 선택하는 일인칭 시점의 설교다. 이 설교는 플롯이 있는 내러티브로, 단순한 설명이 아니라 등장인물의 시각을 통해 경험된 성서 이야기다. 이런 설교는 성서 내러티브의 플롯을 **통해 작동하며** 본질적으로 형식에 있어서 귀납적이다.

그러나 설교는 성서의 플롯과 **함께 작동하고** 접근에 있어서 더욱 연역적일 수 있다. 이런 전략을 사용하면서 내러티브의 플롯이 이해되어야 하지만, 이 플롯은 설교의 구조에서는 되풀이되지 않는다. 플롯에서 핵심적 요소는 **해결**, 즉 전체 내러티브가 그것을 향하여 진행하는 정점이다. 그래서 설교는 여기서 선행되었던 것에 대한 회상 장면이 뒤따르면서, 초기 상황으로부터 전환적 행동으로, 우리가 다시 한번 해결에 접촉할 때까지, 이

번에는 새로운 시각으로 시작될 수 있다. 왜냐하면 해결은 단순히 우리가 도달하는 정점이 아니라 우리에게 전체 플롯을 보여주는 렌즈이기 때문이다. 이것은 특히 그런 해결이 더 이상 놀랍지 않고, 설교자가 그것에 새로운 빛을 던져주길 원하는 잘 알려진 내러티브에 효과적일 수 있다. 그래서 다니엘 3장에 대한 설교는 상황에 대한 요약 또는 배경으로 시작하고, 곧바로 24-29절의 **해결**로 진행될 수 있다. 그것의 중요한 세부 사항 중에는 이 놀라운 사건에 대한 증인들의 목록, 곧 "총독과 지사와 행정관과 왕의 모사들"(27절)이 있다. 왕의 송영은 천사를 보내 "그의 종들을 구원하신"(28절) 하나님을 찬양한다. 내러티브의 시작 부분으로 돌아가면 우리는 **해결**에 놓여 있는 하나님의 구원에 대한 증인들이 신상을 예배하도록 소환된 사람들(2-3절)로서 **초기 상황**에도 존재하고, **해결**에서 사용된 구원과 동일한 어휘가 **문제의 심화**에서 위협하는 왕과 저항하는 친구들 모두의 입에서 발견된다는 것을 알 수 있다(15-17절). 플롯에 대한 이런 회고적 독서는 구조를 순차적으로 재생산하지 않고도 그 구조를 준수하며, 이것이 내러티브를 다시 듣는 사람들을 위한 설교임을 알린다. 그런 청중에게 **해결**의 강조점은 사회적 압력과 구원의 본질에 대한 강조와 함께 시작부터 설교의 궤도에 영향을 줄 수 있다.

한 편의 설교가 플롯을 단순히 통과하는 것이 아니라 플롯과 함께 작동하는 해결을 사용할 수 있는 또 다른 방법은 그 해결의 핵심을 식별하고 그것을 설교를 위한 구성 원리 또는 "주된 의도"(big idea)로 사용하는 것이다. 예를 들어 우리는 28절에서 왕의 말이 해결의 본질을 표현한다고 결론지을 수 있다. 즉 **하나님은 지상의 권력에 저항하고 자신을 신뢰하는 자들을 구원하신다.** 그렇다면 이것은 설교자가 그 장의 방향을 잡기 위해 사용하는 나침반, 즉 설교의 "유일하고 좁은 지배적인 사상"이 된다. 그다음에 설

구약 설교, 어떻게 할 것인가?

교는 이런 해석적 격자를 통해 내러티브의 세부 사항을 여과시키면서 플롯의 모든 단계를 반드시 설명할 필요 없이 그 진술의 진리를 상술한다. 그러나 이 내러티브에는 느부갓네살의 평가가 어느 한 단계에서는 사실이지만 지나치게 단순화되었다는 것을 암시하는 여러 요소가 존재한다. 예를 들어 화염에 던져지기 전의 세 친구는(17-18절) 나중에 왕이 그런 것만큼 풀무불에서 구원받는 일에 목매지 않는 것처럼 보인다. 그런 긴장은 복잡한 세상에서 신실하게 사는 방법을 알기 위해 투쟁하는 회중을 위한 절묘한 적용을 허락한다.

다수의 비중 있는 복음주의 지지자들—특별히 매우 영향력 있는 해돈 로빈슨(Haddon Robinson)[13]—은 "주된 의도" 설교를 지지한다. 이것 역시 복잡한 각각의 성서 본문을 하나의 "무시간적 진리"로 한정하고, 따라서 피상적인 해설을 추구하며 지나치게 환원주의적이라고 비판받아왔다. 우리는 히브리 내러티브의 풍부한 섬세함을 자동차 범퍼 스티커의 표어 정도로 축소시키는 것을 결코 원하지 않는다. 그러나 내가 제안하는 것은 내러티브 자체의 플롯 구조가 문제의 핵심을 가리키고 그다음에 그 내러티브 자체가 의미의 미묘한 차이들을 가리키도록, 따라서 그것의 적용들을 가리키도록 우리가 허용해야 한다는 것이다. 만약 어떤 설교가 비교적 짧은 시간에 회중과 의사소통해야 하는 것이라면, 그것은 반드시 가장 중요한 문제들에 초점을 맞추어야 한다. 모든 내러티브를 비틀고 전환하여 재생산하려는 설교자는 실패하게 될 것이다.

구약성서 내러티브를 설교하는 것은 비교적 큰 본문 단위를 포함하

---

13 예를 들어 다음을 보라. Haddon W. Robinson, *Expository Preaching: Principles and Practice*, rev. and Updated ed. (Leicester : Inter-Varsity Press, 2001).

는 설교를 종종 요구한다. 왜냐하면 한 내러티브 본문에 대한 설교는 이상적으로는 초기 상황부터 최종 상황까지의 모든 것을 포함할 필요가 있기 때문이다. 게다가 앞서 언급했던 것처럼 미시-내러티브의 플롯과 그것이 포함된 더 큰 거시-내러티브의 플롯 사이의 상호 관계는 더 큰 문맥에서야 드러나게 된다. 이는 설교자들을 위한 함의를 지닌다. 예를 들어 창세기 11:27-12:9의 비교적 짧은 내러티브는 다음과 같이 구성되어 있다. 하란에 정착한 데라와 그의 가족의 **초기 상황**(창 11:27-32), 하나님이 조건적 축복들과 함께 아브라함에게 떠나라고 명령하시는 **문제의 심화**(창 12:1-3)가 나오고, 명령받은 대로 떠나는 아브라함의 반응은 **전환적 행동**을 제공한다(창 12:4-6). 땅에 대한 하나님의 약속은 (부분적인) **해결**이고(창 12:7), 그 땅에서 아브라함의 유목민 생활은 **최종 상황**이다(창 12:8-9). 민족과 축복이 온 세상으로 확장될 것이라는 약속을 동반하여 하란을 떠나 또 다른 땅을 향해 가라는 하나님의 명령(창 12:1-3)은 설교자의 눈을 사로잡을 것이다. 확실히 이것은 상세히 해석될 필요가 있는 본문이다. 그러나 1-3절은 단지 플롯의 **문제의 심화**만을 나타낸다. 이어지는 플롯 요소들은 단지 그 세부 사항 중의 하나인 땅에만 초점을 맞추고 있다. **전환적 행동**은 그 땅으로의 이동이다. **해결**은 땅에 대한 약속이고, **최종 상황**은 그 땅 안에서의 아브라함의 유랑에 관심을 둔다. 민족과 축복에 대한 약속은 이 에피소드에서 발전되지 않는다. 땅이 중심 무대다. 애초에 창세기 12:1에서 땅의 역할은 불분명하다. 아브라함은 왜 다른 땅으로 가는가? 이 질문에 대한 대답은 "내가 이 땅을 네 자손에게 주리라"(창 12:7)는 하나님의 선언에서 우리가 해결을 경험한 후에야 주어진다. 이것은 아브라함이 그 땅으로 이동하는 이유에 관해 독자의 마음속에 있는 질문을 해결하지만, 약속 자체는 아직 성취되지 않는다. 그것은 거시-내러티브를 통해 계속될 것이고, **문제의 심화**의 두 가지 다른 요소, 즉 이 땅의 모든 족속에게로 확장되는 민족과 축복의 요소들 역시 마찬가지일 것이다. 여기서 그것들은 소개되지만 발전되지는 않는다. 그리고 이런 미시-내러티브에 대한 강해설교는 이것을 반영할 필요가 있다.

　　결론적으로 가능한 모든 곳에서 각각의 미시-내러티브를 거시-내러티브의 일부분으로서 설교해야 한다. 아브라함, 모세, 기드온, 그리고 다윗의 내러티브 중에서 하나의 핵심 에피소드를 다루는 "신앙의 개요"(profiles of faith) 유형 시리즈가 몇몇 장점을 가질 수 있으나, 이런 인물들 중의 한 명의 삶에서 연속적이고 인접한 에피소드들을 다루는 시리즈 설교를 통해 구약성서 내러티브 단위들의 일관성을 드러내는 편이 훨씬 낫다. 이것은 성서의 큰 단위들의 상호 의존성과 핵심 플롯을 회중이 훨씬 더 쉽게 이해하고 설교자가 훨씬 더 쉽게 이용할 수 있게끔 한다. 게다가 이렇게 더 큰 그림을 보는 것은 목회적 영향력을 갖는다. 구약성서의 특정 내러티브 내에서 강조되는 여러 이질적인 요소들을 일련의 설교 시리즈로 묶어내는 것은 각각의 설교를 **문제의 심화**에서 **해결**로 진행하는 독립적 경험으로 만든다. 한편으로 이것은 우리가 의미 있는 세상에 살고 있다고 단언하면서 일관성에 대한 인간의 갈망에 호소한다. 그러나 이와 대조적으로 더 큰 내러티브에 대한 안목이나 조망 없이 매주 반복되는 그런 설교는 회중이 자신의 경험에 비추어 그것이 사실처럼 들리는지를 질문하게 할 것이다. 문제의 심화는 그것이 영적이든 다른 방식이든 단기간에 영구적으로 항상 해결되지는 않는다. 삶에 대한 이와 같은 사실은 구약성서 내러티브 단위들의 재고 자산이며, 오직 그것의 큰 그림이 사용될 때만 인식될 수 있다. 예를 들어 창세기 11:27-12:9은 자신의 후손에게 약속된 땅에 아브라함이 사는 것으로 멈춘다. 다음 에피소드인 창세기 12:10-16의 문제는 이 안정 상태를 깨뜨린다. 여기서 약속의 땅에 발생한 기근은 아브라함이 이집트로 이주하게 만들고, 그가 바로의 물질적인 축복을 받게 되는 곳에서 절정에 이르지만…다음 에피소드인 창세기 12:17-13:1 단락에서 아내를 자기 누이라고 속이는 아브라함의 계략이 드러나고, 그 결과 이집트에서 추방된다. 그럼에도 불구하고 결론적으로는 아브라함의 가족과 롯이 네게브로 돌아오는 것으로 모든 것이 잘 이루어진다. 그 후에…기타 등등. 이런 일련의 에피소드들을 설교할 때 설교자는 해결처럼 보이는 것들이 종종 내러티브에서 단지 임시적인 휴식처일 뿐임을 보여주어야 한다. 그렇게 하면 시간이 흐르면서 더 큰 관점이 나타나게 될 것이다.

그러나 이런 거시적인 관점은 때때로 한 편의 설교 내에서도 시도될 수 있다. 우리가 이미 살펴본 것처럼 창세기 12:1-3은 그 자체의 미시-내러티브의 **문제의 심화**를 형성하는데, 민족 또는 축복의 요소보다는 오직 땅의 요소만이 명시적으로 전개된다. 그러나 창세기 25장까지의 아브라함 이야기 안에 있는 모든 에피소드는 이 처음 약속들 중의 한 가지 또는 다른 것들과 연관될 수 있다. 그것들은 플롯의 전개를 예측할 수 있게 하는 내용으로서 기능하고 거시-내러티브 전체를 관통하여 추적될 수 있다.[14] 예를 들어 민족에 대한 약속과 관련된 주제 설교는 전체 아브라함 내러티브의 조감도를 제공하면서 이런 더 큰 플롯을 포함할 수 있다. 그런 설교는 회중을 다양한 문제와 임시적 해결들의 롤러코스터에 태울 것이다. 단순하게 요약해보면 아브라함이 큰 민족이 될 것이라는 처음 약속(창 12:2)에서부터 우리는 아브라함이 롯(아마도 입양된 상속자로서, 창 12:4-5)을 취하지만 그

---

14 Laurence A. Turner, *Announcements of Plot in Genesis*, *JSOT* Supplement Series (Sheffield : JSOT Press, 1990; republished Eugene, OR : Wipf & Stock, 2008), 53-114.

가 틀림없이 상속자의 생물학적 아버지가 될 것이라는 말을 듣자(창 15:4) 결국 롯을 배제하는 것을 본다. 다음으로 아브라함은 이스마엘의 아버지가 되는데(창 16:15), 이는 하나님의 약속의 명백한 성취이지만, 이스마엘은 언약의 아들로서는 배제된다(창 17:18-19). 이것은 사라가 아이의 어머니가 되어야 한다는 계시(창 17:15-16)와 함께 발생하는데, 아브라함이 사라를 자기 누이라고 다시 한번 속일 때(창 20:2) 그 가능성은 명백히 일축된다. 그런데 이 모든 이상한 사건들에도 불구하고 이삭은 마침내 태어나고, 이 내러티브 줄거리가 해결에 도달한 것처럼 보일 때(창 21:2), 하나님은 아브라함에게 이삭을 제물로 바치라는 참담한 명령을 내리신다(창 22:2). 그리고 오직 그 운명에서 구원받은 이삭을 통해(창 22:12) 우리는 그 문제에 대한 완전한 해결—그러나 오직 이 특정한 세대만을 위한—에 다다른다. 한 편의 설교에서 이런 큰 그림을 수용하는 것은 아브라함 이야기에 대한 환원주의적 이해를 반대할 뿐만 아니라, 이런 내러티브의 에피소드에 반영된 불균형과 어울리는 그런 삶을 경험하고 있는 회중을 목회적으로 보살핀다. 다른 것들과 마찬가지로 이런 특성은 복잡한 내러티브를 확실하게 설교가 가능한 것으로 만든다. 민족에 대한 약속은 더욱 복잡해지고 창세기의 마지막과 그 이후에 이어지는 여러 에피소드 속에서 잠정적으로 해결될 것이다. 그러나 이런 발전들은 더 많은 설교를 기다리고 있다!

플롯 구조에 대한 지식은 설교자가 내러티브를 **통해** 또는 내러티브와 **함께** 작업할 수 있도록 돕지만, 플롯을 **넘어서서** 진행하는 것을 피하기 위해 본문에 대한 설교적 조작의 한계를 아는 것도 동일하게 중요하다. 구약 성서의 내러티브는 현대 서구의 독자들에게는 다수의 느슨한 결말을 남겨 놓는 것처럼 보이는 내레이터의 흔하지 않은 논평 또는 요약들과 간접적으로 의사소통한다. 설교자들이 그중의 일부를 잘 다루기 때문에 이상한 점이나 문제들이 남아서 회중을 괴롭히지는 않을 것이다. 그러나 플롯이 제 역할을 잘 하려면 일부의 느슨한 결말은 그 자체로 남아 있는 것이 최선이다. 부수적인 문제들을 설명하는 것과 내재적 모호성을 "해결하는" 것 사이에는 큰 차이점이 있다. 예를 들어 요나 4장을 설교할 때 회중에게 목회적 지침을 주기 위한 경솔한 시도로 간극을 메우는 해결을 구성하기보다는 명백한 해결의 부재를 포용하는 것이 현명할 것이다. 하나님의 마지막 질문은 독자로 하여금 어떻게 요나가 응답했을까를 깊이 생각하게 만든다. 섬세한 설교는 회중에게 동일한 자유를 허락할 것이다.

4. 플롯과 명시적인 기독교의 선포

구약성서에 대한 기독교의 강해 역사는 설교자들이 자신의 의심스러운 선제적 적용을 입증하려고 성서를 끌어들이는 불행한 사례들로 인해 어질러져 있다. 이 책의 지면은 여기서 해석을 위한 적절한 지침들을 포괄적으로 취급하지 못하게 한다. 그러나 내러티브 플롯에 대한 인식은 구약성서 내 러티브들이 진정한 기독교적 목소리를 내도록 그 내러티브들을 설교하는 데 있어 확실히 도움을 준다.

지나친 단순화의 위험을 무릅쓰면 가장 중요한 기독교의 성서신학적 관점은 기본적 플롯이 있는 내러티브 특성을 지닌다. 그것은 하나님의 선하신 창조로 시작하고(**초기 상황**), 타락으로 인해 중단된다(**문제의 심화**). 하나님은 처음에 이스라엘의 부르짖음에 응답하시고(**전환적 행동**), 궁극적으로 그리스도의 죽음과 부활로 응답하신다(**해결**). 지금 우리는 절정의 종말론적 상황을 기다리면서 "이미"와 "아직" 사이의 긴장 속에서 살고 있다(**최종 상황**).

구약 설교, 어떻게 할 것인가?

개별 미시-내러티브들을 구약성서의 거시-내러티브의 문맥 안에서 읽어야 하는 것처럼, 기독교의 선포도 구약성서 내러티브들을 기독교 성서의 전체 "플롯"이 제공하는 문맥 안에서 읽어야 한다. 그러나 구약성서 내러티브들의 개별적이고 독특한 목소리를 단순히 더욱 종합적인 기독교 성서신학을 위한 실례들로서 기능하는 신학적 격자를 통해 내러티브를 처리함으로써 침묵하게 하면 안 된다. 오히려 이와 같이 더 큰 신학적 관점이 플롯으로 구성된 구약성서 내러티브들에 관한 우리의 이해를 풍성하게 하기 때문에, 그것의 문학적 매력은 유지되고 심오한 신학을 위한 전달 수단으로서 내러티브의 창의성은 강화된다. 예를 들어 위에서 제시된 설교는 구약성서의 나머지 부분뿐만 아니라 신약성서가 제공하는 더 큰 그림을 정당하게 반영할 수 있다. 이 설교는 창세기 12:1-3에서 민족에 대한 약속이 어떻게 반복되는 문제의 심화들을 통과하여 아브라함 내러티브의 끝부분에 있는 잠정적이고 부분적인 해결까지 주춤거리면서 혼란스럽게 움직이는지에 초점을 맞춘다. 아브라함에게 약속된 민족은 전 세계를 위한 축복의 근원이 될 것이다. 그래서 아브라함의 "씨"의 도래와 운명은 이런 개별적 내러티브를 초월하는 함의를 갖는다. 바울은 이런 가능성을 취한다. 예를 들어 그는 그리스도가 아브라함의 궁극적 씨이며, 그리스도를 영접하는 모든 사람이 아브라함의 진정한 후손이고 우주적 축복에 대한 약속의 상속자들임을 주장한다(갈 3장; 롬 4:13-25). 창세기의 내러티브에 관한 기독교의 해석은 구약성서 이야기의 의미에 관한 이런 신약성서의 반영을 무시해서는 안 된다. 이런 통찰들을 통합하는 것은 반복되는 문제의 심화들이 존재하며 신약성서에서 비로소 최종적 해결을 얻게 되는 아브라함 내러티브의 플롯을 이해하는 설교 전략을 필요로 한다. 창세기에서의 가망성 없는 시작은 세상의 모든 민족에 대한 축복에서 실제로 절정에 이르게 된다. 이것은 결국 구약성서 내러티브가 신약성서의 성취에 빛을 비추는 한 편의 설교를 낳게 되고 그 역도 마찬가지다.

5. 결론

플롯은 구약성서 내러티브를 이해함에 있어 주된 요소이며, 그것을 제대로 인식하는 것은 설교적 강해(homiletical exposition)를 강화할 것이다. 유익한 점들은 설교의 구조와 메시지의 초점에서부터 강해 시리즈 안에 나타나는 다양한 문제의 심화와 해결에 대한 목회적 가능성까지 다양하다. 그중에서 아마도 가장 중요한 것은 플롯 분석으로부터 얻은 통찰들을 사용하는 설교가 본문의 결을 따라 작용할 수 있고, 따라서 강단에서 전해지는 본문에 대한 해석은 그 설교들이 적용하려고 하는 잊지 못할 내러티브만큼 기억될 것이라는 점이다. 플롯 분석의 잠재성을 이해하는 것은 설교자가 내러티브로 표현된 성서를 반대하거나 넘어서기보다는 내러티브를 통해 그리고 내러티브와 함께 작업할 수 있게 할 것이다.

그러나 플롯이 전부는 아니며 심지어 내러티브를 설교할 때에도 마찬가지다. 설교자는 단지 플롯 하나가 아니라 하나님의 입으로부터 나오는 모든 말씀으로 산다. 플롯은 구조와 진행, 즉 내러티브의 뼈대와 설교를 위한 골자를 제공하지만, 우리는 설교를 살아 있게 만들기 위한 살도 필요하다. 이를 위해 우리는 등장인물과 같은 다른 내러티브 요소들에 관한 이해와, 그것을 넘어 내러티브가 살아 있고 움직이며 그 자체의 존재를 갖게 해주는 성서신학이라는 더 큰 뼈대가 필요하다.

구약 설교, 어떻게 할 것인가?

• 사무엘하 11장의 설교 개요

다음의 설교 개요는 사무엘하 11장의 플롯을 가지고 작업하지만, 처음 부분부터 시작하는 것은 아니다. 그 이유는 다윗이 우리아의 죽음에 "이 일로 걱정하지 말라. 칼은 이 사람이나 저 사람이나 삼키느니라"(25절)라고 응답한 내러티브의 해결의 절정으로부터 설교의 중심 주제를 세우기 위함이다. 다시 말해 "걱정하지 말라. 이런 일들은 발생할 수 있다." 이것은 한 편의 설교가 내러티브의 플롯을 사용한 것에 초점을 맞춘 다윗의 말을 포함하는 "주된 의도" 설교의 한 예시다.

도입

이것은 "이런 일들은 발생할 수 있다"라고 변명해왔던 사람들에 대한 현대적 실례들과 함께 설교의 초점을 확립한다. 그 후에 설교는 사무엘하 11장으로 넘어간다.

해결

다윗은 요압으로부터 우리아의 죽음에 관한 보고를 받는다. 다윗의 응답(25절)은 누구에게도 책임이 없음을 선언한다. 왜냐하면 "이런 일들은 발생할 수 있기" 때문이다. 그다음에 설교는 내러티브의 초기 상황으로의 전환을 제공하는 이런 일들이 실제로 어떻게 일어났었는지를 질문함으로써 이 진술을 다시 시작한다.

초기 상황

예루살렘에서 편안한 다윗의 삶은(1절) 빠르게 문제의 심화로 이어진다.

문제의 심화

다윗이 밧세바를 본다. 내러티브는 다윗의 의도적인 반응들을 강조한다. 즉 그는 그녀를 본다/ 그녀에 관해 질문한다/ 그녀를 부른다/ 그녀와 동침한다. 이것은 "다윗이 보냈다"는 구절의 반복적인 사용으로 강조된다. 내러티브의 사건들은 다윗이 지배하고 그의 욕망을 달성하기 때문에 발생한다. 즉 사건들은 단지 우연히 발생한 것이 아니라 의도적인 선택과 계획으로 인해 일어난다. 밧세바의 임신 역시 우연히 발생한 것이 아니다. 여기에는 우리의 도덕적 책임을 분명히 보여주는 망원경이 있다. 때때로 우리는 어떤 사건의 희생자가 될 수 있지만, 대개 우리의 삶은 우리의 의도적인 결정과 행동들의 결과다. 즉 대부분의 시간에서 "사건은 우연히 발생하지 **않는다**." 바울이 갈라디아서 6:7-8에서 설명한 것처럼 우리는 도덕적으로 그리고 영적으로 우리가 뿌린 것을 거둔다. 여기서 다윗의 "거둠"은 이것을 입증한다. 밧세바의 임신은 전환적 행동을 필요로 한다.

전환적 행동

다윗은 우리아를 불러 군사 작전에서 돌아오게 한다. 우리는 다윗에게서 어떤 형태의 고백을 기대했지만, 오히려 흔적을 감추려는 일련의 시도들을 목격한다. 세 가지 면밀한 단계가 있다.

계획 A: 다윗은 우리아에게 자기 집으로 내려가라고 말한다. (그의 의도가 무엇이었을지 우리는 궁금하다.) 그러나 우리아의 신실성은 그가 그렇게 하기를 거부함을 보여준다. 그래서 우리는 다음으로 이동한다.

계획 B: 다윗은 우리아를 술 취하게 만들고 그에게 집으로 내려가라고

구약 설교, 어떻게 할 것인가?

다시 한번 말한다. 그러나 우리아는 신실성을 유지하고 내려가지 않는다. 여기서 다윗의 실패는 다음을 요구한다.

계획 C: 다윗은 우리아의 죽음을 꾀한다.

다윗의 모든 행동은 예측과 계획을 보여준다. 돌이켜 다윗이 처음 밧세바를 본 것에서부터 시작하여 사건들의 전체 과정은 다윗이 다른 대안적 행동을 선택함으로써 각 과정에서 중지될 수 있었다. 그러나 그는 그렇게 하지 않기로 선택한다. 즉 다윗은 죄로 가득한 인간 상태의 전형적인 예가 된다. 우리는 도덕적으로 책임감 있는 존재이고, 우리의 선택은 결과를 가져온다. 우리 모두가 죄를 짓고 하나님의 영광에 이르지 못하기 때문에(롬 3:23), 우리는 다윗의 위기 속에 반영된 우리 자신의 딜레마를 본다.

해결

우리아는 죽임을 당한다(17절). 간결하게 쓰인 서술과는 다르게, 우리는 다윗의 응답을 25절까지 기다려야 한다. 우리는 가능한 한 빨리 결론에 이르기보다는 이미 알고 있는 세부 사항들과 중요하지 않은 다른 것들을 얻게 된다. 이런 지체는 다윗의 결론적인 말을 강조한다. "이런 일들은 발생할 수 있다"(25절). 주요 내러티브 안에 있는 사건들의 진행 과정을 보았기 때문에, 이제 이런 말을 숙고하는 것은 우리가 근본적으로 다윗에 동의하지 않음을 의미한다. 이 이야기에서 아무것도 "우연히" 일어나지 않았다. 다윗은 무의식적으로 자신에 대한 판결을 내린다.

최종 상황

내레이터는 최종 평가를 통해 반전을 제공하는데, 이것은 다윗의 거만한 말, "이런 일들은 발생할 수 있다"로 우리를 다시 끌어당긴다. 다윗의 말의 문자적 번역은 "이 일을 **네 눈에 악하게 여기지** 말라"(25절)이다. 이 에피소드의 마지막 문장은 문자적으로 번역하면 "다윗이 행한 일은 **하나님의 눈에 악이었다**"(27절)이다. 이런 하나님의 평가는 다윗의 말에 대한 반향이며, 또한 다윗의 냉담한 말에 대한 회중의 평가와 일치한다. 이런 일들은 우연히 일어나지 **않았다.** 우리의 삶에서도 마찬가지다. 우리는 다윗과 우리를 동일시하여, 다윗이 스스로 마침내 "하나님이여, 주의 인자를 따라 내게 은혜를 베푸시며"(시 51:1)라고 말한 것처럼 용서받기 위해 우리의 죄를 고백할 수밖에 없다(요일 1:9).

추천 도서

Bar-Efrat, Shimon, *Narrative Art in the Bible*, Bible and Literature Series (Sheffield : Almond, 1989).

Marguerat, Daniel, and Yvan Bourquin, *How to Read Bible Stories: An Introduction to Narrative Criticism*, trans. John Bowden (London : SCM Press, 1999).

Mathewson, Steven D., *The Art of Preaching Old Testament Narrative* (Grand Rapids, MI : Baker Academic, 2002).

구약 설교, 어떻게 할 것인가?

'HE BEGAN WITH MOSES...'
PREACHING THE OLD TESTAMENT TODAY

제2장

내러티브 설교하기: 등장인물

폴 J. 키슬링(Paul J. Kissling)

독자들은 미묘하게 반란을 일으키는 내레이터의 목소리를 듣는 데 실패했다. 왜냐하면 독자들은 그들이 쉽게 확인할 수 있는 등장인물의 실존적 곤경과 종교적 정서와 함께 성서의 인간 등장인물들의 떠들썩한 경건함을 듣고 수용하는 것에 익숙하기 때문이다.[1]

[다윗은] 인간적 감정이 없는 묘사들이 흔히 허용하는 것보다 그의 삶에 훨씬 더 많은 모호성을 지닌 사람이다.[2]

1. 서론

"성서의 등장인물"에 관한 기독교의 설교가 단순한 도덕화와 영웅적 오독으로 변질될 수 있는 방식을 고려할 때, 우리는 구약성서에 나오는 등장인물들의 내러티브에 관한 설교를 "주의해서 사용하라!"라고 책임감 있게 조언할 수 있다. "아브라함은 어떻게 했을까?"라는 접근은 "어떤 아브라함? 자신의 생명을 구하기 위해 자기 아내를 누이라고 두 번이나 속인 사람?

---

1 L. Eslinger, *Into the Hands of the Living God*, Bible and Literature Series 24 (Sheffield : Almond, 1989), 228-229.

2 John Goldingay, *Walk On*, rev. ed. (Grand Rapids : Baker, 2002), 115.

아니면 자기 아들인 이삭을 제물로 바치라는 명령에 순종하기 위해 아침 일찍 일어난 사람?"이라는 질문 앞에서 실패한다.

등장인물에 대해 설교할 때 주의해야 하는 것은 다음과 같은 몇 가지 이유 때문이다. (a) 성서의 인물들을 영웅적으로 읽는 전통, (b) 현대 문학은 때때로 복잡하다고 간주하지만 고대 문학은 상대적으로 단순하다고 생각하여 등장인물에 대한 내러티브 묘사를 지나치게 단순화하려는 전통, (c) 성서의 등장인물을 "용감하게 다니엘이 되어라"와 같이 현대의 행동을 위한 도덕적 모델로서 읽는 전통, (d) 등장인물에 대한 세부적인 묘사들과 특히 그들의 생각과 정신의 내적 작동들에 대한 세부적인 묘사들에 초점을 맞춘 문학의 전통. 이런 전통은 구약성서 내러티브에 대한 좌절이나, "심리화"(psychologizing)라는 용어로 표현될 수 있는 것으로서 성서 인물의 생각 속에서 작동하는 내적 작용들에 관해 추측하고 싶은 유혹으로 이어진다.

다른 한편으로 우리와 우리의 청중은 아주 자연스럽게 성서의 등장인물들에게 이끌리고 그들의 내러티브가 우리 자신의 투쟁과 상황에 빛을 비춰줄 수 있을 것이라는 가능성으로 인도된다. 그럼에도 불구하고 우리는 히브리 내러티브를 극단적으로 단순화하는 전통을 신중하게 다루어야 한다.

구약 설교, 어떻게 할 것인가?

2. 우리는 구약성서 내러티브의 등장인물에 대해 과연 설교할 수 있을까? 그리고 설교해야 하는가?

플롯과 등장인물의 성격 묘사는 분리할 수 없는 밀접한 관계이지만,[3] 대부분의 사람들은 일반적으로 성서를 등장인물 중심의 문학이라기보다는 플롯 중심의 문학으로 간주한다. 등장인물에 초점을 맞추는 것은 사소한 것을 중요하게 다룸으로써 해석의 과정을 위험에 빠뜨릴 가능성이 있다. 다르게 표현한다면 이것은 히브리 성서에서 하나님만이 해석의 초점이 되어야 할 유일한 등장인물이라는 식상한 주장을 되풀이하는 것이다. 물론 오직 하나님만이 서사학적(narratological) 관점에서 참되고 절대적으로 신뢰할 만하다고 주장할 수 있다.

두 번째 관심사는 역사비평적이든 복음주의적이든 아니면 대중적이든 간에 많은 전통적인 해석이 성서의 등장인물의 성격 묘사에 대해 (무의식적으로?) 단순하게 다루는 방식이다. 이것은 종종 내레이터의 관점과 내러티브에서 묘사된 등장인물의 관점 사이의 단순한 혼란과 관련된다.

이런 혼란의 한 원인은 우리가 아마 히브리 내러티브의 침묵이라고 부를 수 있는 것 때문이다. 어떤 이유에서든지 히브리 내레이터들은 등장인물에 대해 명시적인 도덕적 평가를 좀처럼 내리지 않는다. 이것이 등장인물에 대한 내레이터의 관점을 암시하는 좀 더 현대적인 수단들도 드물다는 사실과 결부될 때, 설교자는 때때로 진퇴양난에 빠지게 된다. 히브리 내레이터들은 등장인물에 대한 신체 묘사를 거의 하지 않으며, 현대 독자들에게 익숙한 세부 묘사는 더더욱 하지 않는다. 또한 사회적 지위를 암시하는

---

3 다음을 주목하라. Henry James, "What is character but the determination of incident? What is incident but the illustration of character?" (H. James, *Selected Literary Criticism*, ed. M. Shapira, Harmondsworth: Penguin, 1963, 88).

정보도 거의 없다. 아마 훨씬 더 중요한 것은 내적인 독백과 심리적인 묘사가 희박하다는 점일 것이다. 우리에게는 등장인물에 대한 내레이터의 관점을 알려주는 그 당시의 전형적인 단서들이 부족하기 때문에, 우리는 추측과 심리화 작업을 통해 그 간극을 메우려고 한다. 마치 내가 성서 내러티브에서 묘사된 그 인물처럼 어떤 상황에 직면하게 된다면 나는 어떻게 행동하거나 느꼈을까를 상상하는 것이 내레이터가 독자들이 내러티브의 등장인물들을 해석할 수 있도록 인도하는 믿을 만한 지침인 것처럼 말이다.

세 번째 관심사는 내러티브 장르에만 국한되는 것이 아니라 그 사안에 대해 소위 "구약성서" 또는 "신약성서"의 본문을 설교할 때 나타나는 더욱 일반적인 문제다. 즉 본문의 세계와 현대 해석자들의 세계 사이의 역사적·문화적·종교적 거리에 관한 문제다.

마지막 관심사는 구약성서 내러티브와 그 안에 나오는 등장인물에 대한 묘사의 요점을 놓치는 우리의 경향이다. 등장인물에 대한 구약성서의 묘사들은 일반적으로 이스라엘의 적들을 비방하거나 그들의 선조들을 영웅화하기 위해 제시된 것이 아니다.[4] 엘렌 데이비스(Ellen Davis)는 한편으로 하갈과 이집트에서 노예가 된 이스라엘 사이, 다른 한편으로는 사래와 이집트 및 바로 사이의 상호텍스트적 반향을 기술한 후 사래가 하갈을 다루는 것에 관한 내러티브가 어떻게 이스라엘에 대한 꾸짖음으로서 기능하는지를 유용하게 관찰한다.

이집트 여종 하갈은 기괴하게도 이집트에 있는 이스라엘, 즉 고통당하고 위

---

4   다니엘과 친구들, 그리고 에스라는 예외일 수 있다. 느헤미야는 예외가 아니라는 사례를 위해서는 Tamara Cohn Eskenazi, *In an Age of Prose*, SBLMS 36 (Atlanta: Scholars Press, 1989)을 보라.

험에 처한 절망적인 시기의 전형적인 이스라엘처럼 보인다. 하갈은 억압받는 이스라엘처럼 보이고, 온 이스라엘의 어머니인 사라는 하갈의 압제자다. 이것은 충격적이다. 이 이야기를 통해 이스라엘은 처음부터 자신이 억압받는 자뿐만 아니라 억압하는 자로서의 정체성도 가지고 있다는 것을 공식적으로 표명한다.[5]

구약성서의 내러티브는 등장인물의 나약함, 실수, 죄, 그리고 사소한 약점들을 숨기지 않는다. 왜냐하면 내러티브의 등장인물과 예시가 중심이 아니기 때문이다. 사실상 그들의 나약함은 하나님이 어떻게든 그들을 선택하여 사용하신다는 놀라운 사실을 가리킨다.

그러나 우리는 등장인물에 대해 구약성서의 내러티브들로부터 설교할 것이고, 또 설교해야 한다. 단지 문제는 그것을 어떻게 책임감 있게 감당하느냐다.

3. 만약 우리가 설교할 수 있고 설교해야 한다면, 우리는 어떻게 본문에 접근해야 하는가?

(1) 적합한 등장인물 선택하기

포스터(E. M. Forster)의 시대 이후로 등장인물에 대한 문학적 분석에서 내적 삶이 없고 변하지 않으며 플롯에 종속된 "평면적인"(flat) 인물과, 복잡

---

5 Ellen F. Davis, *Wondrous Depth: Preaching the Old Testament* (Louisville: Westminster John Knox, 2005), 133-134.

하고 변화하는 "입체적인"(round) 인물을 구별하는 것이 전통이 되었다. 그러나 종종 언급되는 것처럼 이런 극단 사이에는 중간 단계들이 존재한다. 바벨탑을 짓던 사람들과 같은 평면적인 인물들을 등장인물로 삼아 설교하는 것은 어렵다. 왜냐하면 여기서는 플롯이 그들이 등장하는 내러티브의 주된 초점이기 때문이다. 그러나 하갈[6]이나 디나 또는 하와[7]와 같은 비교적 주변 인물이라 할지라도 그들의 이야기를 면밀하게 읽는다면 설교적 결실을 자주 맺을 수 있을 것이다.

(2) 내레이터의 관점과 내러티브에서 외관상 "영웅"과 "악당"으로 등장하는 인물의 관점을 주의 깊게 구분하기

현대의 해석자는 내레이터가 명백하게 반박하지 않는 한, 성서의 등장인물의 주장을 액면 그대로 받아들이는 경향이 있다.[8] 때때로 이것은 표면적인 조화 또는 다양한 자료들의 경합을 초래한다. 예를 들어 사무엘하 1:1-16에서 다윗에게 사울의 죽음을 알리는 아말렉 사람은 자신이 사울을 죽였다고 주장한다. 그러나 내레이터는 우리에게 사울이 스스로 죽었다고 알려준다. 독자는 누구를 믿을 것인가? 성서의 신뢰할 만한 내레이터는 독자가 아말렉 사람이 거짓말하고 있다는 결론을 내리도록 이끈다. 그리고 전체적 문맥은 아마도 그 아말렉 사람이 다윗의 적인 사울을 죽임으로써 자신

---

6 Davis, *Wondrous Depth*, 131-137. 창 21장의 하갈에 관한 그녀의 설교는 더 넓은 범위의 내러티브에서 비교적 주변 인물을 택하고 면밀한 독서와 연관시킨 고전적 예다.

7 John Goldingay는 "타락"에 대한 내러티브를 회상하는 나이 많은 여인으로서의 하와에 대해 익살맞지만 도발적인 일인칭 설교를 제공한다. *After Eating the Apricot* (Carlisle : Solway, 1996), 33-45.

8 성서의 내레이터는 문학적인 측면에서 항상 신뢰할 수 있다는 주장에 대해서는 다음을 보라. Yairah Amit, *Reading Biblical Narratives : Literary Criticism and the Hebrew Bible* (Minneapolis : Fortress, 2001), 93-102.

이 다윗에게 환심을 살 수 있으리라고 생각했기 때문에 이렇게 했을 것이라고 추론하도록 독자들을 이끈다. 물론 그 아말렉 사람의 판단은 결과적으로 치명적 오판으로 판명된다. 아브라함이 사라에 관해 외국 왕에게 거짓말하는 내용을 담고 있는 두 번째 내러티브(창 20장—역자 주)에서 실제로 사라가 자신의 이복누이라는 아브라함의 주장은 의심스럽다. 왜냐하면 아브라함에 대한 내레이터의 계보가 아브라함의 가족 내에서 또 다른 동족 결혼에 대해서는 분명하게 언급하고 있지만, 이 사실에 대해서는 언급하지 않고 있기 때문이다(창 11:27-32—역자 주). 게다가 아브라함 자신도 창세기 12:11-13에서 처음으로 이런 계획을 꾸밀 때 이 사실을 언급하지 않는다.

특히 한 등장인물이 문학적 측면에서 주인공일 때, 독자는 등장인물이 자신에 대해 주장하는 것과 내레이터가 그 인물에 대해 단언하는 것을 구별함에 있어 매우 신중해야 한다. 예를 들어 야곱은 약속의 땅에서 떨어져 있는 동안 하나님이 그에게 축복하신 것의 십일조를 약속하지만, 그가 그렇게 했다는 사실은 결코 언급되지 않는다. 야곱은 종종 주인공으로 간주되기 때문에, 비록 언급되지는 않았더라도 그가 그 맹세를 틀림없이 지켰을 것이라고 추정하는 경향이 있다. 그러나 내레이터는 많은 현대의 해석자들보다 야곱을 더욱 경계한다.

예를 들어 창세기 32:9-12에서 야곱은 자신이 추측하기로 여전히 화가 나 있을 형을 만나야 하는 상황에 직면하여 기도한다. 독자는 이 기도를 어떻게 평가하는가? 야곱은 하나님이 이전에 그에게 하신 말씀을 미묘하게 수정하여 언급한다. 야곱이 10절에서 자기를 낮추며 말할 때, 그것은 단지 하나님의 환심을 사기 위한 것일까, 아니면 하나님의 인도와 보호에 대해 새롭게 감사하는 것일까? 야곱의 기도에서 독자가 감지할 수 있는 모호성에 주목하라. 야곱이 하나님의 구원을 위해 기도할 때, 그는 에서를 자신의 "형"이라고 부른다. 이것은 한 형제가 다른 형제를 죽일 것이라는 에 서의 의도적인 폭력의 부당함을 하나님께 상기시키기 위한 방법일 것이다. 야곱은 에서의 분노의 잠재적 결과로서 자녀들과 함께 어머니들의 죽음을 덧붙인다. 그러나 야곱은 에서의 분노가 애초에 그 자신의 음모로부터 시 작되었다는 것을 독자가 알고 있음을 언급하지 않는다. 이것은 마치 야곱 이 자신을 보호하기 위해 하나님을 조종하려고 시도하는 수단으로서 하나 님이 연약한 자들(그것이 여자들이 아니라 어머니들과 아들들이라는 것에 주목 하라)을 보호해주시도록 감정적인 호소를 사용하는 것처럼 보인다. 야곱이 제시한 최종적인 이유는 하나님의 약속의 궁극적인 운명이다. 만약 에서가 야곱을 죽인다면, 수많은 자손에 대한 하나님의 약속이 어떻게 성취될 것 인가? 강조 형태를 사용한 "내가 반드시 네게 은혜를 베풀리라"(9절)라는 하나님의 말씀에 대한 야곱의 첨가는 그가 그 약속을, 곧 하나님의 의무를 강화하는 또 다른 방법처럼 보인다. 야곱은 하나님으로부터 즉각적인 응답 을 얻지 못하고 결과적으로 에서의 분노에 대응하기 위한 자신의 전략을 수립한다. 독자에게는 이것이 야곱의 기도가 이미 응답되었다는 암시일 수 도 있다. 에서는 야곱을 해칠 의도가 없다. 그러나 야곱은 하나님이 그의 기 도에 분명하게 응답하시지 않았기 때문에 그의 뒤이은 행동들에서 전형적 인 야곱의 방식으로 직접 그 일을 다루어야 한다고 가정한 것처럼 보인다.

성서의 내레이터들이 도덕적으로 그리고 다른 방식으로 분명한 평가 를 거의 제공하지 않기 때문에, 독자는 등장인물을 그 일에 대한 보편적인 기준으로, 또 그 일을 통해 세워진 기준들을 가지고 말과 행동을 주의 깊게 비교하고 대조하면서 평가해야 한다. 로버트 알터(Robert Alter)는 성서의 내레이터들이 등장인물에 대한 정보를 전달하기 위해 사용한 수단들에 대 한 확실성의 척도를 제안한다. 그 수단들은 가장 불확실한 것으로부터 가장 확실한 것에 이르기까지 다음과 같다.

1. 등장인물의 행동과 신체적 모습을 통해 보이는 측면들.
2. 등장인물이 직접 한 말 또는 다른 등장인물들이 그에 대해 말한 것.
3. 우리로 하여금 "등장인물에 대해 비교적 확실한 영역"에 들어갈 수 있게 해주는 등장인물의 내면의 말.
4. 등장인물의 동기, 감정, 의도, 그리고 욕망에 대한 내레이터의 논평들.[9]

그러나 비록 이런 척도가 도움이 될 수도 있지만, 이것은 종종 우리에게 불확실성을 남겨놓는다. 왜냐하면 구약성서의 내러티브들은 위의 3번 또는 4번과 관련하여 상당히 유보적인 태도를 보이기 때문이다. 많은 경우에 우리는 모호함을 남기거나, 아니면 본문에 남겨진 단서들로 내레이터의 관점을 신중하게 분간해야 한다. 만약 등장인물의 말이나 행동이 대부분의 성격묘사에 대한 기초라면, 우리는 내레이터의 관점을 어떻게 찾을 수 있을까?

내가 유용하다고 여긴 한 가지 방법은 등장인물들의 말과 행동을 내레이터가 전하는 것, 주변 인물들이 전하는 것, 그리고 주인공이 전하는 것으로 분류하여 나란히 배열하는 것이다.[10] 등장인물이 과거의 사건들과 대화들을 다시 바꾸어 이야기하는 방식은 종종 결정적이다. 어떤 사건에 대한 등장인물의 설명이 그 사건에 대한 내레이터나 다른 등장인물의 설명과 정확하게 일치하는가? 그들은 이전의 대화를 인용할 때 엄격히 정확하게 인

---

9 Robert Alter, *The Art of Biblical Narrative* (New York : Basic Books, 1981), 116-117.

10 나는 설교에서 파워포인트를 사용할 때 다른 점들을 이탤릭 글씨체로 표시하여 본문들을 나란히 배열하는 것이 유용하다는 것을 종종 발견한다.

용하는가, 아니면 다른 말로 바꾸어 표현하는가? 만약 사건과 대화들에 대한 다양한 설명 사이에 차이점이 존재한다면, 그것은 실질적인 차이점인가? 만약 실질적이라면, 그 차이점에 대해 내러티브에 기초한 어떤 설명이 존재하는가?

예를 들어 열왕기상 19장에서 엘리야가 호렙에서 야웨께 한 말은 지진, 바람, 그리고 불의 경험 이전과 이후를 비교하면 모음부호까지 동일하다(왕상 19:10과 14절―역자 주). 왜 그럴까? 이것은 이스라엘에서 일어나는 일에 대한 엘리야의 관점이 야웨의 임재에 대한 계시 이후에도 이전에 그랬던 것처럼 동일하게 왜곡되어 있다는 것을 나타내는 것처럼 보인다. 열왕기상 18장에서 오바댜가 야웨의 예언자 백 명을 숨길 때 행했던 일에 대한 그의 진술은 내레이터의 진술에 매우 가까워서 독자는 엘리야보다 오바댜를 훨씬 더 신뢰하게 된다.

요셉 내러티브 중 한 가지 예시가 이 점을 명확하게 할 수 있을 것이다.[11] 만약 우리가 사건에 대한 내레이터의 설명과 요셉의 형들이 곡식을 사러 이집트로 처음 여행했던 기간에 요셉이 실제로 형들에게 한 말과 그들이 야곱에게 전달한 이야기를 비교해보면 그 차이점들은 놀랍고 의미심장하다.

---

11 이전의 말과 행동의 다른 점들에 대한 정밀한 비교의 기술과 그 다른 점들의 잠재적 함의에 관한 다른 예시들을 위해서는 내 다음 책을 보라. *Genesis Volume 2*, CPNIVOTC (Joplin, MO : College Press, 2009), 138, 224, 273, 335, 505, 527, 572.

요셉이 실제로 한 말 (창 42:18b-20a)	형들이 전달한 요셉의 말(창 42:33-34)
나는 하나님을 경외하노니 너희는 이같이 하여 생명을 보전하라. 너희가 확실한 자들이면 너희 형제 중 한 사람만 그 옥에 갇히게 하고 너희는 곡식을 가지고 가서 너희 집안의 굶주림을 구하고 너희 막내아우를 내게로 데리고 오라. 그러면 너희 말이 진실함이 되고 너희가 죽지 아니하리라.	그 땅의 주인인 그 사람이 우리에게 이르되 "내가 이같이 하여 너희가 확실한 자들임을 알리니 너희 형제 중의 하나를 내게 두고 양식을 가지고 가서 너희 집안의 굶주림을 구하고 너희 막내아우를 내게로 데려오라. 그러면 너희가 정탐꾼이 아니요 확실한 자들임을 내가 알고 너희 형제를 너희에게 돌리리니 너희가 이 나라에서 무역하리라" 하더이다.

이 두 본문과 그것이 속한 내러티브의 정밀한 비교는 다음과 같은 관찰들로 이어질 수 있다. 형들은 그 땅의 주인이 마음을 바꾸어 그들을 풀어주기로 결심하기 전에 그들 모두 삼 일 동안 감옥에 갇혀 있었다는 말을 하지 않는다. 그들은 시므온이 감옥에 갇혀 있다고 말하지 않는다. 더 중요한 것은 그들이 집으로 돌아오는 길에 그들 중 한 사람이 자신의 자루에서 곡식을 샀던 돈을 발견했다는 말을 하지 않는다는 것이다. 아마도 이 모든 사실은 발생한 사건들, 즉 그들이 야곱에게 이 사건들을 이야기하는 데 있어 명백하게 피하기 원한 사건들에 더욱 불길한 어조를 더했을 것이다. 게다가 그들은 요셉이 언급하지 않은 하나의 동기까지 덧붙인다. 일단 그들이 베냐민과 돌아가서 그 이집트 사람과 신뢰를 형성하면, 그들은 상당히 수익성이 좋은 사업의 기회들을 얻게 될지도 모른다. 형들은 야곱에게 거짓말을 한다기보다는 자신들이 베냐민을 데리고 이집트로 돌아가는 것을 야곱이 허락해줄 가능성을 높이기 위해 이런 방식으로 사건을 서술한다. 이런 종류의 분석은 해석자가 그 가족의 역동성에 대해 더욱 깊이 있게 묘사하고 히브리 내러티브의 섬세함에 대해 좀 더 미묘하게 평가하도록 돕는다.

(3) 말하기의 순서

히브리 내러티브에서는 언급되는 것뿐만 아니라 그것이 언급되는 방식도 중대하다. 내러티브의 **순서**는 종종 중요하다. 창세기 22:1은 독자에게 하나님은 아브라함이 이삭을 희생하도록 허락할 의도가 없었다는 것을 알려준다. 그것은 시험이었다. 이 정보는 독자가 하나님이 실제로 아이를 희생제물로 드리기를 원하셨을 수도 있다는 생각을 품을 기회를 갖기 전에 독자에게 제시된다. 이세벨의 마수에서 백 명의 예언자들을 숨기고 궁중의 식료품 창고로부터 그들을 먹이는 위험을 무릅쓰는 오바댜의 신실함은 그의 진정한 주님이 누구인가에 대한 논쟁에서 그가 엘리야에게 이것이 사실이라고 말하기 **전에** 내레이터를 통해 확인된다. 스턴버그(Sternberg)는 시므온과 레위가 세겜과 그 종족에 대항한 자신들의 행동의 타당함에 대해 야곱과 논쟁하는 자리에서 결정적인 발언을 했다는 사실에서 중대한 의미를 발견한다.[12]

(4) 내러티브 기술로서의 모호함

때때로 가장 신중한 내러티브 분석은 유일하게 확실한 결론으로서 불확실성을 제시한다. 그러나 이것은 적절하게 다루어진다면 설교자의 가장 좋은 친구가 될 수 있다. 우리는 야곱이 라헬 대신 레아가 주어졌다는 것을 알 수 없었던 이유를 모른다. 그것은 술 때문이었을까? 눈에 유전적인 질병이라도 있었을까? 어두움 또는 면사포 때문이었을까? 우리는 모른다. 그러나 회중은 내가 이후에 나올 샘플 설교에서 시도한 것처럼 설교자와 함께

---

12 Meir Sternberg, *Poetics of Biblical Narrative* (Bloomington, IN : Indiana University Press, 1985), 448.

대안들을 고려하라는 제안을 받을 수 있다. 이 모호함은 회중이 성서를 읽을 때 해석 활동에 참여하게 하고 지나치게 단순한 결론에 이르지 않도록 경계한다. 게다가 모호함은 그들에게 "나는 모른다"라고 말하는 것을 허락한다. 이것은 종종 회중이 영적으로 성장하여 성숙해지고 있다는 표시이기도 하다.

(5) 내러티브의 이름 부르기에 대한 세심한 주의

아델 벌린(Adele Berlin)은 내러티브 안에서 내레이터, 하나님, 그리고 등장인물이 다른 사람들을 언급하거나 그들에게 말하는 방법에 대한 세심한 주의가 어떻게 말이 없는 내레이터의 관점에 때때로 미묘하지만 매우 중요한 단서가 되는지를 처음으로 지적했다. 한 가지 예시는 창세기 34장의 디나 내러티브다. 1절에서 내레이터는 디나를 "레아가 야곱에게 낳은 딸"로 부른다. 레아는 괄시받던 아내이고, 디나는 아들이 아니라 딸이다. 내레이터는 반복적으로 디나를 야곱의 딸로 언급하고(3, 5, 7, 19절), 내레이터와 야곱의 아들들은 그들과 그녀의 관계를 "자매"와 "형제"(13, 25, 27, 31절)로, 그리고 놀랍게도 "딸"(17절)로 언급한다. 야곱은 결코 직접적으로 디나에 관해 말하지 않고 그녀가 당한 일에 대해서도 아무런 감정을 나타내지 않는다. 내러티브에서 다른 목소리들은 가족관계에 대해 말하는 반면 야곱은 말하지 않는다는 점은 당연히 중요하다. 내레이터는 야곱의 관점보다는 형제들의 관점을 공유하는 것처럼 보인다.

또 다른 예시는 열왕기상 18:1-16에서 엘리야와 아합의 종 오바댜가 만났을 때 그들이 서로에 대해 그리고 아합에 대해 언급하는 방식이다.[13]

13　Paul J. Kissling, *Reliable Characters in the Primary History*, *JSOT* Supplement Series 224

엘리야는 오바댜를 아합의 종으로 분류하기를 원한다. 오바댜는 아합을 그의 주인으로 섬기는 것만큼 자신을 엘리야의 종으로 여긴다. 내레이터와 오바댜는 오바댜를 하나님의 신실한 종으로, 그리고 그의 예언자 엘리야에게 충성하는 자로 간주한다. 그러나 엘리야는 그것을 받아들이지 않는다. 엘리야에게 오바댜는 자신을 제외한 당대 이스라엘의 모든 사람과 마찬가지로 타협한 사람이다.

내가 때때로 유용하다고 생각하는 연습은 한 내러티브에서 이름이 있는 사람들과 이름이 없는 사람들의 목록을 만들고 내레이터, 주인공 그리고 주변 인물들이 각 사람에 관해 언급하는 다양한 방식을 적어보는 것이다. 이런 종류의 목록은 본문을 읽을 때 내러티브의 이름 붙이기를 강조하는 설교에서 사용될 수 있다.

(6) 평행적 상황들과 반대의 상황들

히브리 내러티브에서 두 가지 상황의 유사점과 차이점들은 독자가 그것들을 비교하고 대조하게 한다. 모세와 여호수아는 둘 다 가나안으로 정탐꾼을 보내지만, 여호수아는 열두 명이 아니라 두 명만 보낸다. 야곱은 끔찍한 사건이 자신의 자녀들 중 한 명에게 일어났다는 소식을 두 번 듣는다. 디나의 경우, 야곱은 아무런 감정을 표현하지 않는다. 요셉의 경우, 야곱은 비통해하며 위로받기를 거절한다. 라헬의 자녀들과 비교할 때, 사랑받지 못했던 아내의 자녀들은 그들의 아버지로부터 매우 다른 반응을 얻는다.[14] 종종

(Sheffield : Sheffield Academic Press, 1996), 121-122.

14 Sternberg는 레아가 사랑받지 못하는 아내였고, 르우벤, 유다, 디나와 더불어 시므온과 레위도 레아의 자녀들이었다고 진술한다. 그는 요셉의 비극에 대한 소식(*Poetics*, 462)과 관련하여 "라헬의 자녀에게 닥친 재앙에 대해 야곱이 그렇게 다르게 반응하는 것은 당연하다"라고 언급한다.

구약 설교, 어떻게 할 것인가?

청중은 설교 본문과 병행하는 다른 이야기를 떠올리고 설교자와 함께 비교와 대조를 실행할 수 있다.

(7) 본문의 상호텍스트성, 본문의 반향과 모형론

히브리 성서의 초기 본문에서 단어, 구, 개념, 상황 그리고 역할의 반복은 흔하다. 등장인물들과 관련하여 앞서 나온 등장인물과 일종의 새로운 버전으로 구성된 이후의 등장인물 사이에는 많은 평행점이 존재한다. 노아는 새로운 아담이고, 아브람도 그렇다. 여호수아와 엘리야는 모두 그들의 세대를 위한 새로운 모세이지만 엘리사는 새로운 여호수아다. 에스라는 용의 주도하게 출발일을 유월절로 잡으면서, 노예생활로부터 새로운 출애굽을 이끌고 토라의 대중적 선포를 인도한 새로운 모세다.

알레고리와 모형론의 차이가 과장될 수 있지만, 후자는 더 넓은 거시-내러티브의 맥락 안에서의 주의 깊은 독서로부터 나타난다. 이것은 본문에 내재하는 것이며 외부로부터 도입되지 않는다. 모형론적 연결점들이 본문에 있을 때 그것은 그 본문의 선포를 통해 채굴되어야 한다. 성서의 등장인물들의 경우 이전의 한 등장인물 또는 등장인물들의 새로운 버전은 이후의 등장인물들이다.

(8) 거시-내러티브의 맥락에 대한 신중한 주의

성서의 등장인물에 대한 대중적 수준의 설교에서 가장 큰 문제는 아마도 다루고 있는 특정 본문을 더 넓은 내러티브의 맥락이나 거시-내러티브와 연관시키지 못한다는 점일 것이다. 거시-내러티브를 무시하는 것은 종종 미묘하고 복잡한 내러티브의 메시지를 많이 축소시켜 지나치게 단순화한 도덕적 설명을 위한 사료로 만드는 결과를 가져온다.

이삭을 기꺼이 희생제물로 드리려는 아브라함의 마음은 우리가 역사적·종교적 배경을 이해할 때, 그리고 성서에서 흠이 있는 많은 등장인물처럼 자신을 위해 하나님의 일을 하려고 노력하는 아브라함의 이전 경향을 상기할 때만 이해된다. 창세기 22장에서 아브라함의 믿음은 그가 하나님이 약속을 성취하시는 일에 도움을 주려 했던 모든 시도를 포기할 때 정점에 이른다.

예를 들어 우리는 창세기에서 여러 이야기가 이스라엘이라는 민족의 이익을 위해 전해진 것이라는 점을 계속해서 명심해야 한다. 조상에 대한 내러티브들은 민족 전체의 사회적·종교적 정체성을 암시적으로 표현한 것으로서 읽어야 한다. 야곱은 **결국** 이스라엘이며, 야곱의 아들들은 **결국** 이스라엘의 지파들이다. 아들들 사이의 긴장은 지파들 사이의 긴장을 예상하게 한다. 이삭이 거의 희생제물이 되었을 때, 이 민족의 미래는 위태롭다.

거시-내러티브가 우리가 기억할 수 있도록 도와주는 또 다른 점은 성서의 등장인물들을 단순히 이분법적으로 간주해서는 안 된다는 것이다. 내가 조엘 케민스키(Joel Kaminsky)의 전반적인 연구의 많은 부분을 확실하게 지지하지는 않지만, "선택"[15]에 관한 그의 최근 연구는 유익한 조언을 준다. 그는 우리에게 히브리 성서에서 사람들은 단순히 둘이 아닌 세 가지 범주, 즉 선택(elect), 비-선택(non-elect), 그리고 반-선택(dis-elect)으로 분류된다는 것을 상기시킨다. 허드(Heard)의 최근 연구[16]는 선택받지 못한 사람들에 대한 모호하지만 단순히 부정적이지만은 않은 인물묘사를 상기시킨다.

---

15 Joel S. Kaminsky, *Yet I Loved Jacob: Reclaiming the Biblical Concept of Election* (Nashville: Abingdon Press, 2007).

16 R. Christopher Heard, *Dynamics of Diselection: Ambiguity in Genesis 12-36 Ethnic Boundaries in Post-Exilic Judah, Semeia* 39 (Atlanta: Society of Biblical Literature, 2001).

구약 설교, 어떻게 할 것인가?

맥콘빌(J. G. McConville)[17]은 지상의 실세들, 특히 왕들과 관련하여 성서의 거시-내러티브의 의혹에 대해 유익한 글을 썼다. 그는 내가 보기에 모세, 여호수아, 엘리야, 그리고 엘리사조차도 독자 앞에 잘 보이는 곳에 배치된 결점들을 가지고 있다는 것을 언급할 만큼 충분히 나아가지는 못했다.[18] 성서의 비판적인 시선의 표적이 된 것은 단지 왕과 다른 실세들만이 아니다. 당대의 예언자들도 그렇다. 영웅 및 악당과 마찬가지로 이 둘 사이에 있는 모든 사람이, 매우 드문 예외를 제외하고는, 성서의 더 넓은 내러티브의 전체 관점에 제시된 그들의 약점을 가지고 있다. 이것은 우리에게 각 본문을 지나치게 단순하게 읽지 말라고 경고한다.

(9) 등장인물의 발전

단일 등장인물이 본문에서 상당히 긴 구간을 지배하는 구약성서의 내러티브들을 현대 소설처럼 간주하면 안 된다. 본문의 궁극적인 초점은 사람이 아니라 하나님께 있다. 그러나 등장인물이 발전하는가? 등장인물이 시간이 지남에 따라 변하는가? 나는 이런 일이 때때로 일어난다고 주장했다. 여호수아는 하나님의 격려를 받은 사람에서 그의 삶의 마지막 즈음에 이르러 이스라엘에게 동일한 종류의 격려를 해주는 사람이 된다(수 1:5-9; 17:14-18; 18:3; 23:6). 아브라함은 하나님의 약속이 성취되는 것을 보기 위해 자신 나름의 계획을 세우는 유혹을 받은 사람에서 하나님이 그 약속을 책임지시도록 기꺼이 허용하는 사람으로 발전한다. 내가 샘플 설교에서 제안하는 것처럼 천사와 겨룬 씨름은 야곱을 변화시킨 것처럼 보이고 에서와

---

17 J. G. McConville, *God and Earthly Power: An Old Testament Political Theology: Genesis-Kings*, LHBOTS 454 (London/New York: T & T Clark, 2006).

18 내가 쓴 *Reliable Characters in the Primary History*를 보라.

화해를 이룬 사람은 바로 변화된 야곱이다.

(10) 이스라엘의 어깨너머로 읽기

레인 보스(Rein Bos)는 성서의 사중적 의미에 대한 새로운 시도를 제안한
다. 즉 이스라엘적 의미(*Sensus Israeliticus*), 기독론적 의미, 교회론적 의미, 종
말론적 의미다.[19] 유로화 지폐의 홀로그램과 다른 보안 조치들에 대한 비유
를 사용하면서 보스는 "다중 층(지폐 보안을 위한 여러 층―역자 주)이 실제
로 신뢰성의 한 표지"[20]라고 주장한다. 이스라엘의 어깨너머로 읽기라는 과
정을 통해 청중을 안내하는 것에는 많은 설교적 유익이 종종 발견된다(이
스라엘적 의미). 이스라엘은 아버지 족장들과 어머니 족장들 안에서 자신의
정체성을 발견한다. 이것이 이스라엘에게 어떤 의미였을까? 그들은 이에
대해 어떻게 반응했을까? 예를 들어 이 장의 마지막에 있는 설교 요약에
서 이스라엘의 자녀들에 대한 성서의 최초 언급은 천사와 씨름할 때 둔부
를 맞은 그들의 조상 야곱 때문에 둔부의 힘줄을 먹지 않는다는 민족의 관
습에 대한 외견상 모호한 암시에서 나타난다. 이스라엘의 어깨너머로 읽기
는 우리가 이런 외견상 모호한 관습의 중요성을 더욱 명확하게 보는 것을
가능하게 한다. 야곱이라는 인물은 이스라엘이 되고, 후에 이스라엘의 가
장 사나운 라이벌 중 하나가 되는 민족의 조상인 에서라는 인물과 화해의
방식을 이루어낸다. 그러나 이 일은 오직 하나님이 그의 넓적다리를 치신
후에야 비로소 발생한다. 이스라엘 독자들은 이 내러티브에서 자기 자신을
발견한다.

---

19 Rein Bos, *We Have Heard that God Is with You: Preaching the Old Testament* (Grand Rapids : Eerdmans, 2008), 166-184.

20 앞의 책, 166.

구약 설교, 어떻게 할 것인가?

4. 히브리 내러티브의 등장인물로부터 우리는 어떻게 설교를 구성할 수 있고 구성해야 하는가?

(1) 흥미와 흐름을 유지하기 위해 내러티브에서 긴장의 아크 사용하기

성서의 등장인물에 관한 설교를 구성하는 가장 간단한 방법은 그 구성을 조절하기 위해 이야기의 순서를 사용하는 것이다. 성서의 내러티브 또는 다른 방식의 내러티브는 긴장의 아크(arc : 긴장감의 상승이나 하강 곡선을 가리키는 문학 용어—역자 주), 즉 앞으로 발생할 일에 대한 긴장감을 추구함으로써 흥미를 일으키고 유지한다. 어떻게 문제가 해결될 것인가? 심지어 우리에게 매우 친숙한 내러티브조차도 이런 특성을 가지고 있다. 우리는 일정한 수준에서 사건들이 해결되는 방법을 알고 있다. 우리는 전에 그 이야기를 읽었다. 그러나 우리는 그것을 다시 읽을 때 그 긴장감을 다시 경험한다. 등장인물에 대한 설교는 귀납적으로 또는 연역적으로 구성될 수 있지만, 만약 후자의 접근이 사용된다면 요점들의 순서는 내러티브의 흐름을 방해하지 않도록 보통 그 이야기의 순서에 따라 제시되어야 한다. 긴장의 아크는 내러티브를 만들거나 가로막는 것이며, 성서 내러티브의 힘은 의사소통을 강화하기 위해 사용되어야 하고, 한 사람의 신학적 알맹이를 위한 불필요한 껍질처럼 폐기되어서는 안 된다. 최소한 서구의 현대 청중, 아니면 대부분의 청중이 그 이야기에 친숙하다고 추측하는 것은 순진한 생각이다. 그들에게는 이것이 그 내러티브에 관해 처음으로 읽거나 듣는 것일 수도 있다. 그 이야기의 내러티브 구조를 사용하라. 우리 인간의 생각은 이야기의 구조로 되어 있고, 하나님과 투쟁하는 인간에 관한 성서 내러티브들은 우리 자신의 이야기들과 세상에 대한 우리의 사고방식을 자연스럽게 이야기한다.

(2) 본문이 더 큰 내러티브의 맥락과 특히 성서의 거시-내러티브의 맥락에 어떻게 적합한지를 설명하라

현대 청중이 특정한 구약성서 내러티브에 대해 더 넓은 내러티브의 맥락을 알고 있다고 추측하는 것은 대부분 순진한 생각이다. 심지어 성서의 여러 사실을 꽤 잘 알고 있는 청중조차도 내러티브를 구성하는 것을 어려워한다. 만약 우리가 본문을 잘 이해하고자 한다면, 그 본문을 더 큰 내러티브의 맥락에 비추어 읽어야 한다. 이것은 설교 본문의 전후 본문들을 포함한다. 더욱이 궁극적으로 이것은 본문을 신약성서로부터 "거꾸로" 읽는 것도 의미한다. 이것은 우리의 청중이 그들 자신의 삶과 환경에 연결되도록 우리가 돕는 것을 보장한다. 많은 경우에 구약성서 자체 안에서의 모형론적 연결은 그런 연결을 신약성서 안으로 확장하기 위한 하나의 지침으로 기능한다. 비록 당신의 전통이 나와 마찬가지로 일반적으로 하나의 성서일과표(lectionary)를 따르지 않더라도, 표준성서일과표에 있는 당신의 본문과 짝을 이루는 신약성서를 읽는 것은 여기서 실제적인 도움이 될 수 있다.

내 신학교 시절 설교학 교수의 격언이었던 "예수나 교회에 대한 언급이 없다면, 그것은 기독교 설교가 아니다"라는 말은 비록 그 격언이 불변의 법칙이 되어서는 안 된다고 할지라도 되새기기에 유익하다. 그러나 눈에 보이는 내러티브가 성서의 거시-내러티브의 맥락에 적합하게 되는 방법을 설명하는 것은 청중이 그 내러티브가 우리의 현재 상황에서 새롭게 말하고 있는 방법으로 이동하도록 돕는다.

(3) 일인칭 내러티브 설교

최근 창세기 12-50장에 대한 주석을 하면서 나는 과거의 사건을 기술하고 있음에도 무심결에 역사적 현재 속으로 미끄러져 들어가는 놀라운 경험을 했다. 구약의 내러티브들은 종종 문화적·종교적 차이의 큰 바다를 뛰어넘는 그 자체의 생명을 가지고 있는 것처럼 보인다. 마치 "우리가 거기에 있는 것" 같은 현재 시제의 사용은 종종 등장인물에 관한 설교에 도움이된다. 때때로 설교는 설교자가 등장인물의 인격을 취하는 일인칭 독백으로 정교하게 재구성될 수 있다. 나는 은퇴한 어느 목회자의 아내가 "변장"하고 에스더에 대한 일인칭 내러티브를 전달하면서 미스 바빌로니아(Miss Babylonia)였던 때의 자신의 삶을 회고한 일을 좋게 기억한다. 이것이 과장될 수도 있고, 설교자는 그것이 잘 진행되도록 더 많은[21] 준비가 필요하다고 주의를 받아야 하지만, 일인칭 내러티브 설교는 본문을 새로운 방식으로 생생하게 만들 수 있다. 특정한 종류의 문학적 자격증이 그런 설교를 다루겠지만 우리는 언급되지 않은 세부 사항에 대해 우리가 채워넣은 것이 본문의 메시지로부터 벗어나지 않도록 주의해야 한다.

5. 결론

구약성서의 등장인물들에 관한 묘사는 우리 자신의 눈과 청중의 눈앞에서 생명을 얻는다. 우리가 책임감 있게 청중을 성서 속 등장인물들의 이야기로 이끌지 않는다면, 그 이야기는 계속해서 문맥과 상관없는 극히 단순한 도덕적 설교를 위한 사료로 방치될 것이다. 목회자들이 회중에게 더 좋은 방법을 보여주지 않는 한 그리스도인 최고경영자 느헤미야와 그 훌륭한 그리스도인 아브라함이 여전히 우리의 회중의 상상력을 채우게 될 것이다.

---

21 그런 설교를 준비하기 위해 도움이 되는 조언을 위해서는 다음을 보라. Stephen Chapin Garner, *Getting into Character: The Art of First-Person Narrative Preaching* (Grand Rapids: Brazos, 2008).

우리가 그들에게 당신의 일을 하시기 위해 깨진 그릇과 같은 인간을 사용하시는 하나님, 우리 구주 예수 그리스도의 아버지를 보여주지 않는다면, 우리의 회중은 그들(느헤미야와 아브라함—역자 주)을 지나치게 순진무구한 것 외에는 말할 것도 전혀 없고 위험 요소도 별로 없는 석고상 성자들로 바꾸어버릴 것이다.

• 창세기 32:22-32의 설교 개요: "치유받기 위한 절뚝거림"

그것은 바로 그 밤에 발생했다

그것은 어떤 밤이었는가? 리브가가 그녀의 쌍둥이로부터 유래할 두 민족과 관련하여 큰 자가 작은 자를 섬길 것이라는 수수께끼 같은 예언을 담은 약속을 받고 야곱이 에서의 발꿈치를 잡았던 약 육십 년 전 그녀의 태에서 모든 것이 시작되었다. 분명히 리브가는 그 "예언"이 반드시 실현되도록 조치를 취하는 것이 자신의 책임이라고 생각했고, 만약 그것이 그들의 먼 후손 중에서가 아니라 자기 아들들의 생애에 성취되지 않는다면 그것이 성취될 수 있는 다른 방법을 상상할 수 없었다. 그래서 알려진 것처럼 야곱은 수단과 방법을 가리지 않고 반드시 장자권과 축복을 받아야 했다. 그렇게 게임은 시작되었다.

다음으로 우리는 붉은 털을 가진 들사람 에서가 몹시 굶주린 채 사냥에 실패하고 돌아왔을 때, 추정하건대 집안의 기회주의자였던 야곱이 붉은 팥죽 한 그릇으로 에서의 장자권을 샀다는 쌍둥이에 대한 이야기를 듣는다.

"확보된" 장자권과 함께 우리는 다음으로 거의 눈이 멀고 임종이 가까운 이삭과 더불어 마흔 살의 쌍둥이를 만난다. 사실상 이삭은 팔십 년을 더 살지만, 리브가도 야곱도 에서도 이삭 자신도 그것을 예상하지 못했다. 야곱은 에서의 옷을 입고 그의 향을 바르고 자신의 것이 될 수 없는 털이 많은 피부를 만들어서, 믿기 어렵지만 어쨌든 거의 앞을 보지 못하는 자기 아버지를 속인다.

야곱과 리브가의 사기는 뛰어난 전략가인 리브가가 에서의 폭력적인 복수를 두려워하고 명백하게 가식적인 경건함으로 이삭에게 야곱이 미래에 결혼할 가나안 사람에 대한 우려를 표현할 때 보응받기 시작한다. 리브가는 이삭이 자신을 택했던 것처럼 친족 안에서 야곱의 배우자를 찾을 것을 제안한다. 이를 위해서는 에서의 분노를 피해 고향인 밧단아람으로 여행할 필요가 있다.

이삭은 처음보다 더 상황 파악이 빠르다. 이삭은 아내를 얻게 하려고 야곱을 친족에게로 보내지만, 그에게 신붓값으로 사용할 아무것도 들려 보내지 않는다. 이것은 결코 짧지 않은 여행이 될 것이다.

야곱은 밧단아람에 무일푼으로 도착했을 때 라헬이라는 이름의 젊은 여자 목동에게 반한다. 세 명의 목자는 우물의 무거운 돌 덮개를 들 수도 없고 들려고 하지도 않는다. 그러나 야곱은 눈이 튀어나올 정도로 예쁜 라헬을 봤을 때 남성적 허세가 발동하고 그 돌을 혼자 들어올린다. 기쁘게도 라헬은 그의 친족이고 따라서 적절한 결혼 상대자다. 야곱이 신붓값만 갖고 있었다면 좋았을 텐데!

욕심쟁이 야곱은 라헬을 두고 라반과 협의할 때 호적수를 만난다. 칠년 동안의 무임금 노동은 과도하지는 않지만 비싼 신붓값이다. 그러나 야곱은 아름다운 라헬과의 첫날밤을 기대했기 때문에(창 29:20-21) 그에게 칠년간의 무임금 노동은 단지 며칠처럼 느껴졌다.

아버지 이삭의 약해진 시력을 이용했던 야곱은 결국 그 값을 되돌려받는다. 첫날밤을 지내고 일어난 야곱은 자신이 다른 여자와 결혼했다는 것을 알게 된다. 그런 맹인은 아무도 없다. 나는 그것이 술 때문인지, 면사포 또는 어두움, 아니면 이 모든 것 때문인지, 다른 것 또는 다른 사람 때문인지 모른다. 그러나 그런 맹인은 아무도 없다. 라반의 변론은, 비록 거짓말 탐지기에서 사실 같지 않거나 최소한 의문시된다고 할지라도, 신랄하게 비꼬며 야곱의 과거를 끄집어낸다. "언니보다 아우를 먼저 주는 것은 우리 지방에서[너희와 다르게] 하지 아니하는 바이라"(창 29:26). 야곱은 이삭을 이런 식으로 속였을지 모르지만, 라반은 그것을 허용하지 않을 것이다. 야곱의 속임수는 이자 및 벌금과 함께 마땅한 벌을 받는다.

칠 년이 십사 년으로, 그리고 다시 이십 년으로 바뀔 때 야곱은 자신이 원했던 것보다 세 명의 아내를 더 얻는다. 역설적으로 미움 받았던 레아는 아이를 낳는 데 어려움이 없는 반면에(창 29:31) 많은 사랑을 받았던 라헬은 불임이고 이에 대해 절망한다. 세월이 흐르고 네 명의 아내는 거대하지만 분열된 가족과, 마침내 그들을 부양하기에 충분한 물질적 축복을 이룬다. 하나님의 축복과 교묘한 행위가 뒤섞인 채로 야곱은 라반의 양 떼와 소 떼에서 그가 생각하건대 자기 가족의 미래를 보장하기에 충분한 양을 움켜쥔다.

자기 형의 뜻밖의 공격으로 고통받기를 원하지 않는 야곱은 사자들을 보내 에서에게 자신의 귀환을 알린다. 야곱은 에서(여기서 그의 주인이라고 뚜렷하게 언급된다)의 눈에 호의를 얻기 위한 선물로서 수많은 종과 값비싼 동물이라는 객관적으로 막대한 뇌물을 제공한다. 에서에게는 "주인"이, 야곱에게는 "종"이라는 호칭이 반복되는 것은 우리를 놀라게 한다. 여기서 우리는 큰 자(에서)가 작은 자(야곱)를 섬기게 될 것이라고 생각할 수 있을 것인가? 분명히 그들의 생애에서는 아니다. 야곱은 선물 공세로 에서를 달래고, 과도하게 공손한 어휘를 사용하며, 자기 가족을 두 그룹으로 나누고 기도함으로써 자신이 에서의 이전 이십 년 동안의 화를 누그러뜨릴 수 있도록 전략을 세운다.

야곱이 자기 가족을 강 건너편으로 이동시키고 자신의 운명을 기다린 것은 **바로 그날 밤이었다.** 에서는 사백 명의 사람들과 함께 오고 있었고 야곱은 자신과 가족을 준비시켜야 했다. 야곱이 나중에 신적인 사람(divine person)으로 밝혀지는 누군가와 씨름하고 있는 자신을 발견한 것은 **바로 그날 밤이었다.** 겸양의 행동으로 그 사람은 야곱에게 그와의 싸움에서 무승부를 허락하지만, 이는 야곱이 축복을 받고 그 과정에서 다리를 절게 되기 전까지는 아니다. 항상 욕심꾸러기였던 야곱은 신적 인물로부터 축복을 받기 위해 고군분투한다. 그 축복은 이스라엘이라는 새로운 이름을 주는 것이다. 이 이름은 하나님이 (이스라엘을 위해 또는 이스라엘과) 싸우신다는 뜻이거나 (이스라엘이) 하나님과 싸운다는 것을 의미한다. 이 함축된 의미들은 모두 사실이다. 하나님은 이스라엘을 위해 싸우신다. 하나님은 이스라엘과 싸우신다. 그리고 이스라엘은 하나님과 싸운다.

바로 그날 밤 야곱은 하나님과 싸우고 하나님에 의해 부상을 입는다. 강의 악령들(river demons)에 대한 추측에도 불구하고 그 신적인 사람이 해가 뜨기 전에 떠나야 했던 이유에 대한 가장 자연스러운 설명은 에서가 곧 도착할 것이라는 사실이다. 비록 그 만남을 준비하는 것이 야곱에게 고통스러울지라도 그 만남은 이 일방적인 씨름의 주된 이유다. 만약 야곱이 그의 형, 아버지, 심지어 하나님으로부터 축복을 쟁취하기를 고집했다 해도 어쩔 수 없는 일이다. 야곱은 경제적으로 영적으로 그리고 심지어 육체적으로도 자신이 절뚝거리는 결과 밖에는 얻을 수 없었을 것이다. 그러나 아마도 이 절뚝거림은 축복의 숨겨진 형태이거나, 아니면 적어도 축복의 형태가 절뚝거림 속에 숨겨져 있을 것이다.

야곱은 자신이 추측하기에 여전히 화가 나 있을 것 같은 형과의 두려운 만남에 직면할 때 마침내 변화된다. 앞쪽에는 덜 사랑하는 사람부터 뒤쪽에는 가장 사랑하는 사람까지 가족을 배치시킨 후 야곱은 책임을 지기 위해 자기 가족 **앞에서** 절뚝거린다. 그는 하나님과의 만남으로 인해 그렇게 절뚝거리게 된다. 자신이 태어나기 전에 주어진 하나님의 말씀에 따라 자신을 큰 자로부터 섬김을 받게 될 작은 자로 추측했던 야곱은 지금 절뚝거리며 그의 주인인 에서 앞에서 고통스럽게 일곱 번 절한다. 야곱은 자신이 힘든 노동과 하나님의 축복을 통해 얻은 물질적 축복의 많은 부분을 뇌물로 바침으로써 포기해야 한다. 야곱은 자기 형과 그의 사백 명의 군사들 앞에서 군사적으로 무방비 상태다. 그에게 자신의 연약함을 상기시켜주는 탈구된 고관절의 새로운 상처와 함께 야곱은 이전에 자신을 섬길 것이라고 추측했던 그의 "주"(형) 앞에서 고통스럽게 절한다.

이 본문은 성서에서 "이스라엘의 아들들"이 최초로 언급되는 부분이다. 먼저 상당히 모호한 음식 금기와 관련하여 그들을 처음으로 언급한다는 것은 오히려 이상하게 보인다(창 32:32). 최근까지도 이스라엘이라는 이름을 얻게 된 이 사람의 후손은 이 사건 때문에 둔부의 힘줄을 먹지 않는다. 그러나 아마도 여기에는 역사적 호기심 또는 불가해한 음식 금기 이상의 것이 존재할 것이다. 그들에게 이것은 거룩한 것 즉 중요한 것이었고, 그 금기는 이 신성한 것을 기억하기 위한 하나의 방법이었다. 이 민족에게 그 이름을 부여한 사람은 절름발이였고, 그는 불구인 상태로 화가 나 있을 것으로 추측했던 형에게 절뚝거리며 올라갔고 고통 속에서 일곱 번 땅에 엎드려 절했다. 더 중요한 것은 그렇게 비천하고 망가진 상태에서 야곱이 그의 형과 화해를 이루었다는 점이다. 야곱과 에서가 함께 등장하는 마지막 장면에서 그들은 평화롭게 만나 그들의 아버지를 땅에 묻는다.

구약 설교, 어떻게 할 것인가?

때때로 우리는 치유되기 위해 절뚝거리게 되어야 한다.

이스라엘은 자기 민족 중심적인 자부심으로 동기를 부여받았기 때문에 그들의 기원에 대한 이 이야기를 말하지 않았다. 성서의 거시-내러티브에서 이스라엘은 귀먹고 눈먼 종이다. 그럼에도 하나님은 그 종을 온 세상을 향한 축복의 통로로 사용하셨다. 이스라엘의 매우 모호한 기원의 실제는 그 위에 하나님의 은혜의 밝은 색들이 덧칠해진 검은 캔버스다. 이 이야기는 그 민족으로 하여금 자부심을 갖고 거드름을 피우게 하려고 이런 식으로 전해지는 것이 아니다. 그것은 이스라엘과 그들의 이야기를 읽는 모든 사람에게 비록 이스라엘이 죄로 가득하고 부서졌을지라도 그럼에도 하나님은 이스라엘을 사용하셨다는 사실을 상기시키기 위해 이런 방식으로 전해진다.

그 이야기의 나머지 부분을 읽을 수 있는 특권을 부여받은 우리는 마지막으로 선택된 하나님의 종, 이스라엘의 남은 자, 새로운 이스라엘, 즉 예수 그리스도가 비천하고 망가진 상태로 가장 위대한 일을 행하셨다는 것을 안다. 그의 비천함과 수치로 인해 우리가 구원받는다. 그의 절뚝거림으로 인해 우리는 치유된다.

그리고 바로 그 비천하고 망가진 하나님의 종을 따르는 자들로서 우리는 치유되기 위해 우리 역시 때때로 절뚝거리게 되어야 한다는 것을 안다.

추천 도서

Amit, Yairah, *Reading Biblical Narratives: Literary Criticism and the Hebrew Bible* (Minneapolis: Fortress, 2001).

Davis, Ellen F., *Wondrous Depth: Preaching the Old Testament* (Louisville: Westminster John Knox, 2005).

Kissling, Paul J., *Genesis Volume 1* and *Genesis Volume 2*, CPNIVOTC (Joplin, MO: College Press, 2004, 2009).

'HE BEGAN WITH MOSES...'
PREACHING THE OLD TESTAMENT TODAY

제3장

율법 설교하기

크리스토퍼 J. H. 라이트(Christopher J. H. Wright)

1. 서론

우리가 어떻게 구약 율법을 설교해야 하는지에 대해 생각하기 전에, **왜** 우리가 율법을 설교해야 하는지를 우리 자신에게 상기시키는 것이 좋을 것 같다. 우리는 어떤 신학적 토대 위에 율법서들을 포함하는 설교학을 세울 수 있을까? 나는 디모데후서 3:15-16이 구약의 다른 모든 부분에 적용되는 만큼 율법에도 적용된다는 데 찬성한다고 말하기보다는 그것을 기본적인 입장으로 취할 것이다. 바울이 "모든 성경"이라고 말했을 때, 그는 우리가 현재 구약성서로 알고 있는 율법서(Law), 예언서(Prophets), 성문서(Writings)의 정경을 생각하고 있었다. 그러므로 구약 율법은 우리를 그리스도 안에서 믿음을 통해 구원으로 이끌고, 하나님의 영감으로 형성되었으며, 바울 자신과 디모데와 같은 유대인들뿐만 아니라 이방인 그리스도인들에게도 가르침과 훈련과 윤리적 교훈에 적절하고 유용한 것으로 **포함된다.** 만약 이것이 성서에 대한 바울 자신의 설교를 뒷받침하는 확신이었다면, 이는 우리 자신의 설교에서 구약 율법을 무시하지 않도록 우리에게 동기를 부여해야 한다.

물론 이 본문을 교리의 한 조항으로 단언하는 것과 구약의 법률 본문을 설교하기 위해 그것을 이해하는 임무를 수행할 때 본문 안에서 확신을 얻는 것은 별개의 문제다. 그러나 만약 우리가 율법을 포함한 구약성서 각

권의 모든 장에 "**이** 성경은 하나님의 감동으로 된 것이고 유익하니…"라고 기꺼이 쓰려고 하지 않는다면, "**모든** 성경은 하나님의 감동으로 된 것이고 유익하니…"라는 대담한 선포에는 거의 의미가 없는 것 같다. 따라서 이 시작하는 부분에서의 내 요점은 이것이다. 즉 나는 구약 율법이 권위 있고 적절하다는 **사실**을 주장하려는 것이 아니라, 우리가 그것의 권위와 적절성을 우리의 설교에서 **어떻게** 살아 있고 운동력이 있으며 날카롭게 만들 수 있는지에 대해 탐구하고자 한다.

2. 율법은 은혜 위에 세워졌다

우리는 토라에서 율법의 **내러티브** 맥락의 중요성을 살펴보는 것으로 시작해야 한다. 율법은 하나의 이야기 안에서 나온다. 우리가 토라의 법률 본문들에 도달하기 전에 우리에게는 책 한 권 반(창세기와 출애굽기 1-18장—역자 주) 분량의 선행하는 내러티브가 있다. 이것은 창조, 타락, 선택, 약속, 구원에 대한 이야기다. 이 위대한 내러티브와 그것의 신학적 의미가 율법의 맥락이고, 명시적이든 암시적이든 간에 그것이 항상 율법에 대한 우리의 설교의 맥락을 형성해야 한다.

율법은 바로 하나님이 주신 것이다. 그분은 온 땅과 모든 민족을 창조한 하나님, 모든 민족에 대한 약속을 포함하는 언약을 아브라함과 맺은 하나님, 그 약속에 대한 신실함의 행동으로서 이스라엘 백성을 노예에서 해방시킨 하나님, 따라서 긍휼과 정의에 대한 그분 자신의 입증을 율법에 반영하는 하나님이다.

그러므로 사람들에게 율법을 설교하기 전에 우리는 그들이 율법의 배후에 서 있는 하나님과, 율법 이전에 진행된 이야기를 알고 있는지를 확실히 해야 한다. 그것은 은혜의 하나님이며 은혜의 이야기다. 이런 기초적인 신학적 추정은 설교할 만한 여러 본문으로부터 설명될 수 있다.

(1) 출애굽기 19:4-6: 율법은 하나님께서 이미 구원하신 사람들에게 주어진 것이다. 하나님은 시내산에서 이스라엘을 자신에게로 부르자마자 그들에게 구원의 은혜에 대한 자신의 주도권을 상기시키신다. "너희는 내가 행한 일을 보았다.…자 이제, 만약 너희가 내게 완전히 순종하면…"(4-5절, 저자 번역). 은혜가 율법보다 먼저 나온다. 우리가 시내산과 십계명에 도달하기 전에 구원에 대한 열여덟 장(출 1-18장을 말함—역자 주)이 존재한다. 따라서 이 책의 구조는 기초신학(fundamental theology)을 지지한다.

나는 이것을 강조한다. 왜냐하면 구약성서와 신약성서의 차이점에 대해 말하면서 구약성서에서의 구원은 율법 준수에 의한 것인 반면에 신약성서에서의 구원은 은혜에 의한 것이라고 말하는 것은 성서에 대한 심각한 왜곡이기 때문이다. 바울이 계속해서 싸웠으나 보통의 기독교적 전제 안으로 어떻게든 기어들어간 것이 바로 이 왜곡이다. 우리는 이것에 엄중히 반대하여 설교해야 한다. 벽에 십계명을 걸어놓은 수많은 교회에서 하나님의 첫 말씀, "나는 너희를 노예생활에서 건져 올린 주 너의 하나님이다.…"(저자 번역)를 생략하는 것은 슬픈 일이다. 이것은 율법을 그것의 기반이 되는 복음 없이 공포하는 것이다. 바울은 구원이 하나님의 약속에 대한 믿음을 통해 오며, 순종은 하나님의 구원의 은혜에 대한 응답이라는 사실을 분명하게 한다.

(2) 신명기 6:20-25: 감사─순종을 위한 주된 동기 부여

동일한 신학적 순서와 요점은 아들이 "이 모든 율법의 의미(또는 요점)는 무엇입니까?"라고 물었을 때, 아버지가 아들에게 해주어야 했던 대답에서 발견된다. 아버지는 곧장 신명기 6:24, 곧 "하나님이 우리에게 순종하기를 명령했다"라는 말로 대답하면 충분할 것 같았지만 사실은 그렇지 않다. 아들이 율법의 의미에 대해 질문하면 아버지는 이집트 노예생활로부터 이스라엘이 구속된 것, 즉 구원의 이야기로 대답해야 한다. 율법의 진정한 의미는 복음, 즉 하나님의 구원하는 의로움에 대한 좋은 소식에서 발견된다. 그러므로 순종은 하나님이 행하신 일에 대해 우리 편에서 올바르게 응답하는 것에 대한 문제다. 이는 "그것이 곧 우리의 의로움이니라"(25절)라는 구절의 의미다. 이것은 순종을 통해 획득되거나 당연히 받을 만한 종류의 의로움이 아니다. 여기와 신명기의 다른 곳에서 순종은 구원받은 것에 대해 유일하게 합당한 응답이며, 구원의 열매를 획득하기 위한 것이 아니라 그것을 누리는 방법이다.

(3) 사례들: 출애굽기 23:9, 레위기 19:33-36, 신명기 15:12-15

구약 율법에 대한 이 은혜적 기반의 영향력은 하나님이 그들을 이집트로부터 구원함에 있어 그들을 위해 행하신 일을 근거로 이스라엘이 무엇인가를 하도록 명령받는 많은 곳에서 발견될 수 있다. 이것은 일반적으로 그들이 이방인들을 향해 채택해야 했던 태도와 행동들에 영향을 주었으나, 해방된 노예에 대한 관대함 등으로까지 확장되었다. 신명기 15:12-15은 이 역동성이 작용하고 있는 가장 분명한 사례다. 어려운 사람들에 대한 관대함은 하나님의 역사적 구원에 대한 경험에 그 뿌리를 둔다.

따라서 이 근본적 요점의 결과는 우리가 항상 하나님의 구원의 은혜를 기반으로 구약 율법을 설교해야 한다는 것이다. 그 밖에 다른 것은 사람들을 율법주의, 절망, 또는 교만으로 이끌 것이다. 그것은 우리가 율법을 설교할 때 하는 것처럼 마치 하나님이 출애굽기 19:4에서 출애굽을 가리키고 "너는 내가 행한 것을 보았다"라고 말하면서 십자가를 가리키는 것과 같다. 그다음에야 비로소 우리는 구체적인 계명들과 씨름하고, 오늘날 우리가 그것들에 어떻게 응답해야 하는지에 대한 질문을 시작할 수 있다. 우리는 복음 없이 율법을 설교하는 것이 아니라 그 복음이 아브라함과 함께 시작한다는 것을 인식해야 한다(바울이 갈 3:6-8에서 확언한 것처럼).

3. 율법은 이스라엘을 통한 하나님의 "선교"(mission)에 의해 동기가 부여되었다

율법이 은혜 위에 세워졌다고 말하는 것은 하나님이 역사적 구속 안에서 이미 행하신 일을 회상하는 관점에서 그것을 바라보는 것이다. 율법이 하나님의 선교에 의해 동기가 부여되었다고 말하는 것은 반대 방향, 즉 온 세상을 위한 하나님의 미래의 목적을 바라보는 관점 안에 율법을 위치시키는 것이다. 그리스도인들이 오래전부터 "왜 율법인가?"라고 질문했을 때, 만약 그들이 잠시 멈춰서 우선적으로 "왜 이스라엘인가?"(실제로 이스라엘에게 율법이 주어졌다)라고 질문했다면, 수많은 신학적 피와 땀과 눈물을 절약할 수 있었을 것이다.

(1) 창세기 12:1-3, 18:18-19: 하나님의 선교—이스라엘을 통해 모든 민족을 축복하는 것

물론 그 해답은 아브라함 언약과 그것의 보편적 관점에 놓여 있다. 모든 민족은 비록 그 정확한 기제(mechanism)가 가장 초기의 본문에서 불분명하다고 할지라도 어떤 의미에서든 하나님이 아브라함에게 약속하신 축복과 연관된다.[1] 이 약속은 근본적인 것이기 때문에 갈라디아서 3:8에서 바울은 실제로 그것을 "복음"이라고 부른다. 이 좋은 소식은 인간의 죄에도 불구하고 하나님이 여전히 모든 민족을 축복하려고 계획하시고 그리스도 안에서 그리고 그리스도를 통해 그 약속을 지키셨다는 것이다. 그리고 아브라함의 후손인 이스라엘은 그 약속이 진행되는 데 사용된 사람들이었을 것이다.

그러나 이것은 구약 율법과 무슨 상관이 있는가? 창세기 18:18-19은 자기 자신과 대화하는 하나님을 보여줌으로써 그것에 대해 대답한다. 거기서 하나님은 자신이 아브라함을 선택하신 것(절의 시작 부분)과 그것의 선교적 목적(절의 마지막 부분)을 그러한 정체성과 역할이 아브라함과 그의 후손에게 부과한 윤리적 요구들(절의 중간 부분)과 연결하신다.

> 내가 그를 선택했다[선택]. 그래서 그는 그의 자녀들과 가족에게 그를 따라 의와 정의를 행함으로 야웨의 길을 지키도록 가르칠 것이다[윤리]. 그래서 야웨는 아브라함을 위해 자신이 그에게 약속한 것을 이루실 것이다[선교-모든 민족을 축복하는 것](19절).

---

1 나는 창세기의 언약 본문에 있는 *brk*의 동사형에 해석적 쟁점들이 있다는 것을 잘 인식하고 있고, Christopher J. H. Wright, *The Mission of God: Unlocking the Bible's Grand Narrative* (Nottingham: Inter-Varsity Press; Downers Grove: InterVarsity Press, 2006, 『하나님의 선교』, IVP 역간), 6장에서 깊이 있게 탐구했다.

하나님은 아브라함이 소돔의 세상(이 장은 여기에 설정되어 있다)과는 다른 공동체의 시작점이 되기를 원하셨다. 하나님은 자신의 목적, 곧 축복이 모든 민족에게 확장되는 일을 성취하기 위한 수단으로서 사람들이 그의 길과 성품과 가치에 헌신하기를 원하셨다(18절을 보라).

"야웨의 길"과 "의와 정의"는 율법(과 구약 전체)에서 가장 중요한 개념들 중의 하나다. 그리고 여기서 그것들은 선택과 선교 사이의 중간 단계다. 이스라엘을 향한 하나님의 목적은 율법이 이후에 상세하게 기술하는 도덕적 의제를 포함한다.

따라서 야웨의 길과 의와 정의의 행함을 구현하는 율법은 하나님이 구속적 축복의 영역 안으로 모든 민족을 인도하려는 자신의 목적을 성취하기 위한 핵심적 기제의 부분으로서 이 본문에서 예시된다. 이것을 설교할 때 우리는 율법의 이러한 기능, 즉 하나님의 백성으로 하여금 열방을 위한 하나님의 선교의 대리인이 되도록 만드는 일을 기억해야 한다.

(2) 출애굽기 19:6: 열방 가운데 제사장이 되어야 하는 이스라엘

"온 세상"과 "모든 민족"(출 19:5-6)의 맥락에서 한 민족으로서의 이스라엘은 하나님의 제사장이 되어야 했다. 이스라엘에서 제사장은 하나님과 사람들 사이에 서서 양 방향으로 일한다. 그들은 하나님의 율법을 사람들에게 가르치고(레 10:11; 신 33:10), 사람들의 희생제물을 하나님께로 가져와야 했다. 즉 제사장을 통해 하나님이 백성에게 알려지고, 제사장을 통해 백성이 하나님께로 인도된다. 그래서 하나님은 전체 공동체로서의 이스라엘에게 말씀하신다. 너희의 제사장이 너희를 위해 존재하는 것처럼, 너희도 세상의 민족들을 위해 존재할 것이다. 너희를 통해 나는 내 율법(길, 성품)을 모든 민족에게 가르치고 너희를 통해 나는 궁극적으로 구속과 언약 안에서 열방을 내게로 이끌 것이다.

그러나 그런 제사장 역할은 이스라엘이 거룩한 백성이 되고 언약의 율법에 순종하며 살았을 때 비로소 가능했다. 거룩함은 이집트의 제국적 힘에 대한 우상숭배로부터, 그리고 가나안의 풍요, 성(sex), 성공에 대한 우상숭배로부터 구별되는 것(레 18:3)과 매일의 평범한 사회생활에서 하나님의 성품을 반영하는 것을 의미했다(레 19장). 다시 말해 율법은 열방에게 하나님의 성품과 요구 사항들을 알리는 대표적인 백성이 되도록 이스라엘을 다듬는 기능을 가지고 있었다. 이것은 선교적 기능이다. 율법은 그 자체로 하나님의 계시를 구성한다. 사랑과 은혜가 가득한 순종으로 그것을 실행하는 사람들 역시 그렇다.

(3) 신명기 4:6-8: 율법에 대한 이스라엘의 순종은 그들을 가시적 본보기로 만들었을 것이다

신명기에는 많은 동기 부여가 나오는데, 이것은 이 책의 유명한 특징 중 하나다(이는 우리의 설교에도 있어야 한다). 이런 동기 부여 항목들의 대부분은 이스라엘 자신과 그 땅에서의 안전 및 긴 수명에 관한 것이다. 위대한 권고 단락인 신명기 4-11장을 시작하는 강력한 첫 장에서 갑자기 **열방**을 등장시킨다는 점은 주목할 만하다. 열방은 이스라엘의 사회, 그들의 하나님의 친밀함, 그리고 그들의 율법의 정의를 주목하고 질문할 것이다. 이것은 율법의 목적, 즉 흥미와 평가를 이끌어내고 그들이 경배하는 하나님을 본질적으로 증언할 수 있는 방식으로 이스라엘을 가시적으로 다르게 만들기 위한 목적에서 또 다른 흥미로운 암시가 된다.[2]

---

2 나는 이 본문을 *The Mission of God*, 375-387에서 훨씬 더 깊이 다루었고, *The Mission of God's*

(4) 신약성서도 동일한 원칙을 전한다—마태복음 5:14-16, 누가복음 22:25, 베드로전서 2:12

하나님에 대한 순종이 세상 가운데 우리를 가시적으로 드러낸다는 원칙은 구약성서에 국한되지 않는다. 신약성서에서도 우리는 윤리적 순종에 대한 선교적 기능을 찾을 수 있다. 예수의 제자들은 사람들이 주목하고, 궁극적으로는 하나님을 영화롭게 하는 방식으로 구별되어야 한다.

만약 우리가 2, 3번 주 단락을 한데 묶어 생각해본다면, 우리는 마치 다음과 같은 두 기둥 사이에 매달려 있는 해먹과 같은 율법을 볼 수 있다. 즉 하나님의 역사적 구속에 대한 과거의 은혜와 하나님의 선교적 약속에 대한 미래의 은혜. 이 두 기둥 사이에서 이스라엘과 우리는 우리가 어디에서 왔고 어디로 가는지를 아는 사람들로서 현재를 살아가야 한다. 다시 말해서 율법은 과거와 미래의 구속에 대한 전체 이야기 안에서 의미가 통한다.

그렇다면 우리는 그리스도인들에게 그들이 응답해야 하는 하나님의 은혜뿐만 아니라 그들의 선교적 책임감을 상기시키기 위한 방식으로 구약 율법을 설교해야 한다. 즉 열방 가운데서 하나님의 백성으로서 구별되게 사는 것이다. 복음의 윤리적 도전은 이스라엘이 직면했던 것과 본질적으로 동일하다. 하나님이 구원한 사람들은 세상에서 하나님의 영광을 위해 살아야 한다. 하나님의 백성은 그분을 찬양하고 그분께 영광을 돌리기 위해 창조되었기에, 열방은 살아 계신 하나님이 누구인지를 알 수 있게 된다. 그것은 이스라엘의 임무였으며, 그리스도 안에서 우리의 임무로 남아 있다.

People (Grand Rapids : Zondervan, 2010, 『하나님 백성의 선교』, IVP 역간), 8장에서 좀 더 일반적인 수준으로 다루었다.

4. 이스라엘의 율법은 열방을 위한 모델 또는 전형(paradigm)으로 간주되었다[3]

위의 요점들을 하나로 모으면 우리는 하나님이 이스라엘을 위해 그리고 이스라엘 안에서 했던 모든 일이 열방과 관련된 것임을 알 수 있다. 구약을 읽을 때 우리는 하나님의 행동에 대해 크게 두 가지 관련된 분야를 분별할 수 있다. 즉 창조 안에서와 이스라엘 안에서다. 아래 도표에서 바깥 삼각형은 창조 시에 수립된 관계들의 기본 양식이다. 지구는 하나님에 의해 창조되었고, 하나님께 속한다. 그러나 지구는 다스림과 돌봄을 위해 인간에게 주어진다. 그리고 하나님의 형상을 따라 만들어진 인간은 당연히 하나님을 사랑하고 예배하기 위해 창조된다. 물론 창조의 이 세 가지 기초적인 관계가 모두 우리의 죄와 반역으로 인해 왜곡되고 균열되었지만, 그 기본 틀은 아직 남아 있고 여전히 하나님의 주권과 궁극적인 구속 사역의 영역이다.

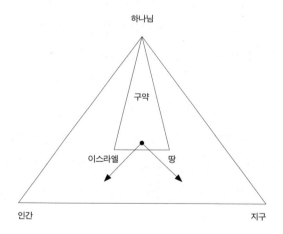

---

3 나는 이 "전형적 접근"(paradigmatic approach)을 *Old Testament Ethics for the People of God* (Leicester: Inter-Varsity Press; Downers Grove: InterVarsity Press, 2004)에서 신학적·윤리적으로 더 자세하게 발전시켰다.

구약 설교, 어떻게 할 것인가?

하나님이 구속에 대한 위대한 성서 이야기를 시작하실 때(안쪽 삼각형 안에 묘사된), 그것은 하나님이 한 특정한 땅(가나안 땅)을 주어 한 민족(이스라엘)이 되게 하신 한 사람과 함께 시작한다. 그러나 하나님이 그 한 민족 안에서 행한 것이 인류의 모든 민족에게 축복과 구원을 가져다주기 위해 의도되었다는 것과, 이스라엘의 땅이 더 넓은 경제적 의미와 궁극적인 종말론적 관점에서 땅 위의 생명에 대한 하나님의 뜻의 축소판(새로운 창조)이 된다는 것은 명백하다.

다음으로 하나님, 이스라엘, 땅이라는 내부의 삼각형은 온 세상의 열방을 위한 하나님의 더 큰 의도의 모델 또는 전형이 된다. 이스라엘은 예배와 사회적 윤리(경제적·정치적·사회적·가족적·개인적 영역의)에서 하나님과 그들의 언약적 관계라는 전체성에서 "열방의 빛"이었다.

이것은 구약의 이스라엘 안에서 행하신 하나님의 구원 사역에 대한 내부 삼각형의 일부로서 구약 율법이 우리 자신을 포함하여 다른 문화적·역사적 맥락과 관련성을 갖도록 의도되었고, 관련성을 가진 것으로 여겨질 수 있음을 의미한다.

따라서 우리는 문자적으로 율법을 강요하려고 시도하는 대신, 여전히 우리가 살고 있는 바깥 삼각형의 맥락(그것이 무엇이든지 간에)과 교류하고 도전하는 내부 삼각형(구약의 이스라엘) 안에서 율법이 무엇을 가르치고 요구하는지를 찾으면서 구약 율법을 설교할 수 있다. 율법은 올바르게 다루어지기만 한다면 여전히 사회 윤리와 정의의 사안들에 대해 교회와 사회에 도전할 수 있는 능력이 있다. 말하자면 우리는 신명기 4:6-8의 관찰하는 열방 가운데 서 있다. 이스라엘이 예배했던 하나님과 그들이 이루고자 했던 사회에 대해 질문할 뿐만 아니라 그런 질문에 대한 답이 우리 자신의 상황과 신앙 공동체 안에서 이루어지는 우리의 설교를 연결하도록 어떻게 우리를 도울 수 있는지에 대해서도 질문하면서 말이다.

5. 율법은 하나님의 성품에 기반을 두었다

우리가 율법을 설교하도록 격려하는 구약 율법의 또 다른 특징은 그것이 하나님 자신의 성품을 반영한다는 것이다. 이것은 "야웨의 길을 걷는 것"이 율법 준수에 대한 가장 일반적인 표현 중에 하나인 이유다.

물론 당시에는 수많은 법이 있었다. 그러나 예수는 그 법들이 어떤 기본적인 단순한 것으로 축소될 수 있다고 제안한 첫 번째 사람이 아니었다. 신명기는 "이스라엘아, 네 하나님 여호와께서 네게 요구하시는 것이 무엇이냐"(신 10:12-13)라고 묻는 모세를 보여준다. 모세는 다섯 가지 근본적인 요구 사항으로 대답한다. 즉 하나님을 경외하는 것, 그의 길을 걷는 것, 그를 사랑하는 것, 그를 섬기는 것, 그리고 그에게 순종하는 것이다.

그러나 설령 누군가가 "야웨의 길을 걷는 것이 무엇을 **의미하는가?**"라고 질문할 의향이 있었다고 해도 모세는 그것에 대해서도 대답할 준비가 되어 있었다.

주 너의 하나님은…편애하지 않으시고 뇌물을 받지 아니하신다. 하나님은 고아와 과부를 변호하시고, 너희 가운데 살고 있는 외국인을 사랑하시며, 그들에게 음식과 의복을 주신다. 그리고 너는 외국인을 사랑해야 한다. 왜냐하면 너 자신이 이집트에서 외국인이었기 때문이다(신 10:17-19, 저자 번역).

즉 이스라엘은 다른 사람들을 대할 때 하나님의 신실함, 정의, 긍휼, 그리고 사랑을 반영해야 했다. 구약 율법에서 이런 강한 동기 부여는 레위기 19장

구약 설교, 어떻게 할 것인가?

이 이스라엘의 윤리적 삶—농장에서, 가족 가운데, 법정에서, 이웃 가운데, 사업에서, 인종적 관계에서—에 대한 율법의 요구를 "너희는 거룩하라. 이는 나 여호와 너희 하나님이 거룩함이니라"라는 간단한 진술로 강조하는 방식에서도 관찰될 수 있다.

하나님을 닮는 것은 구약 율법에서 강력한 주제이지만, 그것은 거기에서 멈추지 않는다. 그것은 우리의 행동에 대한 예수의 가르침을 뒷받침하는 동일한 기본 원리다. 우리는 우리가 하나님에 대해 알고 있는 것을 기반으로 우리가 행하는 것을 모범으로 만들어야 한다(마 5:45-48; 눅 6:27-36).

그래서 구약 율법에 관한 우리의 설교는 바리새인들이 그랬던 것처럼 행동의 세부 사항에 초점을 맞추고 사람들에게 짐을 지우는 단순한 도덕주의가 되어서는 안 된다. 오히려 우리는 율법이 하나님의 성품, 가치, 우선순위에 관해 무엇을 계시하는지를 질문하며, 그것 뒤에 서 계신 하나님을 가리키는 방법으로 율법을 설교해야 한다. 이것은 그리스도의 설교에서도 핵심이었던 것으로 보인다.

다시 말해 모든 성서에서 그런 것처럼 우리가 설교 전에 제기해야 하는 질문은 단지 "이것은 내게 무엇을 의미하는가?" 또는 "이것은 내게 무엇을 하라고 말하고 있는가?"가 아니다. 그렇게 시작하는 것은 종종 이스라엘의 삶과 문화에 대한 더 모호한 구절들에서 빈약한 결론으로 이어질 수 있다. 오히려 우리는 "이것은 하나님의 성품, 행동, 뜻에 관해 무엇을 보여주는가? 이 본문과 주변 맥락을 통해 하나님은 어떻게 계시되는가?"라는 질문으로 시작해야 한다. 그 후에야 우리는 "만약 그것이 하나님의 본질, 하나님이 가치 있게 여기는 것, 하나님이 우선순위를 두는 것, 하나님이 행하신 것이라면, 우리가 지금 살고 있는 상황에서 어떤 응답이 적절한가?"라는 질문(과 설교)을 계속할 수 있다.

6. 율법은 인간의 유익을 위해 주어졌다

예수가 "안식일이 사람을 위하여 있는 것이요, 사람이 안식일을 위하여 있는 것이 아니니"(막 2:27)라고 말했을 때, 그는 전체 율법에 대해 말하고 있었을 수도 있다. 하나님이 이스라엘에게 자신의 율법을 주신 것은 하나님 자신의 행복을 위해서나 이스라엘의 실패에서 잘못을 찾는 즐거움을 얻기 위해서가 아니라 이스라엘의 유익을 위해서였다. 이는 신명기에서 반복되는 메시지다(예. 신 4:40; 5:29; 6:24; 10:13 등).

이것은 시편 저자의 증언이기도 하다.

여호와의 율법은 완전하여

영혼을 소성시키며

여호와의 증거는 확실하여

우둔한 자를 지혜롭게 하며…

금 곧 많은 순금보다 더 사모할 것이며

꿀과 송이꿀보다 더 달도다

(시 19:7, 10).

내가 주의 법도들을 구하였사오니

자유롭게 걸어갈 것이오며…

내가 사랑하는 주의 계명들을 스스로 즐거워하며

(시 119:45, 47).

율법에 관해 이런 열정적인 정서를 표현하는 사람들에 대해 최소한 말할 수 있는 것은 그들이 확실히 율법주의의 무거운 짐 아래 굽실거리지 않

구약 설교, 어떻게 할 것인가?

았다는 것이다. 그들은 꼼꼼한 율법 준수를 통해 구원과 하나님과의 관계로 가는 길을 얻으려고 근심하면서 투쟁하지 않았다. 그들은 자기-의(self-righteousness)에 대한 주장으로 우쭐거리거나, 행위-의(works-righteousness)에 대한 노력으로 지치지 않았다. 요약하면 그들은 구약 율법에 가해진 어떤 희화화(caricatures)에도 적합하지 않았다. 이 희화화는 율법을 **왜곡하는** 적대자들과 벌인 바울의 논쟁을 오해하고 그가 해방시키려고 노력했던 바로 그 왜곡을 율법의 탓으로 돌리는 사람들이 구약 율법에 가한 것이었다.

반면에 율법에 대해 그런 찬가들을 만들 수 있었던 사람들은 그것이 어느 박물관이 자랑할 수 있는 것보다 더 위대한 국가적 보물이었다는 것을 알았다. 그와 같이 경건한 이스라엘 사람들은 그들 자신의 유익을 위해 그들에게 주어진 하나님의 은혜의 선물 및 하나님의 사랑의 징표로서 그 율법을 즐거워했다(신 4:1, 40; 6:1-3, 24 등). 그들은 율법을 축복 자체로, 그리고 하나님의 지속적인 축복을 누리는 수단으로 여겼다(신 28:1-14). 그들은 이스라엘에게 율법이 계시된 것이 다른 어떤 민족에게도 주어지지 않은 고유의 특권임을 기억했다(신 4:32-34; 시 147:19-20). 그들은 구원을 얻기 위해서가 아니라 하나님이 이미 그들을 구원하셨기 때문에 율법에 순종하라고 서로서로 촉구했다(신 6:20-25). 그들은 생명의 길로서(레 18:5; 신 30:15-20), 그리고 풍성한 강으로서(시 1:1-3) 율법을 즐거워했다.

그 밖의 다른 곳에서 나는 구약 율법이 전형적으로 엄격한 법적 권리와 주장을 넘어 인간의 **필요**를 우선시하는 경향을 띠는 방식으로 이 원리를 보여주기 위해 몇 가지 예시의 윤곽을 제시했다. 이것은 사람이 사물보다 중요하다는 일반 원리의 또 다른 측면이지만, 좀 더 미묘한 측면을 갖고 있다. 이는 어떤 사람들의 필요와 상황(즉 더 큰 도덕적 긴급성을 요구하는)이

다른 사람들의 합법적 권리보다 중요하다는 것을 말하고 있다. 나는 (내 글에서) 다음을 인용한다.

- **주인의 요청과 대조되는 도망 노예의 필요(신 23:15-16).**

이것은 매우 반문화적인 법이다. 노예제도가 운영되는 다른 모든 사회에서 노예 소유주의 적법한 권리와 주장은 우위를 점한다. 도망가는 것은 범죄다. 도망자를 숨겨주는 것은 범죄다. 그러나 이스라엘은 노예를 돌려보내는 것을 **금지할** 뿐 아니라 노예가 자신이 선택하는 어떤 장소에 피난처를 찾도록 허락할 것을 **명령한다**. 약자 편의 필요는 강자의 적법한 권리를 넘어 우선권을 얻는다.

- **군인의 권리와 대조되는 여성 포로의 필요(신 21:10-14).**

처음 읽을 때 우리의 코를 찡그리게 하는 또 다른 법이 여기에 있다. 우리는 전쟁이 없어야 하고, 포로도 없어야 하고, 여성은 포로가 되어서는 안 된다고 말하기를 원한다. 이것은 의심의 여지가 없다. 그러나 신명기의 법과 목회 전략은 그런 사건들이 현실인 세상을 다루는 것이어서 그 안에 사로잡혀 있는 사람들을 위해 최악의 결과를 완화시킨다. 그래서 율법은 승리한 군인이 포로 가운데서 여성을 취하는 것을 허락했다. 그러나 첫째로 그는 오직 여성을 법적으로 완전한 아내로서만 취할 수 있었다. 그에게 주어진 모든 책임과 여성에게 주어진 권리와 함께 말이다. 이것은 군인을 잠시 멈칫하도록 만들었을 것이다. 강간이나 노예제는 배제된다. 둘째로 여성을 아내로 맞이했다고 하더라도 그는 남편의 정상적인 성적 권리를 행사하기 전에 그녀에게 정신적 외상의 경험을 치유할 수 있도록 한 달의 시간을 주어야 한다. 전쟁의 끔찍함 한가운데서 율법은 강자들(남성, 군인, 승자, 남편)의 관습적 권리를 넘어

구약 설교, 어떻게 할 것인가?

약자들(여성, 외국인, 포로)의 필요에 특권을 부여하려고 노력하는 것처럼 보인다.

• **채권자의 합법적 권리에 대조되는 채무자의 필요**(신 24:6, 10-13).

다시 한번 율법은 채권자에게 채무자의 필요를 존중하도록 요구함으로써 약자 편을 지지하는 것처럼 보인다. 한편으로 하루하루 양식이 필요하기 때문에 채권자는 양식을 만드는 수단(가정의 맷돌)을 채무자로부터 강탈해서는 안된다. 다른 한편으로 거처와 온기가 필요하기 때문에 채권자는 안전을 위한 기본적 의복을 빼앗아서는 안 된다. 심지어 가난한 자의 존엄성과 사생활에 대한 필요도 존중되어야 한다. 즉 채권자는 채무자의 집에 난입해서는 안 되고, 밖에 서서 채무자가 담보로 제공할 것을 자유롭게 선택하도록 허용해야 한다.…

• **땅 소유주의 합법적 재산에 대조되는 땅 없는 사람들의 필요**(신 24:19-22).

올리브 나무숲이나 포도밭 같은 들판에서의 이삭줍기에 관한 율법이 레위기 19:9-10에서 발견된다. 땅을 소유하고 개간, 밭 일구기, 씨 뿌리기, 추수의 모든 힘든 일을 한 사람들은 자신들이 노동한 결실의 전부를 얻을 자격이 있다고 생각할 수 있다. 그러나 이 가르침들은 그런 태도를 배격하며, 이스라엘의 땅 소유주들에게 사실상 야웨가 궁극적인 땅의 주인이며 모든 이스라엘 사람이 "먹고 만족해야" 한다는 것을 주장할 권리를 갖고 계심을 상기시킨다. 그래서 땅 없는 가난한 자의 필요는 그들에게 이삭을 주울 자유를 수여하고 추수하는 사람들에게 반드시 주울 수 있는 이삭을 많이 남기도록 주장함으로써 보호된다. 다시 한번 사람의 필요는 땅 소유주의 개인적 이득을 상대화

하는 도덕적 우선 사항으로서 전면에 내세워진다.…[4]

율법 자체에 내재된 가치들의 이런 배경과 비교하여, 우리는 율법이 가난한 자들에게 유익이 되는 대신에 짐이 되었을 때, 왜 예수가 화를 냈는지를 이해할 수 있다(예. 마 23:23; 막 7:9-13). 예수의 많은 비유는 정의, 권리, 또는 기대 사항과 대조적인 것으로서 자비, 긍휼, 돌봄을 가르친다. 여기서 그는 율법 자체의 내부 정신과 취지를 반영한다.

따라서 우리는 사람의 유익을 위해 구약 율법을 설교해야 한다. 우리는 약한 자와 가난한 자를 위한 율법 자체의 우선순위를 강조하고, 사람들에게 이것이 오늘의 사회에서 특히 교회 자체 안에서 무엇을 의미할 수 있는지를 성찰하도록 요청해야 한다. 율법 안에는 사람들의 필요, 특히 우리의 타락한 세상에 있는 연약한 자들, 사회적·경제적·인종적·성적으로 불이익을 당하는 자들의 필요를 위한 하나님의 마음을 보여주는 수많은 내용이 있다. 우리는 이런 자료들이 윤리적으로 강한 영향력을 행사하도록 설교할 수 있다. (반복하면) 그것이 하나님의 성품과 구원의 은혜와 연결되어 있어서 단지 율법주의의 죄책 또는 정서적 이상주의의 활동으로 전락해버리지 않는다면 말이다.

7. 구약 율법은 실패, 심판, 그리고 미래의 은혜를 예측한다

우리는 하나님의 율법을 지키는 것에 대한 구약 이스라엘의 실패가 하나님을 놀라게 해서 그분으로 하여금 다른 계획을 세우도록 강요했다고 생각

---

4 앞의 책, 312-314.

해서는 안 된다. 그와 반대로 신명기의 마지막은 이스라엘의 이어지는 세대들의 실패와 하나님이 언약적 심판을 행하는 지점까지 예측한다. 그러나 그 심판을 넘어 회복과 언약 갱신에 대한 약속과 희망이 놓여 있다.

우리는 신명기 29-32장의 깊이를 설명할 수 없지만, 결점이 율법 자체에 있는 것이 아니라 우리 안에 있음이 확실하다고만 말해도 충분하다. 즉 우리는 하나님께 순종**할 수 없는** 것이 아니라 순종하지 **않으려 하고** 순종하지 **않기로 선택한다**. 이 강조점은 바울이 로마서에서 취한 것과 같다. 거기서 그는 신명기 30:11-14과 같은 본문들에 대해 성찰한다. 이것은 현실주의와 희망에 대한 핵심 본문이다.

신명기 30장에는 하나님께 돌아가라는 강력한 복음적 호소와 더불어 열린 미래와 열린 선택이 존재한다. 이것 역시 우리의 설교의 일부분을 형성해야 한다. 왜냐하면 이것은 토라 전체를 결론으로 이끄는 가장 중요한 장들의 일부로서 율법의 필수적인 부분이기 때문이다.

그렇다면 우리는 사람들을 그들의 실패에 절망하도록 몰아가는 것이 아니라, 실패에 대한 인식으로부터 율법 자체에 포함된 하나님의 사랑과 약속들로 돌아가도록 이끌기 위해 구약 율법을 설교할 수 있다. 실패는 사실이다. 실패는 예견된다. 그러나 실패는 하나님의 은혜를 통해 용서될 수 있다. 율법 자체는 이 세 가지 위대한 복음의 진리를 나타내며 그에 따라 설교할 수 있다.

8. 오늘을 위한 율법의 메시지 찾기

그렇다면 우리는 어떻게 구약 율법의 특정한 단락들 내에서 오늘을 위한 메시지를 찾을까? 원칙적으로 그 방법은 성서의 다른 모든 곳에서 이루어지는 우리의 주석적·해석학적 과제와 다르지 않다. 우리는 "이것이 당시에 그들에게 무엇을 의미했을까?"를 알아내기 위해 열심히 연구한 후에 "이 것이 지금 나에게 무엇을 의미할까?"를 질문해야 한다.

내가 보기에 가장 효과적인 방법 중 하나는 주어진 율법 또는 율법들의 사회적 목적을 찾는 일인 것 같다. 다시 한번 나는 내가 이전에 말했던 것을 되풀이하고자 한다.

어떤 사회든 법은 목적을 위해 만들어진다. 법은 이익을 보호한다. 법은 힘을 제한한다. 법은 사회에서 다양하고 상충될 가능성이 있는 집단들의 권리의 균형을 맞추기 위해 노력한다. 법은 자신들이 보기 원하는 일종의 이상적인 사회에 대한 입법자들의 비전에 따른 사회적 목적들을 촉진한다. 그래서 이스라엘 사회에 대한 우리의 이해를 고려할 때, 우리는 특정한 율법의 목적을 가능한 한 정확하게 표현해야 한다. 즉 우리는 "이 율법이 왜 거기에 있었는가?"를 이해하기 위해 노력한다. 이것은 우리가 타당한 답들을 확인하고 분명히 표현하기 위해 노력하고 연구하고 있는 율법에 대한 수많은 질문을 다룸으로써 가장 잘 이루어질 수 있다. 고대의 성서 이스라엘에 초점을 맞출 때 그런 질문들은 다음과 같은 목록이 되어야 할 것이다.

• 이 율법은 어떤 종류의 상황을 촉진하거나 방지하려고 하는가?
• 이 율법은 누구의 이익을 보호하려고 하는가?
• 이 율법으로부터 누가 유익을 얻게 되고 왜 그런가?
• 이 율법은 누구의 권력을 제한하려고 하고, 어떻게 그렇게 하는가?
• 이 율법 안에는 어떤 권리와 책임들이 구현되어 있는가?
• 이 율법은 어떤 종류의 행동을 장려하거나 단념하게 하는가?

구약 설교, 어떻게 할 것인가?

- 이 율법의 동기에는 어떤 사회적 비전이 담겨 있는가?
- 이 율법은 어떤 도덕적 원칙, 가치, 또는 우선순위들을 구현하거나 예시하는가?
- 이 율법은 어떤 동기에 호소하는가?
- 이 율법에는 어떤 제재 또는 처벌(만약 있다면)이 덧붙여져 있으며, 그것은 상대적인 심각함 또는 도덕적 우선순위와 관련하여 무엇을 보여주는가?

물론 지금 몇몇 율법의 모호함은 때때로 이런 질문을 하는 것조차 무산시킨다. 우리는 실제로 우리가 특정한 율법의 목적 또는 근거를 발견했는지를 여전히 의심할 수 있다. 그러나 다시 말하지만 그런 문제들이 나타나는 비교적 극소수의 사례들에서조차 그런 점은 크게 문제가 되지 않는다. 그런 질문들을 제기하고 가능성 있는 대답들을 이끌어내는 것을 통해 사고하는 훈련 자체가 이스라엘의 율법이 지닌 목적을 그 자체의 맥락에서 더욱 세련되게 이해할 수 있도록 해준다. 그리고 최종 단계로 나아갈 때 훨씬 제대로 된 적용을 할 수 있게 해준다.[5]

그리고 설교자의 관점에서 마지막 단계는 성서 세계에 대한 모든 연구와 성찰로부터 오늘날의 세계 즉 설교자와 회중의 상황으로 움직이는 것이다. 이렇게 움직일 때 우리는 우리 자신의 상황에 대해 평행하는 질문들을 제기할 수 있다. 이스라엘의 사회적 맥락에서 우리가 관찰한 쟁점들과 그들의 율법이 그 쟁점들을 다룬 방법을 고려할 때, 우리는 우리 자신의 사회에서 다루어질 필요가 있는 비교 가능한 상황, 이익, 필요, 권력, 권리, 행위,

---

5 같은 책, 322-323.

기타 등등을 확인하려고 노력할 수 있다. 그다음에 우리는 새로운 상황 즉 자신의 현재의 세상과 같은 상황에서 구약 율법의 목적들이 어떻게 성취될 수 있는지를 묻는다.

- 우리 사회에서의 어떤 상황들이나 사람들이 구약 율법에서의 그것들과 비교될 수 있는가?
- 무엇이 우리의 목적이어야 하는가?
- 구약 율법에서 발견된 원칙들은 오늘의 실제적 삶 즉 우리 자신의 삶에서, 교회에서, 더 넓은 사회에서 어떻게 적용되어야 하는가?
- 지금 하나님의 법에 순종으로 응답하도록 우리에게 동기를 부여하는 것은 기독교적 용어로 무엇인가?
- 그렇다면 나는 어떻게 성서의 이 부분을 그것의 본래적 맥락과 목적에 충실할 뿐만 아니라 지금 내 회중과도 연관된 방식으로 설교할 수 있는가? 나는 어떻게 이 본문이 "다시 말하게" 하여 오늘날의 사람들이 그 관련성을 보고 그에 대한 응답으로 하나님께 순종하게 할 수 있는가?

마음속에 이런 질문들을 가지고 율법 본문으로부터 설교문을 작성할 때 나는 위에 제시한 핵심 원칙들을 유념한다. 즉 시작점으로서의 하나님의 은혜, 하나님의 선교를 위해 사는 그분의 백성을 위한 필요, 미래 세대들을 위한 이스라엘 율법의 전형적 기능, 본문이 하나님의 성품과 사람들의 복지의 요구 사항들에 대해 가르치고 있는 것, 죄와 실패의 현실과 설교자와 회중 모두 용서의 은혜가 필요한 죄인들이라는 심오한 인식과 함께 하나님의 말씀을 설교해야 하는 필요성 등이다.

구약 설교, 어떻게 할 것인가?

• 신명기 15:1-18의 설교 개요: "관대함의 경제학"

서론

시편 112:3-5에 등장하는 의인의 관대함이 평행 구절인 시편 111:4-5에서 하나님의 관대함을 반영하는 것처럼, 우리의 관대함은 하나님의 관대함을 반영해야 한다. 신명기는 그렇게 반영된 관대함으로 가득 차 있는데, 이는 하나님의 은혜와 구원에 기초한다. 그리고 그 은혜와 구원은 우리에게 많은 가르침을 주는 경제적 실천에 대한 분명한 법적 틀 안으로 관대함을 세운다.

이 단락의 구조는 우리가 그 메시지를 이해하도록 돕는다. 이는 우리에게 출애굽기의 두 가지 법을 상기시키고(신 15:1-3, 12-18), 그 사이에서 사람들이 그 법에 순종하도록 장려해야 하는 관대함에 대한 강한 권고를 설파한다. 그러므로 여기서 우리는 은혜가 동기를 부여하는 순종을 지니게 된다. 이는 성서 전체를 관통하는 패턴이다.

경제적 힘의 제동 장치로서의 관대함

• 빚으로부터의 면제(1-3절)

이 구절은 칠 년마다 땅이 "해방"되어야 한다고 요구하면서 출애굽기 23:10-11의 법을 확대한다. 신명기는 그 원칙을 땅에서부터 사람으로 특히 빚을 짊어진 가난한 사람으로 확장하고, 그들이 빚으로부터 해방되어야 한다고 요구한다. 구약은 사람들이 때때로 살기 위해 빌릴 필요가 있음을 인식하고 가난한 자에게 빌려주라고 명령한다. 그러나 그렇게 빌려주는 것은 책임감 있고 적절하게 계획되어야, **즉 한정적이어야 한다.** 빚은 영원해서는 안 된다. 우리는 돈의 영생을 믿지 않는다. 그런 원칙들은 부도덕한 고리대금업자의 작은 규모의 위법뿐만 아니라 대를 이어 계속되는 국가 간의 빚에 대한 세계적인 금전 거래에도 도전한다.

• 노예로부터의 해방(12-18절)

이 구절은 출애굽기 21:1-11의 확장이다. "히브리 노예"는 육 년의 계약을 지켜야 하고, 그 후에 고용 관계를 바꿀지 아니면 그대로 남아 있을지를 자유롭게 선택할 수 있다. 만약 그들이 자유롭게 된다면, 신명기 15:12-15은 그들이 관대한 선물 곧 새로운 시작을 할 수 있도록 돕기 위한 상당한 퇴직수당을 받아야 한다고 주장한다. 즉 따뜻한 관대함이 계약의 법적 준수에 덧붙여져 있다. 그리고 18절은 주인에게 신중하게 생각하여 자신이 고용된 일꾼에게서 훨씬 더 많은 이득을 얻었다는 것을 깨닫고, "히브리인"을 해방시켜주는 것이나 그에게 관대하게 행동하는 것을 억울해하면 안 된다고 말한다.

이 두 가지 법은 관대함이 빈곤의 가혹한 세력, 특히 빚과 관련된 무자비한 힘에 대응하기 위해 어떻게 법적 틀에 연결될 수 있는지를 보여준다. 빚과 가난은 오늘날의 세상에서도 여전히 거대한 현실이자 문제다. 이것들은 어려운 사람들에 대한 관대함을 심어주는 마음의 변화와 연결되어 체계적·법적 제도들과 함께 다루어져야 한다.

경제적 이상과 현실 사이의 다리로서의 관대함(4-11절)

4절은 명백한 **이상**이다. 11절은 동일하게 명백한 **현실**이다. 우리는 어떻게 이 본문들 사이의 긴장을 다룰 수 있을까? 본문들은 모순되는 것처럼 보인다. 그러나 이 긴장은 우리에게는 물론 신명기의 저자에게도 틀림없이 명백했을 것이다. 우리는 어떻게 그것들 사이에 가교—4절의 경제적 이상과 11절의 경제적 현실 사이의 틈을 잇는—를 놓을 수 있을까?

• 하나님의 이상과 그것의 필수적인 조건들(4-6절)

자신의 백성을 위한 하나님의 바람은 모든 사람을 위한 충분함이지 몇몇 사람의 극심한 가난은 아니다. 즉 우리는 신명기 15:4을 개인적 번영이 아니라 사회적 평등에 관한 진술로 읽어야 한다. "너희 중에 가난한 자가 없으리라"라는 말씀은 하나님이 개인에게 약속한 은행 잔고에 대한 것이 아니라 사회에서 하나님이 원하는 경제적 균형에 관한 것이다. 2006년 9월 18일 자 「타임」은 "하나님은 **당신이** 부자가 되기를 원하는가?"라는 글을 머리기사로 게재했다. 그럴 수도 있고 아닐 수도 있다. 4절이 말하는 것은 하나님은 어떤 사람들은 가난한데 다른 사람들은 이기적인 과잉으로 인해 사치스럽게 지내는 사회를 원하지 않는다는 것이다.

그러나 5절의 **조건**을 주목하라. **야웨께 순종.** 즉 오직 이스라엘이 하나님의 경제적 법을 따르기만 한다면, 그런 확연한 불평등과 가난은 있을 수 없다. 「타임」은 완전히 잘못된 질문을 했다. 하나님이 **원하는** 것은 우리가 순종하는 것, 거룩해지는 것, 정의를 행하는 것, 인애를 사랑하고 겸손하게 하나님과 함께 걷는 것이다.

그리고 **만약** 하나님의 사람들이 그렇게 산다면 그들 중에 가난은 있을 수 없다. 이것은 누가가 사도행전에서 성령으로 충만한 연합과 성령으로 인도되는 경제적 평등이 짝을 이룬 교회에 대한 묘사를 통해 날카롭게 예시하고자 했던 점이다. 그리고 누가는 그것을 신명기의 이상의 성취로 보았다. 사도행전 4:34은 사실상 신명기 15:4(구약의 그리스어 번역에서)을 인용한 것이다.

이와 같이 성령으로 인도되는 순종이 오늘날 전 세계의 교회에서 실행된다면 어떻게 될까? 그것은 그의 백성의 마음(과 주머니)에서 하나님의 통치에 대한 매우 강력하고 예언적인 표지가 될 것이다.

• 인간의 현실과 그에 대해 하나님이 명령하신 응답(7-11절)

그래서 4-6절은 빚과 노예의 해방에 관한 법이 필요하지 **않을** 수 있는 유일한 조건, 즉 하나님의 방식들에 대한 완전한 순종을 제시한다. 그러나 다음에 나오는 7-11절은 우리의 불순종 때문에 그런 법들이 **항상** 필요할 것이라는, 슬프지만 사실인 추정과 더불어 우리를 현실로 데려간다. 그런 법들에는 관대함이 동반되어야 한다는 사실도 함께 말이다.

땅(또는 지구)에는 가난한 사람들이 항상 있을 것이다. **그러나 그다음에는 어떻게 해야 할까?** 이런 비극적 사실에 대해 어떤 반응이 요청되는가?

7-11절에는 가난에 대한 반응으로 **관대함**에 대한 풍부한 특징이 몇 가지 존재한다. 관대함은 다음과 같은 것이어야 한다.

강조적(emphatic) : 히브리어는 어떤 것을 강조하기 원할 때 동사를 두 번 반복한다. 영어에서 이것은 풍성하게(4절), 완전히(5절), 자유롭게(8절), 관대하게(10절)와 같은 부사로 표현된다. 그러나 히브리어로 보면 신명기 15장은 다른 어떤 장보다도 두 번 반복된 동사를 더 많이 사용한다. 하나님은 "나는 진실로 이것에 관심을 기울이고 있고, 너는 그것에 관해 무엇을 실제로 해야 한다"라고 말씀하시고 있다. 하나님은 당신이 부자가 되기를 원하실까? 그럴 수도 있고 아닐 수도 있다. 하나님은 당신이 관대하기를 원하실까? 확실히 **그렇다!**

개인적(personal) : 이 구절들에는 상당히 많은 신체 언어(body language)가 등장하는데, 이것이 영어에서 항상 분명하지는 않다. 손, 마음, 눈은 본래의 관용구에 자주 등장한다. 손은 2, 7, 8, 11절에, 마음은 7, 9, 10절에, 눈은 9, 18절에 등장한다. 신명기는 다른 사람들의 필요에 대한 우리의 반응이 우리 개인의 각 부분에 도달해야 한다고 말하고 있다. 즉 우리의 실제적 행동(손), 우리의 동기와 의도(마음), 우리의 태도(눈)다. 우리는 가난한 사람들을 향해 우리가 생각하고 느끼고 행동하는 방식과 관련하여 도전받는다.

관계적(relational) : "형제"라는 단어가 반복적으로 사용된다(7절에 2번, 9, 11절). 왜냐하면 이것은 언약 관계이기 때문이다. 그리고 "너의"라는 단어는 번역본에서보다 히브리어에서 훨씬 자주 등장한다(11절은 "**너의** 땅에 있는 **너의** 가난한 자와 **너의** 궁핍한 자"라고 말한다). 그들은 단지 사회적 범주로서 "**그**(the) 가난한 자"가 아니다. 신명기는 단순히 분류하는 것(classifying)에 그치지 말고 관계하는 것(relating)에 관심을 가져야 한다고 주장한다. 가난한 사람들은 단순히 계수되는 것이 아니라 소속되어야 한다.

명령적(imperative) : 관대함은 명령이다(11, 15절). 이것은 신명기 26:12-15에서 훨씬 더 강하게 나타난다. 거기서 사람은 가난한 자들을 위한 법에 순종했을 **때에야 비로소** 하나님의 법을 준수했다고 주장할 수 있다. 만약 가난한 자들이 돌봄을 받지 못한 채 남아 있다면 그 법은 준수된 것이 아니다. 우리는 이것을 예수의 여러 비유에서(율법과 예언서들에 근거한, 눅 16:9-13) 사례를 들어 설명할 수 있고, 신약에서도 이를 동일하게 자주 명령했음을 알 수 있다(딤전 6:17-19). 가난한 자들을 향한 관대함은 자비의 문제가 아니라 율법서, 예언서, 복음서, 서신서에 있는 하나님의 가르침에 대한 순종의 문제다. 우리는 그 메시지를 받고 있는가?

모방적(imitative) : 처음에 말했듯이 우리의 관대함은 하나님 자신의 구원의 관대함을 반영해야 한다(14, 15절). 우리가 베푸는 모든 것은 하나님의 은혜에 대한 유일한 응답이다. 다윗도 이것을 알고 있었다(대상 29:14-16). 그리고 예수, 바울, 요한도 이 원칙을 되울린다.

요약 및 결론

하나님의 이상은 사람이 성서에서 하나님이 우리에게 주신 원칙, 기준, 가치에 따라 살아간다면 극도의 빈곤이 존재할 수 없다는 것이다. **그러나** 빈곤이 현실인 세상에서 우리는 하나님의 법에 대해 강조적·개인적·관계적·순종적인 방식으로, 그리고 하나님의 은혜를 반영하는 방식으로 정의와 관대함 **둘 다**를 위해 부름 받는다.

추천 도서

각주에서 인용된 내 연구에 덧붙여 추천한다.

Davis, Ellen F., *Wondrous Depth: Preaching the Old Testament* (Louisville: Westminster John Knox, 2005).

Goldingay, John, *Old Testament Theology III: Israel's Life* (Downers Grove: InterVarsity Press, 2009).

Lalleman, Hetty, *Celebrating the Law? Rethinking Old Testament Ethics* (Milton Keynes: Paternoster, 2004).

구약 설교, 어떻게 할 것인가?

'HE BEGAN WITH MOSES...'
PREACHING THE OLD TESTAMENT TODAY

제4장

탄원 설교하기

페데리코 G. 빌라누에바(Federico G. Villanueva)

1. 서론

몇 년 전 마닐라의 한 호텔에서 칠십 명 이상이 사망하고 백여 명이 부상하는 화재가 발생했다. 그것은 내 조국에서 발생한 최악의 호텔 화재였다. 투숙객의 대부분은 각 지방에서 온 목회자와 평신도들이었다. 그들은 미국 복음주의 단체에서 준비한 컨퍼런스에 참석하기 위해 마닐라에 왔다. 참석자 중 한 사람은 예전에 내가 목회하는 교회에 출석하던 교인이었다. 그는 아내와 세 자녀를 남겨두고 다른 사람들과 함께 사망했다. 나는 즉시 준비위원회에 속한 한 목사에게 전화해서 상황을 물었다. 그의 대답은 내 동료 사역자들을 죽인 화재처럼 참담하게 다가왔다. 그는 "그들은 [사랑하는 사람들을 언급하며] 자신이 그리스도인이 아닌 것처럼 반응하고 하나님이 없는 사람들처럼 울며 고통스러워하고 있습니다!"라면서 한탄했다.

그런 응답은 기독교가 어떻게 감정 없는 종교가 되었는지를, 또는 더 정확하게 말하면 어떻게 반-부정적 감정이 되었는지를 보여준다. 그리스도인들은 사랑하는 사람의 죽음을 포함하여 극도로 힘든 상황 속에서도 분노나 절망을 보여서는 안 된다는 정서가 교회에 만연하다는 것이다.[1] 우리

---

1 서구 배경에서 David Runcorn은 "Tears have been my food : Loss, lament and protest," in D. Runcorn, *Choice, Desire and the Will of God- What More do You Want?* (London : SPCK, 2003), 107에서 다음과 같이 언급한다. "[성서적 탄원 전통과는] 대조적으로 서구 교회는 탄

는 종종 "주님은 주기도 하고 거두기도 하신다"라고 말한다. 하나님은 다스리시고 모든 것은 합력하여 선을 이룬다. 그래서 우리는 어떤 상황에서든 주님을 항상 찬양해야 한다. 찬양은 축복 속에서도 고통 속에서도 정오의 빛 속에서나 어둠 속에서도 유일하게 적절한 응답이다. 한 유명한 찬양에서처럼 "주 이름 찬양"(blessed be your name)은 심지어 "고통이 따를지라도" 계속된다.

진실로 교회는 노래, 간증, 기도 속에서 오직 찬양만을 알고 있다.[2] 빌맨(Billman)과 밀리오리(Migliore)는 이렇게 말한다. "탄원시(Psalms of lament)는 대부분의 주류 교단의 예배 책에서 매우 적게 등장한다. 주목할 만한 예외를 제외하고 많은 기독교 회중의 예배와 기도는 하나님께 드리는 탄원, 저항, 항의의 경험들을 위한 공간을 만들지 못하는 것 같다."[3] 엘링톤(Ellington)은 오순절 교회의 모임에서 간증을 행하는 방식에 대한 연구에서 찬양에 대한 강조를 언급한다.[4] 간증은 이전에는 자발적이었지만 대중 앞에서 선포된 것이 회중을 "세우는 일"에 영향을 미칠 수 있는지를 확인하기 위해 검열을 받는다. "부정적" 간증, 즉 문제가 아직 해결되지 않은 간증은 "좋은 홍보"가 아닐 것이다. 기도 역시 찬양으로 제한되는 경향이 있다. 교인 중 하나가 내게 와서 기도를 요청하면서 다른 사람들에게는 말하

원의 전통을 상실했다." 그는 이 부분이 문화적인 것일 수 있다고 설명한다. "특히 영국인의 기질은 힘든 일에 직면할 때 금욕적 내성과 인내로 유명하다. 나는 장례식을 치른 후 조문객들과 함께 서 있다가 유가족이 '강하다'고 축하받는 것을 우연히 들었다."

2 W. Brueggemann, *The Message of the Psalms: A Theological Commentary* (Minneapolis: Augsburg, 1984), 51.

3 K. D. Billman and D. L. Migliore, *Rachel's Cry: Prayer of Lament and Rebirth of Hope* (Eugene, OR: Wipf & Stock, 1999), 13.

4 S. A. Ellington, "The Costly Loss of Testimony," *Journal of Pentecostal Theology* 16 (2000), 48-59.

구약 설교, 어떻게 할 것인가?

지 말라고 했을 때, 내게는 이 일이 개인적 경험의 문제로 다가왔다. 그녀는 직장을 위한 자격시험을 막 치르려는 참이었다. 유감스럽게도 그녀는 그 시험을 통과하지 못했다. 그리고 교회의 누군가가 이에 대해 알게 되었을 때, 그녀는 시험을 치렀다는 것을 부인했다. 왜일까? 왜냐하면 우리는 응답되지 않은 것을 공유하지 않기 때문이다. 교회에 응답되지 않은 기도를 위한 공간은 없다.

이것은 탄원의 주제를 설교적 관점에서 접근하는 사람들이 직면하는 상황이다. 우리는 찬양이 지배하는 교회에서 어떻게 탄원을 설교하는가? 우리는 찬양에 의해 퇴색되지 않는 방식으로 어떻게 탄원을 설교하는가? 이것은 우리가 탄원에 관한 설교를 전개하는 방법에 대한 주제를 토론할 때 다룰 필요가 있는 질문들이다.

탄원과 관련하여 교회에 만연한 태도와는 반대로 우리는 탄원이 교회의 생명에 필수적이라고 믿는다. 이번 장의 제목이 가리키는 것처럼 탄원은 중요하고, 강단에서 설교할 만한 가치가 있다. 동시에 설교는 우리가 이 풍부한 전통을 되찾게 하는 중요한 방법 중 하나다. 왜냐하면 설교는 널리 인정되는 것처럼 대부분의 개신교 교회에서 여전히 중심에 서 있기 때문이다.[5] 강단에서 선포된 것은 중요한 지위를 갖는다. 사실상 우리의 교회 안에 탄원이 없는 주된 이유는 탄원을 설교하기는 하지만 아주 드물게만 설교한다는 사실에 있다고 말할 수 있다.[6]

우리는 탄원시 설교하기라는 주제에 집중함으로써 이 간격을 개선하

---

5 G. Goldsworthy, *Preaching the Whole Bible as Christian Scripture* (Grand Rapids, MI : Eerdmans ; Leicester : Inter-Varsity Press, 2000).

6 현재 탄원을 설교하는 것에 관한 자료는 거의 없다. 이 주제에 대한 대부분의 책은 탄원을 실제로 어떻게 설교해야 하는지에 대한 최소한의 논의만 포함하며, 일반적으로는 시편 설교를 다룬다.

려고 한다. 우리는 일반적으로 시편 전체에도 적용될 수 있는, 탄원시에 대한 세 가지 요점을 언급함으로써 시작한다. 즉 시, 신학, 기도다.[7] 이를 좀 더 설교학적으로 표현하면 다음과 같다.

탄원시는 시다(poetry)

탄원시는 하나님을 가리킨다(point to God, 신학)

탄원시는 기도다(prayer)

"시"라는 하나의 작품으로서 탄원시는 주로 경험에 관심을 둔다. 페린(Perrine)은 "시는 모든 삶을 자기의 영역으로 취한다. 시의 주된 관심은 아름다움이나 철학적 진리나 설득이 아니라 경험에 있다"라고 기술한다.[8] 그러므로 탄원시의 주된 기능은 설교가 아니다. 오히려 탄원시는 고통에 대한 시편 저자들의 경험을 묘사한다. 탄원시에서 우리는 고통에 대한 다른 이미지들을 얻을 수 있다. 이런 묘사와 이미지들을 통해 시편 저자들은 하나님과 믿음의 삶과 삶의 현실에 대한 그들의 관점을 전달한다. 일반적인 시처럼 탄원시도 "우리를 삶에 대한 감각과 인식으로 이끈다."[9] 설교자의 역할은 이런 경험들이 제시된 다른 방식들을 관찰하고, 말하자면 그것들의 질감과 모양을 느끼며, 그것들이 어떤 "삶에 대한 인식"을 전달하고자 하는지를 분별하고, 그 경험에 참여하기를 시도하는 것이다.

---

7 T. G. Long, *Preaching and the Literary Forms of the Bible* (Philadelphia: Fortress Press, 1988), 44; J. C. McCann and J. C. Howell, *Preaching the Psalms* (Nashville: Abingdon Press, 2001), 35.

8 L. Perrine, *Sound and Sense: An Introduction to Poetry*, 4th ed. (New York: Harcourt, 1973), 9.

9 앞의 책, 4.

구약 설교, 어떻게 할 것인가?

구체적으로 우리는 다음의 질문들에 대답하고자 한다.

1. 시편 저자들의 경험은 탄원시에서 어떻게 표현되는가?
2. 이 경험은 하나님과 삶의 현실에 대한 그들의 관점에 대해 우리에게 무엇을 말해주는가?
3. 우리는 어떻게 이 경험에 참여할 수 있는가?

처음 질문에 대한 응답으로서 나는 시편 저자들이 고통에 대한 그들의 경험을 제시한 방법 중 하나가 탄원과 찬양 사이에서의 움직임을 통해 이루어진다고 제안하고자 한다. 다음으로 우리는 이런 다른 움직임을 주의 깊게 살펴보려고 노력하고, 그들이 전달하고자 한 것을 분별하며, 마지막으로 우리가 그것에 참여할 수 있는 방법에 대해 생각한다. 여기서 탄원에 대한 설교를 준비하는 포괄적 지침을 완성하는 것은 불가능하다. 내가 의도하는 것은 탄원시에서 이루어지는 이런 움직임에 초점을 맞춤으로써 탄원에 대한 설교를 발전시키는 한 가지 가능한 방법을 제공하는 것이다. 아울러 탄원을 그리스도 및 그리스도인의 삶과 관련시키는 시도도 감행할 것이다. 끝부분에는 탄원에 대한 설교가 어떤 모습일 수 있는지를 보여주기 위한 개요도 제시할 것이다.

2. 탄원시 안의 역동적 움직임: 시로서의 탄원

시로서의 탄원시에 접근하는 데 있어서 우리는 무엇보다도 "시 안에서의 움직임"을 고려해야 한다. 벌린(Berlin)에 따르면 이것은 독자가 시를 이해할 수 있는 방법 중 하나다.[10] 특히 탄원시에서 우리는 분위기(mood)의 측면에서 움직임이 존재함을 발견한다. 예를 들어 벌린은 시편 13편에서 한 사람이 그 시편을 읽으면서 "절망으로부터 희망까지 동일한 감정적 통로를 가로지르는"[11] 방법에 대해 말한다. 마찬가지로 알터(Alter)도 이 시편에서 그가 "믿음의 원동력이 강요한 놀라운 감정적 전환"(emotional reversal)[12]이라고 부른 것을 관찰한다.

(1) 탄원에서 찬양으로

양식비평가들 사이에서 "분위기 급변"(sudden change of mood)으로 더 잘 알려진 이 "감정적 전환"은 탄원시의 독특한 특징이다. 극히 소수의 예외를 제외하고 탄원시는 그 속에 탄원과 찬양의 요소들 사이의 움직임을 포함한다. 그중 가장 흔한 것은 탄원에서 찬양으로의 움직임이다. 위에서 언급한 것처럼 시편 13편은 이런 움직임의 고전적인 예시다. 시편 13편은 다음과 같은 탄원으로 시작한다.

> 여호와여, 어느 때까지니이까?
>
> 나를 영원히 잊으시나이까?
>
> 주의 얼굴을 나에게서
>
> 어느 때까지 숨기시겠나이까?
>
> 나의 영혼이 번민하고 종일토록 마음에 근심하기를

---

10 A. Berlin, "Introduction to Hebrew Poetry," in *NIB* 4 (Nashville : Abingdon Press, 1996), 301-315(314).

11 앞의 책.

12 R. Alter, *The Art of Biblical Poetry* (New York : Basic Books, 1985), 66.

어느 때까지 하오며

내 원수가 나를 치며 자랑하기를

어느 때까지 하리이까? (1-2절)[13]

그러나 끝부분에서 이 시는 신뢰의 표현과 찬양의 맹세를 향해 움직인다.

나는 오직 주의 사랑을 의지하였사오니

나의 마음은 주의 구원을 기뻐하리이다.

내가 여호와를 찬송하리니

이는 주께서 내게 은덕을 베푸심이로다(5-6절).

맥캔(McCann)과 하웰(Howell)에 따르면 이런 움직임은 설교에서 포착되어
야 한다. "탄원에서 찬양으로 이동하는 드라마는 시편으로 기도하려는 사
람들에게 효과적이고 강력한 언어다. 그리고 설교자는 반드시 그런 분위기
의 동일한 전환을 포착해야 한다."[14] 신학적으로 이 움직임은 가장 중요한
사건이다. 브루그만(Brueggemann)은 탄원에서 찬양으로의 이런 움직임이
"믿음이라는 신학적 주제의 중심으로 진입하는 것"이라고 언급한다.[15] 이
는 그들의 역사 안에 서술된 이스라엘의 경험을 증명한다. 즉 하나님은 진
실로 응답하신다. 하나님은 그의 백성이 그에게 울부짖을 때 곤경에서 그
들을 구원하신다.

---

13 별도의 표시가 없으면 번역본은 ESV를 사용했다.

14 McCann and Howell, *Preaching the Psalms*, 75.

15 W. Brueggemann, *The Psalms and the Life of Faith* (Minneapolis : Fortress Press, 1995), 72.

그러므로 "찬양이 지배하는 교회에서 우리는 어떻게 탄원을 설교하는가?"라는 질문에 대해 우리는 먼저 찬양이 탄원 안에서 여전히 중심이라는 것을 인정함으로써 대답한다. 탄원시 안의 움직임이 가리키는 것처럼 찬양은 고통에 대한 사람들의 경험에서 중요한 자리를 차지한다. 고통 속에서 시편 저자들은 탄원으로 시작하지만 자주 찬양으로 마무리한다. 그들은 믿음의 삶의 전체적인 방향이 "탄원에서 찬양으로"임을 선언한다. 찬양은 심지어 가장 어두운 밤을 관통한다. 그러므로 찬양이 지배하는 교회에서도 우리는 탄원 속에 있는 찬양의 자리를 계속해서 지지할 필요가 있다.

그러나 오직 탄원에서 찬양으로의 움직임만을 강조하는 것은 탄원시에 대한 왜곡된 관점으로 이끌고, 그 결과 탄원에 대한 제한적인 적용으로 이어질 수 있다. 우리가 탄원으로부터 전환되는 찬양만을 지나치게 많이 읽으려고 한다면, 탄원은 더 이상 탄원이 되지 않고, 사람이 가능한 한 빨리 살펴봐야 하는 단순한 서곡이 되어버린다.[16] 맥캔과 하웰은 우리에게 탄원 안에서 지나치게 많은 "낙관주의"를 보는 경향과, 해결 또는 찬양을 향해 돌진하는 경향에 대해 경고한다.[17] 예전적(liturgical) 관점으로 기술하면서 윗블리엣(Witvliet)은 예전 안에서 탄원을 사용하면서 해결을 향해 돌진하는 유사한 경향을 관찰한다. 그는 "예전적 탄원에서의 한 가지 문제는 우리가 깊고 음울한 감정들을 감추고 있는 탄원의 간결하지만 함축적인 부르짖음을 얼버무리면서 너무 빨리 찬양의 맹세와 행복한 결말에 이른다는 것이다"[18]라고 주장한다. 마찬가지로 브래드버리(Bradbury)는 『예배를 위한

---

16 F. G. Villanueva, *The 'Uncertainty of a Hearing': A Study of the Sudden Change of Mood in the Psalms of Lament* (Leiden : Brill, 2008), 251.

17 McCann and Howell, *Preaching the Psalms*, 76-77.

18 J. D. Witvliet, *Worship Seeking Understanding* (Grand Rapids, MI : Baker, 2003), 46. Witvliet

구약 설교, 어떻게 할 것인가?

새로운 패턴들』(*New Patterns for Worship*)에서 탄원의 조항에 대해 비평하면서 "요약하면 **고통에 직면하는 것**은 탄원의 요소들을 담고 있는 예배를 제공하지만 너무 성급하게 희망의 주제들을 소개하려는 유혹에 빠지게 되고, 이런 이유로 희망과 구원의 메시지가 마지막에 주어졌을 때 그 영향력을 희석시키는 위험을 무릅쓰게 된다"[19]라고 기술한다. 그는 우리가 심지어 최후의 연설로서 맨 마지막을 향한 "희망 찾기"(Finding Hope) 단락을 지연시킨다고 하더라도 탄원의 표현에 더 많은 시간을 주어야 한다고 제안한다.

목회적이고 실제적인 관점에서 보면 탄원에서 찬양으로의 움직임에 대한 일방적인 강조는 믿음의 삶에 해로울 수도 있다. 우리는 문제에 대한 해답이 항상 진행 중이라는 느낌을 받을 수도 있다. 스톡스(Stocks)가 시편 13편의 적용에서 우리에게 경고한 것처럼 "적합성을 파악하는 데는 상당한 주의가 필요하다. 예를 들어 치매의 시작과 싸우고 있는 사람의 경우에… 병세가 호전될 것이라고 주장하는 것은 도움이 되지 않을 것이다."[20]

내 생각에 위에 언급된 것처럼 탄원을 적용함에 있어서 어려움은 탄원시에 대한 제한된 이해로부터 기인한다. 이런 이해는 오직 탄원에서 찬양으로의 움직임이라는 관점에서만 탄원을 파악하는 양식비평적 관점에 의해 좌우된다. 그러나 내가 다른 곳에서 입증하려고 시도했던 것처럼 탄원시는 탄원에서 찬양으로의 움직임에 국한되지 않는다.[21]

은 오직 탄원에서 찬양으로의 움직임만을 관찰하는 양식비평적 시각이 형성한 탄원의 이해에 대해 이렇게 논평한 것이다.

19 P. Bradbury, *Sowing in Tears: How to Lament in a Church of Praise* (Cambridge: Grove, 2007), 20.

20 S. P. Stocks, *Using the Psalms for Prayer through Suffering* (Cambridge: Grove, 2007), 22.

21 탄원시의 다른 움직임들에 대한 좀 더 종합적인 논의를 위해서는 Villanueva, *The 'Uncertainty of a Hearing'*을 보라.

(2) 탄원과 찬양 사이의 교대

탄원에서 찬양으로의 움직임에 덧붙여 우리는 두 요소 사이의 교대를 만난다. 우리는 최소한 네 편의 시편에서 이 특징을 발견한다. 즉 시편 31, 35, 59, 71편이다. 여기서 우리는 시편 31편을 간략히 다룬다.[22] 이 시편은 다음과 같은 탄원으로 시작한다.

> 여호와여, 내가 주께 피하오니
> 나를 영원히 부끄럽게 하지 마시고
> 주의 공의로 나를 건지소서!
> 내게 귀를 기울여 속히 건지시고
> 내게 견고한 바위와 구원하는 산성이 되소서!(1-2절)

7-8절에서 우리는 찬양으로의 움직임을 발견한다.

> 내가 주의 인자하심을 기뻐하며 즐거워할 것은
> 주께서 나의 고난을 보시고
> 환난 중에 있는 내 영혼을 아셨으며
> 나를 원수의 수중에 가두지 아니하셨고
> 내 발을 넓은 곳에 세우셨음이니이다(7-8절).

---

22 몇몇 학자는 시편 31편을 서로 다른 자료들이 혼합된 것으로 여긴다. 우리는 시편 구성의 실제 역사에 접근할 수 없다. 여기서 내가 관심을 갖는 것은 우리가 지금 갖고 있는 형태다. 이 시편의 현재 형태에서 우리는 탄원과 찬양 사이의 교대를 볼 수 있다. 아래에서 우리는 이 것이 고통에 대한 특정한 관점을 전하기 위한 의도적인 움직임이라고 주장할 것이다.

구약 설교, 어떻게 할 것인가?

이것은 시편 13편과 같은 전형적인 탄원을 만들었을 것이다. 그러나 이어서 시가 진행되면서 다음 구절에서 우리는 탄원의 상황으로 돌아온 시편 저자를 발견한다. 구원에 대한 증언에 이어서 즉시 우리는 자비를 구하는 시편 저자의 간청을 듣는다.

여호와여, 내가 고통 중에 있사오니
내게 은혜를 베푸소서.
내가 근심 때문에 눈과 영혼과 몸이 쇠하였나이다(9절).

이전에 시편 저자가 "주께서 나의 고난을 보시고"(7절)라고 선언했다면, 여기서 그는 "내가 고통 중에 있사오니"(9절)라고 야웨께 부르짖는다. 두 구절(7절과 9절)에서 고난과 고통에 해당하는 단어들은 비슷한 히브리어 어근인 ṣr로부터 유래한다. 더욱이 8절에서 시편 저자는 "주께서 나를 원수의 수중에 가두지 아니하셨고"라고 방금 증언했다. 그러나 몇 절 뒤에서 우리는 시편 저자가 "내 원수들과 나를 핍박하는 자들의 손에서 나를 건져 주소서"(15절)라고 하나님께 다시 요청하는 것을 듣는다.

그다음에 시계추처럼 시편은 찬양으로 다시 돌아간다.

(주의) 은혜가 어찌 그리 큰지요…
여호와를 찬송할지어다.
견고한 성에서 그의 놀라운 사랑을 내게 보이셨음이로다(19-21절).

이렇게 우리는 시편 31편에서 탄원과 찬양 사이의 교대를 볼 수 있다.

(3) 찬양 후 탄원으로 돌아감

브루그만이 인정한 것처럼 이전의 시편에서 우리는 비록 탄원이 찬양으로 움직일지라도 이 움직임은 "단 한 번의 비가역적 전환은 아니라는 것"을 알 수 있다.[23] 탄원은 심지어 그것이 이미 찬양으로 전환되었을지라도 다시 탄원으로 되돌아가고 실제로 거기서 끝날 수도 있다. 시편 12편은 이것을 증명한다. 이 시는 다음과 같은 탄원으로 시작한다.

> 여호와여, 도우소서.
>
> 경건한 자가 끊어지며
>
> 충실한 자들이 인생 중에 없어지나이다(1절).

여기서 시편 저자는 단순히 의로움과 신실함에 대한 경건한 진술을 중얼거리고 있는 것이 아니다. 오히려 그는 하나님을 향해 부르짖고 있다. 왜냐하면 그는 경건한 자들이 더 이상 존재하지 않는 삶을 경험했기 때문이다. 악인을 묘사하기 위해 사용된 단어들은 학대의 가능성을 악인의 탓으로 돌리는 깊은 의미를 지니고 있다. 그것은 "우리의 혀가 이기리라. 우리 입술은 우리 것이니 우리를 주관할 자 누구리요?"라고 말하는 "자랑하는 혀"에 대해 말한다(3-4절). 다음 구절이 가리키는 것처럼 시편 저자와 그의 공동체가 이 악한 자들의 손에서 학대를 경험했을 가능성이 있다.

---

23 Brueggemann, *The Psalms and the Life of Faith*, 117. 안타깝게도 비록 Brueggemann이 찬양이 탄원으로 되돌아갈 수 있다는 것을 인정한다고 할지라도, 탄원시에 대한 연구에서 그는 그 움직임을 항상 탄원에서 찬양으로 이동하는 것으로 제시한다. *The Message of the Psalms*에서 그는 오직 방향상실(disorientation)에서 방향재정립(reorientation)으로의 움직임만을 강조했고, 따라서 독자는 그의 책으로부터 탄원은 항상 찬양으로 이동한다는 인상을 받을 수밖에 없다. 예를 들어 McCann과 Howell의 Brueggemann에 대한 평가를 보라. "그 움직임은 항상 방향재정립으로 향한다"(*Preaching the Psalms*, 76).

여호와의 말씀에

가련한 자들의 눌림과

궁핍한 자들의 탄식으로 말미암아

내가 이제 일어나…(5절).

여기서 우리는 왜 시편 저자가 도움을 요청하기 위해 부르짖었는지를 설명하는 "가련한 자들의 눌림"에 대해 듣는다. 동시에 이 말은 탄원에 대한 하나님의 응답의 일부를 구성한다. 그 탄원에 대한 응답으로 하나님은 "내가 이제 일어나"라고 말씀하신다. 이 진술은 중요하다. 종종 탄원에서 찬양으로의 변화는 고통받는 자에게 제의 예언자가 전달하는 구원 신탁의 측면에서 설명된다. 따라서 신탁의 수용은 확신과 찬양으로 이어지고, 이는 탄원에서 찬양으로의 분위기의 변화를 설명한다. 시편 12편에서 우리는 하나님으로부터 직접적인 응답을 얻는다. 그와 같이 전례 없는 응답과 함께 시편 저자는 야웨의 말씀의 신실함과 진실함을 찬양하고(6절), 야웨에 대한 신뢰를 표현한다. 7절에서 그는 야웨가 "이 세대로부터 영원까지 보존하시리이다"라고 선언한다. 그러므로 이곳에서 우리는 탄원에서 찬양으로의 움직임을 본다.

　이 시편은 7절에 있는 희망의 선포로 끝날 수도 있었다. 그러나 예기치 않게 이 시편은 마지막에 탄원으로 되돌아간다. 야웨에 대한 희망과 신뢰를 표현한 직후에 시편 저자는 다음과 같은 글을 적는다.

비열함이 인생 중에 높임을 받는 때에

악인들이 곳곳에서 날뛰는도다(8절).

이런 표현으로 이 시편은 예상되는 찬양의 맹세 없이 끝난다. 이 시편은 "여호와여, 도우소서. 경건한 자가 끊어지며"라는 부르짖음으로 시작했다. 시의 중간에 있는 하나님의 응답으로 볼 때 논리적이고 "더욱 적절한" 끝 맺음은 "악인들은 더 이상 없다" 또는 최소한 그들의 힘이 통제되었다는 것이다. 그러나 아니다. 시편 저자는 실제로 악인들이 여전히 매우 활동적이고, 개처럼 주위를 돌아다니며, 그들이 원하는 것을 자유롭게 한다는 것을 인정한다. 비극적이게도 이것은 하나님이 이미 말씀하셨다는 사실에도 불구하고 발생했다. 그러므로 찬양이 탄원으로 돌아감으로써 긴장의 요소가 우리에게 남겨진다.

(4) 찬양에서 탄원으로의 반대 움직임(reverse movement)

찬양 이후 탄원으로 돌아가는 것은 시편 9/10편에 있는 찬양에서 탄원으로의 반대 움직임으로 더욱 강화된다. 영어성경에서 두 개의 개별 시편처럼 보이는 이 시편은 실제로 하나의 시편이다. 시편 9/10편을 하나로 아우르는 아크로스틱(acrostic)의 사용과 시편 10편에 표제어가 없다는 사실이 이를 가리킨다. 게다가 시편 9편과 10편에는 이 둘을 하나로 묶는 중요한 반복들이 있다. 그중에서 "환난 때"(시 9:9과 10:1—역자 주)라는 구절의 반복이 가장 관련이 있다. 이 구절은 이 두 시편을 통합하는 동시에 시 안에서의 전환을 표시하는 문학적 장치로서 기능한다.

이 시편은 다음과 같은 감사로 시작한다.

> 내가 전심으로 여호와께 감사하오며
> 주의 모든 기이한 일들을 전하리이다(시 9:1).

9절에서 시편 저자는 이렇게 선언한다.

> 여호와는 압제를 당하는 자의 요새이시오.
> 환난 때의 요새이시로다(시 9:9).

여기서 시편 저자는 야웨가 "환난 때의 요새"라고 주장하면서 그에 대한 확신을 표현한다. 그러나 이 시편 전체를 천천히 읽어보면 우리는 어조의 변화를 알아차릴 수 있다. 시편 9:19-20에는 청원(petition)으로의 전환이 있다. 양식비평적 관점에서 볼 때 우리는 이 지점에서 찬양의 표현을 기대할 수 있을 것이다. 그러나 우리는 찬양 대신 탄원을 본다.

> 여호와여, 어찌하여 멀리 서시며
> 어찌하여 환난 때에 숨으시나이까?(시 10:1)

여기서 "환난 때"라는 구절은 반복되지만 그 어조는 변한다. 맥락은 더 이상 감사에 대한 것이 아니라 탄원에 대한 것이다. 탄원의 특징적인 "어찌하여"라는 부르짖음과 함께 이 시는 찬양에서 탄원으로 전환된다. 시의 첫 절반(시 9편)에서 감사의 시로 시작한 것이 나머지 절반(시 10편)에서 탄원이 된다. 실제로 그 변화가 너무 갑작스럽고 예상 밖이어서 궁켈(Gunkel)은 아크로스틱에 그 책임이 있다고 생각한다.[24] 시편 9/10편의 구성에 아크로스틱의 사용은 시편 10:1에서 탄원의 형성으로 이어졌다. 이 구절은 알파벳

---

24 H. Gunkel, *Die Psalmen*, Handkommentar zum Alten Testament (Göttingen : Vandenhoeck & Ruprecht, 1926), 33.

lamed, 따라서 *lmh*라는 단어의 사용에 해당한다.

이것은 탄원에서 찬양으로 이어지는 더 지배적인 움직임이 어떻게 탄원시에 대한 학자들의 접근에 자주 영향을 주어 탄원과 찬양 사이의 더 역동적인 움직임을 그들이 보지 못하게 막아왔는지를 보여준다. 그러나 앞서 설명한 것처럼 탄원과 찬양 사이의 움직임은 많은 학자가 인정하려고 마음 먹은 것보다 더욱 역동적이고 예측불가능하다. 탄원은 찬양으로 움직이며 그것도 꽤 자주 그렇다. 그러나 역으로 찬양에서 탄원으로 움직이는 것, 심지어 찬양으로 움직인 후에 다시 탄원으로 되돌아가는 것, 그리고 탄원과 찬양 사이를 오가는 것도 가능하다.

3. 탄원에서의 다른 움직임들을 고려할 필요성

탄원에서 찬양으로의 좀 더 일반적인 움직임에 덧붙여서 우리가 탄원을 설교하는 데 있어 고려해야 하는 것은 이런 다른 움직임들이다. 탄원에서 찬양으로 움직이는 경우에서처럼 그것이 얼마나 지배적인지에 상관없이 우리는 단지 한 부분이 아니라 "하나님의 전체 조언"을 설교해야 한다. 탄원시에 대해 과거 학계는 오직 탄원에서 찬양으로의 움직임만을 강조했다. 이것은 탄원에 대한 왜곡된 관점으로 이어졌고 탄원의 적용을 제한했다. 나는 우리가 설교를 위해 탄원시를 읽을 때 그 안에 있는 다양한 움직임에 주목해야 한다고 주장했다. 탄원의 풍성하고 역동적인 움직임을 고려함으로써 그것에 대한 우리의 관점을 넓히는 것은 설교에서 탄원을 제시하는 데 있어 매우 필수적인 균형으로 이어진다. 라이트(N. T. Wright)는 다음과 같이 언급한다.

구약 설교, 어떻게 할 것인가?

시편은 우리가 하나님의 임재 안으로 들어갈 때, 종종 우리에게 정반대처럼 보이는 것들을 함께 결합한다. 그것들은 사랑스러운 친밀감으로부터 벼락을 맞은 듯한 경외감으로 신속하게 나아가고 다시 돌아오기도 한다. 그것들은 날카롭고 성난 질의와 단순하고 고요한 신뢰를 함께 합친다. 그것들의 범위는 온화하고 명상적인 것에서부터 시끄럽고 활기가 넘치는 것, 탄원과 암담한 절망, 그리고 엄숙하고 거룩한 축제에까지 이른다. 시편 22편을 시작하는 큰 부르짖음에서부터 하나님이 기도를 듣고 그것에 응답했다는 결론적인 찬양까지 통과하는 것, 그다음에 시편 23편의 고요한 신뢰와 확신으로 곧바로 움직이는 것에는 놀라운 평화가 존재한다.⋯시편 136편의 열변을 토하는 승리주의와⋯시편 137편의 파괴적인 황폐화를 교대로 읽는 것에는 현명하고 건강한 균형이 존재한다.[25]

우리는 이런 움직임들, 특히 긴장의 요소를 포함하고 있는 것들을 어떻게 생각하는가?

우리는 이런 다른 움직임들을 실수 또는 단순한 우연의 일치로서 무시하거나 폐기하는 것이 가장 좋다고 간주하려는 유혹에 빠지기 쉽다. 그러나 도르니쉬(Dornisch)가 욥기에 있는 긴장의 요소에 대한 그녀의 논평에서 말한 것처럼, 이것들은 시편 저자들이 모호성과 복잡성에 대한 자신들의 경험을 우리에게 전달하려고 시도한 방식들이었을 수도 있지 않을까?

우리는 때때로 다양한 수준으로 드러나는 상징적 의미의 작용을 불가능하게 하는 체계화의 유혹을 받지 않는가? 우리는 가끔 역사주의, 유전적 문제 또

---

25 N. T. Wright, *Simply Christian* (London : SPCK, 2006, 『톰 라이트와 함께하는 기독교 여행』, IVP 역간), 130-131.

는 본문의 내부적 불일치에 대한 인식이 의미의 많은 수준, 의도된 상징적 또는 역설적인 부조화들, 그리고 심지어 체계화에 대한 저항, 즉 저자가 인간 상황의 복잡성과 모호성을 전달하기 위해 사용한 방식인 이 모든 것에 대한 우리의 이해를 방해하게 하지 않는가?[26]

알터(Alter)는 시의 기능과 관련하여 다음과 같이 설명한다. "소리, 이미지, 단어, 운율, 구문론, 주제, 생각의 복잡한 연결 체계를 통해 작동하는 시는 조밀하게 정형화된 의미들과 때때로 모순적인 의미들, 즉 다른 종류의 담론을 통해서는 쉽게 전달될 수 없는 의미들을 전달하는 도구다."[27] 그는 시에 "의미" 또는 메시지가 존재한다는 것을 인정한다. 시라는 장르의 특성상 메시지는 간단하지 않다. 탄원시의 경우에 나는 이 메시지가 탄원의 서로 다른 움직임을 통해 우리에게 온다고 제안했다. 이어지는 내용에서 우리는 어떤 메시지 혹은 "말"(word)이 다양한 움직임을 통해 전달되는지를 파악하려고 노력할 것이다.

4. 탄원에서의 말: 신학으로서의 탄원

(1) 탄원에서 찬양으로의 움직임: 하나님은 응답하시고 구원하신다.

위에서 언급한 것처럼 탄원에서 찬양으로의 움직임은 기도에 응답하시는 하나님을 증명한다. 이런 움직임은 고통과 환란 중에서 하나님이 자신들의

---

26 L. Dornisch, "The Book of Job and Ricoeur's Hermeneutics," *Semeia* 19 (1981), 3-29(14).
27 Alter, *The Art of Biblical Poetry*, 113.

구원자라는 것을 발견했던 하나님의 백성의 공통 경험을 확인한다. 이런 움직임은 그저 베개 아래 숨어 더 이상 일어나기를 원하지 않으면서 자신들이 갇혀 있다고 생각하는 사람들에게 중요하다. 이것은 고통을 넘어 치유와 회복을 향해 전진하는 길을 가리킨다.

(2) 탄원과 찬양 사이의 교대: 회복은 과정이다.

그러나 탄원과 찬양 사이의 교대는 우리에게 회복으로 향하는 길이 멀 수도 있음을 상기시킨다. 회복은 서두를 수 없는 과정을 포함한다.[28] 어떤 사람들에게 그 변화는 몇 주, 다른 사람들에게는 수개월, 심지어 수년간 지속될 수도 있다. 아마도 어떤 사람들에게 그 해답은 이 세상에서는 오지 않을 수도 있다.

유감스럽게도 우리는 과정을 좋아하지 않는다. 우리는 우리의 모든 문제가 이미 해결되었고, 우리의 모든 쟁점이 정리되었다고 생각하기 원한다. 특히 승리만을 일방적으로 강조하는 그리스도인의 삶의 관점에서 부정(denial)의 삶을 사는 것, 즉 우리는 항상 괜찮고 심지어 완벽하다는 착각을 하며 살기는 매우 쉽다. 그러나 인간의 삶의 많은 부분은 여전히 과정으로 남아 있다. 사실 인간이라는 것은 부분적이고 불완전하며 미해결되어 있음을 의미한다. 우리는 도움을 요청하고 도움을 얻는다. 그러나 다음에 동일한 일이 발생할 때 우리는 하나님께 우리를 구원해달라고 자비를 간청하며 다시 무릎을 꿇는다. 그리고 그것은 오직 우리의 불완전함의 한가운데서 강같이 흐르는 치유의 은혜로 사는 능력으로부터 비롯된다. 칼뱅이 선언하

---

28 참조. T. Longman III, "Lament," in D. B. Sandy/R. L. Giese, Jr(eds.), *Cracking Old Testament Codes* (Nashville : Broadman & Holman Publishers, 1995), 213.

듯이 "우리는 그런 불안정성과 천 가지 다른 영향들에 사로잡히기 쉬운 피조물이라는 사실을 계속해서 확인받아야 한다."[29] 믿음의 삶은 확실성뿐만 아니라 불확실성에 의해서도 특징지어진다.

(3) 찬양에서 탄원으로의 반대 움직임: 믿음이 응답에 대한 모든 것은 아니다.

찬양에서 탄원으로의 반대 움직임은 도전을 나타낸다. 모든 사람이 찬양을 그런 움직임으로 향하게 하지는 않는다. 그것은 삶이 우리가 추구하는 것을 항상 가져다주지는 않는다는 현실에 대한 용감한 인정이다. 때때로 우리가 희망하는 것이 정반대로 다가오기도 한다. 치유되는 대신에 상태가 악화된다. 회복되는 대신에 파산한다. 승리하는 대신에 패배한다. 히브리서 11장이 믿음의 삶을 살았던 사람들에 대해 선언하는 것처럼, 많은 사람이 구원을 경험했지만 모든 사람이 그랬던 것은 아니었다. 어떤 사람들은 "돌로 치는 것과 톱으로 켜는 것과 시험과 칼로 죽임을 당하고 양과 염소의 가죽을 입고 유리하여 궁핍과 환난과 학대를 받았다"(히 11:37). 이들은 다음에 나오는 시편 저자의 말이 그들에게는 이루어지지 않았던 믿음의 사람들이다.

> 내가 어려서부터 늙기까지 의인이 버림을 당하거나
> 그의 자손이 걸식함을 보지 못하였도다(시 37:25).

래트롭(Lathrop)은 아르메니아의 필경사들이 책의 간기(colophon)에 쓴 글

---

29 J. Calvin, *Commentary on the Book of Psalms*, trans, J. Anderson (Edinburgh : Edinburgh Printing Co., 1846), 423.

구약 설교, 어떻게 할 것인가?

을 다음과 같이 소개한다.

> 그 땅의 많은 사람이 박해받았던 괴롭고 통탄할 시기에, 어떤 사람들은 덤불 속에서 살았고, 어떤 사람들은 늑대의 먹이가 되었고, 많은 사람은 기근의 희생자가 되었고, 아버지들은 그들의 자녀를 부인했다. 사랑하는 사람들에 대한 엄청난 신음과 애통, 그것은 주목해야 할 광경이었다. 왜냐하면 어머니가 아들 때문에, 자매가 형제 때문에, 신부가 신랑 때문에 울었기 때문이다. 그리고 그들은 하나님이나 사람 그 어느 편으로부터도 위로받지 못했다.[30]

마닐라의 호텔 화재에서 죽은 사람들은 그들의 모든 힘을 다해 다가올 구조와 구원을 위해 부르짖었다. 그러나 아무도 오지 않았다. 찬양에 대해 기대한 결과가 일어나지 않았을 때, 구원과 구조 대신 오직 파괴, 혼돈, 상실만이 있었다.

우리는 이와 같은 상황에 어떻게 응답할 수 있을까?

찬양에서 탄원으로의 반대 움직임을 포함하는 탄원시는 우리에게 하나님의 활동이 없는 것에 대해 슬퍼하고 비통해하며 애통하는 것이 괜찮다고 가르친다. 벌린(Berlin)이 시편 137편의 탄원에 대해 말한 것처럼 "시인은 파괴에 뒤이어서 예루살렘에 관한 시적 담화(하나님을 향한 찬양의 중요한 초기 형태)가 찬양에서 탄원으로 변해야 한다는 것을 절묘하게 인식한다."[31]

찬양에서 탄원으로의 반대 움직임은 불안을 야기할 수도 있는 믿음의

---

30 G. W. Lathrop, "A Rebirth of Images : On the Use of the Bible in Liturgy," *Worship* 58 (1984), 291-304(300).

31 A. Berlin, "Psalms and the Literature of Exile : Psalms 137, 44, 69, and 78," in P. D. Miller and P. W. Flint (eds.), *The Book of Psalms : Composition and Reception* (Leiden : Brill, 2005), 65-86(71).

삶에 대한 관점을 나타낸다. 그러나 이는 제시되어야 하는 중요한 차원이다. 우리는 모든 상황에서 우리가 구원의 신학을 항상 강요하지는 않는다는 것을 유의해야 한다. 리쾨르(Ricoeur)는 시편 22편의 탄원에 대한 논의에서 다음과 같이 논증한다. "우리는 탄원에서 찬양으로 이끄는 활력의 배경으로서 사람들의 탄원에 사실상 구원으로 응답했던 전통적인 역사의 틀을 제시하는 것에 우리 자신을 국한해서는 안 된다. 탄원은 출애굽이 반복될지 아닐지를 알지 못하는 망명의 맥락 안에 설정되어야 한다."[32]

불확실성과 상실 및 실패에 직면하여, 찬양에서 탄원으로의 반대 움직임은 주권자이신 하나님을 가리킨다. 그분의 통치는 비극적인 경험들을 포함하여 삶의 모든 것을 아우른다. 탄원의 중요한 메시지는 이런 비극의 경험들조차도 하나님께 전달된다는 것이다. 심지어 아무런 응답이 없을 때에도 말이다. 내 학생 중 하나가 표현한 것처럼 모든 시편이 다 행복한 것은 아니다. 어떤 시편들은 몹시 슬프다. 그런 시편들은 고통과 실패로부터 이해하려고 노력한다. 이런 시에서는 하나님께 도움을 요청하지만 아무것도 받지 못한다. 그런 희망 없는 부르짖음이 이렇게 포함된 것은 하나님이 인간의 투쟁을 수용하신다는 것을 명쾌하게 증언한다. 이 시편들은 고통에 대한 최종적 발언이 아니다. 그러나 이런 시편은 심지어 우리가 답을 찾는데 실패하더라도 하나님과 씨름하는 것이 가치 있다는 것을 보여준다.

---

32 P. Ricoeur, "Lamentation as Prayer," in A. LaCocque and P. Ricoeur, *Thinking Biblically* (Chicago and London, University of Chicago Press, 1998), 211-232(223).

(4) 찬양 후 탄원으로 돌아감: 모호성과 긴장의 요소는 하나님의 응답에도 여전히 남아 있다.

찬양 후 탄원으로 돌아가는 것은 우리가 이미 기도의 응답을 받았고 이미 구원을 받았을 때조차도 모호성의 요소가 여전히 남아 있음을 우리에게 알려준다. 때때로 응답은 또 다른 질문의 형태가 된다.[33] 탄원으로 돌아가는 것은 하나님의 계시를 받았음에도 불구하고 그분이 여전히 불가해하고 신비스러운 분임을 보여준다. 우리는 이 하나님 앞에서 그분의 무한한 지혜와 힘에 직면하여 우리의 유한함과 한계를 자각하며 겸손하게 서 있다. 놀라운 것은 이 하나님이 우리가 모든 것을 알고 무한하게 되기를 기대하지 않으신다는 것이다. 시편 12편이 취하는 형태 안에는 탄원을 위한 공간이 존재한다.

(5) 움직임의 부재: 시편 88편의 메시지

다른 움직임들을 포함하는 이런 탄원시와 비슷한 메시지를 가진 또 다른 그룹의 시편이 있다. 이런 시편들은 어떤 움직임도 포함하지 않는다. 우리는 그런 경우를 시편 88편에서 만난다. 비록 이번 장의 초점이 탄원과 찬양 사이의 움직임을 포함하는 탄원시에 있지만, 이 시편은 간단하게라도 여기서 언급할 만한 가치가 있다.[34] 시편 88편은 탄원과 찬양 사이의 움직임이라는 전체 드라마에서 중요한 역할을 담당한다. 그것은 움직임들 사이의 단계를 나타낸다. 이 시편에서는 시간이 정지되고, 모든 움직임은 잠잠하며, 탄원 자체가 주목을 받는다. 사실상 이 시편은 어떤 움직임도, 심지어

---

33 참조. J. Goldingay, "The Dynamic Cycle of Praise and Prayer," *JSOT* 20 (1981), 85-90(88).

34 나는 설교의 영역에서 이 시편이 가지는 중요성을 인정한다. 그러므로 이 시편에 대해서는 독립적이고 좀 더 철저한 연구가 필요하다.

하나의 직접적인 간구나 청원조차 포함하고 있지 않다. 대신에 탄원이라는 주제가 처음부터 끝까지 심도 있게 분석된다. 이 시편은 매우 어둡고, 실제로 "흑암"(어두움)이라는 단어로 끝난다. 브루그만은 이런 시편들이 중요하다고 주장하면서 그 이유를 다음과 같이 말한다. "정확하게 그 시편들은 쟁점에 대해 어떤 명확한 해결책도 가지고 있지 않기 때문이다. 그 시편들은 우리를 해결되지 않은 채로 남겨두고, 구원에 대한 어떤 분명한 신호도 없이 구덩이 깊숙한 곳에 매달아놓는다. 이것은 시편의 레퍼토리에 포함되어야 하는 중요한 진술이다. 왜냐하면 정확하게 삶이 그렇기 때문이다. 믿음이 항상 삶을 해결하는 것은 아니다."[35]

5. 탄원시를 설교하는 한 방법으로서 탄원시로 기도하기: 기도로서의 탄원

탄원시를 설교하기 위해 우리는 탄원과 찬양 사이의 다양한 움직임에 주목하고, 그것이 하나님과 믿음의 삶에 대해 우리에게 말하고 있는 것을 분별해야 한다. 그러나 탄원시를 더욱 깊이 이해하기 위해서는 그것이 경험되어야 한다. 시의 기능은 단순히 "경험에 **대해** 우리에게 말하는 것이 아니라 우리가 상상으로 경험에 **참여하게** 하는 것이다."[36] 또는 차디(Ciardi)가 말한 것처럼 시에서 "관심사는 정의(definition)에 도달하거나 책을 마무리하는 것이 아니라 경험에 도달하는 것이다."[37] 머튼(Merton)은 이것을 시편에 적용한다. "시편을 이해하기 위해 우리는 우리 자신의 마음에서 시편이 표

---

35 Brueggemann, *The Message of the Psalms*, 78.

36 Perrine, *Sound and Sense*, 6.

37 John Ciardi, *How Does a Poem Mean?* (Boston : Houghton Mifflin Company, 1959), 666.

구약 설교, 어떻게 할 것인가?

현하는 정서를 경험해야 한다."[38]

탄원시의 정서를 경험하는 한 가지 방법은 다른 사람들의 고통에 귀를 기울이는 것이다. 왜냐하면 우리가 다른 사람들의 고통과 우리 자신의 고통에 귀 기울일 때, 우리의 귀가 훈련되고 따라서 탄원시가 말하고 있는 것을 들을 준비가 되기 때문이다. 그러나 탄원시를 경험하는 또 다른 방법은 예수가 했던 것, 즉 실제로 탄원시로 기도하는 것이다. 탄원시로 기도하는 것의 한 가지 가치는 다른 사람들의 고통이 우리에게 개방되는 것이다.[39] 우리는 탄원시에 좀 더 익숙해지기 위해 다른 사람들의 고통에 귀를 기울인다. 역으로 우리가 탄원시로 기도할 때 다른 사람의 고통을 좀 더 알게 된다.

예수 자신이 탄원시로 기도했다. 십자가에서 예수는 시편 31:5을 인용했다. "내 영혼을 아버지 손에 부탁하나이다"(눅 23:46). 이 시편은 탄원과 찬양 사이를 번갈아 오간다(위를 보라). 그는 시편 22:1의 말도 인용했다. "나의 하나님, 나의 하나님, 어찌하여 나를 버리셨나이까?"(마 27:46). 이것은 예수가 실제로 고통 중에 시편을 통해 기도했다는 것을 보여준다.[40] 일찍이 제자들은 예수에게 기도하는 방법을 가르쳐달라고 요청했다. 그는 기도에 대해 강의하지 않았다. 대신에 그는 그들에게 "주기도문"을 주었다.[41] 이제 십자가 위에서 예수는 그들에게 기도하는 방법을 계속 가르친다. 시편으로 특히 탄원시로 기도함으로써 예수는 우리의 모든 고통이 인정되고

38　Thomas Merton, *Praying the Psalms* (Collegeville, Minnesota : Liturgical Press, 1956), 13.

39　McCann and Howell, *Preaching the Psalms*, 59.

40　W. L. Holladay, *The Psalms Through Three Thousand Years* (Minneapolis : Fortress Press, 1993), 347.

41　J. L. Mays, *Preaching and Teaching the Psalms* (Louisville : Westminster John Knox Press, 2006), 3.

수용되며 받아들여지는 하나님의 마음 안으로 한층 더 깊이 들어가는 길을 제시한다. 탄원시로 기도하는 것은 우리가 예수와 함께 세상의 고통과 깨어짐(brokenness)을 수용하는 사람이 되게 한다.

우리가 세상의 깨어짐을 깨닫기 위해 멀리 갈 필요는 없다. 우리 자신의 공동체 속에서 우리는 고통받고 많은 문제와 싸우는 사람들을 찾을 수 있다. 교회는 유감스럽게도 회중 가운데서 고통당하는 사람들에게 종종 다가가지 못했다. 왜냐하면 탄원이 버려졌기 때문이다. 나는 마닐라의 목회자였다. 내가 깨달은 것은 우리가 승리의 노래를 주일마다 부르고 있다는 것이다. 이 노래의 대부분은 서구에서 온 것이며, 고통당하는 사람들인 우리의 경험에 적합하지 않다.

이것이 나를 탄원시로 이끌었다. 나는 적절한 때마다 탄원시에 대해 가르치고 설교하기 시작했다(예. 고난주간, 장례식, 기도를 주제로 하는 설교). 나는 이 일을 거의 이 년 동안 했다. 그 후 어느 주일 아침 예배가 끝난 후 모든 사람이 돌아가기 시작했을 때 한 어머니가 앞으로 나와 간증하기 시작했다. 이것은 "나에게 문제가 있습니다. **그러나** 하나님의 은혜로 지금 나는 괜찮습니다"라는 전형적인 간증이 아니었다. 그녀는 자신의 고투를 털어놓았다. 그 여인은 심각한 어려움 속에 있었고, 그저 자신의 마음을 쏟아냈다. 이 어머니가 회중에게 그녀의 탄원을 이야기했을 때 자리에서 일어나 나가려고 했던 많은 교인이 자리로 돌아와서 귀를 기울였다. 목회자로서 나는 그냥 그녀가 자신의 마음을 쏟아놓는 것을 용납했다. 그 후에 나는 앞으로 나가서 그녀의 어깨에 손을 얹었고 회중을 탄원의 기도로 이끌었다. 그 기도는 긍정적인 내용으로 끝나지 않았다. 아니, 나는 찬양에서 탄원으로 움직이는 탄원시와 비슷하게 탄원의 기도를 드렸다. 눈을 떴을 때 나는 회중 가운데 많은 사람이 눈물을 흘리는 것을 보았다. 그러나 나는 우리

구약 설교, 어떻게 할 것인가?

가 그녀의 탄원에서 이 여인과 함께했을 때, 한 공동체로서 우리의 마음속에 평화가 흐르는 해방감을 느꼈다. 사람들이 보기에 그것은 자유롭게 해주는 경험이었기 때문에 우리가 항상 승리하거나 긍정적인 내용으로 끝낼 필요는 없다. 안 괜찮아도 괜찮다(It is OK not to be OK).

요약과 적용

탄원시에서 나는 우리가 다음과 같이 하기를 제안한다.

1. 탄원시 안에 있는 탄원과 찬양 사이의 특정한 움직임에 주목하라.
2. 어떤 고통의 경험들이 이 움직임 안에 묘사되는지를 확인하라. 여기서 우리는 시편의 특정한 **삶의 자리**(*Sitz im Leben*)가 아니라, 그 경험의 모양과 질감에 관심을 갖는다. 탄원시는 시이기 때문에 다양한 적용을 허락한다.
3. 우리가 고통에 대한 묘사들로부터 하나님, 믿음의 삶, 일반적인 현실에 대해 어떤 메시지(들)를 끌어낼 수 있는지를 파악하라.
4. 당신이 시편에 묘사된 고통을 확인할 때, 실제로 시편의 언어로 기도하고, 스스로 탄원과 찬양 사이의 움직임들을 경험하고, 당신 자신의 경험과 다른 사람의 경험을 가져옴으로써 탄원시에 참여하라. 특별히 우리는 "다른 사람이나 나 자신의 삶에 있는 어떤 특정한 고통의 경험이 시편에 표현된 것과 비슷한가?"라고 질문할 수 있다.

여기서 우리는 이 원칙들을 앞에서 우리가 논의했던 시편 12편에 적용하고자 한다. 이 시편은 시작하기 좋은 곳이다. 왜냐하면 그것은 탄원이 무엇인지를 설명하기에 좋은 기회를 제공하는 구절들을 포함하기 때문이다. 탄원시는 고통의 "깊은" 곳으로부터 하나님께 소리를 내거나 말하는 부르짖음이다.

1. 탄원시 안에 있는 움직임은 무엇인가?

이 시편에는 탄원(1-4절)에서 확실성에 대한 표현들(찬양, 6-7절)로 가는 움직임이 있다. 이 시편의 중간에서 우리는 6-7절에 있는 확신의 요소로의 전환을 설명하는 야웨의 분명한 응답을 찾을 수 있다. 그러나 이 시편의 중간에 있는 하나님의 응답에도 불구하고 이 시는 마지막에 탄원으로 돌아간다. 확실성과 확신의 말 이후에 시편 저자가 시작하는 부분에서 표현한 것과 기본적으로 같은 걱정을 표현하는 진술이 뒤따른다. "악인들이 곳곳에서 날뛰는도다.…"

2. 어떤 고통의 경험들이 그 움직임에서 묘사되는가?

내가 언급한 것처럼 시편 저자는 악한 사람들의 억압적 행위의 결과로서 고통을 받을 수도 있다(1-4절). 그러나 이 시편의 전반적인 움직임을 읽는 것은 그의 고통에 또 다른 차원을 추가한다. 그는 아마도 하나님이 이미 응답했을 것이라는 사실에도 불구하고 고통받는다. 짐작건대 하나님이 통제하시는 세상에서 악의 존재에 대한 질문이 암시된다. 이것은 다음 질문으로 이어진다.

3. 우리는 이런 경험들로부터 하나님, 믿음의 삶, 일반적인 현실에 대한 어떤 메시지를 이끌어낼 수 있는가?

시편 12편에 반영된 고통의 경험은 때때로 하나님의 응답에도 불구하고 긴장의 요소가 지속된다는 것을 우리에게 가르친다.

구약 설교, 어떻게 할 것인가?

4. 시편 12편을 경험하기

시편의 말로 기도하라. 특별히 우리는 "다른 사람이나 나 자신의 삶에서 어떤 특정한 고통의 경험이 시편에 표현된 것과 비슷한가?"라고 질문할 수 있다. 한 가지 예로 여기서 우리는 학위를 취득하는 것을 언급할 수 있다. 우리는 학업의 과정 동안에 탄원하고, 성공적으로 학위를 마칠 때 찬양으로 움직인다. 그러나 학업 이후 직장을 얻는 것에 대한 불확실성에 주눅이 들어서 우리는 탄원의 상황으로 다시 돌아간 우리 자신을 발견하게 된다.

• 시편 12편에 대한 설교 개요: "탄원으로 돌아감"

A. 탄원에서의 움직임: 탄원에서 찬양으로, 그 후에 다시 탄원으로

    1. 탄원으로부터(1-4절)

        a. 도움을 요청하는 부르짖음(1절)

        • "도우소서"(1절)

        b. 고통으로부터 야기되는 것들(1-4절)

        경건한 사람들이 주변에 더 이상 없을 때의 삶:

        • 거짓말(2절)

        • 자만(3절)

        • 억압(4절; 참조. 5절)

        c. 하나님께 이야기함

        • "여호와여 도우소서"(1절)

        • "여호와께서 모든 아첨하는 입술을 끊으시리니"(3절)

    2. 찬양으로(5-7절)

        a. 하나님의 응답(5절)

b. 하나님의 응답으로 인한 확신(6-7절)

　　3. 다시 탄원으로(8절)

　　　a. 시작 부분의 탄원: "경건한 자가 끊어지며"(1절)

　　　b. 마지막의 상황: "악인들이 곳곳에서 날뛰는도다"(8절)

B. 시편 저자의 고통의 경험

　　1. 경건한 사람들이 더 이상 주변에 없을 때의 삶(1-4절)

　　2. 하나님의 응답에도 불구한 불확실성(8절)

C. 시편의 메시지

　　1. 믿음의 삶: 긴장과 모호함이 여전히 존재함

　　2. 하나님: 신적 불가해성(inscrutability)

결론

　　　　　　　　　　　　　　　　구약 설교, 어떻게 할 것인가?

추천 도서

Alter, R., *The Art of Biblical Poetry* (New York : Basic Books, 1985).

Berlin, A., "Introduction to Hebrew Poetry," in *NIB* 4 (Nashville : Abingdon Press, 1996), 301–315.

Berlin, A., "Psalms and the Literature of Exile : Psalms 137, 44, 69 and 78," in P. D. Miller and P. W. Flint(eds.), *The Book of Psalms: Composition and Reception* (Leiden : Brill, 2005), 65–86.

Billman, K. D. and D. L. Migliore, *Rachel's Cry: Prayer of Lament and Rebirth of Hope* (Eugene, OR : Wipf & Stock, 1999).

Bradbury, P., *Sowing in Tears: How to Lament in a Church of Praise* (Cambridge : Grove, 2007).

Brueggemann, W., *The Message of the Psalms: A Theological Commentary* (Minneapolis : Augsburg, 1984).

Brueggemann, W., *The Psalms and the Life of Faith* (Minneapolis : Fortress Press, 1995).

Calvin, J., *Commentary on the Book of Psalms*, trans. J. Anderson (Edinburgh : Edinburgh Printing Co., 1846).

Ciardi, J., *How Does a Poem Mean?* (Boston : Houghton Mifflin Company, 1959).

Dornisch, L., "The Book of Job and Ricoeur's Hermeneutics," *Semeia* 19 (1981), 3–29.

Ellington, S. A., "The Costly Loss of Testimony," *Journal of Pentecostal Theology* 16 (2000), 48–59.

Goldingay, J., "The Dynamic Cycle of Praise and Prayer," *JSOT* 20 (1981), 85–90.

Goldingay, J., *Psalms: Vol. 2 (Psalms 42-89)* (Grand Rapids : Baker Academic, 2007).

Goldsworthy, G., *Preaching the Whole Bible as Christian Scripture* (Grand Rapids, MI : Eerdmans ; Leicester : Inter-Varsity Press, 2000).

Gunkel, H., *Die Psalmen*, Handkommentar zum Alten Testament (Göttingen : Vandenhoeck & Ruprecht, 1926).

Holladay, W. L., *The Psalms Through Three Thousand Years* (Minneapolis : Fortress Press, 1993).

Hossfeld, F-L. and E. Zenger, *Psalms 2* (Minneapolis : Fortress Press, 2005).

Lathrop, G. W., "A Rebirth of Images : On the Use of the Bible in Liturgy," *Worship* 58

(1984), 291-304.

Long, T. G., *Preaching and the Literary Forms of the Bible* (Philadelphia: Fortress Press, 1988).

Longman III. T., "Lament," in D. B. Sandy and R. L. Giege, Jr(eds.), *Cracking Old Testament Codes* (Nashville: Broadman & Holman Publishers, 1995).

Mays, J. L., *Preaching and Teaching the Psalms* (Louisville: Westminster John Knox Press, 2006).

McCann, J. C. and J. C. Howell, *Preaching the Psalms* (Nashville: Abingdon Press, 2001).

Merton, T., *Praying the Psalms* (Collegeville, Minnesota: Liturgical Press, 1956).

Perrine, L., *Sound and Sense: An Introduction to Poetry*, 4th ed. (New York: Harcourt, 1973).

Ricoeur, P., "Lamentation as Prayer," in A. LaCoque and P. Ricoeur (eds.), *Thinking Biblically* (Chicago and London: University of Chicago Press, 1998), 211-232.

Stocks, S. P., *Using the Psalms for Prayer Through Suffering* (Cambridge: Grove, 2007).

Villanueva, F. G., *The 'Uncertainty of a Hearing': A Study of the Sudden Change of Mood in the Psalms of Lament* (Leiden: Brill, 2008).

Williamson, H. G. M., "Reading the Lament Psalms Backwards," in B. A. Strawn and N. R. Bowen (eds.), *A God So Near: Essays on Old Testament Theology in Honor of Patrick D. Miller* (Indiana: Eisenbrauns, 2003), 3-15.

Witvliet, J. D., *Worship Seeking Understanding* (Grand Rapids: Baker, 2003).

Wright, N. T., *Simply Christian* (London: SPCK, 2006).

'HE BEGAN WITH MOSES...'
PREACHING THE OLD TESTAMENT TODAY

제5장

찬양시 설교하기

데이비드 G. 퍼스(David G. Firth)

1. 서론: 찬양시와 예배

만약 예배의 자원으로 본문을 사용하는 것이 하나의 지침이라면, 특별히 (우리가 아가에서 발견하는 것과 같은 다른 사람에 대한 찬양과 대조되는) 하나님을 찬양하는 구약의 찬양시는 강단의 주제(pulpit staple)가 되어야 한다. 비록 그런 시가 다른 부분들에도 많이 등장하고 그 본문들 역시 찬양시를 설교하는 데 도움을 주기는 하지만, 그런 시의 가장 분명한 사례들은 시편에 등장한다. 여러 현대 찬송가의 성구 색인을 살펴보면(전통적인 찬송가보다 덜 구조화된 현대 찬송 모음집을 포함하여) 찬양시가 폭넓게 배치된 본문들이라는 사실을 알게 된다. 대표적인 예를 들면 『침례교의 찬양과 예배』(*Baptist Praise and Worship*)[1]의 색인에는 시편에 대한 일흔 개의 직접 인용이 있다. 이는 구약의 나머지 부분에서 단지 마흔 개만 인용된 것과 대조된다. 이에 근접하는 성서의 책은 예순다섯 개의 인용이 있는 누가복음이고, 마태복음이 마흔다섯 개로 그 뒤를 따른다. 그러나 이 인용의 대부분은 대강절, 성탄절 및 부활절에 대한 설명인 데 반해 마가복음과 요한복음에 대한 인용의 대부분은 부활절에 무게를 두고 있다. 모든 성서 인용 가운데 절반 가량이

---

1 Alec Gilmore, et al. (eds.), *Baptist Praise and Worship* (Oxford : Oxford University Press, on behalf of the Psalms and Hymns Trust, 1991), 1064.

복음서와 시편 구절인데, 복음서의 인용이 특정 절기의 찬양들에 집중된 반면 시편에서의 인용은 좀 더 폭넓게 분포되어 있다. 따라서 회중은 일 년 중 어느 때에라도 시편 구절들을 접할 수 있다. 회중이 자신이 접하는 모든 성서 인용을 반드시 인식하지는 못할 것이다. 그러나 이는 예배를 위한 노래를 만드는 이들이 특별히 시편을 의식하고 있었음을 시사한다.

대부분의 찬양시가 시편에서 발견되기는 하지만 대부분의 시편은 우리가 지금 찬양이라고 부르는 것이 아니라는 반론이 제기될 수 있다. 우리는 20세기의 대부분을 주도했던 규범적인 형태들을 찾는 일에 갇힐 필요가 없다. 그러나 이는 여전히 다양한 시편의 내용을 묘사하는 데 있어 합리적인 모델을 제공해준다. 대부분의 분석에 따르면 모든 시편의 약 절반이 탄원(complaints)으로 분류될 수 있다. 그러므로 비평가들이 확인한 다른 유형들을 수용한다면 찬양은 지배적인 목소리가 아니다. 우리는 시편의 히브리어 표제(*Tehillim*)가 "찬양들"을 의미하고 따라서 찬양의 범주가 다소간 좀 더 넓혀져야 한다는 관찰로 이것을 상쇄해야 한다. 그러나 여전히 좀 더 많은 시편이 찬양보다는 탄원에 초점을 맞춘다. 그러나 우리는 개인적인 탄원들이 보통 찬양의 맹세로 끝난다는 것을 주목해야 한다. 눈에 띄는 예외로서 시편 88편과 143편이 있지만 말이다. 그리고 우리는 때때로 시편 저자들이 심지어 탄원 중에도 하나님에 대한 찬양을 표현한다는 것을 주목해야 한다(예. 시 35:9-10).

이것을 수용한다고 해도 현시대에서 찬양시의 우세함은 주목할 만하다. 시편에 대한 일흔한 개의 인용 중 단 두 개만이 찬양시 또는 결국 찬양이 예상되는 탄원시의 구절로부터 선택되지 않았다. 다른 본문들에 대한 두 개의 인용(시 55:1-2; 61:1)은 모두 기도를 시작할 때 하나님께 말한다. 이 찬송들 중에서 오직 세든 경(Lord James Seddon)의 "내 기도를 들으소서,

구약 설교, 어떻게 할 것인가?

주님"만이 실제로 노래의 균형상 (시편 61편으로부터) 탄원의 내용을 사용한다. 이는 (특히 시편으로부터의) 찬양시가 현대 예배의 구성 요소라는 것을 강력히 시사한다. 그리고 교회력 전체에 그런 노래들이 분포되었다는 것은 우리가 이 본문들을 정기적으로 접하게 된다는 것을 의미한다.[2] 다양한 성서일과표를 사용하는 교회는 더 많은 시편을 접하게 될 것이다. 그러나 『개정된 공동 성서일과표』(Revised Common Lectionary)의 예를 들면, 많은 시편이 사용된다고 해도 이 시편들은 종종 요약된 것이어서 시편을 단순하게 통독할 때보다 찬양의 핵심이 더욱 두드러진다. 요약하면 찬양시는 현대 기독교 예배를 잘 대표하는 요소다. 그러므로 우리는 찬양시를 현대 설교의 중요한 주제로 기대할 수 있다. 예전적으로 형성되든지 아니면 현대 음악의 좀 더 자유로운 표현으로 형성되든지 간에 우리의 기도는 그런 찬양에 의존하고 그에 따라 필연적으로 믿음을 형성한다. 그러나 우리가 예배에서의 그런 관행이 현대의 믿음을 많이 형성한다고 의심할 수 있지만, 찬양시가 설교에서 사용된 본문들의 상당 부분을 차지하는 것처럼 보이지는 않는다.[3] 그 이유를 살펴보는 것은 이 글의 범위를 벗어난다. 하지만 여기서 주장하는 입장은 찬양시가 구약 안에서 전체적으로 어떻게 기능하는지에 대한 적절한 이해가 선포를 위한 가능성을 열어줄 것이라는 점이다.

---

2 John D. Witvliet, *The Biblical Psalms in Christian Worship: A Brief Introduction and Guide to Resource* (Grand Rapids: Eerdmans, 2007), 116-120은 시편에 기초한 3천5백 곡 이상의 노래가 많은 교회들을 위해 인가된 출처인 CCLI에 등록되어 있고, 이것들이 구도자에 민감하고 카리스마적인 많은 교회에서 음악 예배의 중심을 구성한다고 언급한다.

3 J. Clinton McCann and James C. Howell, *Preaching the Psalms* (Nashville: Abingdon, 2001), 15도 비슷한 견해를 보인다.

2. 정경, 찬양, 그리고 선포

목회자들이 찬양시를 자주 설교하지 않는 이유를 설명하는 것은 불가능할지도 모른다. 그러나 이는 일반적으로 가르쳐지는 주석적 모델들이 이것과는 다르게 작용한다는 점에 기인할 수 있다. 특별히 지배적인 비평적 접근은 대부분의 시편과 모든 찬양시가 하나님을 향한 인간의 말이라는 점을 올바르게 강조했다. 우리는 설교에서 하나님의 말씀을 그분의 백성에게 가져다주고자 한다. 그러나 그 때문에 우리는 딜레마에 직면한다. 만약 설교가—여기서는 특별히 강해설교(expository preaching)를 의미한다—하나님의 말씀을 분명하게 드러내는 것이라면, 우리가 이 시편들이 기록된 근본적인 목적을 뒤엎는 것은 아닐까? 시편의 기능을 하나님을 향한 인간의 말로서 진지하게 수용하고 그것을 예배의 다른 부분에 폭넓게 사용할 수 있다고 하면서, 고웬(Gowan)은 "찬양 또는 탄원에서 하나님을 향한 시편 저자들의 말의 온전성은 보존되어야 하며, 일반적으로 그것을 회중에게 자세히 설명하기 위한 본문으로 간주해서는 안 된다"[4]고 주장한다. 그러므로 하나님을 향한 인간의 말인 시편이 어떻게 우리를 향한 하나님의 말씀이 되었는가라는 문제에 대한 답은 부정적이다. 시편들의 기원을 주목하는 것은 시편들이 항상 사람의 말이었음을 보여준다. 따라서 고웬과 같은 비평가들은 그것들을 다른 방법으로 다룰 수 없었다. 시편에 대한 대부분의 서론이 계속해서 이 모델을 따라 형성되었기 때문에 설교를 위해 초빙된 사람들이 확신을 가지고 시편을 설교하기 위한 도구가 부족하다는 사실은 놀랍지 않다.

---

4 Donald E. Gowan, *Reclaiming the Old Testament for the Christian Pulpit* (Edinburgh : T. & T. Clark, 1980), 146.

구약 설교, 어떻게 할 것인가?

그러나 정경의 기능에 대한 점진적인 관심은 설교자들에게 기회를 제공한다. 정경에 주목하는 것의 중요성을 강조하는 브레바드 차일즈(Brevard Childs)의 주장에서 시편은 특별히 중요시되었던 부분이며,[5] 그때부터 다수의 학자가 이런 통찰을 유익하게 발전시켰다.[6] 근본적으로 비록 "정경적"(canonical)이라고 불리는 일련의 접근법들이 존재한다고 하더라도 이 접근법들은 시편의 의도적인 형성과 시편이 교육적인 목적을 가지고 만들어졌다는 결론에 대한 강조로 통합된다. 그러므로 시편 안에 우리가 보유하고 있는 다양한 찬양시는 단순히 그것들이 하나님을 향한 누군가의 말을 반영하기 때문에 거기에 있는 것이 아니다. 이 찬양시들은 그것을 읽는 사람들에게 특정한 방식으로 믿음의 삶에 대해, 특별히 우리가 찬양하는 하나님의 본성에 대해 교훈을 주기 때문에 기록되었다. 또한 많은 사람들은 이 책의 이런 형성이 다양한 시편을 서로 간의 관계성을 고려하여 배치하는 작업을 포함한다고 주장했다. 그러나 이는 시편 연구에서 여전히 논란이 많은 영역이고 이런 접근법을 따르는 상당한 주석적 자원들이 아직은 목회자들을 도울 만한 수준이 아니기 때문에 이 논의에서 제외된다. 유사한 관점이 구약 전체에 흩어져 있는 다른 찬양시들과 관련하여 발전될 수 있다(예. 출 15:1-18, 21; 삼상 2:1-10; 삼하 22장). 비록 찬양시들이 관계된 등장인물의 말로서 제시된다고 할지라도 정확하게 그것들은 그 책의 메시지에 대해 어떤 방법으로든 기여하기 때문에 제시되는 것이다. 정경적 과정은 비록 우리가 찬양시의 기원을 하나님을 향한 인간의 말로서 진지하게

---

5 Brevard S. Childs, *Introduction to the Old Testament as Scripture* (London: SCM Press, 1979), 504-525.

6 다음을 보라. David G. Firth, "The Teaching of the Psalms," in Philip S. Johnston and David, G. Firth (eds.), *Interpreting the Psalms: Issues and Approaches* (Leicester: Apollos, 2005), 159-161.

받아들여야 함에도 불구하고 이 시들을 우리를 향한 하나님의 말씀으로 간주하여 설교해야 하는 본문으로서 수긍하게 해주었다.

3. 가르침으로서의 찬양

그러므로 찬양시를 설교하는 것은 이것이 하나님께 바쳐진 본문이라는 점과 정경적 과정을 통해 그것이 우리를 향한 하나님의 말씀이라는 점을 모두 진지하게 받아들일 것이다. 따라서 우리는 20세기에 걸쳐 발전된 비평적 통찰들을 무시할 수 없다. 왜냐하면 정확하게 이것은 이 등식(찬양시가 하나님께 바쳐진 본문인 동시에 우리를 향한 하나님의 말씀이라는 사실—역자 주)의 한 면을 탐구한 것이기 때문이다. 앞으로 살펴보게 되겠지만 이는 우리가 모든 것을 포함하는 범주로서가 아니라 오히려 다양한 삶의 배경을 반영하는 시의 다양한 집단을 가리키는 표(label)로서 찬양을 다룰 수 있음을 의미한다. 그러나 이런 통찰을 고려하는 데 있어서 우리는 정경적 과정을 연구한 사람들의 통찰도 고려해야 한다. 그리고 시편에서 사용된 표준 양식들을 인식함으로써 주어지는 통찰은 시의 기원에 대한 확정적인 지침보다 지금 완성된 본문 안에 있는 다양한 시의 교훈적 기능을 이해하는 데 더 많은 지침을 제공한다는 사실을 이해해야 한다.[7] 즉 다양한 분류 작업이 하나의 시가 기원한 삶의 배경을 복원하기 위한 도구로서 전형적으로 사용되었던 곳에서, 이제 우리는 이 통찰을 이런 본문들을 읽는 사람들에게 제공되는 가르침으로 간주할 수 있다. 이들은 그 본문들 안에서 자신의 경험이

---

7 시편 유형의 개념을 기능에 대한 지침으로서 보는 연구에 대해서는 다음을 보라. David G. Firth, *Surrendering Retribution in the Psalms: Responses to Violence in the Individual Complaints* (Milton Keynes: Paternoster, 2005), 143.

구약 설교, 어떻게 할 것인가?

반영되어 있음을 본다. 성서의 편집자들이 우리가 현재 소유한 것보다 더 넓은 범위의 시 목록을 가지고 있었다는 점을 고려한다면, 우리는 그 시들이 선택된 이유를 추측할 수 있는데, 그 시들이 다른 사람들이 사용하기에 적절한 기도를 제공했기 때문이다. 곧 다른 사람들에게 기도하는 방법을, 더 구체적으로 말하면 하나님을 찬양하는 방법을 가르치는 기도를 제공했기 때문이다.[8] 탄원시에서 예를 들어보면 비평가들은 여러 시편이 아마도 다양한 행동으로 인해 고소당하고, 하나님께 자신의 신원을 구했던 사람들의 상황에서 비롯되었을 것이라고 인식했다.[9] 정경적 접근은 이것을 진지하게 받아들일 뿐만 아니라 이 시편들이 지금 비슷한 고통을 겪는 사람들을 위한 기도의 모범적인 자원으로서, 그리고 그런 상황에서 어떻게 기도해야 하는지에 대한 실천적인 가르침으로서 제공된다고 주장한다. 사실상 이런 상황들은 이 시들이 그것의 용도에 관한 지시문 없이 전달되었기 때문에 더 넓은 적용의 가능성을 열어놓는다. 이것에 주목하는 설교자들은 이 시들의 기원과 그것들이 계속해서 교훈을 주는 방법 모두를 진지하게 받아들일 수 있다. 그러므로 이용할 수 있는 시의 장르들에 대한 인식은 그 장르들의 지속적 기능에 대한 분석을 가능하게 한다. 바로 이것이 선포에 있어 우리를 이끌어주는 지침이 된다.

찬양시는 거의 의도적인 가르침이 아니라는 것에 주목해야 한다. 이는 설교자들이 설교할 것을 얻기 위해 무엇인가를 본문 안으로 끌어들여서 읽으려는 유혹을 받을 수도 있음을 의미한다. 이것은 설교가 항상 중심 주제를 발전시키는 삼 대지(three points)를 필요로 한다고 생각할 경우에 특히

---

8 이것이 일어날 수 있는 과정들은 다음의 글에 요약되어 있다. David G. Firth, *Hear, O Lord: A Spirituality of the Psalms* (Calver : Cliff College Publishing, 2005), 123-129.

9 시편 7편과 17편은 대표적인 예다.

그렇다. 그런 모델에서 설교는 본질적으로 명제를 위한 논증이다. 이런 방법으로 몇몇 시편을 설교하는 것은 가능하다(특히 시 1편, 37편과 같은 소위 "지혜시"[wisdom psalms]). 그러나 대부분의 경우에 우리는 시편 자체의 양식을 따르는, 좀 더 간접적인 가르침의 모델을 발전시켜야 한다. 사실상 이것은 시의 기원과 정경 안에서의 그 시의 기능 모두를 고려하는 것을 의미한다. 설교자로서 우리는 우리의 청중이 이 찬양시를 하나님을 향해 개인이나 공동체가 드린 찬양의 말로서 듣게 해야 한다. 또한 우리는 이 찬양시들이 정경에 포함된 것이 그 시들이 가르침의 간접적인 형태를 제공한다는 사실을 의미함을 인식해야 한다. 그것이 찬양의 다양한 측면에 대한 주제적 모델화(thematic modelling)를 통해서든지, 아니면 시편을 설교하는 데 있어 특히 중요한 특징 곧 찬양시가 다른 시들과 함께 만들어내는 본문 내부의 대화(intratextual dialogue)를 통해서든지 간에 말이다.[10] 그러므로 설교자로서 우리는 이 시들과 자신의 연결점을 만들 수 있는 방법에 대해 회중을 안내해야 하지만 이 시들이 간접적인 방법으로 기능하도록 해야 한다.

이 시점에서 한 가지 추가 요소를 소개해야 한다. 왜냐하면 우리는 지금까지 "찬양"을 일반적 범주로서 다루었기 때문이다. 그러나 진지하게 비평적 통찰을 받아들이는 것은 우리가 "찬양"이 시의 다양한 몇 가지 유형을 포함하고 있다는 것을 인식해야 함을 의미한다. 궁켈의 분류에 따르면 하나님에 대한 상당히 일반화된 찬양(praise)을 제공하는 찬양시(hymns)와 하나님이 그의 백성을 위해 행하신 것에 응답하는 감사시(thanksgivings) 사이에는 중요한 차이점이 있다. 이 차이는 베스터만(Westermann)이 유용하게 분석해냈는데, 그는 묘사적 찬양(descriptive praise)과 선언적 찬양(declara-

---

10 이런 요소들에 대해서는 다음을 보라. Firth, "The Teaching of the Psalms," 171-174.

　　　　　　　　　　　　　　　　　　구약 설교, 어떻게 할 것인가?

tive praise)을 구분했다.[11] 묘사적 찬양이 야웨의 일반적인 본질을 창조자, 구속자 등으로 보려는 경향이 있다면(따라서 궁켈의 찬양시와 일치한다), 선언적 찬양은 어떻게 야웨가 지금 감사를 드리고 있는 예배자들을 구원했는지에 대한 내러티브를 되풀이한다(따라서 궁켈의 감사시와 일치한다). 베스터만의 핵심적 통찰은 다음과 같다. 선언적 찬양시들이 탄원시(complaint psalms)에서 간청하는 사람들에게 부합하는 상황들로부터의 구원에 대한 감사를 제공한다는 점에서, 이 시들은 찬양과 탄원(또는 항의) 사이를 연결한다. 우리가 앞으로 살펴보겠지만 이것은 시편에서 만들어진 본문 내부의 대화 안에서 주목해야 하는 중요한 요소다.

　월터 브루그만(Walter Brueggemann)은 이를 한층 더 심화시켰다. 그는 전체 시편이 방향정립(orientation), 방향상실(disorientation), 그리고 방향재정립(reorientation)의 패턴으로 정리될 수 있다고 주장했다.[12] 베스터만이 시편 안에서 탄원과 선언적 찬양 사이의 대화에 대한 가능성을 보여주었다면, 브루그만은 한층 더 나아간다. 왜냐하면 브루그만의 제안은 탄원(브루그만의 도식에서 방향상실)이 (다른 것들 속에서) 묘사적 찬양시들과의 대화에 참여하는 것을 허용하기 때문이다. 베스터만의 묘사적 찬양은 대체로 브루그만의 방향정립과 일치한다. 왜냐하면 이 시편들은 그것을 통해 우리가 세상을 바라볼 수 있는 패턴, 그것 안에서 하나님의 능력과 존재가 확인되는 패턴을 우리에게 마련해주기 때문이다. 마찬가지로 브루그만의 새로운 방향정립(new orientation, 이 표현은 브루그만의 표현인 reorientation과 같은 의

11　Claus Westermann, *Praise and Lament in the Psalms* (Atlanta : John Knox Press, 1981), 30-33 ; *The Psalms : Structure, Content and Message* (Minneapolis : Augsburg, 1980), 25-27.

12　Walter Brueggemann, *The Message of Psalms : A Theological Commentary* (Minneapolis : Augsburg, 1984), 18-23.

미다—역자 주)은 대체로 베스터만의 선언적 찬양이다. 왜냐하면 이 시들은 야웨가 일하는 방식을 발견한 시인의 경이로움을 표현하기 때문이다. 이런 방향정립은 확인되지만 비판적 인식 없이는 유지될 수 없다.

브루그만은 자신이 제안한 구조가 지나치게 단순한 방식으로 이용될 수 있다는 것을 알고 있으며, 이런 상태들 사이에 끊임없는 움직임이 존재한다고 조심스럽게 주장하는데, 우리의 목적과 관련하여 흥미로운 점은 이런 움직임이 시편 내부에서 대화를 여는 방식이다. 하지만 브루그만의 분석에는 중요한 한계가 있다. 그것은 그의 분석이 종말론적인 요소를 배제한다는 점이다. 그러나 만약 우리가 하나님의 통치라는 주제를 시편의 중심으로 진지하게 받아들이고자 한다면,[13] 이제 브루그만이 제안하는 닫힌 고리(closed loop)가 새로운 방향정립의 지점을 초월하여 움직이는 기도와 찬양을 허용하기 위해 확대되어야 함을 인식하는 것이 중요하다. 이 닫힌 고리는 제왕시(royal psalms)와 시온의 노래(Songs of Zion)가 그의 프로그램에 유용하지 않는 것으로 보였기 때문에 그가 자신의 분석에서 이런 시들을 배제하기로 결정한 데서 기인한다는 주장이 제기될 수 있다.[14] 그러나 이런 시들은 그가 제안한 순환을 넘어선다. 일반적으로 제왕시의 경우에 시기 설정의 근거로 지목할 만한 왕이 더 이상 예루살렘에 존재하지 않던 시들에 대한 정경적 기능의 일부로서 왕과 관련된 기도와 찬양은 필연적으로 종말론적인, 특히 메시아적인 초점을 갖는다.[15] 그러므로 우리는 방

---

13 James L. Mays, *The Lord Reigns: A Theological Handbook to the Psalms* (Louisville: Westminster John Knox Press, 1994), 12-22.

14 Brueggemann, *The Message of the Psalms*, 10.

15 제왕시에 대해서는 Jamie A. Grant, "The Psalms and the King," in Johnston and Firth (eds.), *Interpreting the Psalms*, 101-118을 보라. Grant는 민주화의 과정이 있기 때문에, 이 시편들이 메시아적인 것 이상이지만, 메시아적 요소가 이 시들의 기능에서 시 자체를 넘어 중심이라는 것을 입증한다.

구약 설교, 어떻게 할 것인가?

향정립을 초월한 희망의 가능성,[16] 즉 하나님이 우리 자신의 경험을 초월하여 행하실 것을 예상하는 찬양을 허용해야 한다. 바로 이 지점에서 이런 시들에 대해 명시적으로 기독교적인 독서가 가능하게 된다. 왜냐하면 시편의 종말론적 희망은 자신의 초점을 예수 안에서 찾기 때문이다. 비록 동시에 그것이 다른 시편들과 연관되는 방법에 여전히 뿌리를 두고 있다고 할지라도 말이다.

우리가 언급했던 것처럼 찬양시는 시편에 한정되지 않는다. 그리고 몇몇 내러티브 상황은 우리가 이런 과정이 시편 밖에서 어떻게 기능할 수 있는지를 보도록 도와준다. 한나의 노래(삼상 2:1-10)는 하나의 좋은 사례일 수 있다. 이미 언급했던 것처럼 그녀의 가족과 더불어 그녀의 상황은 탄원시에서 발견되는 세상을 반영한다.[17] 한나는 사랑하지만 거들먹거리는 남편과 두 번째 아내로 인해 고통을 받는데, 이 두 번째 아내는 야웨가 한나의 태를 닫았고 자신은 자녀가 있다는 이유로 한나를 괴롭히는 일을 즐긴다(삼상 1:6). 탄원시는 대적들의 성가신 행동을 언급한다(예.시 6:8; 10:14). 물론 대적들은 다양한 방식으로 문제가 되지만, 여기서 주목해야 할 점은 한나의 경험이 이런 상황에 전형적이라는 것이다. 사실 시편 10:14은 시편 저자가 야웨에게 성가신 자들을 대적하여 행동해달라고 간청하는 상황에서 발생한다. 이는 아마도 한나가 실로의 성소에서 말했을 수도 있는 기도의 전형적인 유형일 것이다. 확실히 한나는 그녀의 깊은 고통으로 인해 기도하고(삼상 1:10), 열정적인 기도와 술 취함을 구분하지 못하는 엘리의 무능함은 아무 도움이 되지 않는다(삼상 1:13). 한나의 경험은 하나의 장애이

---

16 Firth, *Hear, O Lord*, 101-122을 보라.

17 A. H. van Zyl, "1 Sam. 1:2-2:11—A Life World of Lament and Affliction," *JNSL* 12 (1984), 151-161.

자 탄원이다. 그러나 동시에 한나가 기도하는 것은 정확하게 그녀가 베스터만의 묘사적 찬양에 적합한 본문들이 제공하는 근본적인 가르침을 수용하기 때문이라는 것도 분명하다. 예를 들어 시편 97편은 단순히 야웨를 향한 묘사적 찬양만을 제공하지 않는다. 이 시편은 야웨가 그의 성도들의 생명을 보존한다고 주장하는데(시 97:10), 이는 한나가 자녀들을 통해 추구하는 것이다. 즉 한나의 탄원의 가능성은 정확하게 이와 같은 본문들이 찬양하고 있는 야웨의 정의가 그녀의 경험에서는 분명한 것처럼 보이지 않았기 때문에 발생한다. 브루그만의 용어에 따르면 한나의 기도는 하나의 방향상실이고, 이는 오직 기본적인 방향정립이 제대로 기능하지 않는 것처럼 보이는 곳에서 생겨날 수 있다. 그러므로 많은 시편은 하나님을 문제의 근원으로 간주할 준비가 되어 있으며(예. 시 44, 88편), 따라서 그분에 대항하여 탄원하는데, 심지어 그들이 하나님을 현재의 어려움에 대한 해결책으로 바라볼 때에도 그렇다. 그리고 한나의 기도는 이런 본문들의 전형이다.

그러나 한나의 상황은 아이가 없는 것으로 끝나지 않는다. 이 이야기는 야웨가 그녀를 기억했고 그 결과로 그녀가 임신하고 사무엘을 낳은 것을 축하한다(삼상 1:19-20). 그러므로 한나의 노래(삼상 2:1-10)는 자신의 서원을 지키기 위해 그녀가 사무엘을 그가 자라게 될 성소로 인도했던 지점뿐만 아니라 그녀가 새로운 방식으로 행동하는 야웨를 보기 위해 달려갔던 지점에도 위치한다. 그녀가 드린 찬양의 기도는 야웨가 그녀의 삶 가운데서 행동하는 방법에 대한 새로운 발견, 즉 비록 거기에 자신의 아들을 성소로 데려갔다는 슬픔이 어려 있다고 할지라도 그분의 행동의 선함을 단언할 수 있었다는 사실로부터 발생한다. 한나의 노래는 사무엘서 안에서 몇 가지 기능을 이행하는데,[18] 그중 하나는 한나의 경험을 반영하는 것이다. 이는 특별히 강한 자가 낮아지고 약한 자가 높아지는 운명의 역전이라는 모티프와 관련하여 야웨가 어떻게 일하는지를 발견한 자로서의 경험이다. 이 노래는 스스로 다양한 다른 성서 본문들과의 대화를 발생시키는 앞선 내러티브와의 대화를 만들어낸다. 그러나 한나의 노래는 종말론적 영향력(edge)도 포함한다. 왜냐하면 그것이 발전시킨 운명의 역전 모티프는 현재의 경험에서 결코 완전히 해결되지 않으며, 그 노래는 당시에 아직 왕이 없었음에도 불구하고 왕에 대한 질문을 제기하기 때문이다(삼상 2:10). 사무엘서에서 그 왕의 정체는 궁극적으로 다윗이다. 그러나 이는 우리를 사무엘하 7:1-17에 있는 다윗에 대한 약속으로 안내하기 때문에, 그것은 다윗을 넘어 메시아적 희망을 가리킨다. 그러므로 마리아 찬가(Mary's Magnificat, 눅 1:46-55)가 한나의 노래에 그렇게 많이 의존하는 것은 놀랍지 않다. 왜냐하면 그 노래는 한나의 경험 안에서 그녀의 노래가 성취되었다는 사실뿐만 아니라 더욱 큰 어떤 것을 기대하는 다윗의 성취까지도 인식하기 때문이다. 그러므로 이 내러티브의 틀은 우리에게 이 찬양시를 다양한 관점으로 읽도록 권장한다. 이 각각의 관점은 서로 다른 어떤 것에 기여하고 현대 회중에게 타당하게 설교로 전해질 수 있다.

한나의 이야기는 여러 가지 방식에서 우리가 제안한 시편들에서 기능하는 일종의 본문 간의 대화와 잘 어울릴 뿐만 아니라, 설교자들이 다양한 각도로 한나의 감사 노래에 접근할 수 있도록 그런 대화가 열어놓은 여러 가능성을 나타낸다. 우리는 그것을 감사 노래 자체로서, 한나의 경험을 다시 반영하는 감사로서, 사무엘서의 중심 주제들을 예상하는 감사로서, 또

---

18 David G. Firth, *1 & 2 Samuel* (Nottingham : Apollos, 2009), 59-63.

는 종말론적인(그리고 궁극적으로 기독론적인) 주제들을 지닌 감사로서 타당하게 설교할 수 있을 것이다. 모두가 이 찬양 노래를 선포하는 데 있어 타당한 접근이며, 각각의 접근은 다른 방식으로 주변의 내러티브와 관련된다. 비록 설교자들이 이 모든 것을 갑자기 시도하는 것은 현명하지 못한 일이겠지만 말이다. 비교적 아주 적은 수의 시편만이 많은 선택을 제공하지만 그런 내러티브는 많은 찬양시를 통해 암시되고, 그 찬양시들을 설교할 수 있는 방식들을 열어놓는다. 이런 본문들이 서로 상호작용하는 방식에 대한 인식은 브루그만의 관심과도 연계된다. 그는 때때로 찬양의 요청이 내용을 넘어서게 되어, 찬양이 이유 없이 드려지고, 실질적으로 찬양을 그 자체의 이념으로 만든다는 점을 주목한다.[19] 몇몇 시(시 150편과 같은)가 오직 찬양에 대한 요청만을 제공하고, 회중이 받아들일 수 있는 찬양의 근거가 되는 합리적인 토대를 제공하지 않는다는 것은 사실이다. 그러나 그 요청은 찬양이 아니다. 시편 150편 같은 특별한 경우에서 그것은 그 시편 전체에 대한 성찰에서 도출된 요청이다. 거기서 요청된 찬양의 내용은 책의 나머지 부분이 그리고 있는 윤곽, 즉 하나님의 가치가 묘사되고 동시에 선언될 수 있는 그분을 반영하는 찬양이다. 사실상 시편은 찬양의 요청으로 종결됨으로써 우리가 선행하는 시들을 다시 한번 성찰하도록 안내한다. 즉 이것은 시가 교훈하는 방법과 설교의 기초를 형성하는 방법을 볼 수 있게 하는 시적 장르(poetic form)에 대한 이해와 정경적 기능(canonical function)에 대한 이해 사이의 상호작용이다. 시편 밖에 있는 찬양시는 그 자체의 특정한 본문 관계로 결정되기 때문에, 우리는 이 장의 균형을 위해 시편에 초

---

19 Walter Brueggemann, *Israel's Praise : Doxology against Idolatry* (Philadelphia : Fortress Press, 1988), 89–122.

구약 설교, 어떻게 할 것인가?

점을 둘 것이다.

4. 주제적 모델화

우리는 찬양시가 주제적 모델화(thematic modelling) 아니면 본문 내부의 대화(intratextual dialogue)를 통해 가르침을 제공하는 경향이 있다고 제안했다. 그러나 사실상 대부분의 시는 두 가지 모두를 통해 접근 가능하다. 주제적 모델화는 다양한 시편이 한 상황에 지속적인 반응을 제공하는 것을 보여줄 수 있는 곳에서 등장한다. 따라서 비록 이 개별적 본문들이 구성적 단계에서는 그런 의도를 가지고 있지 않았다고 할지라도, 그것은 시편 안에서 지속적인 강조를 통해 나타난다. 그것은 책 전체에 노출되는 것을 통해 등장하는 가르침의 한 형태이고, 따라서 그것의 어조는 우리 자신의 기도와 찬양에 대한 양식(pattern)이 된다. 또한 그런 가르침의 모델은 시편을 배열한 편집 과정이 여러 이유로 이 양식에 부합하지 않는 시들을 배제할 수 있었다는 것을 암시한다.

설교를 위한 모델로서 주제적 모델화는 특히 묘사적 찬양에 잘 어울린다. 그 이유는 이 시편들이 하나님을 향한 우리의 근본적 태도를 형성하도록 의도된 찬양을 제공하기 때문이다. 우리는 야웨가 창조자(Creator), 구속자(Redeemer) 및 보존자(Sustainer)로서 우리가 의지할 수 있는 분이며 그의 백성을 위해 개입하시는 바로 그 하나님이라는 사실을 알아야 한다. 물론 특별한 경우 이 사실이 특정한 시편에서 종종 누락될 수도 있다. 우리는 이 시들이 찬양을 제공하는 방식에 의해 한 백성으로 다듬어진다. 그 찬양은 우리가 따르는 양식이 되는 주제의 반복을 통해 교훈한다. 주제적 모델화에 주의를 기울이는 설교자들은 이런 몇몇 시를 독립적으로 다루는 것을 고려할 수 있다. 그러나 특정 주제에 대한 통찰을 제공하는 몇몇 시편을 함께 다루는 것도 정당할 것이다.

예를 들어 몇몇 시편은 창조자로서의 야웨에 대한 찬양을 제공한다. 이런 예로는 시편 8, 19, 104, 148편이 있다. 물론 창조의 주제들은 이것보다 더욱 폭넓게 등장하고, 이는 시편이 발전시킨 주제들이 서로 관련되어 있음을 가리킨다. 그러나 만약 우리가 사례로서 이 시편들을 선택한다면, 우리는 창조라는 주제가 매우 구체적인 목적, 즉 탄원시와 관련된 목적을 위해 사용되고 있음을 알 수 있다. 창조는 창조신(creator deity)의 정체성과 관련하여 논의되는 교리가 아니다. 대부분의 고대인들은 그들의 신이 세상을 창조했다는 것을 기뻐했으며, 이스라엘도 이와 동일하다. 그러나 비록 창조를 다른 신앙들과의 논쟁을 위한 기회로 다루고 싶은 유혹이 있다고 할지라도, 이것은 시편에서 상당히 제한된 주제다. 그것은 시편 115:4-8에서 나타난다. 그러나 비록 이 시편이 창조라는 주제에 의존한다고 하더라도 (시 115:16), 열방의 우상들에 대한 논쟁은 구원과 관련하여 중요하다. 열방의 신들이 아니라 오직 야웨만이 구원할 수 있다. 시편은 창조를 논쟁으로서보다는 찬양을 불러일으키는 주제로서 제시한다. 그러나 우리가 세상을 보는 방법과 우리를 하나님께로 다시 인도하는 방법에 관해 가르침을 주는 것은 찬양 자체라는 것이 핵심이다.

따라서 비록 이 시편들 각각이 개별적으로 다루어질 수 있다고 할지라도 설교자는 그것들을 연속해서 펼 수 있을 것이다. 왜냐하면 그것들이 (창조의 본성은 찬양으로 이어진다는) 공통의 주제로 묶였을지라도 각각은 그 찬양에 관해 상이한 어떤 것을 강조하기 때문이다. 시편 8편은 주로 창세기 1장에 대한 묵상, 즉 이 세상 안에서 인간이라는 존재가 의미하는 것, 우리 공통의 인간성이 우리를 하나님에 대한 찬양으로 돌아가도록 안내한다

구약 설교, 어떻게 할 것인가?

는 특별한 책임감에 대한 성찰인 것 같다. 그에 반해서 시편 19편은 하나님의 영광을 선언하는 계시의 원천으로서의 창조에 초점을 둔다. 그러나 그렇게 함으로써 그것은 창조를 토라를 통한 야웨의 더욱 구체적인 계시 옆에 나란히 두게 된다. 따라서 비록 창조가 찬양을 불러일으킬지라도 그것은 토라와 함께 수용될 때 하나님을 아는 지식으로 형성된 우리 인간 존재의 중요성에 대한 재평가로 이어진다. 시편 104편 역시 창조를 찬양의 근거로 제시하는데, 창조 안에서 창조 전체를 위해 야웨가 계속하여 행동하는 방법에 주목함으로서 그렇게 한다. 시편 19편에서처럼 이것은 그런 찬양을 드리는 사람들에게 적용되고, 따라서 각 개인은 그들의 묵상이 하나님을 기쁘시게 하고 있음을 확인하도록 초청된다(시 104:34). 비록 시편 104편이 시편 19편과는 매우 다른 관점으로 창조를 바라볼지라도 말이다. 그러므로 이 시편들이 각각 창조에 대해 하나님을 찬양하는 동안에 각 시편이 창조의 다른 측면에 초점을 맞추지만 이것을 하나님 앞에 있는 인간의 정체성이라는 질문에 항상 적용시킨다는 것은 주목할 만하다. 마지막으로 시편 148편 역시 하나님을 찬양한다. 그러나 이 시편은 창조의 어느 부분들이 하나님을 찬양해야 하는지에 대한 질문을 다루면서 창조에 초점을 맞춘 일종의 찬양의 요청이라고 말하는 것이 좀 더 올바를 것이다. 시편 148편은 주로 요청이기 때문에, 비록 그것이 이런 찬양에 대해 어떤 제한된 토대들을 제공한다고 할지라도, 이 시편을 단독으로 설교하는 것은 훨씬 더 어렵다. 이 시편의 주목할 만한 요소는 그것이 단지 찬양하기 위해 소집된 창조물의 매력적인 요소들만 담고 있는 것은 아니라는 점이다. 7-8절에서 우리는 불, 우박, 눈, 안개, 폭풍, 그리고 심지어 큰 바다 생물들도 하나님을 찬양하고 있음을 본다. 자급 사회(subsistence society)의 관점에서 이것들은 우리가 생각하기에 좀처럼 찬양을 불러일으키는 창조의 요소들이 아니지만 찬양한다. 그러므로 시편 148편은 단지 산꼭대기와 호수, 숲과 굉장히 멋진 해변들만을 기념하는 창조에 대한 접근을 비판하는 방식으로 그 주제를 다루고 있다. 사막의 혹독한 풍경이나 전갈의 공포 역시 찬양을 불러일으키는 데 있어 그들의 역할을 담당한다. 그 주제가 발전되는 방식에 주목하는 것은 시편이 교훈하는 방법을 가리킨다. 그러므로 이것은 설교자가 개별적 찬양시에 대한 초점을 더욱 면밀하게 발전시키거나 그 주제를 전반적인 면에서 좀 더 시사적인 방법으로 발전시키는 것을 가능하게 한다.

5. 본문 내부의 대화

주제적 모델화가 묘사적 찬양에 특히 적합한 접근법이라면, 본문 내부의 대화는 선언적 찬양에 좀 더 적절하다. 그 이유는 선언적 찬양이 탄원시와 연결된다는 사실에 놓여 있다. 그러나 물론 브루그만의 모델이 보여주는 것처럼, 탄원시는 교대로 묘사적 찬양에 대한 시편들과 다시 연결된다. 비록 우리가 사무엘서에서 하나의 경험에 펼쳐진 것을 살펴보았지만, 본질적으로 선언적 찬양은 시편 저자들이 탄원시 안에서 우리가 발견한 전형적인 경험을 통과했을 것이라고 가정한다. 선언적 찬양에서 시편 저자들은 하나님을 신뢰해야 하는 이유의 정당성이 입증되었다고 증언할 수 있다. 비록 지나치게 단순한 방법으로는 아닐지라도 말이다. 이는 선언적 찬양에서 가장 중요한 요소다. 즉 하나님의 선하심과 돌봄에 대한 가장 중요한 확언이 진실이라고 제시된다. 그러나 그것은 시편 저자들 일부의 아픔과 고통을 배제하는 방식으로는 아니다. 그러므로 시편 저자들은 하나님의 선함이 아픔의 한가운데서도 진실로 발견되었던 순간들에 대해 감사를 드린다. 따라서 사용된 이런 가르침의 모델(teaching model)은 다른 관점으로 관련되는 주제들에 접근하는 다른 시들과의 관계 속에서 발전된 주제들을 고려하도록 독자들을 초청한다. 이것은 개인적인 감사와 공동체적인 감사 모두에 적용된다. 시편은 모든 괴로움의 상황이 완전히 해결된다는 것을 믿지 않기 때문에 종말론적 요소가 여전히 남아 있다는 것을 강조하는 것은 중요하다.

우리는 시편 32편을 선언적 찬양의 한 예로 선택할 수 있다. 거기서 시편 저자는 하나님의 용서를 발견한 데서 찾은 기쁨을 가리킴으로써 시작한다. 그런 시편에서 전형적으로 나오듯이 시편 저자는 가르침의 형태로 개인적인 증언을 사용한다. 이때 시편 저자는 다양하게 하나님께 직접적으로 말하고 때로는 공동체에게 권면한다. 그 결과는 이런 증언 자체가 그것을 읽는 사람들의 삶에 적용되는 가르침으로 생겨난다는 것이다. 시편 32편에서 이것은 6절에서 명백해진다. 거기서 시편 저자는 하나님이 들으신다는 확실한 희망을 품고 기도하라고 공동체에게 권면한다. 그리고 8절과 11절에서 그는 이 가르침에 저항하는 공동체에게 경고하고 야웨 안에서 기뻐하라고 권면한다. 다른 시편들은 덜 직접적이다. 예를 들어 시편 73편은 거의 전적으로 하나님을 향한 증언으로 묘사된다. 비록 27절에서 하나님으로부터 멀어진 사람들에 대한 논평이 하나님께 바쳐진 믿음의 확실한 요점인 동시에 이 증언을 듣는 사람들에 대한 경고로 기능할지라도 말이다. 그러나 시편 32편에서의 증언과 권면의 혼합은 훨씬 더 전형적이다. 하나님의 선하심에 대한 증언이 적용된다는 것은 설교자들이 발전시킬 수 있는 적용의 직접적인 연결선을 이미 갖고 있다는 것을 의미한다.

그럼에도 불구하고 우리는 시편 32편이 다른 시편들과 함께 만들어내는 대화를 탐구함으로써 더 풍성한 방법으로 이 시편의 메시지를 탐구할 수 있다. 이에 대한 분명한 예시는 이 시편의 시작이 시편 1편을 떠올리게 한다는 것이다. 우리는 시편 32편이 시편 1편을 말하기 위해 의도적으로 작성되었는지 알 수 없다. 그러나 시편의 현재 형태 안에서 우리는 지금 시편 1편을 통해 이 시편 저자의 복에 대한 이해를 해석할 수 있다. 왜냐하면 이 시편들이 모두 축복(benediction)으로 시작하기 때문이다. 그러나 시편 1편이 의의 길에서 벗어난 의인에 대한 가능성을 고려하지 않는 반면에, 시편 32편은 그렇게 행한 자들이 자신의 죄를 인식했을 경우 그들에 대한 용서의 가능성을 증언한다. 그러므로 시편 1편과의 대화는 설교자들이 축복을 받는 삶의 본질을 탐구할 수 있는 가능성을 열어준다.

또 다른 대화는 용서의 가능성을 다루는 다른 시편들과 함께 발전될 수 있다. 여기서는 시편 103편과 51편이 적절할 것이다. 시편 103편은 야웨가 "네 모든 죄악을 사하시며"(시 103:3), "동이 서에서 먼 것 같이"(시 103:12) 우리의 범죄들을 제거한다고 언급한다. 물론 이것은 선언적 찬양이다. 이는 야웨가 행한 것을 확언하지만 아무런 구체적인 사례도 제시하지 않고 어떻게 용서를 얻을 수 있는지에 대해서도 아무런 말을 하지 않는다. 그것은 찬양의 근거가 되는 야웨의 성품에 대한 것을 제공하지만, 어떻게 그것에 접근하는지는 우리에게 말해주지 않는다. 대조적으로 시편 51편은 시편에서 개인적 참회 기도(individual penitential prayer)의 가장 분명한 예시다. 여기서 시편 저자는 희생제사의 토대 위에서가 아니라(한층 더 나아간 대화는 여기서 시 40:6-8처럼 본문을 통해 희생제사의 장소를 고려할 수도 있다), 은혜의 토대 위에서 야웨께 용서를 간청한다. 야웨의 자비를 묘사한 다양한 말과 결합시켜 시편 저자는 죄에 대한 주요 단어들을 사용하는데(시 51:1-2), 이 결합은 오직 시편 32:1-2에서만 반복된다. 더욱이 시편 51:13-15은 만약 회복된다면 시인이 죄인들에게 야웨께 돌아가라고 가르칠 것이라고 약속하는데, 시편 32:6-11이 정확하게 이 일을 한다.

구약 설교, 어떻게 할 것인가?

이런 대화에 주목하는 것은 시인의 증언이 시편 32편에서 이미 적용되었다는 사실이 왜 중요한지를 강조하면서 설교자들에게 용서에 대한 더 풍성한 이해를 제공해줄 수 있다. 하나님은 용서하시는 분으로 찬양받을 수 있다. 그러나 분명하게 하자면 용서는 신적 자비의 행동이며, 진정한 용서의 경험에 대한 척도는 다른 사람들에 대한 용서의 가능성을 선포하고자 하는 열정이다. 또한 이 대화는 시편 51편에 대한 더 풍성한 이해로 이어진다. 왜냐하면 그것은 야웨가 실제로 용서한다는 것을 확언하기 때문이다. 한편 두 시편을 하나로 묶는 것은 시편 103편의 주장들이 용서가 어떻게 영향을 미치고 경험될 수 있는지를 보여주면서 실제 경험에 기초할 수 있다는 것을 확인한다. 비록 설교자들이 이런 본문 내부의 대화를 단독으로 합리적으로 탐구할 수 있다고 하더라도, 그런 대화는 예수 안에서 가능한 용서를 가리키는 방법도 열어준다. 예수는 이것으로부터 상당히 자연스럽게 일어나는 연결점이다. 시편 안에서 이런 대화를 살펴봄으로써 설교자들은 찬양이 그 자체로 반성적이라는 것, 그리고 찬양을 다른 상황들에 비추어 고려함으로써 우리가 찬양의 행위뿐만 아니라 그것의 내용으로부터도 배울 수 있다는 것을 깨닫도록 회중을 격려할 수 있다. 동시에 이런 대화의 본질에 대한 고찰을 통해 우리는 구체적으로 찬양에 대한 기독교적 이해의 길을 여는 복음으로의 자연스러운 연결을 만들어낼 수 있다.

이런 대화들에 주목하는 것은 시편 안에서 여러 쟁점이 항상 해결된다는 것을 전제할 수도 있다. 그러나 우리가 언급했던 것처럼 시편 전체에는, 특히 시편의 찬양에는 종말론적 영향력이 여전히 남아 있다. 오직 용서라는 쟁점에만 머문다면 우리는 시편 85편이 야웨가 그의 백성을 용서했다는 것을 수용한다고 언급할 수 있다(1-3절). 그러나 이 시편은 특정한 상황에서의 용서가 죄에 대한 하나님의 심판 아래 그분의 백성을 다시 둘 수 없음을 의미하지 않는다는 점도 인정한다. 따라서 용서와 회복이 또다시 추구된다(4-7절). 그러므로 이 시편이 야웨의 의로움에 대한 찬양을 제공한다면(8-13절), 그것은 우리가 용서받을 수 있다는 것뿐만 아니라 용서가 더 필요하다는 것도 아는 관점에서 그렇다. 이 시편에는 완성된 것으로서의 용서에 대한 의미는 아직 없다. 이와 같은 시편은 하나님이 그의 백성을 위해 결정적으로 행하실 그때를 고대하며, 사람들의 종말론적 필요를 열어놓는다. 그런 기도는 그리스도 안에서 하나님이 제공하시는 용서에 대한 고찰로 다시 이어진다. 만약 우리가 하나님 나라의 "지금 그러나 아직 아닌"(now but not yet)이라는 차원을 진지하게 받아들인다면, 우리는 그런 희망이 지금 그리스도 안에서 발견되었고, 동시에 미래에 그리스도 안에서 발견될 것이라는 점을 인식하게 될 것이다. 우리는 안이하게 그리스도와 연결시키는 것을 피해야 한다. 그러나 시편에서 발견되는 종말론적 영향력이 우리에게 그리스도를 가리킨다는 점 역시 인정해야 한다.

6. 결론

우리가 살펴본 바에 의하면 찬양시가 설교의 내용보다는 찬양 예배의 요소로 더 자주 사용되지만, 이 시들은 사실상 설교를 위한 본문을 제공함으로써 회중으로 하여금 찬양의 경험에 참여하도록 할 뿐만 아니라 그 경험으로부터 가르침을 얻게 해준다. 그렇게 하면서 설교자들은 그런 시들이 제공하는 보다 덜 직접적인 가르침 모델이 작용하도록 허용해주어야 한다. 찬양은 중심 주제 아래 포함될 수 있는 일련의 요점을 통해 가르치지 않는다. 오히려 찬양은 이 찬양을 우리 자신의 것으로 만들라고 우리를 초대하기 때문에 교훈을 준다. 그렇게 하면서 우리는 이런 시편을 그 자체의 방식으로 듣고(그래서 지난 세기의 주도적인 비평적 통찰들을 사용한다), 더 큰 문학 단위의 일부분으로도(그래서 정경 형태에 관심이 있는 사람들의 통찰들에 의지한다) 들어야 한다. 이것은 시편의 내러티브 문맥에 대한 고려를 통해 가능할 것이다. 그러나 특정한 시편의 경우에 이런 고려는 시편의 나머지 부분과의 관계를 통해 가능할 것이다. 설교자들은 제공된 가르침의 다른 모델들에도 여전히 주목해야 한다. 만약 그렇게 한다면 그들은 자신의 회중 앞에 놓여 있는 고량진미를 발견할 수 있을 것이다.

• 시편 99편에 대한 설교 개요

서론

시편 99편은 하나님의 통치를 극찬하는 묘사적 찬양의 시다. 그렇게 하면서 이 시편은 하나님의 거룩함이라는 역설에 초점을 맞춘다. 이 역설은 하나님이 우리로부터 완전히 떠나셨지만 여전히 우리와 완전히 함께하신다는 것이다. 우리의 예배를 요청하는 것은 바로 이 역설이다. 이 시편은 주제적 모델화를 통해, 특히 시편 93, 94, 97편에서 발전된 하나님의 통치라는 주제에 대한 연구를 통해 가장 잘 접근할 수 있는 본문이다.

1. **예배로의 요청**(시 99:1-3): 야웨의 거룩함은 추상적인 것이 아니라 경험되는 것이다. 왜냐하면 그는 시온에서뿐만 아니라 모든 사람 위에 계신 왕이시기 때문이다. 모든 사람이 그를 찬양하도록 소집된다. 그리스도인들은 하나님 나라라는 주제를 통해, 언급된 다른 시편들과의 비교를 통해, 그리고 하나님 나라에 대한 예수의 선포를 통해 이것이 발전되는 방법을 주목할 수 있다.

2. **정의의 일꾼**(시 99:4-5): 야웨의 거룩함은 정의를 통해 적용된다. 이것은 가상

의 것이 아니라 이스라엘이 실제로 경험한 것이다. 거룩한 하나님은 세상에 정의를 가져오기 위해 일하시고, 이것 역시 찬양을 요청한다.

3. 상호작용하는 하나님(시 99:6-9): 모세, 아론, 사무엘의 예에서 보듯이(아마도 이 사람들이 각각 법궤와 연관되기 때문일 것이다), 야웨의 거룩함은 그를 그의 백성과 상호작용하게 한다. 그것 이상으로 거룩한 하나님은 용서하는 하나님이기도 하다. 말로 표현할 수 없이 거룩한 그분은 용서하기 위해 그의 백성과 상호작용하고, 이것 역시 예배를 요청한다.

결론

하나님의 거룩함은 예배를 요청한다. 왜냐하면 이 거룩한 하나님은 정의를 세우고 용서를 가져오기 위해 모든 민족 가운데서 계속해서 일하시기 때문이다. 이에 대해 십자가보다 더 명확한 예시는 존재할 수 없다.

• 시편 66편에 대한 설교 개요

서론

시편 66편은 하나님의 역사에 대한 응답인 선언적 찬양의 시다. 시편 46편이 고통의 가능성을 언급하지 않고 모든 사람에게 와서 하나님의 역사를 보라고 요청했다면, 시편 66편은 고통을 경험한 사람들의 관점에서 비슷한 초청을 한다. 이것은 본문 내부의 대화를 통해 가장 잘 접근할 수 있는 본문이다. 이를 위해 시편 7편과 46편이 특히 유용하다.

1. 찬양하고 바라보라는 초청(시 66:1-7): 하나님이 행하신 일 때문에 모든 사람은 그분을 찬양하기 위해 소집된다. 그러나 이런 찬양의 근거는 과거의 위대한

구약 설교, 어떻게 할 것인가?

구원 행위들(6-7절)에 더욱 뿌리를 내리고 있다. 그리스도인들은 이것을 십자가와 부활을 포함하는 것으로 확장할 수 있다.

2. **하나님을 송축하는 이유들**(시 66:8-12): 이제 시편은 시작하는 구절들의 위대한 구원 이야기로부터 여기에 있는 더욱 구체적인 상황으로 움직이면서 모든 사람이 하나님을 송축해야 하는 이유를 제공한다. 그러므로 하나님의 행동은 과거에 제한되는 것이 아니라 믿는 자들의 계속되는 삶의 일부분이 된다.

3. **예배의 맹세**(시 66:13-20): 시편 51편이 죄인들을 가르치겠다고 맹세했던 것처럼 이 시편 저자는 성소에 와서 서원을 이행할 뿐만 아니라 죄인들을 가르치겠다고 약속한다. 그러므로 우리는 하나님이 민족을 위해 행하신 것으로부터 한 개인을 위해 행하신 것으로 움직이는데, 이는 개인의 증언을 위대한 구원 이야기 안에 위치시킨다. 또한 이 이야기는 그것을 듣는 사람들을 가르친다. 이 경우에 언급된 용서는 아마도 범죄로 고발당한 사람들이 기도했던 시편들을 암시할 것이다(예. 시 7편). 그러나 이는 하나님의 돌보심이 모두에게 도달한다는 것을 보여 준다.

결론

그러므로 온 세계는 모두에게 구원을 가져다주시는 분, 모두를 위해 계속해서 일하시는 분, 그리고 그분의 돌보심이 모두에게 미치는 분으로서 하나님을 찬양할 수 있다. 하나님이여, 찬양을 받으소서!

추천 도서

McCann, J. Clinton and James C. Howell, *Preaching the Psalms* (Nashville : Abingdon Press, 2001).

Mays, James L., *Preaching and Teaching the Psalms* (Louisville : Westminster John Knox, 2006).

Wallace, Howard Neil, *Words to God, Words from God : The Psalms in the Prayer and Preaching of the Church* (Aldershot : Ashgate, 2005).

'HE BEGAN WITH MOSES...'
PREACHING THE OLD TESTAMENT TODAY

제6장

지혜 설교하기

트렘퍼 롱맨 III세(Tremper Longman III)

지혜문학은 성서신학이라는 관점에서 보자면 등한시되는 구약의 한 부분이다. 구약의 지혜문학을 구성하는 세 권의 책(잠언, 욥기, 전도서)은 구속사뿐만 아니라 언약, 법, 제의와 같은 중요한 신학적 개념들과도 별로 관계가 없으며, 정경의 나머지 책들과 어떻게 어울릴 수 있는지에 대한 문제를 야기한다.

반면에 이 세 책의 적실성은 단지 그것들의 고대 배경에서뿐만 아니라 현대의 회중과의 관계에서도 즉시 분명해진다. 잠언은 잘 사는 삶을 위한 지혜를 전한다. 전도서는 삶의 의미 또는 목적에 대한 끊임없는 질문에 대해 고심한다. 욥기는 정의의 문제와 씨름한다. 왜 의인들이 고통받고 악인들이 번영하는가?

그렇다고 해도 이 책들을 설교하는 것은 쉬운 일이 아니다. 각각의 책은 그 자체의 독특한 질문을 제기한다. 잠언이 어리석은 자는 약화되지만 지혜로운 자는 번창할 것이라고 말하는 것처럼 보인다면, 그것은 너무 많은 것을 약속하는 것인가? 이 책은 신학이 전혀 없고 단지 실천적 조언만을 전하는가? 삶의 "무의미함"이 전도서의 마지막 말인가? 이는 카르페 디엠(*carpe diem*)을 제공하는 것이 최선인가? 하나님을 경외하고 율법에 순종하며 다가올 심판을 기대하라는 긍정적 권면(전 12:13-14)과, 삶과 심지어 하나님에 대한 긍정적인 평가에 관해서도 매우 공허하게 언급하는 전도서의 나머지 부분 사이의 관계는 무엇인가? 우리는 욥의 곤경에 대한 의견을 말하기 위해 떠들썩하게 경쟁하는 모든 목소리를 이용하여 어떻게 욥기를 설교할 수 있는가? 욥기는 실제로 고통에 대해 도움이 되는 어떤 것을 말하고 있는가?[1]

마지막으로 누가복음 24:25-27, 44-48에 있는 예수의 말을 구약 전체(모세의 율법서, 예언서, 그리고 시편[성문서의 첫 번째 책으로서])가 예수의 도래를 예견한다는 사실을 가리키는 것으로 받아들이는 사람들을 위해, 잠언, 전도서, 욥기는 이 복음서와 어떻게 연결되는가?

다음의 글은 이 세 권의 책을 하나씩 살펴봄으로써 이 질문들을 숙고할 것이다.

1. 잠언으로부터 설교하기

잠언은 설교자들에게 독특한 도전을 제시한다. 잠언의 일부는 일반적인 지혜문학과 일치하며 나머지는 잠언에만 있는 독특한 것이다.

(1) 잠언의 구조와 장르 이해하기

잠언의 거시-구조는 두 부분으로 되어 있다. 전형적으로 아버지가 아들에게 말하고(예. 잠 1:8-19), 때때로 지혜 여인이 모든 젊은 남성에게 전달하는 담화 또는 연설들이 처음의 아홉 장을 구성한다. 이런 연설들은 대략 열일곱 개인데 보통 충고와 순종을 권면하기에 앞서 충고와 권면의 유익과 함

---

1 D. B. Burrell, *Deconstructing Theodicy: Why Job Has Nothing to Say to the Puzzle of Suffering* (Grand Rapids : Brazos Press, 2008).

구약 설교, 어떻게 할 것인가?

께 충고를 무시할 때의 부정적인 결과를 묘사하면서 들으라는 요구로 시작한다.

책의 두 번째 부분은 격언들 자체를 포함한다. 격언들은 짧고 간결하지만 함축적인 권고나 관찰 또는 금지들이다. 격언들은 보통 두 줄이지만 더 길 수도 있다. 사실상 때때로 훨씬 더 긴 구절들이 존재한다. 그중 가장 유명한 것은 덕 있는 여성에 관한 시다(잠 31:10-22).

이 연구의 목적을 위해 이 책의 거시-구조(담화들[1-9장]과 격언들[10-31장])에 주목하는 것은 매우 중요하다. 왜냐하면 그것이 잠언을 적절하게 설교하기 위해 필수적인 이 책의 신학에 대한 우리의 이해와 관련되기 때문이다.

(2) 수신인 이해하기

한 본문의 적절한 적용을 이해하려면 설교자는 본래의 청중에 대해 알아야 한다. 대부분의 성서 저자들은 당대의 청중을 염두에 둔다. 잠언의 경우 우리는 특별히 잠언 1-9장에 있는 아들을 향한 아버지의 빈번한 연설에 주목한다.

앞에서 우리는 처음 아홉 장에 있는 담화들의 전형적인 역동성을 언급했다. 대부분은 아버지가 자기 아들 또는 아들들에게 한 연설이다(잠 1:8-19을 보라). 나머지(잠 1:20-33; 8장; 9:1-6, 13-18)는 자신 주변에 있는 모든 남성을 향한 지혜 여인(Woman Wisdom, 또는 미련한 여인[Folly])의 말을 포함한다. 담화의 수신인들은 분명히 남성이다. 이 책의 두 번째 부분에 있는 격언들은 수신인을 명시적으로 말하지 않는다. 그러나 종종 그 내용은 분명히 젊은 남성을 염두에 두고 있음을 드러낸다. 경고, 격려, 그리고 관찰들은 남성을 향해 형성된다. 이는 아래의 예시들이 가리키는 것과 같다.

아내를 얻는 자는 복을 얻고

여호와께 은총을 받는 자니라(잠 18:22).

다투는 여자는 비 오는 날에

이어 떨어지는 물방울이라(잠 27:15).[2]

언뜻 보기에 우리는 잠언이 오직 젊은 남성 청중만을 위한 것이라고 결론을 내릴 수도 있는데, 이는 당연히 잠언을 설교하기 어렵게 만든다. 사실 몇 몇 페미니스트 학자는 잠언이 받아들이기 매우 어려운 책이라고 생각한다. 이 책이 하나님의 지혜를 대표하기 위해 여성 인물을 사용하고 있는데도 말이다.[3] 이 책이 본래의 환경에서 오직 남성만을 위한 것이라는 결론에 이르기 전에 우리는 이 책의 서문을 살펴봐야 한다. 잠언 1:2-7은 청중을 소개하는 서문으로 기능한다. 우리가 기대할 수 있는 것처럼 우리는 여기서 "어리석은" 자와 "젊은" 자에 대한 언급을 찾을 수 있지만, 성별에 대한 뚜렷한 표지는 찾을 수 없다. 훨씬 더 주목할 만한 것은 서문이 독자들에게 심지어 "지혜로운" 자도 이 책의 가르침으로부터 유익을 얻을 수 있다고 가르친다는 점이다(잠 1:5). 따라서 비록 젊은 남성("내 아들")이 이 책의 수신자라고 하더라도, 내가 추정하기에 서문은 청중의 범위를 전체 언약 공동체를 포함하는 것으로 넓힌다. 예를 들어 잠언의 많은 부분이 약탈자 여성에 대해 경고할 때(특히 잠 5-7장을 보라) 설교자는 이 책의 가르침을 단지

---

2 T. Longman III, *Proverb*, BCOTWP (Grand Rapids: Baker, 2006, 『잠언 주석』, CLC 역간). 여기서는 개역개정 본문을 적용함.

3 C. R. Fontaine, *Smooth Words: Women, Proverbs and Performance in Biblical Wisdom* (Sheffield Academic Press, 2002).

192   구약 설교, 어떻게 할 것인가?

남성에게만 한정하지 않도록 주의해야 한다. 사실 현대 상황에서는 약탈자 여성에 대해 남성에게 경고하는 것보다(잠 5-7장에서처럼) 약탈자 남성에 대해 여성에게 경고하는 것이 더욱 시급하다고 할 수 있다.

　독자와 설교자는 위에 인용된 잠언 27:15과 같은 격언의 적용에 대해 민감해야 한다. 잠언은 집안 문제의 원인이 오직 다투기 좋아하는 여성에게만 한정된다고 생각하지 않는다. 다투기 좋아하는 남성도 많이 있고, 여성도 그들에 대해 동일한 경고를 받아야 한다.

　물론 잠언은 성서의 다른 책들과 실제로 전혀 다르지 않다. 해석자/설교자는 한 본문이 다른 새 청중에게 적절하게 적용될 수 있는 방법을 충분히 생각하는 것처럼 본래의 청중에 대해 알아야 한다.

(3) 잠언으로부터 실제적인 조언하기

잠언은 유익하며 실제적인 조언으로 가장 잘 알려져 있다. 이 책의 서문은 그 목적이 "지혜와 훈계를 알게 하는 것"(잠 1:2)이라고 진술한다.

　지혜는 무엇인가? 우리는 지혜가 삶의 기술(a skill of living)이라는 것을 인식함으로써 시작한다. 지혜로운 사람은 적절한 때에 옳은 것을 말하는 방법과 적절한 순간에 옳은 행동을 하는 방법을 안다. 능숙한 삶과 관련된 모든 것은 알맞은 때 곧 타이밍이다. 심지어 따뜻한 인사처럼 긍정적으로 보이는 것도 알맞지 않는 때에 말하면 부정적 영향을 끼친다.

> 이른 아침에 큰소리로 자기 이웃을 축복하면
> 도리어 저주 같이 여기게 되리라(잠 27:14).

알맞은 때에 옳은 것을 말해야 한다는 원칙은(잠 15:23) 우리가 말하는 모든 진술로 확장된다.

만약 타이밍이 전부라면, 단지 잠언을 외우는 것만으로는 충분하지 않다. 사실상 어리석은 자의 손에 있는 잠언은 쓸모없거나 심지어 위험하다(잠 26:7, 9). 잠언이 모든 상황에 항상 맞는 것은 아니기 때문에 지혜로운 사람은 상황과 다른 사람들을 읽을 수 있는 능력을 배양해야 한다. 그때에야 비로소 현자는 "미련한 자의 어리석은 것을 따라" 대답할지 말지를 알게 된다(잠 26:4-5을 보라).

설교자는 아버지의 역할을 하고(생색을 내지 않고) 그의 아들에게 연설하며 잠언이 제공하는 풍부하고 실제적인 가르침을 설명함으로써 회중을 도울 수 있다. 잠언의 지혜는 오늘날 "감성 지능"(emotional intelligence)이라고 불리는 것과 매우 흡사하다.[4] 감성 지능에 대한 연구들은 직업을 얻고 지속하는 능력과 풍부한 관계를 누리는 능력과 관련하여 사람의 감성 지수(Emotional Quotient)가 사람의 지능 지수(Intelligence Quotient, IQ)보다 삶의 성공에 훨씬 더 많이 연관됨을 보여준다. 잠언은 삶의 위험들을 다루고 성공을 극대화할 수 있는 기술들을 전해준다.

(4) 잠언으로부터 주제 설교하기

우리가 위에서 관찰한 것처럼 잠언은 두 개의 주요 부분으로 구성된다. 첫 번째 부분에 있는 열일곱 개의 담화[5] 각각이 설교의 주제가 될 수 있을 것이다. 이 책의 두 번째 부분을 설교하는 것은 각각의 잠언이 임의적으로 배치된 것처럼 보인다는 점에서 독특한 문제를 나타낸다. 처음의 세 격언을

---

4 다음의 고전적인 연구를 보라. D. Goleman, *Emotional Intelligence: Why It Can Matter More Than IQ*, 2nd ed. (New York: Bantam, 2006).

5 Longman, *Proverbs*, 36-39의 논의를 보라.

구약 설교, 어떻게 할 것인가?

고려해보라.

> 지혜로운 아들은 아비를 기쁘게 하거니와
>
> 미련한 아들은 어미의 근심이니라.
>
> 불의의 재물은 무익하여도
>
> 공의는 죽음에서 건지느니라.
>
> 여호와께서 의인의 영혼은 주리지 않게 하시나
>
> 악인의 소욕은 물리치시느니라(잠 10:1-3).

이 세 격언을 묶는 주제는 없다. 게다가 동일한 주제의 격언들을 모음집의 도처에서 접할 수 있다. 예를 들어 잠언 10:4에 있는 네 번째 격언의 주제인 게으름은 잠언 6:6-11, 10:5, 26, 12:11, 24, 27, 13:4 등의 주제이기도 하다.

그렇다면 우리는 잠언의 두 번째 부분으로부터 어떻게 설교해야 하는가? 내가 생각하기에 잠언에 대한 가장 성공적인 설교는 주제와 관련된다. 특정한 주제에 대한 모든 격언을 함께 모아서 연구해야 한다. 그렇게 하면 설교자는 게으름과 같은 특정 주제에 대해 이 책 전체의 지혜를 전할 수 있다.[6]

그러나 어떤 학자들은 격언의 임의적인 구조만이 명백한 것이라고 믿는다. 만약 우리가 주의 깊게 읽는다면 심오한 구조가 나타나서 그 안에서 개별적 격언들이 해석되어야 하는 단위들을 드러낸다. 이런 연구 유형의

---

6 다음의 두 주석서는 잠언 내의 주제들에 대해 주제별 논문을 제공한다. D. Kidner, *Proverbs*, TOTC (Leicester : Inter-Varsity Press ; Downers Grove : InterVarsity Press, 1964) ; Longman, *Proverbs*.

개척자 중 하나가 누트 하임(Knut Heim)[7]인데, 그는 단위들이 음운론적·의미론적·구문론적·주제적 반복으로 형성된다고 믿는다. 많은 현대의 주석들이 잠언 10장과 이어지는 장들에서 일관성 있는 단위들이 존재한다는 하임의 주장에 동의하지만,[8] 그 심오한 구조가 정확히 어떻게 생겼는지에 대해서는 동의하지 않는다. 이와 관련된 대부분의 주석 작업은 한 가지 구조의 발견보다는 그 구조를 적용하는 일에 관련된다. 어쨌든 설교자는 이 사안을 고려해야 한다. 왜냐하면 주석가들은 이 사안에 관해 서로 다르며 주제에 대한 그들의 접근법이 그들의 해석에 영향을 주기 때문이다.

(5) 잠언의 신학은 무엇인가?

비록 잠언이 독자들에게 실천적인 조언을 전한다고 하더라도 그 가르침이 거기서 끝난다고 말하는 것은 실수일 것이다. 사실상 지혜는 심지어 거기서 시작조차 하지 않는다.

> 여호와를 경외하는 것이
>
> 지식의 근본이거늘(잠 1:7a).

잠언이 가르치는 지혜는 철저히 신학적이다. 지혜의 토대 또는 시작은 하나님을 향한 적절한 태도 곧 "두려워하는" 태도다. 비록 적절하게 이해된다면 "두려움"(fear)이 적절한 번역일 수도 있겠지만, 아마도 "경외감"(awe)

---

7 K. M. Heim, *Like Grapes of Gold Set in Silver: An Interpretation of Proverbial Clusters in Proverbs 10:1-22:16* (Berlin: Walter de Gruyter, 2001).

8 최근에 나온 다음 책을 보라. B. K. Waltke, *The Book of Proverbs 1-15*, NICOT (Grand Rapids: Eerdmans, 2004); *The Book of Proverbs 16-31*, NICOT (Grand Rapids: Eerdmans, 2005).

구약 설교, 어떻게 할 것인가?

이라는 단어가 이 맥락에 가장 적합할 것이다. 두려움이 지혜/지식의 출발점인 이유는 사람이 우주의 중심이 아니며 오히려 하나님께 의존하고 있다는 것을 그 자신이 알고 있음을 두려움이 본능적으로 보여주기 때문이다. 그런 태도와 함께 그들은 "자신의 눈/평가에 지혜로운 것"(잠 3:7; 21:2; 26:5, 12, 16; 28:11)이 되기보다는 조언을 구하기 위해 하나님께로 돌아갈 것이다.

잠언은 이런 핵심을 지혜 여인이라는 인물의 발전을 통해 만들어낸다. 사실상 우리는 잠언에서 지혜 여인을 제시하는 방식이 바로 그 지혜의 개념을 신학적 사고로 전환시킨다는 사실을 보게 될 것이다.

(6) 지혜 여인 받아들이기

위에서 언급한 것처럼 잠언 1-9장은 담화들이며, 10-31장은 격언들 자체를 담고 있다. 종종 독자들은 이 담화들이 격언들에 대한 해석학적 서문이라는 것을 인식하지 못한 채 이 두 부분을 분리시킨다.

잠언 1-9장의 주요한 은유는 길이다. 두 길이 있는데, 하나는 생명으로 인도하는 곧은길이고, 다른 하나는 죽음으로 인도하는 굽은 길이다. 결국 모든 사람의 길은 "성중 높은 곳"(잠 9:3)에서 부르는 여성의 목소리를 듣게 되는 높은 지점을 지난다. 여성은 지나가는 모든 남성을 초대한다. "'어리석은 자는 이리로 돌이키라.' 또 지혜 없는 자에게 이르기를 '너는 와서 내 식물을 먹으며 내 혼합한 포도주를 마시고 어리석음을 버리고 생명을 얻으라. 명철의 길을 행하라'"(잠 9:4-6). 이 여인은 지혜로 확인된다. 그러나 응답하기도 전에 남성들은 두 번째 초대를 받는다. "성읍의 높은 곳"에 살면서 "미련한 자"(Folly)라고 불리는 한 여인이 외친다. "'어리석은 자는 이리로 돌이키라.' 또 지혜 없는 자에게 이르기를 '도둑질한 물이 달고

몰래 먹는 떡이 맛이 있다' 하는도다"(잠 9:16-17). 잠언의 독자들이 동일시해야 하는 이 남성들은 결정에 직면한다. 그들은 누구와 함께 식사할 것인가?

이 여인들은 누구인가? 미련한 여인은 여기에 처음 나타나는 반면, 독자들은 잠언 1:20-33과 8:1-36에 있는 연설들로부터 지혜 여인을 잘 알고 있다. 이전의 연설들로부터 우리는 그 이름이 암시하는 것처럼 그녀가 바로 지혜의 전형이라는 것을 배운다. 지혜 여인은 모든 행동에 의롭고 말에 진실하다. 그녀는 공개적으로 행동한다. 이는 은밀한 동기를 가진 미련한 여인과 대조된다. 가장 흥미로운 것은 창조와 지혜 여인의 관계다(잠 8:22-31). 비록 참여하지는 않았다고 하더라도 그녀는 제일 먼저 태어난 자로서("여호와께서 그 조화의 시작 곧 태초에 일하시기 전에 나를 가지셨으며", 잠 8:22), 그리고 하나님 옆에 있는 "장인"(craftsman, 잠 8:30)[9]으로서 창조의 과정을 목격했다. 지혜 여인이 창조에 관여했기 때문에 그녀는 창조가 어떻게 작용하는지를 안다. 그러므로 그녀를 아는 사람들은 삶을 잘 영위할 수 있다.

그러나 그녀는 누구인가? "성중 높은 곳"(잠 9:3) 위에 있는 그녀의 집의 위치는 그녀가 야웨의 지혜, 따라서 야웨 자신을 대표한다는 것을 드러낸다. 고대 이스라엘에서 성전은 도시의 높은 곳을 차지했다. 미련한 여인의 집 역시 "성읍 높은 곳"에 있다는 것을 주목하라. 그러므로 그녀는 거짓신들이 제공하는 사실상 미련한 "지혜"를 대표한다. 따라서 지혜 여인과 미련한 여인 사이의 선택은 대단히 신학적인 것이며, 이것은 "지혜"와 "어리석음"을 실천적 조언의 범주 너머로 변형한다.

---

9 "장인"에 대한 논쟁과 다른 번역을 위해서는 Longman, *Proverbs*, 207을 보라.

구약 설교, 어떻게 할 것인가?

독자는 지혜와 어리석음에 대한 이런 신학적 이해를 잠언 10장과 그 이후의 격언들로 가져가야 한다.

예를 들어 잠언 10:1은 "지혜로운 아들은 아비를 기쁘게 하거니와 미련한 아들은 어미의 근심이니라"라고 말한다. 지혜 여인과 미련한 여인 사이의 결정이라는 관점에서 보면 우리는 이 격언이 그의 부모에게 기쁨을 주는 자녀들은 야웨의 올바른 예배자들처럼 행동하지만 슬픔을 주는 자녀들은 우상숭배자들처럼 행동한다고 주장하고 있음을 이해해야 한다.

그렇다면 목회자들이 이 격언들을 단지 유익한 조언으로만 설교하는 것으로는 부족하다. 지혜 여인과 미련한 여인 사이의 선택은 참하나님과 우상들 사이의 선택이다. 우리는 신약의 빛 안에서 좀 더 많은 것을 말할 수 있다. 신약은 예수를 하나님의 지혜의 전형으로 묘사한다(눅 2:40-52; 막 1:21-22; 6:2; 고전 1:18-31; 골 2:3). 훨씬 더 중요한 것은 신약이 예수를 지혜 여인과 연결시킨다는 것이다(마 11:18-19; 골 1:15-17; 요 1장, 특히 1, 10절). 그러므로 기독교 설교자는 예수를 따르고자 하는 결정이 지혜와 함께 살고자 하는 결정이라는 사실을 이해한다. 다른 원칙(특히 "우리 자신의 눈에 지혜로운" 것)으로 사는 것은 미련한 것이다.

2. 지혜의 한계들: 전도서와 욥기로부터 설교하기

잠언의 강조는 지혜의 습득에 있다. 아버지는 아들에게 지혜를 "품으라"고 충고한다(잠 4:8). 지혜의 길은 생명에 이르는 길이며, 미련한 길은 죽음에 이르는 길이다.

전도서와 욥기는 지혜의 유익을 과도하게 해석하는 것에 대해 경고한다. 예를 들어 전도서 7:15-18은 다음과 같이 말한다.

내 허무한 날을 사는 동안

내가 그 모든 일을 살펴보았더니

자기의 의로움에도 불구하고

멸망하는 의인이 있고

자기의 악행에도 불구하고

장수하는 악인이 있으니

지나치게 의인이 되지도 말며

지나치게 지혜자도 되지 말라.

어찌하여 스스로 패망하게 하겠느냐?

지나치게 악인이 되지도 말며

지나치게 우매한 자도 되지 말라.

어찌하여 기한 전에 죽으려고 하느냐?

너는 이것도 잡으며

저것에서도 네 손을 놓지 아니하는 것이 좋으니

하나님을 경외하는 자는 이 모든 일에서 벗어날 것임이니라.[10]

욥은 잠언의 지혜로운 사람의 전형이다. 그는 "온전하고 정직하여 하나님을 경외하며 악에서 떠난 자"(욥 1:1)[11]였다. 그러나 욥은 번성하기보다 오히려 크게 고통받았다. 현대의 회중에게 이 책들의 메시지는 무엇인가? 욥기와 전도서는 어떻게 잠언의 메시지와 관련되는가?

---

10 T. Longman III, *Ecclesiastes* (Grand Rapids : Eerdmans, 1998).

11 T. Longman III, *Job* (Baker Commentary on the Old Testament Wisdom and Psalms, Baker Academic, 2012).

구약 설교, 어떻게 할 것인가?

3. 전도서 설교하기

언뜻 보기에 전도서는 이상한 메시지를 보내는 것처럼 보인다. "헛되고 헛되며 모든 것이 헛되도다." "헛됨"(hebel)이라는 말이 이 책 전체에서 울려 퍼진다. 실제로 이 책은 이런 언급으로 시작하고(전 1:2) 끝난다(전 12:8). 그러나 이 책을 좀 더 주의 깊게 살펴보면 "헛됨"이 이 책의 최종 메시지가 아님을 알게 된다.

(1) 두 목소리

전도서의 독자들은 이 책에서 미묘하지만 분명한 두 목소리의 존재를 종종 놓친다. 이 책의 주요 화자는 코헬레트(Qohelet)다. 코헬레트는 현대의 번역들에서 "교사"로 번역되는 이름의 히브리어 음역이지만 전통적으로는 "설교자"로 번역된다. 이 히브리어는 실제로 "무리를 모으는 사람" 또는 "소집자"를 의미하는데, 그 이름에 대한 현대의 번역과 전통적인 번역의 차이는 모인 청중의 추정상의 특성과 관련이 있다. 우선 우리는 코헬레트가 전도서 1:12-12:7에서 일인칭으로 말한다는 것을 관찰해야 한다.

그러나 프롤로그(전 1:1-11)와 에필로그(전 12:8-14)에는 코헬레트에 관해 말하고 있는 두 번째 목소리가 있다. 그는 자기 아들에게 코헬레트에 대해 말하고 있다(전 12:12).[12] 그가 이 책의 틀 안에서 말하기 때문에 폭스(Fox)는 이 무명의 지혜로운 사람을 언급하기 위해 "틀 내레이터"(frame narrator)라는 용어를 만들었다.[13] 그러나 우리는 그를 두 번째 지혜로운 사

---

[12] 흥미롭게도 두 번째 목소리는 전 7:27에서도 아들에게 코헬레트의 자서전을 들려주는 사람으로서 그의 존재를 보여주기 위해 잠깐 나타난다.

[13] M. V. Fox, "Frame Narrative and Composition in the Book of Qohelet," *HUCA* 48 (1977), 83-106.

람 또는 두 번째 현자로 언급할 것이다.

이 책을 적절하게 설교하는 데 있어 중대한 이런 관찰의 해석상의 요점은 우리가 코헬레트의 메시지와 틀 내레이터의 메시지를 구별해야 한다는 것이다. 이 책의 메시지는 코헬레트가 아니라 후자와 연관되어야 한다. 우리는 욥기에서도 유사한 현상을 관찰할 것이다. 거기에도 많은 목소리가 나오지만, 오직 하나의 규범적 목소리(야웨의 것)만이 존재한다.

(2) 코헬레트의 메시지(전 1:12-12:7)

a. 삶은 헛되다

코헬레트의 근본적인 요점은 이것이다. "삶은 힘들다. 그리고 결국 당신은 죽는다." 그는 일(전 2:18-23; 4:4-6), 기쁨(전 2:1-11), 부귀(전 5:10-6:9), 권력(전 4:13-16), 그리고 심지어 지혜(전 2:12-17)를 고려하면서 부지런히 삶의 목적을 찾았다. 그는 매번 인생은 헛되다고 결론을 내렸다.

그는 성찰을 통해 이런 과업들의 유감스러운 상태에 대한 세 가지 이유를 다음과 같이 제시한다.

죽음: 삶은 헛되다. 왜냐하면 우리가 죽기 때문이다. 비록 그가 죽음에 대해 자주 말하지만, 전도서 12:1-7이 그의 가장 강력하고 최종적인 진술이다. 이 단락에서 코헬레트는 우리의 몸을 집과 그 거주민에 비유한다. 집은 허물어지고 그 안의 사람들은 쇠약해진다(전 12:3). 집과 그 거주민처럼 우리의 몸도 나이와 함께 허물어진다. 집에 있는 사람들의 병약함은 구체적으로 떨리는 손, 굽은 등, 치아와 시력의 상실을 가리킨다.[14] 아무튼 그것

---

14 Longman, *Ecclesiastes*, 269-271을 보라.

구약 설교, 어떻게 할 것인가?

은 모두 죽음으로 끝난다(전 12:7).

불의 : 코헬레트는 세상에 정의가 결핍된 것에 대해서도 혼란스러워했다. 그는 선한 사람들이 보상을 받고 나쁜 사람들이 벌을 받기를 기대했다. 그러나 삶에 대한 그의 관찰은 이런 원칙을 지지하지 않았다. 전도서 9:11에서 그는 다음과 같이 슬프게 결론 내린다. "빠른 경주자들이라고 선착하는 것이 아니며, 용사들이라고 전쟁에 승리하는 것이 아니며, 지혜자들이라고 음식물을 얻는 것도 아니며, 명철자들이라고 재물을 얻는 것도 아니며, 지식인들이라고 은총을 입는 것이 아니니, 이는 시기와 기회는 그들 모두에게 임함이니라."

시간과 기회 : 전도서 9:11의 끝부분은 코헬레트가 삶이 헛되다고 생각했던 최종적인 이유로 이어진다. 하나님은 우주의 질서를 만들었고, 그래서 "범사에 기한이 있고 천하만사가 다 때가 있다"(전 3:1; 2-8절도 보라). 코헬레트는 이것을 알 수 있다. 왜냐하면 하나님이 "사람들에게 영원을 사모하는 마음을 주셨기" 때문이다. 그러나 이런 지식은 그에게 기쁨이 아니라 좌절감을 가져다준다(전 3:9-10, 11b을 보라). 지혜로운 자들은 그들의 행동과 말을 위한 적절한 때를 알아야 하지만, 하나님은 그들에게 그것에 관해 허락하지 않았다(전 3:11b).

b. 카르페 디엠(*Carpe diem*)

삶은 헛되기 때문에 코헬레트는 카르페 디엠의 태도를 장려한다. 삶에서 나올 수 있는 즐거움은 무엇이든지 붙잡으라. 전도서 2:24에서 그는 "사람이 먹고 마시며 수고하는 것보다 그의 마음을 더 기쁘게 하는 것은 없나니"라고 선포한다. 그는 이 생각을 다른 곳에서 다섯 번 반복한다(전 2:24-26 외에 3:12-14, 22; 5:18-20; 8:15; 9:7-10을 보라). 만약 삶에 궁극적인 목적이 존재하지 않는다면, 삶을 위한 가장 좋은 전략은 사람이 삶의 가혹한 현실에 집중하지 못하게 하는 순간적인 기쁨으로 고통을 마비시키려고 노력하는 것이다. 왜냐하면 그런 사람들은 "자기의 생명의 날을 깊이 생각하지 아니하리니 이는 하나님이 그의 마음에 기뻐하는 것으로 응답하시기"(전 5:20) 때문이다.

(3) 틀 내레이터의 메시지

틀 내레이터의 말은 책의 시작 부분(전 1:1-11)과 끝부분(전 12:8-14)에서 발견된다. 프롤로그는 단순히 이후에 등장할 코헬레트의 말을 위한 분위기를 설정한다. 우리가 틀 내레이터의 메시지를 이해하기 위해 중요한 것은 에필로그다. 여기서 그는 그의 아들을 위해 코헬레트의 메시지를 평가한다.

그는 "헛되고 헛되다"(전 12:8)는 코헬레트의 핵심을 요약함으로써 시작한다. 그다음에 그는 계속해서 코헬레트를 능숙한 현자로 칭찬한다. 그는 그의 아들에게 코헬레트가 "지혜자이어서 여전히 백성에게 지식을 가르쳤고 또 깊이 생각하고 연구하여 잠언을 많이 지었다"(전 12:9)라고 말한다. 심지어 그는 "전도자는 힘써 아름다운 말들을 구하였나니 진리의 말씀들을 정직하게 기록하였느니라"(전 12:10)[15]라고 말하기까지 한다. 그런 가르침들은 고통스럽다(채찍들과 잘 박힌 못 같이, 전 12:11). 그리고 아들은 그런 가르침들에 오래 머무르지 않아도 된다(전 12:12).

그리고 사실상 우리가 코헬레트의 말과 통찰들을 고려한다면 우리는

---

15 나는 주석서를 출판한 이후 이 구절에 대한 내 번역과 이해를 바꾸었다. Longman, *Ecclesiastes*, 278을 보라.

구약 설교, 어떻게 할 것인가?

그의 메시지가 그 자신이 정해놓은 한도 내에서 이해될 때 사실이라는 것에 동의할 수 있다. 그의 관찰은 그가 본 것(책의 주제어)과 그가 경험한 것에 기초한다. 비록 그 언어가 코헬레트에게 시대착오적이라고 할지라도 우리는 그가 타락한 세상에서 삶을 바라보고 있다고 말할 수 있을 것이다.

그러나 틀 내레이터는 그의 아들을 "해 아래에" 남겨두지 않는다. 그는 이런 유형의 생각에 충분히 노출되었다("일의 결국을 다 들었으니", 12:13a). 그는 그의 아들에게 그리고 당연히 아버지(틀 내레이터)의 가르침의 수신자들로서 이제 아들의 자리를 차지하는 모든 독자에게 과업을 줌으로써 결론 짓는다.

> 하나님을 경외하고
> 그의 명령들을 지킬지어다.
> 이것이 모든 사람의 본분이니라.
> 하나님은 모든 행위와
> 모든 은밀한 일을
> 선악 간에 심판하시리라(전 12:13b-14).

비록 짧지만 이 진술은 강력한 메시지를 수반한다. 그 안에서 틀 내레이터는 그의 아들에게 하나님과 올바른 관계(하나님 경외)를 가지라고, 그의 계명에 순종하고 다가오는 심판을 고려하여 살아감으로써 그 관계를 유지하라고 권면한다. 더 나아가 아버지는 그의 아들에게 지혜문학("하나님 경외"), 토라("계명 준수"), 그리고 예언서(다가올 심판)를 언급함으로써 그가 보고 경험할 수 있는 것보다 더 많이 알게 하는 "해 위에서"의 관점을 위한 자원들을 제공한다.

(4) 전도서를 설교하기 위한 함의들

틀 내레이터는 삶의 목적 또는 의미에 대해 그의 아들에게 가르치고 있다. 그는 그의 아들이 이 세상에서 의미를 찾으려고 노력하는 한 실패할 것이라는 사실을 그에게 보여주기 위한 장치로서 코헬레트를 사용한다. 어느 정도 전도서는 우상 방지자(an idol buster)의 기능을 한다. 만약 사람이 돈, 권력, 지위, 기쁨, 일, 혹은 그 외의 창조된 것들을 그의 삶에서 가장 중요한 것으로 여긴다면 깊이 실망하게 될 것이다.

대부분의 사람이 이 교훈을 배우는 데 실패한다. 비록 돈이 그들이 희망했던 만족을 가져다주지 않았다고 하더라도, 조금 더 많은 돈이 그것을 가능하게 할 수 있으리라고 생각하는 것은 언제나 가능하다. 이런 이유로 나는 이 책의 저자가 코헬레트와 솔로몬을 연관시키기로 선택했다고 믿는다. 솔로몬은 풍부한 돈, 기쁨, 지혜를 가지고 있었지만, 그의 삶은 비참하게 끝났다. 그리고 만약 솔로몬이 이런 것들 안에서 의미를 찾을 수 없었다면 "왕 뒤에 오는 자는 무슨 일을 행할까? 이미 행한 지 오래전의 일일 뿐이리라"(전 2:12b). 에덴동산에 살도록 창조되었지만 이 타락한 세상에 살아야 하는 사람들을 위해 충분한 돈은 없다.

틀 내레이터는 그의 아들에게 하나님을 최우선으로 두라고 말한다(전 12:13-14). 히에로니무스(Jerome)는 이 메시지를 들었고, 세상을 무시하고 세상으로부터 멀어지는 것을 장려하기 위해 전도서를 사용했다. 그러나 전도서는 결코 세상으로부터 물러나는 것이 아니라 그것을 적절한 우선순위에 놓는 것을 지지한다. 다시 말해 하나님을 첫째로 두라. 그러면 일, 기쁨, 부, 지혜, 기타 등등은 우리의 삶에서 적절한 그들의 두 번째 자리를 찾을 수 있다.

이 책의 메시지는 현대 설교자들을 그것의 적절한 적용으로 안내한다.

구약 설교, 어떻게 할 것인가?

그리스도인들을 포함한 사람들은 오늘날 코헬레트가 탐구한 것과 똑같은 영역들에서 궁극적인 의미를 추구하는 자신을 발견한다. 전도서를 설교하는 것은 사람들에게 하나님이 반드시 가장 먼저이어야 하며, 그렇지 않으면 삶이 실망을 안겨주게 될 것이라는 점을 일깨워주는 좋은 기회를 제공한다.[16]

그러나 한 단락에 대해 더 넓은 정경적 문맥을 고려하지 않으면 설교는 완전해질 수 없다. 그리스도인은 어떻게 전도서를 그리스도의 도래에 비추어 읽어야 하는가?

바울은 로마서 8장에서 전도서를 암시하는지도 모른다.

> 생각하건대 현재의 고난은 장차 우리에게 나타날 영광과 비교할 수 없도다. 피조물이 고대하는 바는 하나님의 아들들이 나타나는 것이니 피조물이 허무한 데(마타이오테스) 굴복하는 것은 자기 뜻이 아니요 오직 굴복하게 하시는 이로 말미암음이라(롬 8:18-20).

"허무한 데"로 번역된 그리스어는 "마타이오테스"(*mataiotēs*)이며, 이 단어는 그리스어 구약성서의 전도서에서 "헛됨"(*hebel*)을 번역하기 위해 사용되었다. 바울이 창조물로 하여금 "마타이오테스"를 겪게 하시는 하나님에 대해 말할 때, 그는 타락에 대해 생각하고 있다. 그러나 위에서 언급한 것처럼, 코헬레트는 "해 아래에서"의 현실을 성찰한다. 그러나 바울은 코헬레트에서 멈추지 않는다. 그는 "해 아래에서"의 생각의 수렁에 남아 있지 않는

---

16 다음을 보라. D. Allender and T. Longman III, *Breaking the Idols of Your Heart: How to Navigate the Temptations of Life* (Downers Grove: InterVarsity Press, 2007).

다. 그는 계속 나아간다. "그 바라는 것은 피조물도 썩어짐의 종노릇한 데서 해방되어 하나님의 자녀들의 영광의 자유에 이르는 것이니라"(롬 8:21). 신약의 메시지는 우리를 죽음으로부터 자유하게 하시기 위해 스스로 타락한 세상과 특별히 죽음을 겪으신 분이 바로 예수 그리스도라는 것이다(갈 3:13; 빌 2:5-11). 예수는 코헬레트가 상상조차 할 수 없었던 방법으로 하나님께 버림받았고, 십자가에서 타락한 세상의 결과들(*hebel*)을 경험했다. 그는 죽음의 승리를 제거했고(고전 15:50-57), 따라서 삶은 의미 있게 된다.

(5) 결론

전도서에 대한 지금까지의 설명을 고려해보면 설교자들은 어느 특정 단락이 놓여 있는 책 전체의 맥락에 면밀한 주의를 기울여야 한다. 코헬레트의 메시지는 이 책의 궁극적인 메시지가 아니며, 회중을 향한 하나님의 말씀으로서 고립시켜 설교해서는 안 된다. 코헬레트는 혼란스러워하는 지혜자다. 그는 틀 내레이터가 자기 아들에게 삶과 하나님과의 관계에 대한 중요한 교훈들을 가르치기 위해 사용한 장치다. 코헬레트가 말한 것은 오직 그가 설정한 한도("해 아래에서") 안에서만 진실이다. 이는 코헬레트가 말한 모든 것이 잘못되었다고 말하는 것은 아니다. 그러나 독자는 코헬레트가 말한 것을 성서의 다른 곳에서 가르치지 않는다면 그것이 옳다고 추정할 수 없다.

둘째, 전도서는 확장된 시리즈로 설교하기 어렵다. 이는 이 책으로부터 단일한 설교만을 할 수 있다는 의미는 아니다. 우상 방지자로서 이 책은 설교자들이 일중독, 돈에 대한 사랑, 사회 통념에 어긋나는 기쁨, 눈먼 야망, 그리고 그 이상의 것을 예언자적으로 비판하도록 허용한다. 그러나 이 책으로 매주 설교하는 것은 지루할 수 있다. 왜냐하면 이런 비판은 설교자를

구약 설교, 어떻게 할 것인가?

코헬레트로부터 틀 내레이터의 비판으로, 그리고 삶에 대해 코헬레트의 우울한 결론에 대한 대답으로서 예수 그리스도로 움직이도록 인도할 것이기 때문이다. 일 년에 한 번 정도 전도서를 설교하는 것은 훌륭한 훈육이고 회중에게 유용할 것이다.

4. 욥기 설교하기

욥기를 설교할 때 설교자들은 우리가 전도서에서 만났던 것과 같은 동일한 쟁점과 도전을 많이 접하게 된다. 전도서는 두 가지 목소리를 가지고 있었다. 욥기는 다양한 목소리를 제시한다. 틀 내레이터의 메시지는 전도서의 메시지였다. 욥기 38:1-42:6에 있는 야웨의 연설들은 이 책의 메시지를 제공한다(욥, 세 친구 및 엘리후와 상호작용하면서). 전도서의 어느 단락이든지 그것을 책 전체의 맥락에서 설교해야 하는데, 이는 욥기에서도 마찬가지다.

욥기의 저자[17]는 플롯과 인물 묘사를 통해 그의 메시지를 전달한다. 이 메시지를 설명하기 위해 우리는 그 플롯을 담고 있는 이 책의 다른 부분들에 대한 해석적 요약으로 시작할 것이다.

---

17 이 책을 한 사람이 기록했든지 아니면 시간이 지나면서 성장의 과정을 통해 기록했든지 상관없이, 이 장에서 나는 이 책의 현재 정경 형태의 메시지에 관심을 갖는다.

(1) 욥기의 플롯

a. 프롤로그(욥 1:1-2:13—역자 주)

이 책은 독자에게 한 사람을 제외한 모든 주요 등장인물을 소개하는 것으로 시작한다. 엘리후는 욥기 32:1에서 플롯 안으로 갑작스럽게 들어온다. 처음으로 소개되는 사람은 욥 자신이다. 그는 "온전하고 정직하여 하나님을 경외하며 악에서 떠난 자"다(욥 1:1). 다시 말해 그는 잠언이 말하는 지혜로운 사람의 전형이다. 하나님이 직접 내레이터의 평가를 확인해주며(욥 1:8; 2:3), 고발자조차 이에 동의한다. 비록 고발자가 욥의 의로움이 자신의 이익을 위한 것이라고 주장하지만 말이다. 고발자의 기소는 욥의 고통의 근거가 된다. 욥은 의로움에서 비롯된 모든 개인적 유익(부, 많고 행복한 가족, 건강)이 제거된다고 할지라도 여전히 의로울 수 있을까?

그 대답은 고발자가 욥의 부와 가족을 제거한 첫 시험 후에 즉시 나온다. 욥은 야웨에 대한 그의 충실함에 있어 변함이 없다(욥 1:23). 두 번째 시험에서 고발자는 욥의 건강을 공격한다. 그럴지라도 욥은 단호하다(욥 2:10).

프롤로그는 세 친구, 즉 엘리바스, 빌닷, 소발이 도착하는 것으로 책의 다음 부분을 예견하며 끝난다.

b. 논쟁(욥 3:1-31:40—역자 주)

엘리바스, 빌닷, 소발이 한 무리로 언급됐을 때 그들은 보통 욥의 "친구들"이라고 불린다. 이는 그들이 실제로 욥의 친구였는지 아닌지에 대한 의문을 던지는 인용 부호다. 그러나 프롤로그는 독자에게 그들이 칠 일 동안 욥과 함께 공감적 침묵 속에 앉아 있었고, 욥기 3장에서 탄원으로 그 침묵을

구약 설교, 어떻게 할 것인가?

깨뜨린 사람은 바로 욥이었음을 알려준다.

이 탄원은 시편의 탄원과 비슷한 것 같지만 실제로는 그렇지 않다. 시편에서 탄원하는 사람은 그의 고통받는 영혼을 드러낸다. 그러나 시편과 달리 욥은 자신의 불평을 하나님께(to God) 말하지 않는다. 오히려 그는 하나님에 관해(about God) 불평한다. 이는 민수기에 나오는 투덜대는 사람들과 비슷하다(예를 들어 민 11장을 보라). 더욱이 시편의 탄원은 종종 확신 또는 심지어 하나님에 대한 찬양을 분명히 표현한다. 심지어 암울한 시편 88편조차도 하나님을 "나의 구원의 하나님"으로 언급하는데, 그가 여전히 하나님께 기도하고 있다는 단순한 사실은 희망의 희미한 빛을 보여준다. 그러나 이런 점이 욥의 탄원에서는 발견되지 않는다. 비록 욥이 하나님께 말하고 싶은 열망을 분명히 표현하지만, 그것은 하나님의 오해를 풀어드리고 싶다는 열망이다(이 주제는 욥 31:35-37에서 절정에 이른다).

세 친구는 그들이 생각하기에 거의 신성모독에 가까운 말을 가만히 서서 듣고만 있을 수 없었다. 그래서 그들은 질문과 고발로 욥을 두드리기 시작한다. 욥은 그들의 고발에 대해 저항하고 반대한다. 욥기 4-27장에는 세 번에 걸친 의견 교환의 순환이 나타난다. 엘리바스, 빌닷, 소발은 각자에게 개별적으로 응답하는 욥과 차례차례 대화한다.

세 친구는 그들의 접근법에서 일치한다. 비록 소발을 욥의 공격자들 중 가장 잔인한 사람으로 볼 수 있다고 하더라도, 그의 주장은 다른 두 사람의 주장과 동일하다. "만약 네가 죄를 짓는다면, 너는 벌을 받는다. 그러므로 만약 네가 고통받는다면, 너는 죄인이다. 욥은 크게 고통받는다. 그래서 그는 큰 죄인임이 틀림없다." 욥의 곤경에 대한 해결책은 무엇인가? 욥은 회개해야 한다.

욥 역시 자신의 상황에 대해 나름의 관점을 가지고 있다. 흥미롭게도 그는 세 친구처럼 적절한 보응에 대한 기본적인 믿음을 동일하게 공유한다. 그들은 세상이 어떻게 돌아가야 하는지를 진술한다는 점에서 옳다. 그러나 욥은 자신의 의로움에 대해 확신한다(그리고 우리 독자들은 그가 이 점에서 옳다는 것을 안다). 따라서 그는 문제가 하나님과 관계가 있다고 믿는다. 하나님이 부당하다. 이 진단을 고려해볼 때 욥은 유일한 방책이 하나님과 대면하는 것이라고 믿는다. 그래서 그는 전능자를 청중으로 원한다.[18]

이 논쟁에서 세 친구와 욥은 모두 자기 자신을 현자로 여긴다. 그러므로 그들은 욥의 상황을 성찰하고 자신의 지침을 제공한다. 이 논쟁에서 중요하고 흥미로운 부분은 지혜에 대한 그들의 소유권과 다른 사람들의 지혜에 대한 그들의 조롱이다. 많은 사례 중 우리는 오직 두 가지만을 인용할 것이다. 예를 들어 소발이 "허망한 사람은 지각이 없나니 그의 출생함이 들나귀 새끼 같으니라"(욥 11:12)라고 말할 때, 그는 간접적으로 욥을 언급하고 있다. 욥은 빈정대는 진술로 친구들에게 "너희만 참으로 백성이로구나. 너희가 죽으면 지혜도 죽겠구나"(욥 12:2)라고 응답한다.

이 논쟁들의 차원은 욥기가 말하고 있는 가장 중요한 질문을 나타낸다. "누가 지혜로운가?"

논쟁의 본론 안에서 자신의 지혜에 대한 욥의 주장 및 하나님의 정의에 대한 그의 공격과 함께, 욥기 28장은 독자들을 깜짝 놀라게 한다. 이 강력하고 아름다운 시에서 욥은 분명하게 하나님의 지혜를 주장한다. 인간의 수고로는 지혜에 접근할 수 없다. 오직 하나님만이 지혜로우시다. 따라서 적절한 태도는 지혜의 시작인 하나님을 경외하는 것이다(욥 28:28). 사람들

---

18 하나님이 욥을 힘으로 압도하기 때문에 욥은 때때로 그런 청중이 도움이 되지 않을 것이라고 생각하지만 말이다(욥 9:21-35).

구약 설교, 어떻게 할 것인가?

은 여기서 이 책이 끝난다고 거의 예상할지도 모른다. 그리고 실제로 이 장은 이 책의 결론을 예상한다. 그러나 욥은 다음의 세 장에서 계속해서 하나님에 대한 불평과 도전들로 되돌아간다. 욥기 28장에 있는 그의 신학적 명료함의 순간은 그가 자신의 현 상황을 한탄하고, 자신의 결백을 항변하며, 하나님을 법정에 세우고자 하는 자신의 열망을 다시 주장할 때 고난의 고통에 자리를 양보한다(욥 31:14b-35).

c. 엘리후(욥 32:1-37:24—역자 주)

욥은 그가 바라는 것을 얻을 것이다. 그는 하나님을 만날 것이다. 그러나 그 전에 우리는 지금까지 소개되지 않았던 화자, 엘리후의 말을 듣게 된다.

엘리후는 욥과 그의 세 친구 사이의 논쟁을 듣고 있던 구경꾼이었다. 친구들은 주장과 힘을 다 소진했다. 그러나 이제 엘리후가 인계받는다. 그는 자신을 이 문제에 대해 새로운 관점을 가진 사람으로 소개한다. 그는 욥을 설득하지 못하는 세 친구에게 불만이고, 욥이 자신의 결백을 주장하고 있기 때문에 그에 대해서도 불쾌하게 여긴다. 엘리후는 나이가 더 많은 사람이 아니다. 그래서 그는 자신의 권위를 나이가 아니라, "그의 영" 곧 그 안에 있는 "전능자의 숨결"에 둔다(욥 32:4). 그러나 그의 입장을 주의 깊게 살펴보면, 그는 세 친구가 이미 제시한 주장들을 단순히 반복하고 있다는 것이 드러난다. 설사 그가 고난의 징계적 성격에 더욱 강조점을 둔다고 하더라도(욥 33:19-28), 친구들 역시 이것을 언급했다(예. 욥 5:17-27). 대부분의 경우에 엘리후는 응보적 정의(retributive justice)에 대한 주장으로 욥을 두드린다(욥 34:10-30). 엘리후의 마지막 말(욥 37장)이 이후의 하나님의 연설을 예견한다는 사실에도 불구하고, 그는 욥의 곤경을 올바로 진단하지 못한다. 그래서 그는 이 드라마에 참여한 사람들뿐만 아니라 하나님께도 무시당한다. 아무도 엘리후에게 응답하지 않는다.

d. 야웨의 연설과 욥의 응답(욥 38:1-42:6)

이 책의 절정의 순간은 하나님이 폭풍 가운데서 욥에게 말씀하시는 욥기 38장에서 시작한다. 하나님은 분명히 욥을 기뻐하지 않으신다. 그리고 욥이 아니라 당신이 전능하고 전지하다는 것을 입증하는 질문과 주장을 그에게 퍼붓기 시작하신다. 욥은 그의 불평을 중단하고(욥 40:4-5) 먼지와 재 가운데서 회개함으로써 적절하게 응답한다(욥 42:6).

e. 에필로그(욥 42:7-17)

욥의 회개 이후에 하나님은 세 친구의 대표자인 엘리바스에게 그들은 욥이 말했던 것처럼 "하나님에 대해 옳게"(욥 42:7) 말하지 못했음을 알려주신다. 심판을 면하려면 그들은 욥에게 기도와 희생제물로 그들을 위해 중재해달라고 요청해야 한다. 하나님의 진술은 문제를 일으킨다. 하나님은 연설에서 분명히 욥에게 분개하셨고, 욥도 자신이 "무지"(욥 42:2)로 하나님께 질문했음을 인정한다. 따라서 욥이 어떤 방식으로 하나님에 대해 옳게 말했는지는 당장 분명하지 않다. 그러나 생각해보면 욥은 결코 "하나님을 저주하고 죽지"(욥 2:9) 않았다고 말하는 것이 최선인 것 같다. 그는 하나님으로부터 달아나기보다는 대답을 찾기 위해 하나님께 매달렸다. 또한 욥의 "옳은" 연설이 그가 하나님의 지혜를 의심한 것을 회개했다는 사실을 포함한다고 보는 것도 가능하다.

에필로그에서 하나님은 욥의 재산을 회복시켜주신다. 사실 그의 아들들(일곱 명)과 딸들(세 명)이 본래의 숫자로 회복되고, 그의 재산은 두 배가 된다. 이 회복 역시 우리가 다루어야 할 쟁점을 제시한다. 만약 부주의하게

구약 설교, 어떻게 할 것인가?

(또는 나쁘게) 읽으면 우리는 이 책이 그 자체의 메시지를 약화시킨다는 결론을 내릴 수도 있다. 어쨌든 세 친구는 욥이 죄를 범했고, 그래서 만일 그가 회개한다면 회복될 것이라고 말했다. 그러나 주의 깊게 읽으면 욥은 결코 그의 고난으로 이어진 죄를 회개하지 않았다는 것이 드러난다. 이 이야기는 욥이 무고하게 고난을 받은 사람이었다는 일관된 메시지를 지니고 있다. 욥은 오히려 하나님에 대해 커지고 있는 성급함(impatience)에 대해 회개했다.

(2) 욥기를 설교하는 데 중요한 고려 사항

이 책의 구조, 플롯, 메시지에 대한 위의 요약은 우리가 이 매력적이고 독특한 책을 설교하는 것에 대해 몇 가지 논평을 하도록 허용한다.

a. 이 책의 많은 목소리

이 책에는 목적이 엇갈리는 많은 목소리가 존재한다. 그러나 하나님의 연설은 이 책의 규범적인 관점을 제공한다. 모든 다른 연설들은 하나님의 연설에 비추어 평가되어야 한다. 결론적으로 어떤 특정한 단락도 하나님의 연설과 에필로그에 비추어 설교해야 한다. 맥락을 벗어난 엘리바스의 단락은 현대 독자들에게 주시는 하나님의 말씀이 아니라 좋지 않은 증빙 문서(prooftexting)다.

b. 욥기의 주요 주제

우리는 고난에 대해 설교하기 원할 때 종종 욥기로 돌아간다. 그러나 우리는 욥기가 실제로 고난에 관한 내용이 아님을 기억해야 한다. 이 책의 주요 주제는 지혜와 그것의 근원이다. 이 책은 지혜 논쟁이다. 욥의 고난은 지혜의 사안을 다루는 하나의 경우가 된다. 참여한 모든 사람은 필수적인 지혜를 제공하는 데 실패한다. 하지만 끝부분에서 하나님은 자신만이 홀로 지혜롭다는 사실을 주장하신다.

그렇다고 하더라도 간접적으로 욥기는 고난의 문제에 대해 이야기한다. 가장 중요한 것은 욥기가 모든 고통이 죄의 결과라는 잘못되고 위험한 생각으로부터 독자를 바로잡아준다는 것이다. 이 책의 모든 참여자가 이 관점을 지지한다. 그러나 이야기의 처음인 시작부터 독자는 욥의 고통이 죄와 연결되지 않는다는 것을 안다. 이것은 죄가 어떤 경우에도 고난으로 이어지지 않는다고 말하는 것이 아니다. 죄는 사람이 고난을 받게 되는 유일한 이유가 아닐 뿐이다. 욥기는 오늘날에도 여전히 중요하다. 왜냐하면 죄와 고난 사이의 절대적이고 기계적인 연결에 대한 생각이 오늘날까지 계속되고 있기 때문이다. 우리는 종종 이 잘못된 원칙에 근거해서 우리 자신(내가 무엇을 했기에 이 일을 당하는가?)과 다른 사람들(그들이 무엇을 했기에 이 일을 당하는가?)을 판단한다. 욥이 고통당한 이유에 대한 질문에 욥이나 그의 친구들에게 답을 주지 않음으로써 이 책은 우리에게 고난은 종종 신비이고, 그에 대한 적절한 응답은 오직 전지전능한 하나님을 신뢰하는 것뿐이라고 말한다.

c. 신약성서의 관점으로부터 욥기 설교하기

신약의 관점으로 욥기를 보는 것은 기독교 설교자들이 욥기에 대한 설교에서 복음을 적절하게 제시할 수 있게 하는 많은 가능성을 제안한다. 나는 네 가지만 제안하려고 한다.

첫째, 내가 위에서 주장한 것처럼 이 책은 지혜에 관한 것이고 하나님의 지혜를 주장한다. 우리가 위의 잠언에 대한 연구에서 본 것처럼, 신약은

구약 설교, 어떻게 할 것인가?

예수를 하나님의 지혜의 화신(embodiment)으로 소개한다.

둘째, 예수도 욥처럼 무고하게 고통당하는 자다. 이 관찰은 둘 사이의 대조를 강조한다. 예수는 자발적으로 고난을 받은 반면에, 욥은 그가 알 수 없는 이유로 인해 강제로 고난을 받았다. 게다가 예수의 고난은 구속적이었지만, 욥의 고난은 그렇지 않았다. 욥의 고난에 관한 이야기는 지혜와 고난에 대해 우리를 가르치려는 목적을 지닌다. 그래서 그것은 구속적인 것이 아니라 교훈적인 목적으로 기능한다. 그러나 이런 대조 안에서 설교자는 예수의 구속적 고난을 자연스럽게 소개할 수 있다. 부활절 전 고난주간에 욥기를 읽는 것이 초기 교회의 정기적인 관습이었다는 사실은 우리에게 교훈을 준다.

셋째, 우리는 예수를 가리키기 위해 특별한 방법으로 사용되었던 욥기 내의 일련의 본문들을 주목해야 한다. 이 본문들은 하나님과 욥 사이의 "판결자"(욥 9:32-35), 욥을 위해 중재할 수 있는 "하늘의 증인", 그리고 마지막으로 "나의 대속자는 살아계신다"(욥 19:25)는 그의 확신 있는 주장에 대해 말한다. 이 복잡한 본문들에 대한 완전한 설명은 여기서 불가능하다.[19] 그러나 이 본문들을 메시아적 예언들로 간주했던 전통적인 해석은 지속될 수 없다. 그렇다고 하더라도 신약의 빛 안에서 우리는 욥의 소망들이 하나님 자신이신 예수 그리스도 안에서 실제로 성취되었다는 것을 깨닫는다.

마지막으로 신약은 하나님이 어떻게 우리의 고난에 관여하시는지에 대한 우리의 이해를 깊게 해준다. 하나님은 우리의 고난 안으로 들어오심으로써 그 고난을 다룬다. 하나님은 당신의 아들을 보내 십자가 위에서 고난을 받고 죽게 하셨다. 고난에 대한 마지막 단어는 부활이다.

---

19 내 욥기 주석서를 보라.

• 전도서 12:1-7에 대한 설교 개요

죽음의 공포

죽음은 무시무시하다. 죽음은 종종 큰 고통을 동반하고, 항상 사랑하는 사람들과의 이별로 끝난다. 교사(The Teacher)는 죽음의 쓰라림을 깊이 느낀다.

1. 죽음은 삶을 끝낸다. 설교자는 늙어가는 것과 죽음에 대한 강력한 은유를 제시한다. 그는 우리의 몸을 쇠약해지고 있는 집과 그 거주민에 비유한다. 우리는 더 약해지고 많은 능력을 잃어버리며 그 후에 죽어 땅에 묻힌다. 삶은 소중하다. 그러나 마지막이 되면 삶은 파괴된다("은 줄이 풀리고", 6절).

2. 교사에 따르면 죽음은 삶의 모든 것, 즉 모든 지위, 업적, 목적을 무의미하게 만든다. 예를 들어 지혜를 보라(전 2:12-17). 이 삶에서 지혜는 어리석음에 대해 상대적 이점을 갖는다. 왜냐하면 지혜는 우리가 삶을 다루도록 도와주기 때문이다. 그러나 죽음이 지혜로운 자와 어리석은 자 모두에게 다가온다. 그러므로 결국 지혜조차도 헛되다. 교사의 최고 조언은 죽음의 가혹한 현실을 잊기 위해, 당신이 삶에서 얻을 수 있는 즐거움은 무엇이든지 붙잡으라는 것이다(*carpe diem*).

3. 두 번째 지혜자는 그의 아들에게 교사의 말이 사실이라고 말한다. 삶은 어렵고 결국 당신이 죽는다는 것도 사실이다. 즉 그의 결론은 "해 아래에서" 사실이다. 그래서 전도서 12:13-14에서 그는 아들에게 "해 위의" 관점을 채택하라고 말한다. 교사가 말한 것에도 불구하고 아들이 하나님과 적절한 관계를 갖는 것("하나님 경외"), 계명을 지킴으로써 그 관계를 유지하는 것, 그리고 다가올 심판의 빛 안에서 삶을 사는 것은 중요하다.

구약 설교, 어떻게 할 것인가?

4. 복음은 예수가 우리를 죄의 쓰라림으로부터 자유하게 하려고 왔다는 것이다. 그렇다. 하나님은 만물을 절망("헛됨")에 굴복시키셨다. 그러나 이는 만물을 구원하시기 위함이었다. 이 구원은 우리를 살리기 위해 십자가에서 죽은 하나님의 아들의 사역을 통해 나온다. 그는 죽음을 물리쳤고, 그러므로 삶은 의미 있을 수 있다. 죽음은 더 이상 이야기의 끝이 아니다.

추천 도서

Allender, D. and T. Longman III, *Breaking the Idols of Your Heart: How to Navigate the Temptations of Life* (Downers Grove : InterVarsity Press, 2007).

Goleman, D., *Emotional Intelligence: Why It Can Matter More Than IQ,* 2nd ed. (New York : Bantam, 2006).

Longman III. T., *Ecclesiastes* (Grand Rapids : Eerdmans, 1998).

Longman III. T., *How to Read Proverbs* (Leicester : Inter-Varsity Press ; Downers Grove : Inter-Varsity Press, 2002).

Longman III. T., *Proverbs,* BCOTWP (Grand Rapids : Baker, 2006).

Longman III. T. and P. Enns (eds.), *Dictionary of the Old Testament: Wisdom, Poetry, and Writings* (Downers Grove : InterVarsity Press, 2008).

Witherington, B., *Jesus the Sage: The Pilgrimage of Wisdom* (Minneapolis : Fortress, 1994).

Waltke, B. K., *The Book of Proverbs 1-15,* NICOT (Grand Rapids : Eerdmans, 2004).

Waltke, B. K., *The Book of Proverbs 16-31,* NICOT (Grand Rapids : Eerdmans, 2005).

'HE BEGAN WITH MOSES...'
PREACHING THE OLD TESTAMENT TODAY

제7장

아가 설교하기

그렌빌 J. R. 켄트(Grenville J. R. Kent)

"성경은 성(sex)으로 가득 차 있어요. 알고 있었나요?"

"성경이?"

"예를 들면 아가요."

"아, 아, 아니야. 아가는 한 경건한 사람이 하나님을 향한 사랑을 열정적으로 선언하는 내용이야."

"아니에요. 그 책은 성(sex)에 관한 거예요…아가를 다시 읽어보세요. 목사님!"

- 2006년에 개봉한 영화 *Keeping Mum*에서 굿펠로우 목사
(Rev. Goodfellow ; 로완 앳킨슨 분)와 그레이스(Grace) 간의 대화

냉소적인 코미디 영화 *Keeping Mum*에 등장하는 굿펠로우 목사는 좋은 사람이지만, 지나치게 많은 일 때문에 강단과 일상의 삶에서 지루함을 느끼고 있었다. 성적으로 무시당하는 그의 아내는 불륜을 저지르기 직전에 있다. 그의 자녀들은 아버지의 돌봄을 제대로 받지 못한다. 그의 아들은 눈에 보이지 않고, 그의 딸은 여러 남자와 자는 것으로 남성의 관심을 얻으려고 한다. 아내가 잠자리를 준비하는 동안 그는 아가를 다시 읽는데, 그에게 새로운 깨달음이 시작된다. 결말을 누설하지는 않겠지만, 나는 이 고대 본문이 그와 그의 결혼생활, 자녀들과 목회를 변화시키는 데 도움을 주었다고

말할 수 있다(비록 그의 장모는 아니었지만 말이다).

아가는 오늘날의 그리스도인들을 변화시킬 수 있는가? 당신은 언제 마지막으로 아가에 대한 설교나 가르침을 들었는가? 나는 정기적으로 내가 가르치는 1학년 학생들에게 질문한다. 그들 중 약 80퍼센트 정도가 다양한 교단 출신의 그리스도인인데, 대략 10퍼센트의 학생들만이 아가의 가르침을 기억해낸다. 교회가 그들에게 성(性)에 대해 무엇을 가르쳤는지를 물었을 때, 그들은 "음, 혼전 성관계는 안 됨"이라고 말했다. 이는 좋은 출발이지만, 과연 이것이 성서신학일까?

설교자의 편을 들어주자면, 서구 문화에서 성에 대해 이야기하는 것은 어렵다. 성은 판매하는 상품처럼 도처에 있으며, 상품 그 자체, 물질주의의 성배(聖杯), 쾌락주의자들을 위한 삶을 의미하는 것으로 축소되었다. 반면에 기독교는 성에 반대하고 위선적이라는 이미지를 갖고 있다. 슬프게도 우리는 성직자들이 저지른 성적 남용의 셀 수 없을 만큼 많은 사례가 교회에 수많은 손실을 입혔고, 더 나쁘게는 하나님에 대한 많은 사람들의 믿음, 관계에서의 신뢰, 그리고 성을 즐기는 능력에 악영향을 주었다는 사실을 인정해야 한다. 성생활의 주제에 관한 기독교와 성직자의 신뢰성은 사상 최저일 것이고, 그래서 때때로 우리가 할 수 있는 최선의 출발은 교회가 어린이 보호에 가장 큰 관심을 가졌던 예수를(마 18:6) 따르지 않은 시간에 대해 진심으로 사과하는 것이다. 오늘날 성에 관한 세속적인 메시지는, 그것이 대학으로부터든지 대중매체로부터든지 간에, 대부분 인간의 생명에 대해 오직 진화의 기원만을 받아들이고, 생식적인 행위에 보람을 느끼는 이기적인 유전성만을 추구하는 자연주의적 세계관을 촉진한다. 그러므로 궁극적인 도덕은 불가능하다.

세속적 사상가들도 성 윤리에 대해 합리적 이유를 대려는 그리스도인의 시도들을 건강하지 못하고 권위주의적이라는 꼬리표를 붙이면서 경멸한다. 교회의 금욕주의와, 육체에 대한 플라톤적 응어리가 야기한 성에 대한 전통적인 저급한 관점은 수 세기 동안 깊은 인상을 남겼다. 따라서 심지어 오늘날 우리의 가장 폭넓은 도덕적·정신적 사고조차도 너무 쉽게 중세적인 것처럼 들릴 수 있다. 성에 대한 성서적 세계관을 공개적으로 표현하는 것은 문화에 맞서는 행동으로서 균형 잡힌 연구와 전략적 사고 및 약간의 용기가 필요하다.

교회에서 성에 대해 설교하는 것은 충분히 도전적이다. 세계적인 교파들은 동성애 논쟁을 포함하여 성 윤리에 대한 문제들을 두고 첨예한 의견 대립을 발전시키고 있다. 때때로 자동적으로 분출되는 도덕적 격분과 문화 전쟁이 목회적인 돌봄과 죄인들의 친구가 되는 것을 대체했다. 때로는 유행하는 관점들이 성서의 계명들을 다시 쓰는 것처럼 보인다. 어느 회중이라고 비극적이고 복잡한 이혼 상황이 없겠는가? 그리고 포르노는 그리스도인들에게 항상 존재하는 유혹이다. 2002년에 릭 워렌(Rick Warren)이 1,351명의 성직자들을 대상으로 한 설문 조사에 따르면 전년에는 54퍼센트가, 전달에는 30퍼센트가 포르노를 본 것을 인정했다고 pastors.com에 보고되었다. 진행 중인 민감한 쟁점들이 많기 때문에 설교자에게 가장 쉬운 길은 성 이외의 다른 무엇에 대해 말하는 것일지도 모른다.

그러나 침묵은 신실한 가르침이 아니다. 그리스도인들은 매년 아마도 그들이 영적·심리적으로 자각하는 자료보다 세속 매체로부터 날마다 성에 대해 더 많은 메시지를 얻을 것이다. 설교자들은 성서의 지혜가 거의 공유되지 못하고, 중요한 질문들이 교회가 아닌 모든 곳에서 논의되는 것을 허용하는 데 만족할 수 있는가? 많은 그리스도인들은 하나님의 말씀을 기다린다. 그들은 정죄되는 것이 아니라 복음을 받아야 한다. 우리 가운데 (그 자신의 피로 사신) 하나님의 교회를 먹이기 위해 성령이 감독자로 삼으신 자들은 하나님의 모든 조언을 알리는 일에 소심하지 않도록 격려가 필요하다 (행 20:27-28, 참조. 딤 2:7).

또한 성에 관한 성서적 가르침을 제공하는 일에는 변증적 긴급성이 존재한다. 성은 그 자체를 초월하여 신비로운 것과 거룩한 것을 가리킬 수 있는데, 이는 직관적으로 우리가 단지 포유동물이 아니라 영혼이라는 것을 시사한다. 얀시(Yancey)는 이렇게 말한다. 성은 "대부분의 사람이 상상할 수 있는 것보다 훨씬 더 많은 의미를 그 안에 부여한 창조자를 가리킬 수 있는, 초월성에 대한 강력한 소문"을 시작할 수 있다. 그러나 교회가 고상한 척하는 것은 그런 자연적 계시를 침묵시킬 수 있다. "우리는 억압과 부정으로 그것을 세속화했다.···성의 힘은 계속 존재한다. 그러나 그 힘 안에서 성을 설계한 그분을 가리키는 신호를 보는 사람은 거의 없다."[1] 어찌 된 까닭인지 하나님의 상표(brand name)는 가장 인기 있는 그분의 상품 중 하나에서 제거되었다.

최근에 유럽 대학의 한 복음주의자는 기독교에 대해 고심하는 학생들에게 기독교의 성 윤리에 대한 질문은 그리스도의 부활이 역사적 사실이었는지에 대한 질문만큼이나 중요하다고 내게 말했다. 나는 확신 있는 부활 옹호자로부터 그런 말을 들었다는 사실에 놀랐다. 그러나 그는 젊은 사람들이 근대주의적인 의미에서 기독교가 참된 것임을 알기 원할 뿐만 아니라, 기독교가 삶의 질을 높여준다는 것, 곧 "작용한다"는 것을 알기 원한다고 주장했다. 기독교의 성 윤리가 구도자들에게 비판적으로 평가될 때, 근본적인 질문은 하나님의 속성으로 향할 수 있다. 곧 하나님은 우주의 흥을

---

1 Philip Yancey, *Designer Sex* (Downers Grove : InterVarsity Press, 2003), 8-9.

구약 설교, 어떻게 할 것인가?

깨는 자인가, 아니면 그 존재에서 영원한 환희와 기쁨으로 가득한 완전히 지혜로운 친구인가? 그의 토라(torah)는 눈을 뜨게 하고 영혼을 소생시키며 마음에 기쁨을 주는가, 아니면 몸과 영혼을 생기 없고 볼품없게 만드는가? 이것들은 경험적이고 지적인 해답이 필요한 매우 신학적인 질문들이며, 아가와도 많은 관련이 있다.

그러나 아가는 거의 침묵한다. 성서일과표를 따르는 교회들은 전도서의 두 구절, 잠언의 일곱 구절과 비교해서 한 구절만을, 그것도 봄의 낭만적인 휴가에 대한 비교적 "안전한"(명시적이라기보다는) 구절을 듣게 될 것이다(아 2:8-13). 그리고 많은 교회들은 아가를 전혀 들어본 적이 없다. 설교자들은 아가 강해에 숙달되지 못했다고 느낄 수 있다. 전 세계적으로 십여 명의 신학교 교수들은 학생들이 아가에 대해 한 번도 수강하지 않고 전체 과정을 끝낼 수도 있다는 것을 대화에서 인정했다. 설교에 대한 많은 자료들도 심지어 지혜문학이나 시에 대한 장에서조차 아가를 언급하지 않는다.[2] 역설적이게도 아가는 하나님과 경건한 영혼 사이의 사랑에 대한 알레고리로서 일반적으로 읽혔던 과거에 더 자주 설교되었고 가르쳐졌다. 그러나 19세기에 학문이 문자 그대로 읽는 것으로 크게 바뀌었을 때, 학교와 설교자들은 모두 사실상 아가를 사용하는 일을 멈췄다. 그러나 아가는 여전히 성서에 있다.

---

2 예외는 다음과 같다. Walter C. Kaiser, Jr, *Preaching and Teaching from the Old Testament: A Guide for the Church* (Grand Rapids: Baker, 2003), 94-99; Terry G. Carter, J. Scott Duvall and J. Daniel Hays, *Preaching God's Word: A Hands-On Approach to Preparing, Developing, and Delivering the Sermon* (Grand Rapids: Zondervan, 2005), 277-278; Elizabeth Achtermeier, *Preaching Hard Texts of the Old Testament* (Peabody: Hendrickson, 1998), 116-120; Graeme Goldsworthy, *Preaching the Whole Bible as Christian Scripture* (Leiceser: Inter-Varsity Press, 2000), 191; William P. Tuck, "Preaching from Daniel, Ruth, Esther and the Song of Songs," *Biblical Preaching* (1983), 151-168(165-167).

정경 전체가 현대 교회 및 사회와 관련된다는 것을 믿는 우리는 만약 본문의 참된 본질이 인식되었을 때 그것이 사용되지 않는다면, 전쟁은 단지 반만 승리한 것이라는 결론을 내리게 될 것이다.[3]

이렇게 성서에 재갈을 물리는 것은 "하나님의 백성을 위해 주어진 하나님의 말씀에 영향을 받지 않는 현실의 측면"을 남기게 되는 위험을 떠안는 것이고, 이는 낭만적 사랑을 하나님의 말씀이 아닌 다른 것으로부터 배우게 된다는 것을 의미한다."[4]

1. 아가를 이렇게 읽지 말라.

(1) 알레고리화하기

아가는 알레고리 즉 그 세부 사항이 주로 다른 현실들을 대표하는 상징적 이야기로 종종 읽힌다. 타르굼(Targum)은 아가를 이스라엘의 역사를 상징하는 것으로 해석했다. 그리스도인들은 아가에 자신의 의미를 부여해서 읽어내는 비슷한 방법을 사용해왔다. 클레르보의 베르나르(Bernard of Clair-vaux)는 아가를 영혼과 그리스도 사이의 신비적 사랑에 적용하여 여든여섯 편의 설교를 작성했고, 그의 일생 동안 아가의 처음 두 장을 넘어서 설교하지 않았다. 이 해석자들은 정경의 성서가 하나님을 언급할 것이라고 기대

---

3   Tremper Longman III, *Song of Songs* (Grand Rapids : Eerdmans, 2001, 『NICOT 아가』, 부흥과개혁사 역간), 62.

4   Zack Eswine, *Preaching to a Post-Everything World: Crafting Biblical Sermons that Connect with Our Culture* (Grand Rapids : Baker, 2008), 32-33.

하는 것 같았고, 그것이 사람들을 위한 하나님의 사랑과 관계가 있다고 이해했다. 샤브(Chave)는 그 과정을 이렇게 상상한다.

> 먼저 아마도 우아한 사람들의 모임에서 작곡되었겠지만 평범한 사람들이… 인간적이고 감각적이며 성적인 사랑에 대해 노래했을 사랑의 노래가 있었다. 그때 누군가가 이 노래의 잠재력을 인간을 향한 하나님의 사랑에 대한 직유(simile)로 보았다.…그다음에 약간의 "경건함"이 도입되었다. 아가에서 하나님이 연인과 같다고 말하는 것이 이제는 적절하지 않게 느껴졌다. "하나님의 타자성"(the otherness of God)을 변호하는 것은 그것의 일부였다. 그러나 물질세계와 인간의 육체에 대한 커져가는 혐오감이 더 강한 동기였다. 아가는 알레고리로 간주되었다. 즉 직유가 아니라 암호화된 메시지로 간주되었다.[5]

오늘날 알레고리적 방법론은 일반적으로 매우 주관적인 것으로, 그리고 본문 자체보다는 해석자의 상상력에 기초한 것으로 의심된다. 개럿(Garrett)은 아가에서 한 가지 세부 사항 즉 두 유방에 대한 해석 역사의 개요를 제시함으로써 이를 입증한다.[6] 로마의 히폴리투스(Hippolytus of Rome, 235년 사망)에게 두 유방은 그리스도인들이 영적인 젖으로 먹는 구약과 신약을 상징했다(참조. 벧전 2:2). 13세기의 어느 랍비에게 두 유방은 왕과 대제사

---

5 Peter Chave, "Towards a Not Too Rosy Picture of the Song of Songs," *Feminist Theology* 18 (May 1998), 41-53(41).

6 Duane Garrett, "Song of Songs," in Duane Garrett and Paul R. House, *Song of Songs/Lamentations* (Nashville: Thomas Nelson Publishers, 2004), 59-76. 문자적 또는 알레고리적인 읽기에 대한 다른 관점을 위해서는 다음을 보라. Iain Provan, *Ecclesiastes/Song of Songs* (Grand Rapids: Zondervan, 2001), 237-248.

장, 또는 모세와 아론을 상징했다. 로마 가톨릭의 해석은 예수를 먹인 마리아의 유방, 또는 그녀가 자신의 신적 신랑으로부터 받은 말씀을 포함했다. 17세기의 어느 설교자는 유방은 아름답고 아이들에게 음식과 애정을 제공하므로, 다른 사람들을 양육하고 훈육할 수 있는 신자의 능력 및 신자들이 그들의 가슴에 품은 그리스도의 따스함과 친절을 대표하는 것이 틀림없다고 추론했다. 어느 미국 설교자는 남편이 자기 아내의 아름다운 유방을 보는 것처럼 그리스도가 신자들을 본다고 주장했다—그러나 당시에 그런 생각은 문제가 되는 것처럼 보였다. 다른 사람들은 두 유방을 성도들을 먹이는 기독교 목회자들 또는 개신교 예배의 두 법령으로, 그리고 경건하게 들리지만 잠시 후에 의문을 자아내는 다양한 다른 것들로 이해했다. 이렇게 많은 상이한 해석들의 존재는 알레고리적 방법론의 주요 문제점을 드러낸다. 즉 이 방법론은 그것의 주관성과, 본문보다는 해석자에 의존한다는 점이 문제다. 주석가들은 그들이 갖고 있는 신학 안에서 본문을 해석했다. 그들은 즉흥적인 언어 연관성을 실행하면서 그들이 본문으로 가져오는 것보다 본문 자체를 이차적인 것이 되도록 했다. 이는 성서적 권위를 갖춘 설교라고 할 수 없다.

일반적으로 작가가 명백히 의도한 진짜 알레고리들은 명백하게 문자적으로 작용하지 않는 세부 사항들로 자신을 드러내고, 종종 자신의 메시지에 대해 간결하지만 명확한 진술을 제공한다. 예를 들어 요담의 정치적 비유는 분명히 문자적이지 않다. 나무는 말을 하지 못한다. 그리고 최종적으로 그것은 명제적 진술을 지닌 핵심 구절을 전달한다(삿 9:7-20). 비슷하게 에스겔의 지속적이고 충격적인 성적 알레고리는 그것의 메시지와 대상에 대한 분명한 진술로 소개된다. "예루살렘이 자신의 가증스러운 일과 대면하다"(겔 16:1-3). 그것은 배교에 대한 이스라엘의 역사를 묘사하는 각각

구약 설교, 어떻게 할 것인가?

의 세부 이야기를 능수능란하게 만든다. 그러나 정치적 의미가 우선이고, 일부 세부 사항은 어느 문자적인 여성에게도 불가능하다. 그녀는 소돔과 같은 도시들의 자매일 수 없다(46절; 24, 27, 31절도 보라). 이와 대조적으로 아가는 (보통) 문자적인 수준에서 이해할 수 있다. 아가는 사랑의 시로 작용하고, 해석의 다른 수준들을 요구할 수 있는 아무것도 포함하고 있지 않다. 아가는 그것의 문자적인 의미가 충분하지 않다는 명백한 표지를 아무것도 제공하지 않는다. 그래서 두 유방은 그냥 두 유방을 의미한다.

어떤 사람들은 알레고리적 방법론이 없었다면 아가가 결코 성서에 포함될 수 없었을 것이라고 주장했다. 왜냐하면 이 책은 너무 성적이고 세속적인 것처럼 보였을 것이기 때문이다. 그러나 이 주장은 오히려 영감을 인식했던 사람들의 통찰력을 과소평가한다. 그리고 이것은 만약 아가가 이미 정경의 권위를 갖지 않았다면 왜 그들이 이 충격적인 책을 무시하기보다 알레고리화하기 위해 애썼는지를 설명하지 못한다. 또한 최근의 연구는 이런 주장에 대해 충분한 역사적 증거가 있는지를 질문했다.

그렇긴 해도 내가 아래에서 간단히 설명하겠지만 아가는 사람들을 향한 하나님의 사랑에 대한 은유 또는 직유로서 분명하게 기능한다.

(2) 심하게 드라마화하기

어떤 사람들은 아가를 드라마로 읽고, 그 뒤에 있는 지속적인 내러티브를 발견하려고 시도한다. 그러나 이를 위해 그들은 본문에 없는 지문, 등장인물의 배경이 되는 이야기, 내러티브의 세부 사항들을 들여온다. 본문이 내러티브적 번뜩임과 추론을 포함하지만, 설교자는 본문을 초월하여 내러티브를 상상하거나 소설화하려는 어떤 시도도 청중에게는 사변(speculation)으로 선언된다는 것을 반드시 주의해야 한다. 소설적 배경 역시 너무 쉽게 본문을 다른 방향으로 몰아갈 수 있고 성서의 권위를 인간의 상상력으로 대체할 수 있다.

2. 아가를 이렇게 읽으라.

그리스도인들은 어떻게 아가를 성서로서 읽을 수 있는가? 해석적 방법 (interpretative method) 또는 해석학(hermeneutic)을 찾는 것은 어렵고 논란이 많다. 여기에 몇 가지 제안이 있다.

(1) 지혜로 읽으라.

아가의 지혜적인 성격은 분명하지 않다. 왜냐하면 아가는 혼합 장르(지혜/사랑의 시)이고, 명백히 설교적이거나 교훈적이지 않고 미묘하게 가르치기 때문이다. 예를 들어 아가는 간음에 대항하여 강하게 훈계하는 대신에, 아내(와 환유적으로 결혼)를 그 자체의 생명수 샘을 가지고 있고, 향료와 만족으로 가득하며, 보호벽에 둘러싸인 개인 소유의 아름다운 동산으로 묘사한다(아 4:12-15). 이 시의 미묘함을 놓친 사람들은 이것을 세 가지의 동일한 이미지를 가진 유사한 종류의 잠언의 명령으로 읽을 수도 있겠지만, 잠언의 명령은 독자에게 무엇을 해야 하는지를 직접적으로 말한다(잠 5:15-22). 이와 대조적으로 아가는 교화하기보다는 장려한다. 아가는 부드러운 방식의 지혜다. 학자들은 아가가 엄격한 양식비평적 의미에서 지혜인지 아닌지를 논쟁한다. 그러나 많은 학자들은 지혜로운 사상을 전달하는 데서 아가의 가치를 인식하며, 적어도 느슨하게 아가를 이스라엘의 지혜 전통에 포함한다.

설교할 수 있는 몇 가지의 지혜 주제를 생각해보자.

구약 설교, 어떻게 할 것인가?

(a) 하나의 핵심 사상은 성을 감정적 친밀감과 관련짓는 것이다. 사랑하는 사람의 나체에 대해 부끄러움이 없는 에덴동산 같은 분명한 묘사 이후에, 여인은 "이는 내 사랑하는 자요 나의 친구로다"(아 5:16)라고 자랑스럽게 말한다. 성이 연관성과 친밀감에 대한 감정적·정신적·육체적·영적 갈망을 가장 좋은 상태에서 포함한다는 것을 보여주기 위한 더 좋은 방법은 무엇인가? 하나가 된 연인과 친구는 많은 사람에게 여전히 새로운 소식이다.

(b) 아가는 부(富)가 사랑을 살 수 없다고 말한다(아 8:6-7). 솔로몬의 가장 좋은 포도원을 "내게 속한" 개인의 포도원과 비교하는 구절들(아 8:11-13) 역시 이 점을 완곡하게 지적한다. 솔로몬이라는 인물은 관계의 질보다는 양이나 부에 대한 약칭이거나, 아니면 자신의 부가 자신의 사랑과 비교될 수 없다고 말함으로써 자기를 비하하는 남성 등장인물일 것이다. 어느 쪽이든지 이런 점은 물질주의적인 사회에서 종종 망각된다.

(c) 이 지혜는 타락한 세상에서 성적 경험의 어두운 부분으로부터 숨지 않는다. 두 개의 비슷한 구절에서 여인은 상실과 버림받음에 대한 자신의 두려움을 표현하고(아 3:1-4), 자신을 때리고 옷의 일부를 벗긴 파수꾼들의 모욕적인 처우에 대한 두려움을 표현한다(아 5:2-8). 아마도 두 구절은 모두 연속된 꿈으로 가장 잘 이해될 것이다. 왜냐하면 한 구절은 그의 마음이 깨어 있는 채로 잠자는 것을 언급하고, 다른 구절은 밤에 침대에서 연인을 찾는 것을 묘사하기 때문이다. 이 구절들은 여성 등장인물의 취약점과 학대를 표현한다. 그 것이 실제이고 기억된 것이든 상상으로 두려워하는 것이든 간에 말이다. 이 구절들은 결혼식에서 자주 읽히지 않는다. "성은 좋은

것이다"라는 단순한 메시지를 추구하는 설교자들은 그 구절들을 피할 것이다. 그러나 이 구절들은 아가에서 애정 어린 성관계의 반짝이는 아름다움과 대조되는 어두운 배경으로서 극적으로 기능하고, 성의 위험하고 해로운 잠재성과 특별히 여성의 취약점을 묘사함으로써 주제와 관련된다.

이 구절들은 다른 사람들의 성적 이기심으로부터 고통받았던 사람들에게 강력하게 말할 수 있다. 한 대학생은(그녀는 내가 그녀의 말을 인용하도록 허락했다) 자기 삼촌이 어린아이였던 자신을 성적으로 학대했고, 다른 남자들은 이 취약점을 알아차리고 이용했다고 말했다. 그녀는 즉시 이 어두운 구절들과 감정적으로 연결되었고 다음과 같이 말했다. 그 구절들은 그녀의 고통을 인정하고 그녀의 경험을 승인해주었을 뿐만 아니라 이런 일을 경험한 여성 등장인물은 사랑스럽고 성적으로 만족스러운 관계를 계속해서 가질 수 있다는 희망을 그녀에게 주었다고 말이다. 그녀의 이해는 주석적으로 옹호될 수 있다. 가치의 다면성에 대한 모든 잠재력을 지닌 시는 감정을 깊이 그리고 개인적으로 말할 수 있다.

우리는 오늘날 성희롱과 폭력에 대해, 학대에 대해, 마약과 연결된 매춘을 위한 밀수업자들에 대해, 포르노 산업의 여성 불모에 대해, 사람들을 중독시키고 관계적으로 성장을 방해하며 그들의 배우자에게 압력을 가하는 외설물의 경향에 대해, 매춘 관광지에 있는 아이들에 대해, 그리고 사람들을 손상시키는 셀 수 없는 쟁점들에 대해 생각한다. 이것들은 두려움 없는 예언자적 비판을 필요로 한다.

(d) 아가는 종종 성평등을 묘사하는 것으로서 읽힌다. 아가의 강한 여

성은 가장 좋고 가장 지혜로운 구절들을 주도하는데, 처음과 마지막에 말하고 남성보다 더 많이 말한다. 그녀는 종종 구애를 시작한다. 이것은 그를 사랑하는 자로(능동), 그리고 그녀를 사랑받는 자로(수동) 표시하는 번역들에서는 분명하지 않을 수 있다. 그러나 내 계산에 의하면 그가 그녀를 네 번 초대한 것(아 2:4; 4:6; 5:2은 실패; 기억되거나 원했던 7:8. 5:1은 4:16에 나오는 그녀의 초대 다음에 이어지기 때문에 아니다)과 비교해서 그녀는 그를 열두 번 초대한다(아 1:2, 4; 2:10; 4:16; 7:11, 12; 8:2-4, 5b, 14; 상상하거나 꿈꾼 네 번을 포함한다. 아 1:13; 2:3; 3:4, 11).

권력은 공유된다. 비록 에덴에서의 저주가 여성을 자신을 다스리는 남편을 갈망하는 존재로 예견했음에도 불구하고(창 3:16), 여기서 그 저주는 성취되지 않은 것 같다. 왜냐하면 이 여인은 자기 남편의 갈망이 자신을 위한 것이라고 열변을 토하고(아 7:10), 그녀를 다스린다는 것이 언급되지 않기 때문이다(비록 어떤 사람들은 그 남성을 왕으로 이해하지만 말이다). 그리고 그녀는 남성의 응시에 대한 수동적 대상이 아니다. 그녀 역시 그의 몸을 응시하고 그 사람의 일부분으로서 육체의 아름다움을 동일하게 평가한다(아 7:1-5; 참조. 아 5:10-16). 대부분의 페미니스트 학계에서 아가는 "성 균형과 상호성을 구현"하는 반면에 "인간의 성을 되찾고 여성의 성을 칭찬한다."[7] 이것은 기독교적 평등을 향해 움직이도록 하기 위한 유용한

---

7 Renita, J. Weems, "The Song of Songs: Introduction, Commentary, and Reflections," in *NIB* V (Nashville: Abingdon Press, 1997), 366, 364. 참조. J. Cheryl Exum, "Ten Things Every Feminist Should Know about the Song of Songs," in Athalya Brenner and Carol R. Fontaine, *Song of Songs: A Feminist Companion to the Bible* (Sheffield: Sheffield Academic Press, 2000) 은 다음과 같이 주장한다. 아가는 여성이 스스로 깊이 생각하는 것을 막고, 진짜 여성이 말하

설교의 소재이고(참조. 갈 3:28), 성차별의 공격으로부터 성서를 방어한다.

(e) 아가의 지혜의 일부분은 사람의 본질에 대한 실천적 이해다. 여성은 "내 영혼이 사랑하는 사람"에 대해 말한다(아 3:1-4). 이것은 이원론이 말하는 육체로부터 분리된 영혼 또는 생기 없는 플라톤적 관계가 아니라, 네페쉬(*nepeš*) 또는 전인적 인간, 존재, 자아, 또는 생명이다. 그래서 아가에서 제시되는 이상적인 사랑은 사람을 구성하는 모든 것을 수반하고, 사랑을 주고받는 것에 있어서 하나님이 창조하신 감각들 즉 섹시한 목소리를 듣는 것, 향신료의 향을 맡는 것, 과일 맛이 나는 입맞춤이나 사랑하는 사람의 몸을 맛보는 것, 욕망을 가지고 아내나 남편을 보는 것, 그리고 가장 친밀한 종류의 접촉을 즐기는 것을 포함한다.

이것은 몸에 대한 그리고 창조에 대한 성서신학과 연결되고, 우리의 몸에 관심을 가지시는 하나님을 묘사한다. 즉 그는 우리의 몸을 "심히 좋게"[8] 만드시고, 타락 이후에 우리의 몸을 구원하고 치료하시며, 몸의 필요를 채우시고, 자신의 성전으로서 몸에 거하시며, 우리에게 몸을 거룩하고 소중하게 사용하라고 가르치시고(살전 4:4), 그가 올 때까지 우리의 전체 영혼과 마음과 몸을 흠 없이 보존하시며(살전 5:23), 궁극적으로 몸을 소생시키고 재창조하신다

게 하기보다는 이상적인 여성에 대한 남성의 관점을 나타내고, 여성의 성을 통제하며, 여성의 몸을 전시하는 어리석은 낭만주의를 촉진한다.

8　"아가는 창조에서 계속 반복되는 '심히 좋았더라'에 대한 확장된 주석으로 읽힐 수 있다." Elizabeth Huwiler, "The Song of Songs," in Roland E. Murphy/E. Huwiler, *NIBC: Proverbs, Ecclesiastes, Song of Songs* (Peabody: Hendrckson Publishers, 1999), 242. Barry G. Webb, *Five Festal Garments: Christian Reflections on The Song of Songs, Ruth, Lamentations, Ecclesiastes, Esther* (Leicester: Apollos; Downer's Grove: InterVarsity Press, 2000)도 보라.

(빌 3:21). 이는 체화된 영성이다. 놀랍게도 하나님은 심지어 말씀(Logos)이 육신이 **되심으로써** 인간의 몸을 취하셨다.

이것의 한 가지 실천적 암시는 관계가 결코 "단지 육체적"일 수는 없다는 것이다. 왜냐하면 사람은 세속주의가 구성하는 단순한 육체적 존재가 아니기 때문이다. 본성적으로 성적 친밀감은 마음과 영혼을 동반한다. 이는 정신을 무시한 성은 불만족스럽고 잠재적으로 마음을 상하게 하기 쉽다는 것을 시사한다.

(2) 하나님의 미묘한 현존을 찾으라.

아가가 하나님에 대해 분명하게 언급하지 않는 상황에서 신학을 전개한다는 것은 하나의 도전이다. 역사는 이것에 대한 이유를 제시한다. 구약 시대에 매우 일반적이었던 풍요 종교들은 자연의 지속적인 생산성이 성관계를 갖는 남성 신과 여성 신에 의존한다고 가르쳤다. 고고학자들은 난잡한 여신들을 묘사하는 노래들을 발견했다. 그들을 예배하는 것은 참가자들이 소위 "성스러운 성교"(sacred sex)라고 불리는 것을 보거나 그것에 참여하는 것을 종종 의미했다. 성소의 매춘부는 "거룩하다"라는 단어에서 유래한 "케데샤"(qĕdēšâ)라고 불렸고, 일반적인 매춘부, 다시 말해 "조나"(zōnâ)와 구별되었다. 이스라엘은 보기에 멋진 이방 이웃들이 행했던 풍요 제의들에 지속적으로 유혹을 받았다(예. 민 25장). 그래서 만약 야웨가 아가에 직접 등장했다면, 그 문화는 당연히 그가 풍요 종교를 용납하는 것으로, 아니면 심지어 그를 또 다른 풍요의 신으로 오해했을 것이다. 아가는 예배와 성을 명백하게 분리한다. 아가는 "하나님이 주신 성적인 사랑에 대한 비신화적이

고, 비제의적이며, 비우상숭배적이고, 노골적이며, 개방적인 칭송이다."⁹

그러나 하나님에 대한 암시들도 존재한다. 자기 아내를 머리부터 발끝까지 평가하는 대목에서 남성은 이렇게 열변을 토한다.

당신의 허벅지의 곡선은 보석과 같고,

일류 공예가의 작품 같다(아 7:1, 저자 번역).

이것은 자동적으로 신학적 사고로는 이어지기 힘든 상당히 감정적인 그림을 만들어낸다. 그러나 하나님 외에 누가 "암만"('āmmān, 일류 공예가 또는 예술가)일 수 있는가? 매력적인 몸의 잊을 수 없는 곡선은 하나님에 대한 감사다. 이것은 창조의 교리를 진술하는 얼마나 매력적인 방법인가!

마지막 장에서 사랑에 대한 여인의 찬양은 사랑이 "샬헤베트야"(šalhebetyāh) 또는 문자적으로 "야(Yah)의 불길"(아 8:6))이라고 말한다. 끝부분에 추가된 "야"(Yah)는 신명(神名) 야웨의 첫 번째 음절이다. 이것은 아마도 신성(the deity)보다는 중요하거나 큰 것을 제시하기 위해 사용되었을 수 있다("전능자"보다는 "전능함"). 그러나 여기서 그것은 하나님을 사랑의 원천으로 언급하는 것 같다. "만약 남성과 여성의 열렬한 사랑 같은 사랑의 불꽃이 실제로 야웨의 불길이라면, 이 사람의 사랑은 거룩한 불길을 일으키는 하나님 안에서 발생하는 것이라고 명시적으로 묘사된다."¹⁰

동일한 시에는 다음의 구절도 있다. "많은 물도 이 사랑을 끄지 못하겠

---

9 John G. Snaith, *The Song of Songs* (Grand Rapids : Eerdmans, 1993). 5. 고대 근동의 풍요 종교들에 대한 연구의 요약을 위해서는 다음을 보라. Richard M. Davidson, *Flame of Yahweh : Sexuality in the Old Testament* (Peabody : Hendrickson, 2007), 83-132.

10 Davidson, *Flame of Yahweh*, 630.

구약 설교, 어떻게 할 것인가?

고"(아 8:7). 알터는 창세기를 배경으로 읽으면서 여기의 물을 "하나님이 세상을 창조하기 위해 나누고 에워쌌던 태고의 물"로 간주한다. 그러므로 이 언급은 무질서와 혼란의 힘을 극복하는 "우주적인 규모로 사랑하는"[11] 것이다. 이것은 인간의 사랑을 세상을 형성하는 하나님 자신의 구속적 사랑이라는 배경에 위치시킬 것이다. 이것은 죽음보다 강한 사랑이다(아 8:6).

　이 구절들은 하나님의 존재에 대한 가장 단순한 암시들이다. 이는 성적 특색이 부여된 용어들에서 야웨에 대한 오해를 방지한다. 그러나 이 구절들을 설교하는 것은 성이라는 하나님의 선물 위에 미묘하게 비치는 그분의 이름을 강조할 수 있다. 아마도 하나님은 우리를 바람에 날리는 꽃가루를 사용하여 번식하도록 설계하실 수 있었을 것이다. 그래서 성이 즐겁고 다정하다는 사실은 그의 성품과 우리를 위한 그의 목적들에 대한 단서들을 제공할 수 있다. 사랑과 성은 "심히 좋다." 그리고 그 선물은 주신 분을 반영한다. 만약 사람이 사랑이신 하나님의 형상으로 관계를 맺도록 만들어졌다면, 아가는 설교자들에게 우리를 향한 하나님의 사랑을 언급할 수 있는 기회를 준다. 이는 이후에 자신을 주신 그리스도의 사랑 안에서 궁극적으로 드러났다. 이보다 더 큰 사랑을 갖고 있는 자는 아무도 없다.

(3) 구원으로 읽으라.

잃어버린 낙원에 대한 정경 이야기의 맥락에서 아가는 낙원을 찾을 수 있다고 주장한다. 트리블(Trible)[12] 이후에 우리는 다음과 같은 관련성을 볼 수

---

[11]　Robert Alter, "Afterword," in Ariel Bloch and Chana Bloch, *The Song of Songs: A New Translation with an Introduction and Commentary* (Berkeley : University of California Press, 1995), 131.

[12]　Phyllis Trible, "Love's Lyrics Redeemed," in *God and the Rhetoric of Sexuality* (Philadelphia : Fortress Press, 1978).

있다.

창세기	아가
연인은 동산에 들어가지 못한다.	연인은 동산으로 돌아간다.
동산은 "눈을 기쁘게 하고 먹기에 좋은" 나무들과 함께 "심히 좋게" 시작한다. 그러나 금지된 나무의 열매를 먹은 것은 "가시나무와 엉겅퀴"의 저주를 초래한다(창 2:9; 3:18).	잡초는 주변에 있다(아 2:2). 그러나 소녀는 완벽한 동산이고, 사랑은 향기롭고 맛있고 이국적인 식물들의 개인적인 낙원에서 발생한다.
연인은 금지된 나무로부터 열매를 취하도록 부분적으로 그들의 감각에 의해 유혹받는다(창 3:6).	연인은 그들의 감각을 즐긴다. 여성은 남성이 숲에서 가장 좋은 나무라고 말한다(아 2:3): 장난기 많은 유혹.
저주는 가중된 출산의 고통을 포함한다.	비록 출산이 진술된 목적은 아니지만, 모성은 긍정적으로 언급된다(아 1:6; 3:4, 11; 6:9; 8:1, 2, 5).
일은 얼굴에 땀을 흘리는 힘든 노동이 된다.	노동은 아주 힘든 일이 되거나(아 1:6), 함께 하는 기쁨이 될 수 있다(아 1:7).
저주: "너의 갈망(těšûqâ)은 너의 남편을 향할 것이며, 그는 너를 다스릴 것이다"(창 3:16). "테슈카"(těšûqâ)라는 단어는 의인화된 죄에도 사용된다(창 4:7).	여성은 "나는 나의 사랑하는 자에게 속하고, 그의 "테슈카"(těšûqâ)는 나를 향한 것이다"(아 7:10)라고 열변을 토한다. 평등주의적 반전을 통해 저주는 축복으로 바뀐다.
저주: 죽음(창 3:20-24).	사랑은 죽음보다 강하다(아 8:6).

비슷하게 데이비슨(Davidson)은 구약의 모든 성적인 구절들에 대한 분석을 다음과 같이 정리했다.

    I. "에덴 안의 성(sexuality): 하나님의 디자인(The Divine Design)."

구약 설교, 어떻게 할 것인가?

II. "동산 밖의 성"(sexuality), 거기서 타락이 모든 것에 영향을 미치지만 인류는 하나님의 은혜, 계시, 그리고 율법을 받는다.

III. "에덴으로 돌아감": 아가.[13]

따라서 성서의 웅장한 내러티브 안에서 읽을 때 아가는 타락과 구원의 이야기 안에 있는 또 다른 장이 된다. 개럿은 이렇게 쓴다.

> 그 메시지는 사랑이 주는 상호 간의 기쁨이 심지어 이 타락한 세상에서도 유익하고 가능하다는 것이다. 아가는 하나님의 은혜에 대한 증언이고, 금욕주의와 방탕 모두에 대한 거절이다.[14]

(4) 하나의 은유(metaphor)로 읽으라.

인간적 사랑의 관계들이 하나님의 사랑을 반영하고 그것과의 유용한 비교를 제공하는 많은 방법이 있다. 하나님과의 결혼과, 그에 상응하는 반대 곧 하나님께 대항한 간음이라는 모티프는 성서 전반에 걸쳐 종종 사용된다 (예. 출 34:15-16; 레 17:7; 아마도 민 25:1; 사 54:6-7; 겔 16, 23장; 호 1:2; 말 2:14; 엡 5:21-33; 계 19:6-8). 이 은유는 성서를 가로질러 지속되며, 아가는 그 일부분으로서 유용하게 읽힐 수 있다. 그러나 핵심은 모든 세부 사항을 하나님을 향한 인간의 사랑에 대한 묘사로 만들기 위해 본문을 곡해하지 않는 것이다. 내 견해로는 아가를 그 자체 즉 인간적 사랑의 시로 보고, 그 다음에 하나님과 인간의 관계와 폭넓게 비교해보는 것이 더 낫다.

---

13 Davidson, *Flame of Yahweh*, section titles, vii–xiv.

14 Duane A. Garrett, *Proverbs, Ecclesiastes, Song of Songs* (Nashville : Broadman, 1993), 378.

(5) 본래적 문화 안에서 읽으라.

코는 다메섹을 향한

레바논 망대 같구나(아 7:4).

네 이는 목욕장에서 나오는

털 깎인 암양 같구나(아 4:2; 참조. 아 6:6).

비록 당신의 배우자가 당신이 그의 코를 워릭 성(Warwick Castle: 잉글랜드 Warwickshire 주의 주도[州都] ─ 역자 주)이나 다른 군용 건물에 비유하고, 그의 치아를 농장의 동물들로 비유한 것 때문에 기분이 상했다고 할지라도 성서를 탓하지 말고 그 대신 본문을 그 본래의 문화 안에서 읽지 못하는 당신의 부적절한 해석 방법을 탓하라. 오늘날의 청중은 이런 이미지들을 우습다고 생각한다. 이런 고대 본문과 청중 간의 문화적 거리를 지적하여 그들이 본문을 동시대의 시에 대한 기준으로 판단하지 않도록 환기시키는 것은 가치가 있다. 그러나 이런 문화적 비교는 고대 문화에 대해 지나치게 단순화한 추측을 야기할 수 있음을 주의해야 한다(예. "여성은 전혀 가치가 없다"). 역사적 정확성은 신뢰할 만한 해석을 촉진한다.

(6) 어려운 질문들을 감수하라.

아가는 도전적인 본문이다. 그 어휘의 일부는 잘 알려져 있지 않고 학습된 추론들로 재구성된다. 어떤 단어들은 성서에서 단 한 번만 나타난다. (이 두 가지 모두는 저자가 폭넓은 어휘를 사용하고 있다는 사실을 암시한다.)

화자들은 성별이 반영된 문법과 문맥을 제외하고는 나타나지 않으며,

구약 설교, 어떻게 할 것인가?

화자의 정체성이 논란이 될 수 있는 구절들도 있다.

아가라는 작품의 구조가 자주 논쟁이 되기 때문에 설교하기 위한 구절을 선택하는 것은 어렵다. 킬(Othmar Keel)은 마흔두 편의 시로 여기고, 머피(Murphy)는 아홉 편, 롱맨(Longman)은 스물세 편, 굴더(Goulder)는 열네 편의 시로 간주한다. 마소라 텍스트(MT)의 문단 표시는 열아홉 개의 부분을 제안하고, 포프(Marvin H. Pope)는 그것을 나누기를 거절하며, 다른 사람들은 아가의 시들이 연결되어 있지 않으며 많은 노래로 이루어진 아가는 매우 느슨한 선집이라고 주장한다. 시어(Shea)와 개럿은, 비록 모든 세부 사항이 그런 것은 아니지만, 중요한 부분(아 4:16-5:1)에 나타나는 교차대칭 구조(chiasms)를 본다. 우리는 본문을 숙고함으로써 자신의 결정을 내려야 한다.

아가는 직선적 내러티브(linear narrative)가 아니라 시적인 기억들의 모음이고 무시간적이고 영원한 현재에 놓여 있는 잊을 수 없는 사랑의 모음이기 때문에 훨씬 더 복잡하다. 아가의 구조는 순차적이지 않다. 이는 결혼식이 아가 3:11에서 서술되는데 왜 먼저 성이 잘 묘사되는지에 대한 질문과 관련된다. 어떤 사람들은 아가에서 혼전 성관계를 보지만, 이는 순차적 내러티브를 기반으로 한 주장으로 설득력이 없다.

솔로몬의 역할(아 1:5; 3:9, 11; 8:11, 12)은 논란이 된다. 그는 남성 등장인물인가, 아니면 단지 문학적 이미지로서 암시되는가? 역사적 솔로몬은 아가의 저자인가(또는 공동 저자, 만약 여성의 목소리나 여성 집필자가 본문을 형성했다면 말이다), 아니면 그의 궁전과 관련된 지혜를 암시하는 문학적 장치(아 1:1)로 사용되었나? 현대의 학계는 대부분 언어적 근거들로 솔로몬을

배제하는 경향이 있지만, 더 새로운 언어 이론들은 이것에 도전한다.[15]

이것들은 흥미롭고 중요한 질문들이며 우리의 해석에 영향을 줄 것이다. 그러나 여기서 나는 내 관점에 대해 논증하기보다 우리가 그것들에 어떻게 대답하든지 간에 본문이 유용하게 해석될 수 있다는 것을 인정한다. 비록 설교자가 몇몇 질문에 대해 조심해야 할 필요가 있지만 주요 주제들은 분명하다. 어떤 청중은 더 사소한 질문과 논쟁들이 흥미롭다고 생각하겠지만, 다른 사람들은 그들을 위해 접시 위에 잘려서 놓인 학문적 열매들을 좋아한다. 이런 질문들은 우리의 포도를 먹을 필요가 없는 작은 여우들이다. (아이쿠, 나는 방금 아 2:15을 알레고리화했다.)

간단히 말해서 아가를 읽는 최선의 방법은 그것의 시적 장치와 상징들이 작동하는 방법과 그것들이 의미하는 것을 분석하는 것이고, 이런 지혜로부터 삶의 적용을 찾는 것이다. 다행스럽게도 우리는 훌륭한 주석서들을 지금 이용할 수 있고, 그중 몇몇은 내가 각주에 표시했다.

3. 아가 설교하기: 실제적 조언들

(1) 연령에 맞추라.

한 유대교 전통은 남성이 서른 살이 되기 전에는 아가를 읽으면 안 된다고 말했다. 더 최근에 남성은 평균적으로 열한 살에 외설물을 접했고, 오늘날

---

15 개요를 위해서는 다음을 보라. Garrett and House, *Song of Songs/Lamentations*, 16-22. 좀 더 일반적인 해석학적 질문들에 대해서는 다음의 탁월한 개요를 보라. Greg W. Parsons, "Guidelines for Understanding and Utilizing the Song of Songs," *Bibliotheca Sacra* 156 (October-December 1999), 399-422. 실제적인 논의에 대해서는 다음을 보라. Bryan Wilkerson, "The Joy of Preaching Sex," *Leadership* (Winter 2006), 44-49.

압박은 점점 더 성에 흠뻑 물들어가는 문화에서 매체와 또래 모임으로 인해 훨씬 더 어린 아이들에게도 도달할 수 있다. 일곱 살짜리도 포르노 웹사이트에 접촉할 수 있고, 심지어 그들의 학교 친구들에게 성적인 행동들을 강요당할 수도 있다. 여섯 살부터 십 대 중반까지의 소녀들을 대상으로 한 설문 조사에서 네 명 중 한 명은 열네 살 이전에 성관계를 한 적이 있는 것으로 나타났다. 대조적으로 아주 의연하게 성관계를 삼가는 쪽을 선택한 소녀들은 "지역 교회에 속한 중고등부에 활발히 참여하거나, 아니면 그들이 파티에서 무엇을 하고, 하지 말아야 하는지에 대해 확실하게 인지하고 있는 가까운 친구들과 끈끈한 유대 관계를 가지고 있었다."[16] 이것을 감지하게 된 부모를 포함한 많은 사람들은, 그들 자신이 그리스도인이든지 아니면 사회적으로 교회와 연결되어 있든지 간에, 기독교의 가치들을 환영하고 아이들이 아직 부모의 통제하에 있을 때, 다시 말해 가능하면 어릴때 그 가르침이 이루어지기를 원한다. 주제를 미리 광고하는 것, 놀이방이나 아이들을 위한 행사를 제공하는 것, 또는 심지어 단지 성서 만화를 상영하는 것조차도 부모들이 직접 들어보고 그들의 자녀가 그 내용에 준비가 되었는지 아닌지 결정할 수 있게 해준다.

16　Maggie Hamilton, *What's Happening To Our Girls? Too Much, Too Soon* (London : Penguin, 2008), 52-53, 161. 다음도 보라. Catherine Itzin (ed.), *Pornography: Women, Violence and Civil Liberties* (Oxford University Press, 1992); Diane E. Levin and Jean Kilbourne, *So Sexy So Soon: The New Sexualized Childhood and What Parents Can Do To Protect Their Kids* (New York : Ballantyne Books, 2008). 기독교 관점을 위해서는 다음을 참조하라. Eva Marie Everson and Jessica Everson, *Sex, Lies and the Media: What Your Kids Know and Aren't Telling You* (Eastbourne : Kingsway Communications, 2005).

(2) 긍정적이 되라.

만약 사람들이 죄책감과 불합리한 제한들을 기대한다면, 그들을 은혜와 하나님의 솜씨로 놀라게 하라. 성적인 죄를 꾸짖는 본문들이 존재한다. 그러나 이 본문은 설교자가 사람들에게 어떤 이상적인 것을 묘사할 기회를 주는데, 이 이상은 사람들이 그보다 덜한 것으로 결코 만족하지 못할 정도로 매우 좋은 것이지만, 동시에 아주 실제적이고 가능하며 "가까운"(신 30:14) 것이어서 상처 입은 자들과 냉소적인 자들에게 소망을 준다. 사람들이 남겨둔 강박적인 욕망과 공허한 감정들에 대한 긍정적인 대안을 그들에게 제공하라. 우리 모두는 결혼에 대한 어두운 농담을 들었다. 그러나 아가는 더 밝은 그림을 그린다. 결혼을 하나님의 선물로 축하하라. 그러나 서랍에 남겨진 이상한 양말같이 느낄 수도 있는 독신 그리스도인들에게 성이 모든 것이 아니고, 많은 형태의 사랑이 그들에게 여전히 찾아올 수 있으며, 독신인 구세주는 그들이 어떻게 느끼는지를 아신다고 격려하라.

(3) 죄책감을 다루라.

한 목사가 어느 교회에서 몇 년을 보낸 후 성에 대해 설교한 자신의 첫 시도를 묘사했다. 그는 많은 젊은 사람들이 결혼 전에 성적으로 적극적이며 동거하고 있음을 알고 있었고, 그들이 어떻게 반응할지를 걱정했다. 그 목사는 그가 "솔직히 말한" 데 대해 그들이 감사하고 일부는 목회 상담을 요청하는 것을 알고는 놀랐다. 그러나 많은 베이비붐 세대의 부모들은 출입문이나 주차장에서 그에게 발끈 성을 내며 말했다. 그는 그들을 방문할 기회를 만들었고, 오랜 죄책감 즉 외도, 낙태, 임신으로 시작된 결혼 등에 대한 이야기를 들었다. 일부 결혼한 부부들은 자신들의 관계가 성적으로 차갑고 감정적으로 막혀 있다고 느꼈으며 거의 희망을 포기하고 있었다. 그

구약 설교, 어떻게 할 것인가?

래서 그는 이 문제들을 목회와 관련된 것으로 다루기 시작했다. 그는 자신이 이 주제와 좀 더 일찍 씨름했어야 했다고, 또 다음번에는 예수가 성적인 죄를 지은 사람들에게 용서와 치유를 제공했지만 동시에 높은 기준들과 복음으로의 변화를 요청했음을 더욱 강조해야겠다고 결론 내렸다.

초청 설교자로서 나는 한 평신도 지도자에게 교회 출입문에서 말로 공격받은 적이 있다. 나는 "당신이 그렇게 느꼈다면 미안합니다. 내 목적은 성서를 제시하는 것이었고, 나는 더 잘할 수 있는 방법에 대해 당신의 제안을 환영합니다"라고 말했다. 그는 아무런 제안도 하지 않았지만 그런 주제는 하나님의 집에서 결코 언급되어서는 안 된다고 큰소리로 화를 내면서 불평했다. 육 년 후 그 교회를 다시 방문했을 때, 나는 그가 홀아비가 되었다는 것을 듣고 슬펐다. 그의 아내는 그가 그들의 십 대 초반의 자녀들에게 극도로 노골적인 포르노를 보여주는 것을 알게 되었다. 그가 아이들을 성적으로 학대하는 것을 두려워한 그의 아내는 아이들을 데리고 떠났다. 이 사건은 신문에도 보도되었다. 만약 설교가 누군가를 공격한다면, 이는 물론 내 성격적인 흠이 하나님의 메시지를 방해하게 되는 것일 수도 있다. 그러나 진리의 성령이 죄를 책망하는 것일 수도 있는데(요 16:8) 사람들은 위험을 무릅쓰고 성령을 무시한다. 예수가 선포한 복음은 회개를 요청했다(막 1:15).

그러나 설교자들은 십자가에서 내 죄를 담당하신 구세주의 은혜의 복음과, 흠 있는 사람들을 위한 하나님의 사랑에 전념해야 한다. 그렇지 않으면 우리는 단지 사람들을 자책과 절망으로 더 깊이 밀어 넣거나, 표면적 도덕주의와 율법주의 같은 거짓된 희망을 쌓을 뿐이다. 사랑과 성에 대한 하나님의 구속(redemption)을 말하고 있는 이 시는 십자가 뒤에서 자신을 내어주는 하나님의 사랑에 대해 말할 수 있는 좋은 기회다.

(4) 듣는 사람들의 문화와 대화하라.

만약 설교가 다리를 놓는 것이라면, 설교자는 이중적 주석을 유용하게 할 수 있을 것이다. 즉 본문에 관한 주석과 문화에 관한 주석이다. 아가의 구절을 대중가요의 주제 또는 영향력 있는 TV 시트콤과 비교하고 대조하는 것은 어떤가? (오해를 피하기 위해 당신은 이것이 당신의 일반적인 매체 취향이 아니라고 설명하기를 원할 수도 있다!) 하나님은 어느 문화에서도 증인이 없는 채로 남겨지지 않으신다는 것을 인식하면서, 당신이 할 수 있는 것을 확인하고, 그다음에 비평하고 도전하라. 성서가 문화를 변화시키는 일을 시작하도록 허락하는 동시에 그 문화를 존중하라.

(5) 질문을 환영하라.

메시지 이후에 질의 시간을 제공하는 것은 유용할 수 있다. 그 자리에서 바로 하든지 아니면 편지함이나 문자 메시지를 통해 익명으로 적든지 말이다. 이것이 무섭게 들릴 수도 있다. 그러나 우리가 더 많은 연구를 해야 하며 사람들에게 돌아가야 한다는 것을 인정하는 것과, 심지어 어려운 질문과 그 질문 뒤에 있는 개인적 경험들을 정중하게 인정하는 것에는 부끄러워할 것이 아무것도 없다. 질문은 자신의 말이 경청되고 있다고 청중이 느끼도록 도울 수 있고, 설교자에게 듣는 사람들에 대한 가치 있는 통찰들을 제공할 수 있다. 만약 당신이 이 주제에 대해 강한 기독교적 세계관을 가진 심리학자나 의사를 알고 있다면, 그들이 당신과 협력할 수도 있다.

(6) 단지 규칙들이 아니라 하나님이 존중하는 성에 대한 폭넓은 신학을 설교하라.

하나님이 성을 만들어내셨다는 사실이 얼마나 그분의 사랑과 창조성, 그리고 인간의 기쁨을 위한 바람을 드러내는지를 보여주라. 창조 교리를 진지하게 받아들이는 것은 성이 선한 창조주의 좋은 선물이라는 것을 의미한다.

(7) 단어 선택에 있어 솔직하지만 고상하라 ─ 아가가 그런 것처럼.

이는 목회적 감성과 재치를 요구할 것이다.

(8) 점진적인 단계를 취하라.

하나의 메시지로 모든 것을 다 해야 한다는 강박을 느끼지 말라. 그러나 균형 잡힌 설교 식단의 부분으로서 여러 측면을 포함하라.

아마도 첫 발표나, 특별한 주제에 관해 당신에게 부담스러운 문제는 전문가를 초청하여 맡겨라. 그들은 지역의 정치적 이해관계와 무관하며, 사람들은 종종 자신이 매주 보지 않아도 되는 누군가에게 편하게 마음을 열어놓는다.

(9) 자기개방은 하지 말라.

설교에서 자기 자신을 대상으로 하는 것은 일반적으로 청중에게 "경멸하는 투로 말하는 것"을 피할 수 있는 유용한 방법일 수 있지만, 이 주제에 관해서는 아니다. 만약 당신이 매주 회중을 대면한다면, 당신이 저지른 과거의 죄들 또는 현재의 투쟁들에 대한 고백적 설교는 당신이 자신의 삶에 대해 말하고 전개한 그 밖의 다른 것들을 허사로 만들어버릴지도 모른다. 숨막히는 고백들은 유명인들의 몫으로 남겨두라.

교회와 사회는 하나님을 선한 모든 것의 근원이자 사랑, 성, 그 밖의 모든 것에 대한 구원자로서 드러내는 성서적 가르침이 필요하다. 이 가르침은 빠르게 변하는 문화 속에서 하나님의 은혜를 경험하고 그분의 사랑에 보답하며 그분의 계명의 변함없는 논리와 아름다움으로 살아가도록 사람들을 초청한다.

• 아가 4:12-5:1의 설교 개요: "나는 당신의 동산을 판다"

나는 본문을 관통하는 네 개에서 여덟 개의 부분으로 된 해석 시리즈를 제시한다. 여기에 청중이 아가에 익숙하지 않다는 추정에 바탕을 둔 서론과 함께 한 단락이 있다.

서론: 성서에서 아가의 역할은 무엇인가?

(a) 구절을 읽어라.

(b) 아가와 그 주제를 소개하라.

(c) 왜 아가가 자주 설교되지 않는지를 설명하라.

(d) 저자에 대한 이론들과, 일부일처제 및 솔로몬과 연결된 문제를 간단히 언급하라.

1. 남성 등장인물이 열변을 토하다(아 4:12-15)

(a) 개인 소유의 샘이 있는 동산은 호화스러움의 절정이었다. 그것은 우리의 단어 "낙원"(paradise), 즉 "파르데스"(*pardēs*)라고 불린다. 그런 동산들은 부유한 솔로몬과 관련된다(전 2:4-6; 왕상 4:33).

(b) 여기서 동산은 여성이다.

(c) "누이"(참조. 아 5:1)는 문자적인 것이 아니다. 그것은 팝송에서 "자기"(baby)와 같은 표현이다. 문화적 차이를 설명하라.

(d) 향신료: 이것은 솔로몬의 시대에 높은 가치를 지닌 "인기 있는" 상품이었다(왕상 10:2). 이 목록에 있는 일부 용어들은 듣는 사람들에게 이국

적인 인도의 근원을 가지고 있다. 그리고 그것은 그 동산에서 흥미롭다. 누가 일부일처제는 틀림없이 지루하다고 말하는가? 그것은 성적 혁명의 신화다.

(e) 흐르는 우물 또는 문자적으로 "살아 있는" 물은 원기 회복, 깊은 근원, 영성을 암시하는가?

(f) 일부일처제의 경계로서의 벽들. 열렬한 일부일처제를 가르치는 잠언 5:15-21과의 병행을 간단히 설명하라. 그 벽들은 개인적 즐거움을 보호해주는 도덕과 경계를 의미한다.

(g) 랍비 슈물리 보테아흐(Rabbi Shmuley Boteach)는 『간음에 대한 유대교의 지침』(The Jewish Guide to Adultery)에서 당신의 배우자와 계속해서 관계를 유지하는 법을 보여준다.[17]

2. 여성 등장인물이 초대하다(아 4:16)

(a) 들어오라!

(b) 모든 수준의 친밀감으로의 초대. 최고의 성은 사람의 모든 것 곧 마음, 감정, 영혼, 육체를 포함한다.

(c) 그녀는 "그녀의" 동산이다. 자유롭고 강하며 침착한 여성이다.

3. 남성 등장인물(아 5:1a)

(a) 그녀를 즐거워한다. 성서는 여기서 향기 및 미각과 같은 감각적 즐거움을 성적인 기쁨과 마찬가지로 적절한 장소에서 칭찬한다.

---

17 Rabbi Shmuley Boteach, *The Jewish Guide to Adultery* (London: Hodder & Stoughton, 1999).

(b) 그녀는 "그의" 동산이기도 하다(참조. 앞에서 언급한 아 4:16). 그들은 서로를 소유한다(참조. 아 2:16).

4. 합창이 승인하다(아 5:1b)

숙고하기(Reflection)

(a) 성서적 맥락에서 동산은 에덴을 암시할 수도 있다.

(b) 우리는 지금 그곳에 살고 있지 않다. 타락은 성생활을 손상시켰다. 예를 제시하라.

(c) 그러나 사랑과 성은 여전히 창조주의 선물이고, 좋은 결혼 생활은 낙원으로 슬그머니 돌아가는 것과 같다.

(d) 비슷하게 성서의 전반적인 이야기에서 복음은 믿는 자들에게 최고의 동산 즉 "더 이상 저주가 없는"(계 22:3) 새로운 에덴을 회복시킨다.

결론

(a) 이것은 어떤 실제적인 지혜를 제공하는가? 하나님의 이상으로서 열렬한 일부일처제.

   적용: 당신은 어떻게 그것에 기여하는 선택을 할 수 있을까? 만약 당신이 결혼했다면? 만약 당신이 미혼이라면?

(b) 이것은 하나님에 관해 무엇을 말하는가? 창조자. 좋은 선물을 주는 자. 우리를 에덴으로, 복음 안에서 완전함으로 부르는 구속자.

   하나님이 우리에게 친절하게 조언해주신다는 사실은 그분이 여러 가지 점에서 우리가 타락했고 깨어졌으며 그분의 은혜가 필요하다는 사실을 알고 계심을 암시한다. 그리고 그분은 우리를 용서하고 이해하며 돕기를

구약 설교, 어떻게 할 것인가?

기뻐하신다. 만약 하나님이 우리를 만드실 때 관계를 이루도록 의도하셨다면, 이는 그분이 우리와의 관계를 원하신다는 것을 암시한다.

적용: 당신을 위해 그리스도 안에서 하나님의 계획에 협력하라. 왜냐하면 그분은 당신의 행복을 원하시기 때문이다.

추천 도서

Richard M. Davidson, *Flame of Yahweh : Sexuality in the Old Testament* (Peabody : Hendrickson, 2007).

Dennis P. Hollinger, *The Meaning of Sex : Christian Ethics and the Moral Life* (Grand Rapids : Baker Academic, 2009).

Judith K. Balswick and Jack O. Balswick, *Authentic Human Sexuality : An Integrated Christian Approach* (Downers Grove : InterVarsity Press, 1999).

'HE BEGAN WITH MOSES...'
PREACHING THE OLD TESTAMENT TODAY

제8장

이사야 설교하기

H. G. M. 윌리엄슨(H. G. M. Williamson)

오해를 피하기 위해 이번 장에 대한 두 가지 한계를 처음부터 명확히 해야 한다. 첫째, 비록 내가 정기적으로 설교를 하긴 하지만, 나는 설교학(homiletics)에 대한 학문적인 전문 지식은 갖고 있지 않다. 이번 장에서 논의되는 내 나름의 실천 또는 논평이 가장 좋은 이론으로 간주되는 것과 일치하는지 아닌지는 다른 사람들이 판단해야 한다. 나는 어떤 식으로든 내 논평을 그런 논의들과 관련짓지 않을 것이다.

둘째, 나는 한 편의 설교를 매력적이고 효과적인 의사소통의 수단으로 만드는 데 있어서 대단히 중요한, 즉 설교를 제공하는 방식에 관한 많은 쟁점이 있다고 생각한다. 그러나 이사야서를 설교하는 문제와 관련해 독특한 쟁점들이 따로 존재하는 것은 아니다. 따라서 여기서 나는 그 쟁점들을 당연한 것으로 생각한다. 그렇다고 해서 이런 쟁점들이 설교를 준비하는 데 중요하지 않다는 것은 아니다.

1. 전반적인 개요

이사야서는 길고 서로 상당히 상이한 많은 부분을 가지고 있다. 비록 그것들이 여러 암시와 심지어 인용구들로 교차되지만 말이다. 더욱이 이사야서는 최소한 2백 년의 간격이 있는 다른 역사적 상황들과 관련된다는 보편적

동의(저자에 관한 질문과는 별개로)가 존재한다. 좀 더 자세하게 보면 이 예언자의 구두 선포와 현재 우리가 가지고 있는 그의 말의 기록된 형태 사이의 간격이 분명히 존재한다.

설교가 본문에 근거해야 한다는 점을 고려할 때 설교를 준비함에 있어 우리의 주된 초점이 그 문헌을 초래한 역사적 상황에 대한 최선의 추측보다는 우리가 가지고 있는 문헌에 있어야 한다는 것은 명백하다. 다른 사람이 아닌 바로 이 예언자의 특정한 말과 행위들이 기록을 보장해야 할 만큼 충분히 가치 있는 것으로 간주되었다. 이것도 사건과 기록 사이의 간격의 요소를 암시한다. 그렇다면 우리의 임무는 현대의 방식으로 그것의 메시지를 발굴하고 선포함으로써 이 책을 정당하게 평가하고자 노력하는 것이다. 역사와 본문의 기록 사이에 있는 불가피한 간격은 우리를 격려한다. 설교자로서 우리는 고대의 역사를 연구하는 학생이 아니라, 우리가 가지고 있는 자료 즉 더욱 손쉽게 우리의 이해 범위 안에 있는 것을 주의 깊게 읽는 독자가 되어야 한다.

동시에 이 모든 것은 본래적인 선포(그것이 있었던 그 당시)와 우리가 지금 가지고 있는 책의 형성으로 이어지는 전체 과정 모두가 비판이든지 격려든지 간에 그것의 연관성에 대한 평가에 근거를 두었다는 것을 의미한다. 그것은 조직신학의 작품으로 기능하기 위해 기록된 것이 아니고, 현재와 아무런 연관이 없는 먼 미래의 날과 관련된 일종의 연감(almanac)으로 기록된 것은 더더욱 아니다. 따라서 앞으로 우리는 과거에 성서에서 사용된 말이 오늘날을 위한 선포로 의미 있게 통합될 수 있는 방법을 고려하고자 시도할 것이다. 우리는 여기서 메시지들을 암호화하는 모든 방식이 다른 영역들의 사상 또는 신념과 관련된다고 생각하는 사고의 흐름을 따르는 일을 가치 있는 것으로 간주하지 않는다. 나는 많은 사람이 특히 예언서들

구약 설교, 어떻게 할 것인가?

로부터 그들이 찾고자 하는 것에 대한 모든 종류의 기이한 개념들을 가지고 성서로 나아온다는 것을 안다. 그러나 나는 현재의 맥락에서 이런 개념들은 우리가 그것들을 얻었을 때 실제 성서와 아무런 연관성이 없다는 점과, 따라서 그것들은 이제 더 이상 우리를 붙들 수 없다는 점을 주장하는 것으로 만족하고자 한다.

2. 연대와 저자에 관한 문제들

구약과 관련하여 가장 잘 알려진 학문의 결실 중 하나는 한 명 이상의 저자가 이사야서를 오랜 시간에 걸쳐 기록했다는 가설이다. 설교자들이 사용하는 많은 주석서가 이를 거의 당연하게 여긴다. 이것은 설교자와 회중 모두에게 여러 문제점을 야기할 수 있다.

　설교자들에 관한 한, 그들은 이 관점을 공유할 수도 공유하지 않을 수도 있다. 그리고 사실상 많은 설교자가 자신이 이 문제에 대해 판단을 내릴 자격이 없다고 느끼고 있음을 인정할 것이다. 그러나 내가 보기에 이것은 항상 필요 이상으로 커다란 문제로 취급되는 것처럼 느껴진다. 한편으로 현재 이 책의 저자에 대한 학계의 견해는 기존보다 훨씬 더 복잡해졌다. 전문가가 아닌 많은 사람들은 세 명의 이사야, 즉 이사야 1-39장에 책임이 있는 기원전 8세기 예루살렘에 있던 예언자, 포로기 말에 바빌로니아에서 이사야 40-55장을 쓴 예언자("제2이사야"[Deutero-Isaiah]), 그리고 포로지에서 예루살렘으로 돌아온 이후에 책의 마지막 열한 장을 쓴 세 번째 예언자("제3이사야"[Trito-Isaiah])가 존재했다는 공통의 견해를 생각할 수 있다.

　사실상 어떤 학자도 이렇게 단순한 관점을 수용하지는 않는다. 견해의 차이가 아주 많다. 꽤 많은 부분이 논쟁 중에 있지만, 예를 들어 이사야

1-39장은 모든 시대의 자료들을 포함한다. 그래서 다시 많은 사람들은 책의 두 번째 주요 부분이 지금까지 간주되어오던 것보다 것보다 훨씬 덜 통일되어 있다는 가설을 지금 세우기 시작하고 있다. 그리고 이것은 세 번째 부분에서는 훨씬 더 심하다. 그러므로 지금 고려하고 있는 단락의 역사적 배경에 대한 지식을 얻기 위해 주석서를 참고할 때, 아마도 확실한 결과를 얻기는 어려울 것이다.

그러나 다른 한편으로 설교자는 그런 개념들에 반대할 수도 있다. 그래서 그런 연구로부터 도움을 받는 것을 미루거나, 기껏해야 불확실한 것들에 대한 절망감을 느끼게 될지도 모른다. 설교를 준비할 때 나 자신의 접근법과 그에 따른 조언은 저자에 관해 너무 좁게 초점을 맞추지 말고 오히려 그 단락이 분명하게 다루고 있는 배경이 무엇인지를 질문하라는 것이다. 때때로 이 질문은 답을 얻을 수가 없다. 그런 경우에 우리는 그에 관해 아무것도 말할 필요가 없다. 그런 설교를 위해서는 다른 형태들의 상황화(contextualization)가 사용되어야 할 것이다. 회중은 손안에 있는 구절에 대한 선포와 전혀 관계없는, 성서에 대한 학문적 의견들에 반대하여 불평함으로써 신속하게 그것들을 방치해버린다. 동시에 보수적인 복음주의자들을 포함하여 모든 분야의 학자들 사이에 의견의 차이가 거의 없는 합의점이 존재하는데, 예를 들어 이사야 40-55장을 누가 썼든지 간에 그는 예루살렘에 있는 기원전 8세기 청중이 아니라 매우 다른 배경에 있는 후대 공동체의 관심사들을 다루고 있다는 의견이다. 하나님이 그들을 잊었거나 아니면 버렸다고 생각했던 포로기 공동체의 절망을 풍부한 상상력으로 세심하게 불러일으킨 것(예. 사 40:27)은 21세기의 상황에도 모든 방식으로 개인 및 단체들과 여전히 공명한다. 따라서 위로(사 40:1), 격려(예. 사 43:1-7), 그리고 예상하지 못한 방법으로 다시 한번 움직이시는 하나님의 힘, 관심, 능력에 대한 믿음을 회복하라는 설득의 메시지를 청중에게 손쉽게 적용할 수 있다. 동일하게 훨씬 초기의 유다 왕국 안에서 자신의 지위를 이용하여 개인적 이득을 얻을 수 있는 영향력 또는 권력의 자리에 있는 자들에 대한 가혹한 심판(예. 사 1:21-26; 3:13-15; 5:1-7)도 오늘날 특권과 책임의 자리에 있는 사람들에게 여전히 도전이 된다.

그러므로 그러한 구절들이 대상으로 삼은 청중에 대한 고려는 설교자가 준비하고 있는 본문을 삶으로 가져다줄 것이며, 이것 역시 설교로 전환될 것이다! 그러나 이런 배경 준비의 얼마나 많은 부분이 설교 자체 안으로 들어가야 할까? 여기서 나 자신의 실천으로 볼 때 많은 부분이 특정한 설교의 상황들에 의존한다. 만약 내가 전혀 모르는 회중에게 이사야서로부터 한 편의 설교를 하기 위해 설교자로 초대받는다면, 나는 그런 쟁점들을 직접적으로 다루는 것을 피한다. 최소한 부정직하지 않게 그 단락이 우리가 사실상 가능하다고 생각하지 않는 특정한 저자에 의해서 또는 특정한 시기에 작성되었다는 어떤 암시 없이도 개연성 있는 배경에서 그 단락을 논의하는 것은 완전히 가능하다. 회중의 몇 사람은 무슨 일이 일어나고 있는지를 인식할지도 모르지만, 대부분은 그렇지 않을 것이며 그것으로 인해 고통받지도 않을 것이다. 어쨌든 설교는 강의가 아니다. 그러나 내가 목회적이고 개인적인 친밀한 관계가 있기를 희망하는 내 교회에서 이사야 40-55장에 대한 시리즈 설교를 시도한 경우에, 나는 그 시리즈의 첫 번째 설교에서 내 견해를 간단히 진술했고, 그것이 불평을 일으키지 않았다는 것을 알게 되어 기뻤다. 한두 명은 그 설교에 대해 더 대화하기를 원할 정도로 충분히 관심을 갖고 있었는데, 이는 설교자에게 항상 격려가 된다. 내가 생각하기에 대다수는 "휴(Hugh G. M. Williamson ; 기고자)는 일부 재미있는 생각을 가지고 있지만 정말로 괜찮다"라고 받아들일 만큼 충분히 나를 잘 알았고, 다른 사람들은 너무 정중해서 의견의 차이를 표현할 수 없었을 것이다. 나는 내 의견에 대해 (간략하게라도) 열어놓는 것이 옳다고 느꼈다. 그리고 만약 다른 의견이 있었더라도 그것이 표면에 드러나거나 해가 되는 것으로 나타나지는 않았다. 게다가 나는 모든 것에 동의하는 회중을 본 적이 전혀 없다. 토론을 위한 기회는 환영받아야 한다.

3. 이사야서 설교에 대한 접근들

최근 몇 년간 이사야서에 대한 학문적인 분석에 극적인 변화가 있었다. 그러나 그 결과가 설교자들이 현재 의존하고 있는 주석서에 항상 반영되는 것은 아닐 것이다. 그럼에도 불구하고 설교자들이 설교를 준비하는 데 있어서 이런 발전으로부터 혜택을 얻기 위해 상당한 시간을 기꺼이 투자한다면, 이는 그들에게 도움과 격려가 될 것이다.

비록 책 안에 있는 다양한 자료로 돌아가지 않더라도, 최근에 이사야서의 다른 부분들을 하나로 묶는 여러 방식에 대해 상당한 인식이 발전되었다. 많은 표준적인 교과서와 주석서들은 여전히 위에서 개괄한 이사야서의 주요한 세 부분을 마치 모든 의도와 목적이 다른 책인 것처럼 다룬다. 세 부분은 서로 별개로 분석되고 해석된다.

일반적으로 이것은 더 이상 적절한 것으로 여겨지지 않는다. 이사야서가 발생한 방법의 역학에 대한 이해가 학자들 사이에서 매우 다양하지만, 그럼에도 불구하고 세 부분이 이전에 인식되었던 것보다 서로 매우 밀접하게 연관되어 있다는 훨씬 더 광범위한 동의가 존재한다. 가장 단순한 수준에서 말하면, 이것은 이 책의 서로 다른 부분들에서 다양한 주제를 서로 다른 방식으로 취하고 처리하는 다양한 방법으로부터 관찰되며, 이는 의심의 여지 없이 변화하는 상황들을 다루고 있음을 반영한다. 나는 여기에 그런 주제들에 대한 긴 목록을 제시할 수도 있다. 그리고 실제로 이런 주제들을 전체 분석을 위한 근거로 취하고 있는 전문 도서들이 현재 자주 출간되고 있다.

예를 들어 "이스라엘의 거룩한 자"(Holy One of Israel)라는 하나님의 독특한 칭호가 이사야서에 스물다섯 번 등장하지만, 다른 곳에서는 매우 드물게 나타난다는 것은 오랫동안 알려졌다. (좀 더 정확하게 하자면, 그 칭호는 사 56-66장에는 단지 두 번, 그것도 인용의 방식으로 등장한다는 것, 그리고 사 24-27장 같은 후기 단락들에서는 전혀 나타나지 않는다는 것이 명시되어야 한다.) 이사야서 첫번째 부분 가운데 원래 예언자의 심판의 말과 아주 흡사하게 들리는 단락들에서 하나님은 거룩한 분으로서 자신에게 반항하는 그의 백성을 위협하는 것처럼 보인다. 그러나 책의 후반부에서는 동일한 칭호가 격려, 위로, 구원의 하나님을 묘사하기 위해 자주 사용되고, 이것 역시 때때로 이전 장들에 대한 반향이 반영된 것처럼 보인다. 아마도 그 칭호는 (만약 시편에서 그 칭호가 두 번 사용된 것을 신뢰할 수 있다면) 예루살렘 성전의 제의로부터 나왔을 것이다. 거기서 왕정 시기의 사람들은 그 칭호가 하나님이 어떻게 그들의 정치적 자유와 승리를 보장하셨는지에 대해 말해준다고 믿었을 것이다. 그러나 그런 다른 요소들과 마찬가지로, 이사야는 이 칭호를 완전히 뒤집어서 이 동일한 하나님은 만약 자신의 백성이 주변국들과 질적으로 다른 방법으로 그를 따르고 섬기지 않는다면 그들을 동일하게 위협하실 수 있다는 것도 나타낸다. 이사야는 회중의 상황에 대한 손쉬운 추측을 뒤집기 위해 찬송가의 익숙한 부분을 사용하는 많은 설교자들과 같다. 그러나 심판이 과거로 묘사되는 책의 후반부에서 예언자는 그의 백성의 주의를 하나님이 곧 행하실 창조적인 새로운 일로 돌리려고 노력한다. 그리고 그러한 노력의 일환으로 이제까지 위협으로 여겨졌던 그 익숙한 칭호는 자유롭고 주권적인 주님이 심판을 통해 행하셨던 것처럼 은혜 안에서도 힘차고 놀랍게 일하실 수 있다고 선언하는 것으로 전환된다. 그러므로 이 칭호는 관습이나 틀에 매이지 않고 자신의 백성의 상황에 자유롭게 응답하시는 하나님의 풍성한 성품에 대한 새로운 평가에 독자들의 눈이 열리게 한다. 하나님은 이런 방식으로 부지중에, 그리고 이 책이 선포하는 것처럼 궁극적으로 우리를 은혜 안으로 변함없이 인도하신다.

이제 그와 같은 다른 주제들을 곧 언급하겠지만 지금까지 단 하나만 소개했으므로 나는 해석을 위해 주어진 구절을 연구할 때 그런 가능성에 대한 인식을 주의 깊게 유념해야 한다는 점을 강조하고자 한다. 좀 더 상세한 주석서들은 이 주제 중 일부에 대한 관심을 불러일으킬 것이다. 그러나 이런 연구 단계에서 다른 주제들은 성구사전의 도움으로 파헤쳐져야 할 수도 있다. 물론 위에서 강조한 것처럼 주어진 단락은 그것이 다루고 있는(이것이 재구성될 수 있는 한) 상황들에 비추어 해석되어야 한다. 또한 그것은 책을 더 광범위하게 전체적으로 고려하여 펼쳐질 필요가 있다. 이는 그런 주제들의 반복 사용을 통해 어떤 구절도 그 자체만으로는 적절한 해석을 위한 완벽한 주제를 공평하게 다루기에 충분하지 않다는 것을 되풀이해서 보여준다.

예를 들어 이사야 1:10-17에 있는 제의(공식적 대중 종교!)의 오용에 대한 파괴적인 비판은 이사야 43:22-28과 58장에 있는(즉 책의 두 번째와 세 번째 부분으로부터) 동일한 주제에 대해 매우 다르지만 상당히 밀접한 숙고들로부터 분리되어서는 안 된다. 이는 다양한 역사적·사회적 상황에 다시 적용되는 비슷한 근본적인 개념에 대한 올바른 균형 감각을 얻기 위함이다.

다시 말하지만 어느 누구도 이사야 1장의 마지막 구절들을 65:1-5,

구약 설교, 어떻게 할 것인가?

66:17, 24에서의 매우 비슷한 언어의 사용을 고려하지 않은 채 읽어서는 안 된다. 만약 책을 시작하는 장이 마지막 장과 병행한다면, 이는 우리가 (다른 고려 사항들과 함께) 아마도 이사야 1장을 책 전체에 대한 일종의 서론으로서 해석하는 것이 최선이라고 생각하도록 만든다. 즉 심판의 메시지(사 1:2-9), 완전한 용서의 가능성(사 1:10-20), 그리고 그 메시지에 대한 개인적 응답의 필요(사 1:21-31)라는 배치는 책의 주요 세 부분에 대한 전반적인 형태를 전체적으로 반영한다. 그러므로 한 부분에 대한 설교는 더 넓은 전체에 비추어 해석할 것을 요청한다.

책의 도처에 나타나는 또 다른 주요 주제는 이사야 6:9-10에 있는 극히 어려운 "완고하게 하는 말"(hardening saying)로부터 유래한다. 아마도 이것은 본래 다음 두 장 또는 세 장을 지배하는 시리아-에브라임 전쟁의 위기(Syro-Ephraimite crisis)라는 배경에서 작성되었을 것이다(특히 사 6:9, 10; 8:6, 11, 12에 있는 "이 백성"에 대한 반향을 보라). 그러나 (사 1:2-3에서부터 시작되는) 후대의 몇몇 암시가 보여주는 것처럼 시간이 흐름에 따라 그러한 적용은 더 넓고 더욱 오래 지속된다고 간주되었다. 그러나 심판을 넘어 우리는 이 부정적인 개념이 뒤바뀌어 긍정적으로 전환되는 것을 발견한다. 일단 이것을 염두에 두면, 이사야 40-55장에서 한 번 닫힌 눈과 귀가 이제는 열렸음을 보여주는 암시들이 얼마나 자주 나타나는지 놀랍다. 그리고 한 걸음 더 나아가 본래 명백하게 은유적이거나 "영적인" 의미로 주어졌던 말이 보다 문자적인 의미를 취하게 되고, 따라서 육체적인 시각 장애와 청력의 상실 역시 치유될 것이다(예. 사 35:5-6). 이 주제에 대한 부정적이거나 긍정적인 사용은 모두 여러 비유와 예수의 치유 사역과 관련하여 신약에서도 재차 언급된다. 따라서 우리는 설교자가 적절하게 반영하고 적용하기 위한 풍부한 자료들이 여기에 있음을 다시 발견한다.

지면 관계상 여기서 그런 모든 주제에 집중할 수는 없다(설사 내가 그 모든 것을 인지하고 있다 해도 말이다!). 한 가지는 예시를 통해 다음 단락에서 좀 더 충분히 다룰 것이다. 그리고 그다음에 특별히 메시아 주제를 다룰 것이다. 그러나 여기서는, 만약 어떤 것이든 설교를 위해 선택된 구절에 등장해야 한다면, 최소한 탐구할 만한 가치가 있는 선택 가능한 것들의 목록을 나열하는 것으로 충분할 것이다. 곧 영광, 어두움과 빛, 영, 떠오른 기 또는 깃발, 포도원(과 실제로 식물 세계에서 도출된 여러 다른 은유), 이전 것과 새 것(또는 동등한 것) 등이다. 다시 말하지만 성구사전이나 좀 더 발전된 주석은 설교자가 숙고하기에 적절한 구절들로 신속하게 인도해줄 것이다. 다른 주제들은 이것들만큼 그렇게 만연하지 않을 수도 있다. 그러나 그 주제들은 이사야 28:1-4(특히 4절)과 40:6-8처럼 책 안에 최소한 한 가지의 다른 명백한 언급이 있다.

정리하자면 우리는 경험을 통해 사실상 이사야서의 어느 곳에도 병행, 인용, 또는 암시가 없는 확장된 구절들은 거의 존재하지 않는다는 것을 알 수 있다. 만약 전달되는 메시지가 우리가 가지고 있는 책에 대해 공정해야 한다면(성서를 더 넓게 보는 것은 차치하고라도), 이것은 설교 준비에서 신중하게 고려되어야 한다. 이사야서의 어느 한 구절이 심각한 왜곡을 일으킬 수 있는 한쪽으로 치우친 설명에 대한 쉬운 변명이 될 수 있다. 물론 어떤 특정한 상황에서는 특별하게 자료의 한 측면만을 강조하는 것이 적절할 수도 있다. 그러나 심판에 대한 가혹한 말을 그에 상응하는 구원에 대한 메시지 없이 남겨두는 것, 아니면 제공된 구원이 값싼 것이라는 것, 둘 중에 하나만을 제안하는 것은 실수일 것이다. 왜냐하면 문맥상으로 구원은 아주 명확하게 가혹한 심판 다음에 이어지기 때문이다. 게다가 이런 더 넓은 틀의 언급은 심지어 책의 전반부의 한 단락 안에서 심판으로부터 약속으로 이어지는, 외견상 어색한 갑작스러운 변화를 설명하도록 도울 수 있다. 기독교 설교자는 당연히 신약에서 기인한 이 문제들에 대해 좀 더 완전한 이해를 소개하려고 할 것이다. 그러나 설교학적으로 좋은 실천은 신약의 모자에서 신학적 토끼들을 꺼내는 것보다는 가까운 문맥 안에 뿌리를 내리고 있는 한 단락에 대한 해석 안에 주로 머무르는 것이다. 그리고 내가 여기서 제안한 것처럼 이사야서는 모든 가능성을 허락한다. 만일 이사야서가 하나의 책으로 진지하게 간주된다면 말이다.

4. 주제적 고려 사항

구체적인 사례를 통해 한 가지 중요한 주제를 더 상세하게 논의하는 것이 도움이 될 수 있을 것이다.

고대 근동의 다른 곳과 마찬가지로 구약의 다른 부분들뿐만 아니라 이사야서의 전반부도 삶의 다양한 영역에서 "정의(justice, 미쉬파트—역자 주)와 공의(righteousness, 체다카—역자 주)"의 필요를 강조한다. 사실상 쌍으로 나오는 이 말의 수많은 사례가 존재한다. 이것은 오늘날 우리가 흔히 사용하는 언어가 아니다. 따라서 이 말은 분석될 필요가 있다.

이런 가치들과 대조를 이루는 주제들을 포함하여 문맥에서의 사용을 관찰함으로써 우리는 이것이 단순한 형법 제도의 집행을 (비록 그것이 포함되더라도) 훨씬 넘어선다는 것을 곧바로 배운다. 그것은 오히려 모든 단계의 사회적·정치적 삶에서 긍휼을 포함하는 정직성에 대한 필요를 말한다. 한 학자는 심지어 그것을 "사회적 정의"(social justice)라는 구절로 해석하기까지 한다. 이것은 오늘날보다 고대에서 매우 다른 형태들을 취했을 것이다. 그러나 일반적인 영역은 지역적·국가적·국제적 삶의 다양한 수준에서 분명하게 지속되는 필요 중 하나다.

이사야의 설명에 따르면 이런 특징들은 비록 이후에 심하게 줄어들었지만 이사야가 다윗 통치의 황금시대로 묘사했던 시온의 특성들이었다(사 1:21-23). 그는 하나님이 현재에도 이런 특징들을 여전히 찾고 계시지만 오히려 오직 그 반대의 것들 즉 피 흘림과 압제에 대한 울부짖음만을(사 5:7, 영리한 언어유희의 사용과 함께) 발견하신다고 주장함으로써 그의 유명한 포도원 비유를 결론짓는다. 그러나 이사야는 그 특성들이 다시 한번 미래에 회복된 시온의 특징이 될 것을 확신한다. 왜냐하면 하나님이 새로운 도시의 건설자로서 "나는 정의(미쉬파트)를 측량줄로 삼고 공의(체다카)를 저울추로 삼으니"(사 28:17)라고 선언하시기 때문이다. 정의와 공의의 중요성은 그것들이 이상적인 왕의 관심사이어야 하고(사 32:1), 실제로 이사야 9:6-7에서 출생이 선언된 왕의 자녀의 관심사가 될 것이라는 사실을 통해 한층 더 강조된다. 이런 관심사가 이사야에게 얼마나 중요했는지, 그리고 정의와 공의의 왜곡이 어떻게 그가 예상했던 심판의 핵심 원인이었는지를 입증하기 위해 이사야서의 첫번째 부분에서 이 두 용어가 함께 혹은 각각 등장하는 많은 구절들을 인용할 수 있을 것이다.

그러나 책의 다음 부분으로 넘어가면 우리는 뚜렷한 차이를 발견한다. 틀림없이 연속성의 요소들이 존재한다(예. 사 42:1-4, 그러나 두 단어 "정의"와 "공의"는 사 40-55장의 어느 지점에서도 함께 나타나지 않는다). 하지만 우리는 더욱 일반적으로 "공의"가 매우 다른 방식으로 선택되고 사용되고 있음을 발견한다. 이 단어는 "구원"이라는 단어와 병행을 이루어 여러 번 나타난다. 따라서 이사야 1-39장에서 공의는 책임 있는 지위에 있는 사람들이 실행하거나 수행해야 하는 것이지만 이제는 하나님의 은혜로운 구원과 돌봄의 일부분이 된다. 사실상 이사야 1-39장에서 그것을 당연하게 "승리", "구원"또는 비슷한 말들로 번역하는 사람들이 있다. 이런 사례는 무엇보다도 이사야 41:10, 45:8, 46:13, 51:5, 6, 8을 포함한다.

마지막으로 놀랍게도 우리는 명백하게 대조적인 이 두 가지 사용이 이사야서의 세 번째 부분의 가장 처음에 등장하는 단어의 이중적인 사용과 관련된다는 것을 발견한다.

> 너희는 정의(미쉬파트)를 지키며 의(체다카)를 행하라.
> 이는 나의 구원이 가까이 왔고
> 나의 공의(체다카)가 나타날 것임이라(사 56:1).

여기서 이사야 1-39장에 나타난 친숙한 병행 형태가 첫 번째 줄에서 긴급한 명령형으로 다시 나타난다. 반면에 이어지는 구절에서 "공의"는 이사야 40-55장에서처럼 하나님의 임박한 구원에 대한 지표로서 또는 첫 번째 줄의 명령에 순종하기 위한 동기 부여로서 "구원"(salvation)과 병행하여 사용된다. 책의 앞의 두 부분에 나타나는 신학적으로 풍부한 이런 뒤얽힘은 결론을 내리는 장들에서 다양한 방법으로 계속되고 발전된다.

이런 특징들은 단지 이 책의 가장 중심이 되는 중요한 주제에 대한 가장 대략적인 개요일 뿐이다. 그러나 설교에서는 이사야 56:1에서 소개된 놀랄 만한 균형을 유념할 필요가 있다. 어떤 목회 상황에서는 회중에게 정의와 공의를 실천하도록 권할 필요가 있다고 생각할 수 있다. 따라서 책의 전반부에 있는 하나 또는 그 이상의 관련 구절들에 집중하는 것은 타당할 것이다. 그러나 그들에게 책임만을 부과하고 그에 상응하는 하나님의 구원의 공의에 대한 성찰로부터 나오는 풍부한 격려의 원천이 존재한다는 암시 없이 회중을 거기에 남겨두는 것은 잘못일 것이다. 반대로 그 필요는 책의 두 번째 부분의 많은 곳에서 기쁘게 선포된 것처럼 하나님의 구원에 대한 좋은 소식으로 위로받아야 하는 의기소침한 회중을 위한 것일 수도 있다. 그러나 여기서도 하나님이 우리가 다른 사람들 특히 우리보다 좀 더 어려운 환경에 있는 사람들을 대하는 방식에 있어서 감사의 마음으로 응답하기를 기대하신다는 어떤 암시도 없이, 구원으로 인한 위로에만 전적으로 집중하는 것은(비록 그것이 설교의 주된 요점이라고 하더라도) 균형을 깨뜨릴 수 있다.

내가 생각하기에 이 동일한 주제는 다음에 다룰 이사야서의 특징적인 메시아적 예언들에 대한 숙고에서도 유용하다.

5. 메시아적 예언(Messianic prophecy)

이사야서에는 대부분의 교회 성서일과표에 정기적으로 등장하는 고전적인 메시아적 예언이 몇 가지 있다. 그리고 그 예언들은 설교자들이 가장 전념하고 싶어 하는 구절들 가운데 있다. 그러나 그것들은 그 자체로 많은 주석적 문제를 야기한다. 따라서 여기서는 안내를 위한 몇 마디 조언이 도움이 될 것이다. 이 단락들 중에는 명백하게 이사야 7:14, 9:1-7, 11:1-9, 42:1-4, 49:1-6, 52:13-53:12, 61:1-4이 포함된다.

이 단락들을 설교하는 데 있어서 피할 수 있지만 애석하게도 자주 행하고 있는 두 가지 주된 위험이 있다. 첫째, 이 단락들은 종종 너무 곧바로 예수에게 적용되고, 그래서 이사야서 안에서 그것들이 차지하고 있는 현재의 직접적 맥락이 고의적으로 무시된 채 다루어진다. 신약에 어울리는 부분이라고 판단되면, 이 단락들은 현재 고려 중인 본문에서 그것 못지않게 중요한 다른 것들과 연관시키려는 아무런 시도도 없이 뽑혀 나오는 경향이 있다. 둘째, 예수가 이 예언들을 성취했다는 것을 너무 강하게 강조한 나머지, 그 단락들에는 다른 어떤 의미도 없다고 여기는 경향이 있다. 이는 내가 생각하기에 오늘날의 교회에 대한 이사야서의 가장 중요한 도전들 가운데 포함되어야 한다. 그렇다면 어떤 접근법이 이 두 가지 특정한 위험을 피하면서 이 구절들을 메시아적인 것으로서 공정하게 다룰 수 있을까?

내가 생각하기에 주목해야 할 첫 번째 요점은 질문에 있어서 인물의 정체성보다는 그 인물이 수행하는 임무에 좀 더 강조점을 두어야 한다는 것이다. 예를 들어 이사야 9:6-7에서 예언의 전체 구동(drive)은 한 아이가 "정의(미쉬파트)와 공의(체다카)로" 나라를 세우고 유지하기 위해 주어졌다는 것이다. 따라서 이는 우리가 이전 부분에서 간단하게 살펴본 주제에 상당히 적합하다. 우리는 그런 희망들이 고대 유다에서 한 왕의 아이의 탄생에 수반되었다는 것을 잘 상상할 수 있다. 확실히 이 새로운 장래의 왕(히스기야든지 다른 왕이든지)은 문제의 현재 상태를 넘어 나라의 사회적 상황을 개선할 것이다. 이사야 11장의 초점 역시 검토를 통해 그렇게 많이 다르지 않은 것으로 판명된다. 또한 그것은 이사야 32:1에 있는 격언의 말과 직접적으로 일치한다. "왕은 공의(체데크)를 위해 통치해야 하고, 왕자들은 정의(미쉬파트)의 증진을 위해 다스려야 한다"(저자 번역).

책의 후반부로 넘어가면 우리는 정치적 조건들이 완전히 바뀌었고, 이번 장의 끝부분에 있는 이사야 42:1-4에 대한 설교 개요에서 나타나는 것처럼, 책의 전반부의 왕에 대한 희망들은 지금 열방과 관련하여 하나님의 백성의 공동체로 전환되고 있음을 발견한다. 그러나 본질적인 임무는 남아 있다. 문맥에서 이스라엘/야곱(종으로서의 명칭을 포함하여 사 42:1-4에서 무명의 종에 대해 사용된 것처럼 41:8-13에서 이스라엘에 대해 사용된 비슷한 언어를 보라)으로 명백하게 확인된 이 새로운 "종-왕"(servant king)이 "열방에 정의(미쉬파트)를 가져올" 것이라는 점이 세 번 강조된다. 그리고 이 책의 세 번째 부분에서 상황이 다시 한번 바뀌고, 사람들은 왜 모든 위대한 약속 이 그들이 아마도 희망했을 극적인 방식으로 실현되는 것처럼 보이지 않는 지를 궁금해하기 시작한다. 그럼에도 불구하고 이사야 61:1-3의 인물은 이 전의 메시아적 구절들의 많은 특징을 개괄하고, 그가 압제받는 자들을 위 한 구원, 즉 이 책에서 예견된 것 같은 그런 정의의 필수적인 요소를 선포 하기 위해 올 것이라는 점을 다시 강조한다.

이런 간단한 개요는 "여기에 이사야서의 본문이 있고, 그것은 예수를 예견한다. 끝"이라고 단순하게 말하는 것이 설교에 있어서 유용한 접근법 이 되지 않을 것이라고 내게 제안한다. 오히려 이것은 부서진 나라와 괴로 워하는 세상을 위한 하나님의 목적을 가리키는 구절들이다. 그 나라와 그 세상은 각종 어려운 상황들을 겪는다. 그러나 비전은 변함없이 남아 있다. 예수가 왔을 때 그는 이사야서에서 직접적으로 예상하지 않았던 상황, 즉 외국의 압제적 점령 아래 있는 한 장인(an artisan)으로서의 삶의 상황 속에 서 살았다. 우리는 바로 그런 상황에서 그가 자신이 다루어야 했던 제한된 정치적 상황 아래에서 정의의 시작이 무엇을 의미하는지를 완벽하게 입증 했다고 믿는다. 버림받은 자들에 대한 그의 관심, 고통당하는 자들에 대한 그의 돌봄, 그리고 사랑받지 못하는 자들에 대한 그의 사랑이 그 사역의 모 든 부분이다. 그리고 당연히 비할 데 없는 것으로서 십자가로 가는 그의 여 정과 우리를 대신한 십자가에서의 죽음은 이전에 예상한 것을 훨씬 초월하 는 방법으로 하나님과 인류 사이의 화해 사역을 성취했다.

그러나 이것이 이 예언들의 의미를 다 드러낸 것은 아니다. 우리는 개 인으로서 그리고 교회 공동체로서 그리스도 안에서의 예언의 성취를 다음 과 같은 방식으로 설교해서는 안 된다. 즉 우리 역시 그와 같은 하나님의

구약 설교, 어떻게 할 것인가?

가치들을 현대 세상으로 전달하도록 부름을 받았다는 사실을 깨닫지 못하는 방식 말이다. 이 세상은 모든 수준에서 곧 국제적 관계들로부터 우리 자신의 지역에 있는 사회적 위계질서의 가장 밑바닥 사람들까지 정의, 공의, 평화를 여전히 필요로 한다. 대강절 또는 고난 주간에 이 구절들을 읽는 것을 듣는 것은 그리스도가 모든 사람을 돌보신다는 의기양양한 감정을 권장하는 것이 아니다. 오히려 그것은 우리가 그를 본받는 사람들로서 자신의 변화된 상황들 속에서 많은 대가와 노력을 요하는 이런 동일한 가치들을 실행하도록 도전받는다는 것을 의미한다.

6. 신학

위에서 언급한 몇몇 요점을 보여주기 위해 도움이 될 만한 설교 개요를 제공하기 전에, 이사야서에 나타난 하나님의 독특한 성품 묘사에 대해 몇 가지 논평을 추가하는 것이 유용할 것이다. 물론 이것은 성서의 다른 곳에서 발견되는 것으로부터 이탈하는 것은 아니다. 그러나 이 책에는 한 특정한 구절을 설교하기 위한 준비의 배경으로서 일반적으로 주목할 만한 한두 가지의 독특한 강조점들이 있다.

이사야 6장에 기록된 이사야의 소명 또는 위임(commissioning, 그것이 어떤 것인지는 상당히 분명하지 않다)이 예언자를 위한 기초적인 경험이라는 것을 의심하는 사람은 거의 없다. 이는 글쓰기에서 그것의 기록된 버전이 전체로서의 책의 발전에 대한 기초적인 경험이 되는 것과 마찬가지다. 그 경험의 어휘와 주제는 지속적으로 다른 곳에서도 인용 또는 암시된다. 물론 이후의 신학과 제의에 미친 그 경험의 영향도 만연하다.

이사야 6장은 왕의 모든 위엄 중에 계신 하나님에 대한 환상으로 시작한다(그는 5절에서 왕으로 불린다). 그리고 첫 절에는 "높이 들린"(high and lifted up)이라는 단어가 나타난다. 사실상 문법적으로 이 단어들이 여기서 직접적으로 하나님에게 적용되는지, 아니면 오히려 그가 앉아 있는 왕좌를 수식하는지는 명확하지 않다. 그러나 어느 쪽이든지, 우리가 곧 살펴보겠지만 그 단어들이 시간이 지남에 따라 하나님을 지칭하는 것으로 이해되었다는 점에는 의심의 여지가 없을 것이다.

이 시작하는 진술로부터 다수의 다른 특징적인 구절과 단어들이 그것들의 정상적인 위치를 차지한 것으로 간주될 수 있을 것이다. 예를 들어 하나님과 관련하여 거룩함이라는 단어가 더욱 일반적으로 사용된 것처럼, 이미 위에서 언급한 독특한 명칭인 "이스라엘의 거룩한 자"도 이 점에 잘 들어맞는다. "영광"은 이사야서에서 선호되는 또 다른 용어로, 엄밀히 말하면 삼성송(Trisagion)으로 알려진 것으로서, 대부분의 기독교 전례의 형태 안으로 채택된 스랍들의 찬양에서 이사야 6:3만큼 일찍 "거룩한"(holy)과 나란히 자신의 위치를 차지한다. 거기서부터 이 언어는 여러 다른 방향으로 파급된다. 하나님에 대한 또 다른 특징적 칭호는 "만군의 여호와"(the Lord of hosts, 또다시 사 6:5에서 시작)다. 이 맥락에서 "만군"(hosts)은 거의 확실히 신적인 왕의 하늘 군대다. 이것 역시 전능하고 완벽하게 지배적인 하나님의 능력에 대한 인상에 추가된다.

하나님의 이런 고양된 위엄에 대한 평가는 의심할 여지 없이 그분의 신학적 세계관 안에 있는 이사야의 지배적인 숙고다. 이사야는 위계(hierarchy)에 대한 강한 의식과, 창조된 질서의 각 부분이 자신의 위치를 아는 것이 중요하다는 일관된 인식을 가지고 있다. 그러므로 가장 간단한 수준에서 봤을 때 "높이 들린" 위치를 요구하는 그 밖의 다른 것들은 파괴될 운명에 처해 있다. 왜냐하면 그것은 유일하게 참으로 높은 분, 즉 하나님 자신과

구약 설교, 어떻게 할 것인가?

비교되고자 하는 교만을 나타내기 때문이다. 그러므로 이사야 2:12-17에서 나무, 산, 탑, 그리고 그와 비슷한 것들과 관련하여 이런 단어들이 여러 번 등장하는 것은 추가적인 정당화 없이도 만군의 야웨가 그것들에 맞서는 즉 "교만하고 거만한 모든 것들에 맞서고, 높아진 모든 것들에 맞서는" 날을 갖게 되는 이유를 설명하기에 충분하다.

예를 들어 동일한 원칙이 아시리아 사람들과 관련하여 그의 신학을 설명한다. 그들이 유다에 맞서 심판을 행하는 한, 그들은 하나님의 사역자들로서 간주된다. "그는 내 진노의 막대기요, 그 손의 몽둥이는 내 분노라. 내가 그를 보내어 경건하지 아니한 나라를 치게 하며"(사 10:5-6). 그러나 그들이 하나님이 주신 임무를 넘어 교만하게 독단적으로 행동하기 시작하자마자(사 10:7-14), 그들 자신의 운명이 결정된다(사 10:15-19). 왜냐하면 이것 또한 교만의 분명한 사례이기 때문이다. 우리는 이런 패턴이 다른 곳에서도 반복되는 것을 발견할 수 있다.

이런 신학은 아래쪽으로 즉 사회의 적절한 질서에 대한 이사야의 이해를 향해 이동한다. 여기에는 오늘날 우리가 정치적으로 잘못되었다고 생각할 수도 있는 측면들이 존재한다. 우리가 이미 살펴본 것처럼 이사야가 더 높은 위치에 있는 사람들이 그에 상응하여 더 낮은 위치에 있는 사람들을 돌보는 것에 더 큰 책임감을 가져야 한다는 것을 강하게 의식하고 있다는 점이 부분적으로라도 기억되어야 한다. 그럼에도 불구하고 이 책의 제3장(율법 설교하기)과 같은 좀 더 도전적인 구절들에 기초를 두고 있는 신학을 평가하는 것은 유용하다.

내가 완전히 잘못된 방향으로 이끌지 않기를 희망하지만, 만약 책의 첫 번째 부분에 있는 하나님의 성품에 대한 이런 간단한 묘사가 정확하다면, 이는 이후에 그것이 어떻게 다루어지는지를 관찰하고자 하는 일시적인 관심 이상이다. 이는 우리가 이미 언급했던 방법들, 즉 책의 한 부분이 또 다른 부분에 의해 중요한 방법으로 종종 균형을 이룬다는 점에서 특히 그렇다. 이에 대한 가장 두드러진 방식은 이사야 57:15에서 하나님을 언급하는 데 동일한 어휘를 사용한 것이다(그리고 사실상 거기서 "높이 들린"은 실제로 하나님의 칭호가 되었다).

> 지극히 존귀하며 영원히 거하시며
>
> 거룩하다 이름하는 이가
>
> 이와 같이 말씀하시되
>
> "내가 높고 거룩한 곳에 있으며
>
> 또한 통회하고 마음이 겸손한 자와 함께 있나니
>
> 이는 겸손한 자의 영을 소생시키며
>
> 통회하는 자의 마음을 소생시키려 함이라"(사 57:15).

책의 첫 번째 부분에서 개괄된 하나님의 위엄은 여기서 우리가 생각한 것과 달리 하나님을 필연적으로 멀리 있게 만들지 않은 것으로 보인다. 오히려 그의 위엄은 적절하게 대조적인 기질의 사람들과 맞닥뜨렸을 때, 그는 높고 거룩한 곳에 있는 것만큼 그들과 함께 거한다고 말해진다. 이 동일한 정서는 다음과 같이 결론을 내리는 이사야 66:1-2에서 정확하게 반복된다. "무릇 마음이 가난하고 심령에 통회하며 내 말을 듣고 떠는 자, 그 사람은 내가 돌보려니와."

물론 우리가 연구 과정에서 반복적으로 발견한 책의 각 부분 사이의 균형은 이와 관련하여 더 발전될 수 있을 것이다. 그러나 그것은 전체에 비추어 책의 각 부분을 고려해야 하는 필요를 다시 상기시키는 것으로 기능

구약 설교, 어떻게 할 것인가?

한다. 이 경우에 여기에 추가되어야 하는 한 가지 차원이 더 있다. 왜냐하면 이와 동일한 언어가 소위 종의 노래(servant songs)라고 불리는 네 번째 노래의 시작인 이사야 52:13에서 되풀이되기 때문이다. "보라, 내 종이 형통하리니 받들어 높이 들려서 지극히 존귀하게 되리라." 이것은 그 종(종의 정체는 이 점에서 더 이상 고려될 필요가 없다)이 우리가 앞에서 하나님에 대해서만 배타적으로 남겨진 것으로 생각했던 지위와 명칭을 공유하는 방법에 대한 주목할 만한 진술이다. 그 진술은 거절과 고통에 대한 확장된 성찰 구절의 도입 부분에서 나타나고, 뒤따르는 연속된 사건들의 결과(참조. 사 53:12. 이것은 이 시작과 같은 동일한 지점으로 우리를 되돌아가게 한다)를 예상한다(이는 히브리 내러티브에서 특이한 것이 아니다). 이것이 제공하는 많은 통찰들 중에 여기서 다음과 같은 분명한 점이 충분히 진술되어야 한다. 즉 하나님이 그 대가가 무엇이든지 상관하지 않고 다른 사람들을 섬기는 누군가의 삶에서 하나님의 뜻을 수용하는 태도를 찾으신다면, 하나님은 모든 기대에 반하여 그의 종들과 함께 가장 높은 영광을 공유하기 위해 준비하신다. 그것은 우리가 그리스도의 승귀(exaltation)에서 가장 완전하게 성취되었다고 보는 패턴이다. 십자가 위에서 경험한 그리스도의 고통은 요한복음에서 그의 영광으로 묘사된다.

• 이사야 42:1-4에 대한 설교 개요

일반적으로 나는 명백하게 제시된 일련의 요점들을 논쟁을 따르는 방식으로 회중이 평가하는 것을 발견한다. 가끔 비꼬는 논평들에도 불구하고 나는 여전히 두운법(alliteration) 같은 장치들이 명확성에 유용하다고 생각한다(그것이 자료를 통해 정당화된다면 말이다). 이 경우에 나는 "정의를 낳는 것/확립하는 것"에 대한 세 가지 참조를 근거로서 사용했다. 간결성을 위

해 다음의 개요는 때때로 적당하게 기술적인 언어를 사용한다. 말할 필요
도 없이 이것은 실제 설교에서는 다르게 표현될 필요가 있을 것이다.

서론

물론 이것은 지역적 상황에 따라 달라질 수 있다. 그중 한 가지 방법은 잘
된 일 또는 새롭게 구입한 것에 대한 자부심이라는 공통의 경험으로 시작
하는 것이다. "저것 보세요!" 여기서 우리는 자신의 종에 대한 하나님의 자
부심을 본다. 우상들과 관련하여 이사야 41:24과 29절의 "보라"를 대조하
라.

1. 그의 소개(1절)

• 형식과 내용 모두에서 첫 절은 왕의 언어를 사용하고, 사용된 모든 용어의 조합
은 오직 왕만을 가리킬 수 있다. 이 진술을 정당화하기 위해 얼마나 많은 세부 사
항이 한 설교에서 소개될 수 있는지는 회중, 가능한 시간 등의 특성에 의존할 것
이다. 그 증거는 내 저서 *Variations on a Theme*, 130-136에 완전히 정리되어 있
다(전반적인 세부 사항은 아래에 제시된다).

• 이사야서의 이 부분이 왕에 대해 무엇을 말하는지에 대한 토대는 이사야
55:3에서 발견된다. 거기서 인간 왕의 역할이 다윗의 가문으로부터 연설을
듣는 공동체로 나아간다는 것은 분명하다. 이와 비슷하게 무명의 종에 대한
단락에서처럼 우리는 이사야 41:8-13에서 비슷한 표현이 종 이스라엘/야곱
에게 사용된다는 것을 발견한다.

• 이런 "왕적"(royal) 종인 이스라엘의 역할은 "열방에 정의를 실행하는 것"이
다. 이는 과거에 놀라울 정도로 다양한 방법으로 이해되었다. 그러나 사실 이

구약 설교, 어떻게 할 것인가?

것은 간단해야 한다. 이스라엘에서 왕의 주된 임무 중 하나는 (예를 들어 책의 첫 번째 부분에서 볼 수 있듯이) 나라에서 정의를 집행하는 것이었다. 이것은 단지 형법뿐만 아니라 모든 시민, 특히 자신들의 이익을 보호하기 위해 수호자를 필요로 하는 가난한 자들과 재산을 빼앗긴 사람들의 권리를 지키는 일이었다(사회적 정의). 이제 그와 동일한 역할이 열방과 관련하여 이스라엘의 새로운 공동체로 전환된다. 이는 그 당시에 필요했고, 여전히 우리의 현대 세상에도 매우 필요하다. 이것은 현재의 사건들, 제3세계의 문제들, 인간의 권리 또는 상황적으로 가장 적절해 보이는 것들로부터 설명될 수 있다.

2. 그의 인내(2-3절)

• 1절은 이 위대한 임무가 공적 활동의 주요한 계획들을 통해 수행될 것이라고 예상하도록 우리를 이끌 수 있다. 현재의 묘사는 그것이 그렇게 되지 않을 것임을 보여준다. 종에 대해 주목을 끌 수 있는 어떤 잠음이나 대대적인 축하도 없을 것이다. 심지어 여기서 몇몇 언어는 여호수아와 사사기에서의 전쟁 준비들을 반영한다. 그러나 그 방법 역시 삼가게 된다.

• 현대 사회의 멍든 갈대와 희미하게 타는 심지는 언론의 관심이 아니라 도움이 필요하다. 때때로 가난 또는 비극은 기자 또는 매체들을 통해 그들의 목적을 위해 조작되고 조종된다. 그들은 "눈물 나는 이야기들"이 있는 곳에서 기득권을 가지고 있다. 대조적으로 종은 도움이 필요한 자들에 완전히 초점을 맞추면서 자기의 신분을 숨긴 채 더욱 훌륭하게 효과적으로 일한다.

• 이 본문은 마태복음 12:18-21에서 인용되었다. 거기서 예수는 때때로 대치 상황으로부터 물러난다(참조. 마 12:15-16). 이것은 십자가에서 탁월하게 드러난다. 교회는 너무 자주 "힘" 등의 언어에 매료되었다. 그러나 그것은 종

의 방법이 아니다.

• 그러나 이것은 연약함과 혼동되어서는 안 된다.

3. 그의 끈기(4절)

• 4절의 시작이 어떻게 3절과 대조되는지에 주목하라. 즉 종은 가난한 자들에게 정의를 집행할 수 있는 위대한 개인적 힘이 필요하다.

• 그러나 "~까지"(until)는 얼마나 오랫동안인가? 이것은 종의 정체성과 묶여 있다. 어떤 사람들은 이것을 예수에게 직접 적용한다. 그런 경우에 이것은 모든 사람에게 (긍정적인) "정의"를 실행하는 데 있어서 결정적인 돌파구를 가져올 수 있는, 십자가 위에서의 그의 사역에 경건하게 적용될 수 있다.

• 그러나 이것이 예언의 의미를 모두 드러내는 것은 아니다. 그것은 하나님의 목적들이 더이상 위엄 있는 나라가 아니라 이제 열방의 증인이자 종인 이스라엘의 새로운 환경에 어떻게 적용되어야 하는지를 처음으로 말했다. 새로운 상황, 새로운 정체성에도 하나님의 일은 변함없이 계속된다.

• 더 나아가 이것은 오늘의 세상에서 여전히 정의를 부르짖고 있는 하나님의 백성의 공동체에게도 적용된다. 상황은 다시 변할 수 있다(실제로 예수의 경우에 그랬던 것처럼). 그러나 그 임무는 남아 있다. 그의 사역과 죽음에서 예수는 이 과업을 완벽하게 "성취했다." 그러나 그리스도를 본받는 자들로서 우리는 이제 그 일이 실현될 "때까지" 그 과업을 물려받는다.

결론적 도전

그와 동일한 내적인 힘을 위해 개인뿐만 아니라 공동체로서 우리의 필요는 오직 하나님의 영으로부터만 나온다. 그리고 그것을 부서지고 낙담한 자들

구약 설교, 어떻게 할 것인가?

옆으로 가져와야 하는 우리의 임무는 우리의 영광을 위한 일이 아니라 하나님이 그들을 위해 긍정적으로 결정하셨다는 것을 입증하는 일이다.

추천 도서

이용 가능한 많은 주석서 중 다음 책이 설교자들에게 가장 유용하다.

John Goldingay, *Isaiah*, NIBC (Peabody : Hendrickson, 2001).

책의 후반부에 관해 나는 고전인 C. Westermann, *Isaiah 40-66*, Old Testament Library (London : SCM, 1969)로부터도 큰 도움을 얻었다.

이사야서의 최근 연구에 대한 개요를 위해서는 다음을 보라. David G. Firth and H. G. M. Williamson (eds.), *Interpreting Isaiah : Issues and Approaches* (Nottingham : Apollos ; Downers Grove : InterVarsity Press, 2009).

주제 연구의 실례를 위해서는 내가 쓴 다음 책을 보라. *Variations on a Theme : King, Messiah and Servant in the Book of Isaiah* (Carlisle : Paternoster, 1998).

'HE BEGAN WITH MOSES...'
PREACHING THE OLD TESTAMENT TODAY

제9장

에스겔 설교하기

대니얼 I. 블록(Daniel I. Block)

1. 에스겔 설교의 문제

내가 이번 장을 맡은 것은 부러워할 만한 것이기도 하고 그렇지 않은 것이기도 하다. 에스겔서를 설교할 때 우리는 전체 정경에서 가장 매력적인 책 중의 하나를 설교하는 것이기 때문에 이 일은 부러워할 만하다. 구약을 설교하는 것에 대한 교과서들은 설교학자들이 썼든지 구약학자들이 썼든지 간에 에스겔서를 설교하는 데 아무런 도움도 주지 않기 때문에 탐나지 않는다. 그런 교과서들에는 창세기, 여호수아, 시편, 이사야서, 아모스서, 그리고 호세아서에 대한 언급은 넘치지만 에스겔서에 대한 언급은 좀처럼 없다. 서른 살 이하의 유대인은 이 책의 처음과 끝을 읽지 못하도록 금지한 유대교 랍비들의 충고에 그리스도인들이 주의를 기울였던 것일까? 만약 그렇다면 우리는 아마도 우리의 회중 가운데 서른 살 이하의 사람들이 항상 있을 것으로 추측하면서 그런 금지를 책 전체로 확장해왔다.

항상 이런 식이었던 것은 아니다. 오리게네스(Origen, 기원후 185-254년)는 히에로니무스(Jerome)가 라틴어로 번역한 에스겔서에 관해 최소한 열네 편의 설교를 작성했다. 교황 그레고리우스 1세(Gregory the Great, 기원후 540-604년)는 모호한 본문들을 명확하게 하는 일을 기뻐하면서, 기원후 593년에서 594년 사이에 에스겔 1-3장과 40장에 대한 스물두 편의 설교를 했다. 그의 시대까지 처음 환상의 네 생물(사람, 사자, 소, 독수리)을 네 명의 복음서 저자로 해석하는 것은 잘 수립되었다. 그러나 그레고리는 그 네 생물이 모든 말씀 설교자들을 대표한다고 제안했다. 중세 시대로부터 에스겔의 환상을 읽는 데 있어 세인트 빅터의 앤드루(Andrew of St Victor)의 최우선적인 관심은 그 환상을 회상하여 그가 성전을 그렸던 것처럼 그림을 그리는 것뿐만 아니라 그 환상이 에스겔이 그것을 기록한 대상인 사람들에게 무엇을 의미했는지를 아는 것이었다. 종교개혁가 중에서 에스겔서에 대한 칼뱅(Calvin)의 설명은 중요하다. 왜냐하면 그의 설명은 그의 마지막 집필 작업을 대표하기 때문이다. 고통에 시달렸던 그의 쇠약한 몸은 에스겔 20장의 마지막에서 힘이 빠졌다. 그럼에도 불구하고 칼뱅의 주석은 그의 정신의 활력과 모든 성서에 대한 그의 높은 식견을 반영한다.[1] 이 책에 대한 현대 미국의 복음주의적 관심은 에스겔서의 종말론적 환상, 특별히 최후의 전투에서 곡(Gog)과 마곡(Magog)의 참여와 천 년 동안의 성전과 그 제의의 역할을 중심으로 회전하는 경향이 있다. 내 모국의 세대주의자의 세계에서 에스겔서는 오로지 예언적("마지막 때") 논의의 맥락에서만 언급되었는데, 이는 포로기 예언자의 고귀한 신학 또는 그의 메시지의 실천적 본질에 대해서는 전혀 의식하지 못했던 것처럼 보인다.

따라서 우리 앞에 있는 쉽지 않은 과업은 이 예언자의 명예를 회복시키는 것과 그의 이름을 지닌 이 책의 활력을 재발견하는 일이다. 이 도전은 사십 년 전보다 오늘날 훨씬 더 크다. 최근 수십 년간 성(gender) 문제에 대해 (정당하게) 증가하는 민감함 때문에, 많은 사람이 이 책에서 특히 에스겔 16장과 23장에 제시된 하나님의 이미지로 인해 혐오감을 느낀다. 만약 과

---

1 John Calvin, *Commentaries on the First Twenty Chapters of the Book of the Prophet Ezekiel*, 2 vols., trans. T. Myers (Grand Rapids : Eerdmans, 1948).

구약 설교, 어떻게 할 것인가?

거에 그리스도인들이 이 예언자의 환상 또는 그의 신탁의 형태로 인해 당혹스러워했기 때문에 에스겔서를 **읽지 않거나 설교하지 않으려고 했다면,** 오늘날은 그 책과 그 안에 묘사된 하나님이 구제할 수 없을 정도로 큰 문제인 것처럼 보이기 때문에 그것을 **설교할 수 없다.** 일부 해석자들에 따르면 그에게는 전혀 은혜가 없다. 오늘날 목회자들은 어떻게 권위 있고 활력이 넘치며 명료하게 그 메시지를 설교할 수 있는가? 나는 에스겔을 설교하는 것에 관한 사고 전략을 산출할 수 있는 일련의 제안들을 가지고 이 질문에 답할 것을 제안한다.

2. 제안 1: 권위 있고 명료하게 에스겔을 설교하기 위해 우리는 예언자 ─그의 품성(ethos), 열정(pathos), 논증(logos)─를 이해해야 한다.

우리가 에스겔에 대해 알고 있는 모든 것은 그의 이름을 지닌 책으로부터 배운 것이다. 에스겔이라는 이름 자체("하나님이 강하게 하시기를/단단하게 하시기를")는 그가 태어났을 당시에 그의 부모가 가졌던 낙관주의를 표현할 수 있다. 비록 그의 이름이 그의 삶에 대한 해설도 제공하지만 말이다. 표제에 대한 삼인칭 해설(겔 1:3)은 에스겔을 부시의 아들로 밝힌다. 그는 서른 살 곧 기원전 593년 7월 31일에 제사장의 직책으로 부름 받았다. 이는 기원전 623년에 그가 태어난 것이 요시야의 통치(기원전 640-609년)의 중간 지점, 즉 성전에서 토라를 발견하기 직전(왕하 22:3)과 일치했다는 것을 의미한다. 개혁에 대한 요시야의 노력에도 불구하고 기원전 609년에 닥친 그의 때 이른 죽음은 포괄적으로 정치적이며 영적인 르네상스에 대한 전망을 완전히 내동댕이쳤다. 그 후의 십일 년 동안 세 명의 왕이 그의 뒤를 이었다. 모든 왕이 므낫세의 옛 배교의 방법들을 부활시켰기 때문에 신명기 역사가가 그들 모두에 대해 "야웨께서 보시기에 악을 행한" 것으로 판단했을 것이다. 그동안 이집트의 속국이었던 유다의 땅은 느부갓네살의 통치 아래 떨어졌다. 여호야긴의 반역 행위에 진저리가 난 느부갓네살의 군대는 마침내 기원전 597년에 예루살렘으로 진군하여 그곳을 직접 통제했다. 느부갓네살은 왕의 가족과 에스겔을 포함하여 이스라엘의 가장 중요한 수천 명의 시민을 포로로 잡아갔다(왕하 24:15-16).

에스겔의 전문적인 직무는 에스겔 1:3에 명시되어 있다. 비록 어떤 사람들은 "제사장"이라는 언급이 부시를 가리키는 것이라고 해석하지만, 그 칭호는 실제로 에스겔 자신에게 적용된다. 이것은 예언자의 역할을 이해하는 데 있어 대단히 중요하다. 에스겔 1-3장이 에스겔의 소명을 예언자의 사역으로 묘사하는 것은 사실이다. 그는 분명히 예언자로서 기능했다. 그러나 도입 환상의 시점과 제사장들이 직무를 시작했던(민 4:30) 서른 살의 나이(겔 1:1)에 받은 소명의 시점, 그리고 이 책에 퍼져 있는 제사장적 특징은 우리가 에스겔을 제사장적 예언자(a priestly prophet)보다는 예언자적 제사장(a prophetic priest)으로 간주해야 한다는 것을 제안한다.[2] 이 책은 성전과 제사에 전혀 접근할 수 없었던 포로들을 섬기는 에스겔을 목회자와 예언자적 제사장으로 묘사한다. 비록 에스겔이 처음에는 그 부르심에 저항했던 것으로 나타나지만,[3] 그는 야웨와 그의 백성을 이십 년 이상 충실히 섬겼다(참조. 겔 29:17).

그의 전문적인 역할을 제외하고 우리는 그의 기이한 행동 때문에 에

---

2   에스겔의 제사장적 배경은 성전 배치에 대한 친숙함, 성전 입장 허가(겔 8-11장; 40-46장), 정통과 이방 제의 형태들에 대한 이해, 이스라엘의 영적 유산에 대한 통달, 특정한 레위적/제사장적 쟁점들, 재건된 성전에 대한 관심 등에 반영되어 있다.

3   다음을 보라. Daniel I. Block, *Ezekiel Chapters 1-24*, NICOT (Grand Rapids: Eerdmans, 1997), 11-12.

구약 설교, 어떻게 할 것인가?

스켈을 알고 있다. 예언자들이 종종 수사학적 목적을 위해 괴상하게 말하고 행동한다고 알려지지만, 에스겔서에는 이상한 특징들이 유난히 집중되어 있다. 즉 침묵, 결박된 채 나체로 눕기, 집의 벽에 구멍 파기, 자기 아내가 죽음에 직면했을 때의 감정적 마비, 이상한 생물들의 이미지, 음성과 물소리 듣기, 그의 금단 증상들, 대변(겔 4:12-15)[4]과 피[5]에 매료됨, 외설적 형상화, 이스라엘의 과거에 대한 창의적인 이해 등이 그렇다. 어떤 사람들은 이런 특징들을 어린 시절의 학대와 오이디푸스 콤플렉스로부터 발생한 병증의 탓으로 돌린다. 그러나 이것은 그의 메시지의 심오함과 그의 인격의 민감함을 오해하는 것이다. 그의 예언적 경험들, 상징적 행동들, 신탁의 선언들은 그의 온 존재에 영향을 미친 하나님과의 만남으로부터 파생되었다. 에스겔은 다른 예언자들이 말한 것을 고통으로 경험했다. 야웨의 영에 완전히 사로잡히고 하나님의 손에 의해 부름을 받고 준비되고 붙잡힌 사람으로서 에스겔은 자신의 몸에 그가 선포한 신탁을 지닌, "매체가 메시지였다"(The medium was the message)라는 격언을 재정립하는 하나의 "모페트"(mōpēt) 즉 "징후, 전조"였다(겔 12:6, 11; 24:24, 27). 에스겔서를 충실히 설교하려면 우리는 이 사람을 이해해야 할 것이다.

---

4 "길룰림"(gillûlim) "똥 알갱이들"로서 우상들에 대한 그의 언급들도 보라.
5 "담"(dām) "피, 피 흘림"이라는 단어는 쉰다섯 번 등장한다.

3. 제안 2: 권위 있고 명료하게 에스겔을 설교하기 위해 우리는 그의 청중을 이해해야 한다.

예언적 설교의 목적은 역사적·신학적 현실, 특히 그들 자신의 영적 상태에 대한 청중의 생각을 변화시키는 것이고 성향과 행동에 변화를 야기하는 것이다. 에스겔의 경우에 우리는 두 청중 즉 가상의 청중과 실제 수사적 청중을 식별할 수 있다. 에스겔의 신탁 중 다수는 외부인들 즉 "네 얼굴을 ~로 향하게 하라"라는 적대적인 방향 공식과 "네 얼굴을 ~를 향해 고정시키라"(겔 4:3)는 그보다 좀 더 강한 변형으로 종종 소개되는 가상의 대상인 청중에게 공식적으로 연설되었다. 이 관용구들은 한 사람이 자신이 말하고 있는 다른 사람을 향해 몸을 돌리는 일반적인 몸짓을 반영한다. 비록 이런 공식을 따르는 신탁들이 이인칭 형식의 직접 연설로 제시되는 경향이 있지만, 의도된 청자들이 그 선언을 듣거나 읽었을 것 같지는 않다.[6] 에스겔(과 하나님)의 실제 청중은 그의 동료 포로들이다. 에스겔이 바꾸고자 했던 것은 바로 포로들의 마음과 행동이다. 그러나 우리는 그가 대중 또는 전체 포로들에게 설교하는 것을 결코 보지 못한다. 그는 사역의 첫 팔 년 동안 자신의 집에 감금된다(겔 3:22-27). 이는 만약 사람들이 그의 말을 듣기를 원한다면 그에게로 가야 한다는 것을 의미한다. 그리고 사람들은 그렇게 했다. 세 번의 경우에서 우리는 장로들 즉 야웨의 말씀을 기다리면서 그 앞에 앉아 있는 백성의 대표자들에 대해 읽을 수 있다(겔 8:1; 14:1; 20:1-3). 그러나 에스겔 33:30-33은 평범한 사람들 역시 여흥을 위해 그의 집을 찾아 갔을 것임을 암시한다.

---

6 특별히 이방 나라들(겔 25:2; 28:21; 29:2; 38:2)과 생명이 없는 대상들(겔 6:2; 20:45-48[히브리 성서 21:1-4]; 35:2)에 대한 신탁들을 보라.

구약 설교, 어떻게 할 것인가?

이 책은 뻔뻔한 얼굴(겔 2:4), 굳은 마음/생각(겔 2:4), 굳은 이마(겔 3:7, 8), 뻔뻔한 마음/생각(겔 3:7), 그리고 하나님의 메시지에 대한 저항(겔 3:5-11)과 함께 "반역하는 집"(겔 2:5-8; 3:9, 26-27; 12:2-4, 9, 25; 24:3)으로 특징 지어진 완고한 청중에 대한 그림을 그린다. 실제로 야웨는 에스겔에게 말 씀하기를, 만약 에스겔이 자신의 수고에 대한 열매를 보도록 하는 것이 야웨의 의도였다면, 그는 사람들이 에스겔의 말을 받아들였을 외국으로 그를 보냈을 것이라고 말한다. 이 책은 에스겔의 생애 동안 완화에 대한 아무런 암시도, 예루살렘의 심판에 대한 에스겔의 공표(겔 33:21-22)의 성취가 청 중에게 어떤 영향을 미쳤다는 아무런 기미도 제공하지 않는다. 청중의 완고함은 그의 선포의 내용과 모양을 결정하는 데 중요한 역할을 한다.

사람들의 반역적 행동, 특히 우상숭배(겔 14:1-11)는 그들의 완고한 상 태에 대한 가장 분명한 징후를 제공한다. 그러나 야웨를 향하는 그들의 성 향은 실제로 양면적이었다. 한편으로 그들은 야웨가 자신들을 배신하고 느 부갓네살의 군대가 예루살렘에 들어와 자신들을 포로로 끌고 가도록 했다 는 이유로 그를 향해 원통해하고 냉소적인 태도를 보였다. 그러나 다른 한 편으로 그들은 자신들을 향한 야웨의 언약적 헌신에 계속해서 의지했다. 예루살렘이 무너졌다는 소식을 들을 때까지 그들은 자신들의 안전을 야웨 의 영원한 언약적 약속들, 즉 아브라함과 그의 후손에게 가나안 땅을 영원 한 소유로 준 것, 시내산에서 이스라엘과 맺은 철회 불가능한 언약, 다윗과 그 후손에게 이스라엘 왕좌의 영원한 소유권을 주기로 한 약속, 하나님의 영원한 처소로서 예루살렘/시온을 선택했다는 사실에 걸었었다. 그러나 야 웨 안에 있다는 그들의 안전감은 망상이었다. 그들은 언약의 축복을 누리 는 것이 그 언약에 대해 감사하고 언약의 주님에 대한 전적인 순종에 달려 있다는 것을 잊어버렸다. 기원전 586년까지 에스겔의 수사적인 목적은 이런 잘못된 안전감의 기초가 되는 기둥들을 무너뜨림으로써 그 안전감을 파괴하는 것이었다. 그러나 일단 도시가 파괴되자 그의 목표는 그 구조를 다시 세우는 것이 되었다. 왜냐하면 이것은 사실상 영원한 약속들이었기 때문이다.

4. 제안 3: 권위 있고 명료하게 에스겔을 설교하기 위해 우리는 이 책의 특성과 구조를 이해해야 한다.

이 책은 다른 예언서와 구별되는 몇 가지 특징을 보여준다. 첫째, 에스겔 1장을 통과하면 우리는 이 책이 예언서 중에서 가장 의도적으로 구조화되었다는 것을 발견할 것이다. 에스겔서는 총 마흔여덟 장으로 구성되고, 두 개의 주요 부분으로 균등하게 나누어진다. 즉 유다와 예루살렘에 대한 화(woe) 신탁들(겔 1-24장)과 유다와 예루살렘에 대한 번영 신탁들(겔 25-48장, 도표 1을 보라)이다.

이스라엘에 대한 심판의 메시지			이스라엘에 대한 희망의 메시지		
소명 겔 1-3장	징조와 환상들 겔 4-11장	심판의 신탁들 겔 12-24장	열방에 대한 신탁들 겔 25-32장	이스라엘의 회복 겔 33-39장	이스라엘의 재건 겔 40-48장

도표 1: 에스겔서의 구조

이 부분들 안에는 의도적 계획에 대한 더 많은 증거가 존재한다. 열방에 대한 신탁 모음집의 구조와 형태는 명백하게 숫자 일곱에 의해 지배된다. 일곱 나라(nations)/지역(states)이 언급된다. 즉 암몬(겔 25:1-7), 모압(겔 25:8-11), 에돔(겔 25:12-14), 블레셋(겔 25:15-17), 두로(겔 26:1-28:19), 시돈

(겔 28:20-23), 이집트(겔 29:1-32:32) 등이다. 일곱 개의 작은 신탁들은 처음 절반으로 통합되고,[7] 일곱 번 등장하는 말씀 사건 공식(word event formula, 겔 29:1, 17; 30:1, 20; 31:1; 32:1, 17)으로 특징지어지는 이집트에 대한 일곱 신탁은 에스겔 29:1-32:32에 보존된다. 그리고 일곱 번의 날짜 표시가 그 신탁들을 나눈다(겔 26:1; 29:1, 17; 30:20; 31:1; 32:1, 17). 그러나 이것이 전부가 아니다. 히브리어의 절 구분을 기반으로 하여 희망에 대한 이런 간접 신탁들은 사실상 균등한 두 부분으로 나뉜다. 즉 여섯 국가에 대한 심판 신탁들(겔 25:1-28:23)과 이집트에 대한 심판 신탁들(겔 29:1-32:32)은 둘 다 아흔일곱 절로 이루어져 있다. 그러나 이런 열방에 대한 신탁들의 중요성은 에스겔 28:24-26로 강조되는데, 이 단락은 정확하게 중앙에 위치하고 주변 신탁들의 균형을 유지하는 지렛대의 역할을 한다(도표 2를 보라).

일곱 개의 작은 신탁들							일곱 개의 이집트에 대한 신탁들						
A	B	C	D	E	F	G	A	B	C	D	E	F	G

일곱 개의 작은 신탁들	일곱 개의 이집트에 대한 신탁들
A. 암몬 A 겔 25:1-2	A. 겔 29:1-16
B. 암몬 B 겔 25:6-7	B. 겔 29:17-21
C. 모압 겔 25:8-11	C. 겔 30:1-19
D. 에돔 겔 25:12-14	D. 겔 30:20-26
E. 블레셋 겔 25:15-17	E. 겔 31:1-18
F. 두로 겔 26:1-28:19	F. 겔 32:1-16
G. 시돈 겔 28:20-23	G. 겔 32:17-32

도표 2: 열방에 대한 에스겔의 신탁들의 구조

오래전에 모쉐 그린버그(Moshe Greenberg)는 개별 신탁들이 종종 의도적으로 "반으로 줄여졌다"는 것에 주목했다. 이런 특징은 곡(Gog)에 대

---

7 이집트는 빠졌지만, 암몬에 대한 신탁(겔 25:1-5과 6-7)을 두 번 반복함으로써 보완된다.

한 신탁에서 가장 두드러진다. 이는 에스겔 38:1-23(365개의 단어)과 39:1-29(357개의 단어)로 구성된 두 개의 판으로 이루어져 있다. 비록 에스겔 38:1의 말씀 사건 공식이 두 장 모두에 대한 일반적인 제목으로 기능하지만, 이런 구분의 의도성은 각 부분(겔 38:2-4a ; 39:1-2a)의 도입부들 사이의 뚜렷한 관련성으로 확인된다(도표 3을 보라). 이 구조적 특징들은 이 책이 의도적 설계의 산물이라는 것을 암시하고, 이는 많은 사람이 제사장적 서술의 특징이었다고 생각하는 정확성에 대한 관심을 반영한다.

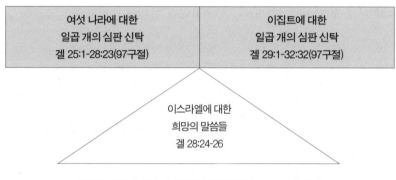

도표 3: 열방에 대한 에스겔의 신탁들 중 겔 28:24-26의 위치

설교자들이 감사해야 하는 이 책의 두 번째 독특한 특징은 문학 단위의 분명한 구분이다. 이것은 "여호와의 말씀이 내게 임하여 이르시되"라는 말씀 사건 공식으로 일반적으로 표시되는데, 그 이형(異形)들은 이 책에서 오십 번 등장한다. 이 공식은 하나님의 말씀을 거의 객관적이고 구체적인 현실로 인식한다. 이런 현실은 야웨로부터 나오며 예언자는 이런 현실에 직면하게 된다. 신탁들 사이의 경계들은 좀처럼 모호하지 않다.

이 책의 세 번째 독특한 특징은 많은 신탁에 날짜를 기입하는 관심이

구약 설교, 어떻게 할 것인가?

다.[8] 수수께끼 같고 일반적인 에스겔 1:1과 1:2-3에 연결된 3:16을 제외하고, 열네 개의 신탁은 8:1("여섯째 해 여섯째 달 초닷새에")에서 발견되는 전형적인 패턴의 이형들로 보이는 날짜 통보들로 시작된다(겔 1:2-3; 20:1; 24:1; 26:1; 29:1; 29:17; 30:20; 31:1; 32:1; 32:17; 33:21; 40:1). 비록 이집트에 대한 신탁들의 모음(겔 29:1-32:32)에서 날짜 통보들이 특히 번번하게 나타나는 현상이 명백하다고 할지라도, 이 날짜 통보들은 책 전체에 걸쳐 분포되어 있고, 이는 에스겔의 사역에 대해 분명한 연대적·역사적 틀을 제공한다(도표 4를 보라).

연도 기원전	성서 본문	역사적 사건	에스겔의 경험	인용 날짜 연/월/일	현대 날짜로 환산
640	왕하 22:1	요시아의 즉위			
672	겔 1:1		에스겔의 출생 (623?)		
626		나보폴라사르(Nabopolassar) 가 도시 바빌론을 점령함			
614		아시리아가 메대에 무너짐			
612		니느웨가 무너짐			
609	왕하 23:29-30	요시아가 므깃도에서 죽음 여호아하스의 즉위			
609/8		여호야김의 즉위			
605		갈그미스(Carchemish) 전쟁: 바빌로니아에서 느부갓네살의 즉위			

---

8 에스겔의 정확성은 그 밖에 오직 스가랴서(1:7; 7:1; 참조. 1:1)와 학개서(1:1, 15a, 15b; 2:10, 20)에서만 두드러지는데, 이는 틀림없이 그의 영향 아래 있다.

604	단 1:1	다니엘과 친구들이 바빌로니아로 잡혀감			
597	왕하 24:10-17	여호야긴의 즉위 여호야긴, 에스겔, 귀족들의 유배 시드기야의 즉위			
593	겔 1:1-3:21	바빌로니아에 대항하는 속국들이 예루살렘에서 모임(렘 27:1-4) 하나냐가 망명에서 곧 돌아올 것을 예언함(렘 28:1-4) 스라야가 바빌로니아를 방문함(렘 51:59)	에스겔이 예언자의 사역으로 부름 받음	5년 4월 5일	7월 31일
	겔 3:22-27		에스겔이 예언자의 사역에 임명됨 에스겔이 말을 못하게 됨	일주일 후	8월 7일
592	겔 8:1	알려지지 않음	첫 번째 성전 환상	6년 6월 5일	9월 18일
591	겔 20:1	하나냐의 두 번째 해에 대한 예언이 끝남(렘 28:1-4)	장로들이 에스겔을 방문함 이스라엘의 가증스러운 것들에 대한 신탁	7년 5월 10일	8월 14일
587	겔 24:1	예루살렘이 포위되기 시작함	에스겔이 그날을 기록함 에스겔의 아내가 죽음(?)	9[10]년 10월 10일	1월 5일*
	겔 29:1	이집트 왕 호프라(Pharaoh Hophra)가 예루살렘을 포위로부터 구하려고 시도함	이집트의 멸망에 대한 신탁	10년 10월 12일	1월 7일
586	겔 30:20	이전 설명을 보라	이집트의 멸망에 대한 신탁	11년 1월 7일	4월 29일
	겔 31:1	이전 설명을 보라	이집트의 멸망에 대한 신탁	11년 3월 1일	6월 21일

구약 설교, 어떻게 할 것인가?

	겔 33:21	도망자들이 에스겔에게 "도시가 무너졌다"고 알려줌. 에스겔의 입이 열림		12년 10월 5일	1월 8일
585	겔 26:1	느부갓네살이 십삼 년간의 두로 포위를 시작함	두로의 멸망에 대한 신탁	12년 11월 1일*	2월 3일
	겔 32:1	알려지지 않음	이집트의 멸망에 대한 신탁	12년 12월 1일	3월 3일
	겔 32:17	알려지지 않음	이집트의 멸망에 대한 신탁	12년 12월 15일	
573	겔 40:1	바빌로니아의 새해 축제	두 번째 성전 환상	25년 1월 10일	4월 28일
571	겔 29:17	두로에 대한 느부갓네살의 포위가 종료됨	이집트의 멸망에 대한 신탁	27년 1월 1일	4월 26일
562		느부갓네살의 죽음			
539	스 1:1-4	고레스가 모든 망명자를 예루살렘으로 돌려보내라는 조서를 내림			

여호야긴의 포로 상황에 토대를 둠.

도표 4: 역사적 상황에서 날짜가 기록된 에스겔의 신탁들

연대적 정확성에 대한 이런 관심은 에스겔이 체험한 사건들의 중요성에 대한 그의 인식을 반영하는 것처럼 보인다. 하나의 국가로서 이스라엘의 역사는 끝을 향해 가고 있었다. 하나님은 다시 처음부터 시작하셔야 한다.[9] 그러나 날짜 통보는 인증의 기능도 담당한다. 자신의 신탁들을 편집할 때 에스겔은 야웨가 그 사건들이 일어나기 오래전에 이미 그의 말씀을 주셨으며 비록 어느 누구도 주목하지 않았을지라도 그의 말씀이 성취되었다는 사실

---

9 구원 신탁에서 유일한 날짜 통보(겔 40:1)는 "로쉬 하샤나"(rōš haššānâ) 곧 "한 해의 시작"으로서 새로운 시작을 표기한다. 참조. 출 12:1.

을 입증하는 증거를 표시한다(겔 12:25, 28; 17:24; 22:14; 36:36; 37:14). 이 기록들은 하나님의 말씀의 진실성과 능력을 인식하고 에스겔이 야웨의 참된 예언자임을 깨닫도록 모든 독자들을 초대한다(겔 2:5; 12:26-28; 33:33).

넷째, 다른 예언서들과 달리 에스겔 신탁의 지속적인 자서전적 일인칭 형태는 이 책이 개인적 회고록, 아마도 그의 수집품이라는 인상을 만들어낸다. 이런 "나"-형태는 이 책이 오직 에스겔 1:2-3에서만 삼인칭 형태를 위해 포기된다.[10] 비록 신탁들이 자서전적 내러티브 형태로 제시된다고 할지라도 예언자는 사실상 그 마음속에 독자를 거의 받아들이지 않는다. 그는 자신이 본 것에 대한 혐오감을 표출하거나, 야웨의 행동의 불가해성을 인정하는 식의 자신의 반응을 단지 여섯 번만 기록한다(겔 4:14; 9:8; 11:13; 21:5[20:49]; 24:20; 37:3). 자서전적 형태에도 불구하고 혹자는 진짜 에스겔이 드러난 것인지에 대해 의문을 품는다. 우리가 보고 있는 것은 온전히 야웨의 영의 통제 아래 있는 한 사람이다. 오직 하나님이 말씀하시고 행하시는 것만이 중요하다.

5. 제안 4: 권위 있고 명료하게 에스겔을 설교하기 위해 우리는 에스겔이 선포하는 메시지를 이해해야 한다.

에스겔의 선포는 사람들의 신학적 망상에 대한 직접적인 응답이다. 경제적·사회적으로 유대인 포로들은 바빌로니아에서 번성했다. 아마도 다니엘의 중재 덕분에 그들은 그발강 근처 텔 아비브(Tel Abib)의 좋은 환경 속에

---

10 다른 예언자들은 일인칭 자서전적 화법을 거의 사용하지 않는다. 그러나 암 7:1-8; 8:1-12; 9:1-4; 호 3장; 사 6장을 보라. 예레미야서(렘 1:4, 11, 13; 2:1 등)와 스가랴서(슥 4:8; 6:9)는 말씀 사건 인물(the word event person)을 일인칭으로 사용한다.

구약 설교, 어떻게 할 것인가?

서 공동체로서 정착했을 것이다(겔 1:1; 3:15). 거기서 그들은 자신의 민족적 정체성과 사회적 화합을 유지할 수 있었다. 비록 유다로부터 온 포로들이 강제 이송으로 굴욕을 당했지만 그들은 포로지에서 번성했고, 그래서 기원전 539년에 고레스가 유대인들이 예루살렘으로 돌아가도록 허락하는 법령을 반포했을 때 많은 사람은 돌아가지 않기를 원했다.[11]

에스겔이 응답했던 위기는 사회적이거나 경제적인 것이 아니라 신학적인 것이었다. 이 책의 첫 절반은 포로들이 안전장치로 의존하고 있던 기둥들을 제거하는 것을 의도적으로 겨냥한 심판의 신탁들로 구성되어 있다. 그 신학적 체계는 아래의 도표 5와 같은 그림으로 제시될 수 있다.

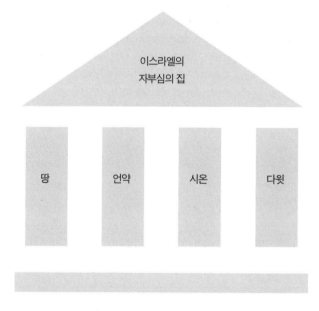

도표 5: 이스라엘의 자부심의 집 : 국가 안보의 토대

---

11 에스라 2장은 귀환자들의 총계가 42,000명 이상이라고 말한다. 그러나 대다수는 그 땅에 남아 있었음이 틀림없다.

그 선언들의 대부분은 그들이 안전을 위해 의존하고 있던 네 기둥 중 하나 또는 그 이상을 다룬다. 그러나 일단 도시가 무너지자 에스겔의 전략은 바뀌었다. 그 후에 그는 야웨의 약속들이 사실상 영원하다는 것을 입증하는 언약의 기둥들을 체계적으로 재구성했다. 심판은 마지막 말이 될 수 없었다. 특정한 신탁들과 약속들 사이의 관계에 대해서는 도표 6을 보라.

정통 신학의 기둥	파괴 선언들	재건 선언들
야웨는 그의 백성과의 영원한 언약 안으로 들어오셨다.	겔 3:16-21; 5:4, 16-17; 6:11-14; 14:1-23; 15:1-8; 16:1-60; 18:1-32; 20:1-44; 23:1-49; 33:1-20; 33:23-29	겔 34:1-31; 36:16-32, 37-38; 37:1-14; 37:15-21; 37:25-28; 39:21-29
야웨는 그 나라에게 영원히 소유할 영토로 가나안 땅을 주셨다.	겔 4:1-3; 4:9-17; 5:5-15; 6:1-7, 11-14; 7:1-27; 11:1-21; 12:17-20; 14:12-23; 15:1-8; 16:1-63; 21:6-22[1-17]; 21:23-32[18-27]; 22:1-31; 23:1-49; 24:1-15	겔 34:25-29; 35:1-36:16; 36:33-36; 38:1-39:20; 47:1-48:7, 23-29
야웨는 자신의 백성에 대한 통치권을 행사하는 그의 영원한 처소로 예루살렘을 선택하셨다.	겔 7:20-24; 8:1-10:22; 11:22-25; 24:16-27	겔 37:26-27; 40:1-46:24; 48:8-22, 30-35
야웨는 다윗의 집에 이스라엘의 왕좌에 대한 영원한 칭호와 소유권을 약속하셨다.	겔 12:1-16; 17:1-24; 19:1-14; 21:30-32[15-27]	겔 34:23-24; 37:22-25

도표 6: 에스겔의 심판 신탁과 구원 신탁의 관계

에스겔의 설교가 확고하게 성서와 이스라엘의 전통에 기반을 두고 있었지만 그의 설교의 목표는 야웨에 대한 사람들의 생각과 그들이 스스로를 향해 내보이는 성향을 바꾸려는 것이었다. 이사야의 보편주의는 에스겔

구약 설교, 어떻게 할 것인가?

의 지역주의와 분명하게 대조된다. 처음부터 마지막까지 이 책에서 독자들이 만나는 하나님은 자신의 백성과의 관계에 열정적일 뿐만 아니라 그들의 운명 또는 성쇠에 기꺼이 자신의 명성을 거는 이스라엘의 하나님이다. 하나님은 실제로 우주의 왕으로서 하늘에 있는 보좌에 앉아 계시고, 하나님의 법은 땅의 가장 끝까지 확장된다(겔 1:1-28). 그러나 그가 선택한 거처는 예루살렘 안에,[12] 가나안/이스라엘의 땅 안에(겔 4-48장), 자신의 백성 가운데 있다(겔 48:35). 심지어 열방에 대한 그의 통치권의 행사 속에서도 그의 의제는 이스라엘에 초점을 맞춘다. 에스겔에게 역사 안에서 느부갓네살의 위치는 유다와 예루살렘을 향해 하나님의 칼을 휘두르는 자(겔 21:5-37[1-32]), 그리고 남은 자들의 보호자로서의 그의 역할에 의해 결정된다. 그래서 대참사(holocaust)가 주민(겔 11:14-21)과 다윗의 자손(겔 17:3-4, 22-24)을 덮쳤을 때도 그들은 살아남았을 것이다. 열방에 대한 신탁들(겔 25-32장)이 야웨의 우주적 주권을 반영하는 반면에, 외세의 융성과 쇠퇴는 우선적으로 그 사건들이 야웨의 백성의 운명에 영향을 미치기 때문에 역사적 중요성을 지닌다(겔 28:24-26). 땅의 네 모퉁이로부터 모인 이스라엘의 원형적 적들인 곡과 그 무리(겔 38-39장)는 야웨 자신이 그의 백성을 향한 자신의 끝없는 헌신을 증명하기 위해 데려온 꼭두각시들이다. 그들을 제거함으로써 야웨는 자신을 부각시키고(겔 38:23), 자신을 알리고(겔 38:23), 자신의 영광을 열방 가운데 둔다(겔 39:21). 진실로 야웨는 온 세상이 여러 사건 속에서 그의 인격과 존재를 인식하는 것에 관심을 갖지만, 그의 의제는 항상 이스라엘에 초점을 맞춘다. 회복된 이스라엘에 대한 에스겔의 환상은 비이스라엘

---

12 에스겔 8-11장에서 묘사되는 야웨가 예루살렘 성전으로부터 떠나시는 것과 40-43장에서 성전으로 돌아오시는 것을 비교하라.

사람들을 위한 여지를 갖고 있지만, 그것은 오직 그들이 이스라엘 사회와 문화 안으로 통합될 때에만 그렇다(겔 47:21-23).

지면의 제약으로 인해 다른 신학적 주제들에 대한 토론은 불가능하지만,[13] 우리는 그중 일부를 요약할 수 있다. 첫째, 비록 에스겔이 "이스라엘의 거룩한 자"라는 표현을 피한다고 할지라도, 도입 환상과 성전 환상들(겔 8-11장, 40-46장)은 그의 초월적 거룩함과 우주적 주권을 선언한다. 둘째, 야웨는 언약을 맺고 그것을 지키는 이스라엘의 은혜로운 하나님이다(참조. 겔 16장). 실제로 심판과 회복의 신탁들은 모두 과거의 언약적 경고들(레 26장; 신 28장)과 약속들에 기반을 둔다. 셋째, 다른 어떤 예언자보다도 에스겔은 영의 예언자(a prophet of the Spirit)다. 그러나 그는 영의 권능에 대해 말할 뿐만 아니라 그 자신의 인격 안에서 그 영의 권능을 체화한다. 마지막으로 에스겔이 말한 많은 설교의 병적인 어조에도 불구하고 하나님은 죽음이 아니라 생명의 편이다. 에스겔이 죽음에 대해 놀랍도록 폭넓은 어휘력을 지니고 있고, 그를 통해 말씀하시는 하나님은 자신의 마음대로 죽음을 다룰 수 있는 광범위한 동인들, 즉 기근, 야생 동물, 전염병, 피 흘림, 칼, 불 등을 갖고 있지만, 하나님은 자신의 숨/영을 통해 저주 아래에서 시달리던 사람들에게 생명을 가져다주신다(겔 37:1-14).

만약 에스겔의 하나님이 그의 초월성과 내재성에서 영광이 넘친다면, 자신의 백성에 대한 그의 환상은 실제적이고 진지하다. 그의 백성은 아브라함의 자손인 것에 자랑스러워했고, 야웨, 그의 백성, 그의 땅을 포함하는 언약적 삼각관계의 영속성에 의존했다.

---

13 더 풍성한 토론을 위해서는 다음을 보라. Block, *Ezekiel Chapters 1-24*, 46-60; "Ezekiel: Theology of," in *NIDOTTE*, vol.4 (Grand Rapids: Zondervan, 1997), 615-628.

구약 설교, 어떻게 할 것인가?

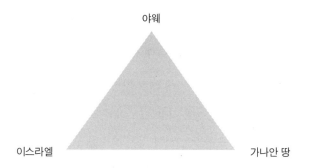

야웨

이스라엘   가나안 땅

그러나 에스겔은 민족 역사의 시작부터 현재까지 이어지는 지속적인 반역을 묘사한다. 자신의 수정주의적 역사들(revisionist histories, 겔 16, 20, 23장) 안에서 에스겔은 과거의 가증스러운 일들을 회상한다. 그렇다고 해서 현재의 백성에 대한 그의 관점이 더 좋은 것도 아니다. 비록 그의 동포들이 그들의 선조가 저지른 죄 때문에 벌을 받고 있는 것에 대해 불평한다고 할지라도, 에스겔은 모든 세대가 각각 자신의 잘잘못에 따라 하나님의 심판 앞에 서는 것이라고 응답한다. 조상의 죄 때문에 무죄한 자가 처벌받는 일은 결코 없다(겔 18:1-32). 그러나 하나님의 백성이 얼마나 악하든지, 언약의 저주들에 기반을 둔 심판이 얼마나 참혹하든지 간에(레 26:14-39; 신 4:25-28; 28:15-68; 29:14-29), 언약의 약속들에 기반을 둔 회복에 대한 에스겔의 환상은 매우 확실하다(레 26:40-46; 신 4:30-31; 30:1-10). 실제로 에스겔은 심판으로 파괴된 언약의 삼각형이 완벽하게 회복되고, 이스라엘의 안전의 기둥들이 회복되는 미래를 예견한다. 야웨는 자기 백성 위에 세운 목자 다윗이라는 대리인과 함께 그 나라의 평화와 안전을 보장할 것이다(겔 34:23-24; 37:24-28). 그러나 그 회복은 백성 자신의 근본적인 변화를 상정한다. 왜냐하면 야웨가 그들의 굳은 마음을 제거하고 그 대신 그의 뜻에 즉각 반응하고 전적인 순종을 낳는 부드러운 마음을 주실 것이기 때문이다(겔 36:22-32).

6. 제안 5: 권위 있고 명료하게 에스겔을 설교하기 위해 우리는 에스겔의 수사학적·설교학적 전략을 이해해야 한다.

수사학은 청중 안에 있는 메시지에 대한 저항감을 감소시키고 그 메시지를 더욱 설득력 있게 만들기 위해 사용되는 의사소통 전략들을 포함한다. 고전적 정의들에 따르면 수사학은 다섯 가지 요소를 포함하고[14] 그 각각은 에스겔서를 이해하는 것과 연관된다.

1. 발견(Invention) ─ 관련 자료들의 발견

에스겔은 신적인 영감에 의해 하나님으로부터 직접 그의 연설들을 받았다. 지속적으로는 예언자가 직면한 상황들에 대응하여 받았지만 말이다. 앞에서 나는 에스겔의 설교가 성서와 이스라엘의 전통들 안에 확고하게 토대를 두고 있다고 언급했다. 이것은 심판에 대한 에스겔의 선포와 레위기 26장(과 좀 더 작은 범주인 신 28장)의 언약의 저주들 사이, 그리고 에스겔 34:25-30에 있는 이스라엘의 회복에 대한 그의 환상과 레위기 26:4-13에 있는 언약의 축복들 사이의 연결에서 가장 분명하다. 그러나 때때로 에스겔의 선포들은 이스라엘 전통의 열매들에 반한다. 예를 들어 예루살렘/이스라엘의 조상의 정체성을 갈대아 우르의 아브라함보다는 가나안의 아모리 족속과 헷 족속에 두는 것(겔 16:3), 야웨의 율례들(huqqîm)을 "선하지 못한 것"으로, 그의 법들(mišpāṭîm)을 생명을 낳지 못하는 것으로 특징짓는 것(겔 20:25), 느부갓네살을 창세기 49:10이 암시하는 왕적인 인물로 소개하는 것 등이 그렇다. 그러나 여기와 그 밖의 다른 곳에서 에스겔은 문법적·역사적 주석이라는 현대의 규칙에 지배되는 교리 신학자 또는 해석가라기보다는 수사학자로서 주로 기능한다.

---

14 J. A. Cuddon, *A Dictionary of Literary Terms and Literary Theory*, 3rd rev. ed. (Oxford: Basil Blackwell, 1991), 794.

구약 설교, 어떻게 할 것인가?

2. 배열(Arrangement) ― 건전한 구조적 형태로 자료들을 구성

다른 예언자들의 선포처럼 에스겔의 선포도 유명한 수사학적 관습들에 따라 공들여 만들어졌다. 양식비평적 고려 사항들에만 기초해보면 이 책은 매우 다양한 수사학적 형태들, 즉 환상 보고, 극적인 상징 행동, 논쟁 연설, 우화, 수수께끼 등을 포함한다. 이런 다양성은 심판 신탁들과 회복 선포들 모두에서 명백하다.

3. 문체(style) ― 다루어지는 문제에 대한 적절한 방식과 그 사례

에스겔의 대담한 문체는 널리 인정된다. 에스겔 16장 하나만 보더라도 우리는 다양한 충격적 이미지,[15] 매우 드문 어휘, 모호한 형태와 용법, 이례적인 문법적 형태들을 발견한다. 야웨는 시작부터 예언자에게 그가 완고한 청중을 다루게 될 것이라고 경고했고, 그래서 그는 그 저항을 무너뜨리려고 노력함에 있어 전혀 사정을 봐주지 않는다. 그의 민족의 혼합주의적 방식들에 대해 그가 보여주는 혐오는 강력한 성적인 언어와 배설물과 관련된 언어에 반영되어 있다(예. 겔 6, 16, 23장). 번역가들은 현대 청중의 민감성을 고려하여 그런 표현들을 완화시키는 경향이 있다. 사실상 에스겔만큼 그렇게 직접적이고 거칠게 표현한 다른 예언자는 아무도 없다.

4. 기억(memory) ― 연설들을 기억하는 방법들에 대한 지침

에스겔이 수사학적 상황에서 사용한 형태들이 놀라운 반면, 숫자 "일곱"(열방에 대한 신탁들에서처럼, 겔 25-32장)에 대한 그의 선호와, 본문을 거의 비슷한 길이의

---

15 에스겔 16장에서는 피투성이로 허우적거리는 것, 남자 우상을 만들어 행음하는 것, 아이들을 식량으로 도살하는 것, 지나가는 모든 자들에게 다리를 벌리는 것, "너의 분비액"을 쏟는 것, 이집트의 부풀어 오른 성기, 분노와 질투의 피투성이 피해자, 칼로 여러 조각으로 난도질하는 것, 성적인 애정을 얻기 위해 고객에게 비용을 지불하는 것 등이 언급된다.

두 판으로 "양분"한 것은 그의 말을 더욱 기억하기 쉽게 만들었을 것이다.

5. 전달(delivery) —실제로 연설하는 데 사용된 기술

말하고 행동하라는 야웨의 모든 명령에 대해 그는 단지 네 번의 경우에만 그의 수사학적 행동들을 보고한다(겔 11:13; 11:25; 24:18-19; 37:7, 10). 에스겔 12:7은 예언자의 실제 행위에 대한 가장 완전한 보도를 대표한다. "내가 그 명령대로 행하여 낮에 나의 행장을 끌려가는 포로의 행장 같이 내놓고 저물 때에 내 손으로 성벽을 뚫고 캄캄할 때에 행장을 내다가 그들의 목전에서 어깨에 메고 나가니라." 두 개의 막대기를 포함하는 상징 행동과 관련한 야웨의 명령들(겔 37:16-23)은 백성이 그 의미에 대해 질문할 것을 예상하고, 그다음에 에스겔의 응답을 규정한다. 그러나 이 모든 것은 하나님의 연설 안에 포함되어 있다. 본문은 에스겔이 그 행동을 실행했다는 것을 해석하기는커녕 말하지도 않는다. 에스겔 20:49(히브리 성서 21:5)과 33:30-33은 청중의 반응이 에스겔의 행위에 대해 짜증을 내거나 즐기는 등 다양했음을 암시한다.

7. 제안 6: 권위 있고 명료하게 에스겔을 설교하기 위해 우리는 주의 깊게 계획해야 한다.

만약 누군가가 에스겔서의 각 문학적 단위에 대한 설교에 전념한다면, 그는 책 전체를 설교하는 데 이 년이 필요할 것이다. 어떤 회중은 마가복음이나 로마서에 대해서는 이런 전략을 용납할 수 있을지 모르지만, 아무도 에스겔서를 대상으로 하는 이런 종류의 시리즈 설교에 대해서는 인내심을 보이지 않을 것이다. 그렇다면 우리는 어떻게 진행해야 하는가?

첫째, 에스겔서에 대한 시리즈 설교는 대부분의 그리스도인들이 구약

구약 설교, 어떻게 할 것인가?

전체에 대해 그리고 특별히 이 책에 대해 잘 모른다는 것을 인식해야 한다. 사람들은 그런 시리즈의 직접적인 관련성을 인식하지 못할 것이다. 따라서 그들은 많은 실제적인 안내가 필요할 것이다. 사실상 우리가 에스겔 1장만 넘어간다면 에스겔서는 이사야서나 예레미야서나 호세아서보다 더 어렵지는 않다. 그러나 건전한 교육학적 지혜와 함께 우리는 알려진 것으로부터 알려지지 않은 것으로 이동해야 한다. 만약 회중이 그들의 목회자들에 대해 큰 신뢰를 가지고 있지 않다면, 에스겔서에 대한 시리즈 설교는 이십오 주나 삼십 주 이상 지속되어서는 안 된다. 그러나 이 책 안에는 이 정도로 오래 흥미를 지속시킬 수 있는 충분한 신학적·문학적 다양성이 존재한다. 설교를 통해 우리는 회중이 모호한 본문들을 과감하게 읽도록 영감을 불어넣고 그런 본문들을 읽는 데 대한 지침을 제공해야 한다.

둘째, 에스겔서에 대한 설교 시리즈 본문들을 선택하는 것은 몇 가지 상호보완적 원리들에 기초해야 한다.

1. 사람들에게 알맞게 친숙한 본문들을 포함하라. 즉 도입 환상과 소명(겔 1-3장), 신 포도에 대한 설교(겔 18장), 선한 목자 본문(겔 34장), 마음 이식 본문(겔 36:22-32), 마른 뼈의 소생 본문(겔 37:1-14) 등을 포함하라.

2. 단순하게 에스겔 34, 36, 37장의 "복음" 본문들만이 아니라 책의 모든 부분으로부터의 본문들을 포함하라.

3. 다양한 문학적·수사학적 형태들을 대표하는 본문들을 포함하라. 다양한 형태의 대표적인 본문들을 선택했다면, 전형적인 구조들과 어휘를 설명함으로써 우리는 회중이 이런 정보를 비슷한 본문들에 적용하여 스스로 그것들을 해석하도록 장려할 수 있다(형태에 따른 본문들의 유형에 대해서는 도표 7을 보라).

본문 유형	심판 예언	회복 예언
에스겔: 예언자적 제사장의 소명과 위임	겔 1:1-28a; 1:28b-3:15	
에스겔: 파수꾼	겔 3:16-21; 6:1-14; 7:1-27; 33:1-9	
에스겔: 진정한 예언자	겔 12:21-28; 13:1-23; 14:1-11; 22:23-31; 33:21-22	
에스겔: 메시지의 구체화	겔 3:22-27; 24:15-27; 33:21-22; 33:30-33	
에스겔: 환상가	겔 8:1-10:22; 11:22-25; 37:1-14	겔 37:1-14; 40:1-48:35; 43:1-14
에스겔: 극작가	겔 4:1-5:17; 12:1-20; 21:28-27(ET)	겔 37:15-28
에스겔: 비유, 은유, 수수께끼를 엮는 자	겔 17:1-24; 19:1-14; 20:45-21:17(ET); 22:17-22; 27:1-36; 29:1-21	겔 34:1-31; 36:16-38
에스겔: 논쟁자	겔 11:1-13; 11:14-21; 12:21-25; 12:26-28; 18:1-32; 24:1-14; 31:10-20; 31:23-33	겔 33:10-20; 33:23-29
에스겔: 기소자	겔 14:12-15:8; 16:1-63; 20:1-44; 22:1-16; 23:1-49	
에스겔: 열방에 대한 심판관	겔 25:1-17; 26:1-21; 27:1-36; 28:1-10; 28:11-19; 28:20-23; 29:1-16; 29:17-21; 30:20-26; 31:1-18; 32:1-16; 35:1-15	겔 30:1-19; 32:17-32
에스겔: 화의 전달자	겔 13:1-16; 13:17-23; 34:1-10	
에스겔: 애도자	겔 19:1-14; 26:1-21; 27:1-36; 28:11-19; 30:1-19; 32:1-16; 32:17-32	
에스겔: 여러 종류의 형태	겔 12:17-20; 25:1-7; 25:8-9; 25:12-14; 25:15-17; 28:1-10; 28:20-23; 29:20-26	겔 36:1-15
에스겔: 복음의 전령	겔 6:8-10; 11:14-21; 16:60-63; 28:24-26	겔 34:1-31; 35:1-36:15; 36:16-38; 37:1-14
에스겔: 문학적 만화가	겔 38:1-39:29	겔 38:1-39:29
에스겔: 새로운 모세		겔 40:1-48:35

도표 7: 에스겔서의 메시지와 방법론
(본문들은 하나 이상의 범주에 등장할 수 있다)

구약 설교, 어떻게 할 것인가?

4. 이스라엘인들이 그들의 안전의 토대를 두었던 네 개의 기둥 각각을 다루는 심판과 회복의 본문들을 포함하라.

5. 모든 설교는 회중에게 확실하게 은혜를 제공해야 한다. 책에 있는 모든 본문이 은혜의 기록을 포함하지는 않는다. 그러나 그 본문들은 모두 은혜에 대한 이스라엘의 과거의 경험을 전제하거나 은혜에 대한 미래의 역사를 예상한다.

셋째, 시리즈 설교와 개별적 설교에 사람들을 잘 준비시키라. 주중에 사람들을 초대하여 주일에 설교할 본문을 반복해서 크게 읽고 관련된 본문들을 그들에게 소개하라. 교회 공지사항에 도움이 되는 기록, 설명, 도표들을 제공하라.

넷째, 설교의 토대로 선택된 구체적인 단락을 주의 깊게 분석하라. 이것은 그 단락의 장르와 그것이 이상적인 장르들에 어느 정도 적합한지를 탐구함으로써 시작될 수 있다. 종종 독특한 메시지는 표준과 다른 이형(異形)들을 인식하는 것에서 발견된다. 설교학적 고려 사항들로 이동하기 전에 어휘와 단락의 담화 구조(discourse structure)를 귀납적으로 연구하는 것 역시 유용할 것이다. 이는 우리가 본문에 부과한 메시지가 아니라 본문이 그 자체의 메시지를 말하는 것을 확실하게 한다(도표 8을 보라).

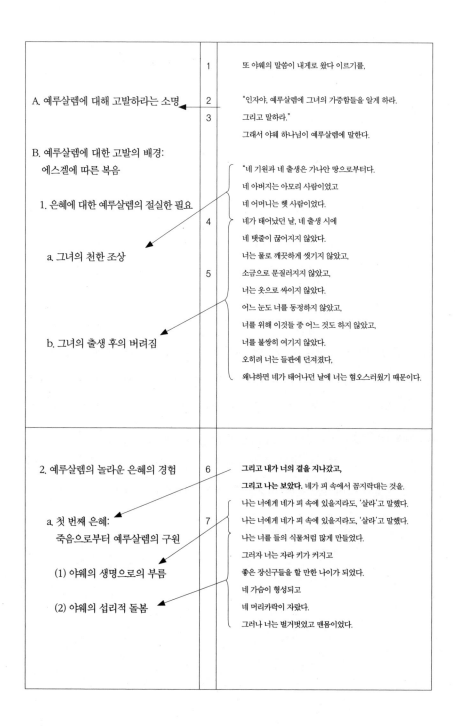

	1	또 야웨의 말씀이 내게로 왔다 이르기를,
A. 예루살렘에 대해 고발하라는 소명	2	"인자야, 예루살렘에 그녀의 가증함들을 알게 하라.
	3	그리고 말하라."
		그래서 야웨 하나님이 예루살렘에 말한다.
B. 예루살렘에 대한 고발의 배경: 에스겔에 따른 복음		
1. 은혜에 대한 예루살렘의 절실한 필요		"네 기원과 네 출생은 가나안 땅으로부터다. 네 아버지는 아모리 사람이었고 네 어머니는 헷 사람이었다.
	4	네가 태어났던 날, 네 출생 시에 네 탯줄이 끊어지지 않았다.
a. 그녀의 천한 조상		너는 물로 깨끗하게 씻기지 않았고,
	5	소금으로 문질러지지 않았고, 너는 옷으로 싸이지 않았다.
		어느 눈도 너를 동정하지 않았고, 너를 위해 이것들 중 어느 것도 하지 않았고, 너를 불쌍히 여기지 않았다.
b. 그녀의 출생 후의 버려짐		오히려 너는 들판에 던져졌다, 왜냐하면 네가 태어나던 날에 너는 혐오스러웠기 때문이다.
2. 예루살렘의 놀라운 은혜의 경험	6	그리고 내가 너의 곁을 지나갔고, 그리고 나는 보았다. 네가 피 속에서 꿈지락대는 것을.
a. 첫 번째 은혜: 죽음으로부터 예루살렘의 구원	7	나는 너에게 네가 피 속에 있을지라도, '살라'고 말했다. 나는 너에게 네가 피 속에 있을지라도, '살라'고 말했다. 나는 너를 들의 식물처럼 많게 만들었다.
(1) 야웨의 생명으로의 부름		그러자 너는 자라 키가 커지고 좋은 장신구들을 할 만한 나이가 되었다.
(2) 야웨의 섭리적 돌봄		네 가슴이 형성되고 네 머리카락이 자랐다. 그러나 너는 벌거벗었고 맨몸이었다.

310

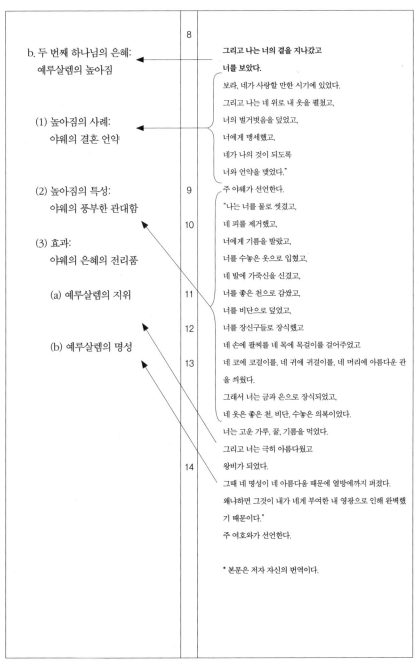

b. 두 번째 하나님의 은혜: 예루살렘의 높아짐	8	그리고 나는 너의 곁을 지나갔고 너를 보았다. 보라, 네가 사랑할 만한 시기에 있었다. 그리고 나는 네 위로 내 옷을 펼쳤고,
(1) 높아짐의 사례: 야웨의 결혼 언약		너의 벌거벗음을 덮었고, 너에게 맹세했고, 네가 나의 것이 되도록 너와 언약을 맺었다."
(2) 높아짐의 특성: 야웨의 풍부한 관대함	9	주 야웨가 선언한다. "나는 너를 물로 씻었고,
(3) 효과: 야웨의 은혜의 전리품	10	네 피를 제거했고, 너에게 기름을 발랐고, 너를 수놓은 옷으로 입혔고, 네 발에 가죽신을 신겼고,
(a) 예루살렘의 지위	11	너를 좋은 천으로 감쌌고, 너를 비단으로 덮었고,
(b) 예루살렘의 명성	12	너를 장신구들로 장식했고 네 손에 팔찌를 네 목에 목걸이를 걸어주었고
	13	네 코에 코걸이를, 네 귀에 귀걸이를, 네 머리에 아름다운 관을 씌웠다. 그래서 너는 금과 은으로 장식되었고, 네 옷은 좋은 천, 비단, 수놓은 의복이었다. 너는 고운 가루, 꿀, 기름을 먹었다. 그리고 너는 극히 아름다웠고
	14	왕비가 되었다. 그때 네 명성이 네 아름다움 때문에 열방에까지 퍼졌다. 왜냐하면 그것이 내가 네게 부여한 내 영광으로 인해 완벽했기 때문이다." 주 여호와가 선언한다. * 본문은 저자 자신의 번역이다.

도표 8: 에스겔 16:1-14의 구조*

다섯째, 전달에 있어서 단지 선택된 몇 구절이 아니라 전체 문학적 단위를 읽음으로써 사람들이 하나님의 음성을 듣게 하라. 그다음에 그 단락의 신학을 발전시키라. 사람들에게 설교 본문이 그들에게 완성된 채로 왔다는 것을 자주 상기시키라. 그다음 낭독에서 사람들이 하나님의 음성을 들을 수 있도록 명료하게 적절한 감정을 넣어 강조하면서 해설적으로 읽으라.

여섯째, 적절하게 적용하라. 에스겔이 외부인들을 야웨 종교(Yahwism)로 설득해 들이기 위해 세상에 복음 전도자로 설교했던 것이 아님을 인식하라. 그는 자신들이 하나님의 백성이라고 주장했던 그 자신의 민족에게 설교하고 있었다. 여기에 우리 시대에 대한 그의 메시지의 관련성이 놓여 있다. 이스라엘은 열방의 빛이 되라고, 의로움을 구현하고 자신의 번영으로 그들의 구속자이자 언약의 주님의 영광과 은혜를 선언하라고 부름을 받았다. 그렇게 함으로써 이스라엘은 모든 열방과 민족에게 하나님의 은혜의 보물을 대표하고 의로운 삶으로 응답하는 모범적인 역할을 담당해야 했다. 이스라엘은 그의 이름을 영화롭게 유지하도록 부름을 받았다. 이 예언자적 제사장의 메시지는 첫째로 그들의 불의한 삶으로 인해, 둘째로 포로가 됨으로 인해 하나님의 명성에 먹칠했던 백성에게 전달되었다. 에스겔의 설교를 강조하는 것은 전체로서의 신구약 신학과 연속성을 지닌 심오한 신학이다. 설교자로서 우리의 과업은 그런 신학을 정립하고 그것을 우리의 상황에서 이해할 수 있는 적절한 형태들로 전환하는 것이다. 우리는 각 본문이 다음에 열거한 항목들에 대해 우리에게 무엇을 말하는지를 질문함으로써 이 일을 할 수 있다.

구약 설교, 어떻게 할 것인가?

1. 하나님

2. 일반적인 세상과 사회

3. 인간의 상태, 죄의 본성, 인류의 운명

4. 하나님이 일반적으로 그의 창조와 특별히 인간과 관련되는 방법

5. 우리의 삶에 임한 하나님의 은혜의 사역에 윤리적·영적으로 적절하게 응답하기

8. 시범 사례―에스겔 16:1-14: "에스겔에 따른 복음"

이런 전략이 특정한 사례들에서 어떻게 작용하는가? 한 가지 예로 나는 에스겔 16:1-14을 선택했다. 이 단락은 이 책에서 가장 긴 단일 문학 단위의 도입 부분이다. 약 팔백오십 개의 단어로 이루어진 이 한 장은 소예언서 중 몇몇 책(오바댜, 요나, 나훔, 하박국, 스바냐, 학개)의 절반보다 길고 말라기서보다는 약간 짧다. 대부분의 목회적인 설교를 지배하는 제약들로 인해 특별히 우리가 전체 본문을 읽을 수는 있으나 한 번의 설교에서 전체 장을 다루기는 어렵다. 최소한 우리는 이 본문을 두세 단계로 다루어야 한다. 첫 번째는 전체 본문을 극적이고 해설적으로 읽는 것을 포함할 것이다. 이는 "하나님의 은혜를 발아래 짓밟는 것"이라는 전반적인 주제에 대한 종합적 논평으로 결론지어진다. 두 번째는 1-14절에 초점을 맞출 수 있다. 이 단락은 성서 전체에서 하나님의 무한하고 조건 없는 사랑에 대한 가장 심오한 묘사 중 하나를 제시한다. 이런 전략으로 우리는 성서에 대해 많은 거대한 질문들을 가지고 있는 회중을 만나게 될 것이다. 즉 은혜의 본성, 선천적인 인간의 상태, 배은망덕과 반역으로 향하는 우리의 성향, 하나님의 진노의 원인과 본성, 궁극적인 은혜의 승리 등과 같은 질문들 말이다. 이런 일반적

인 신학적 질문들을 넘어 에스겔 16장은 독특한 해석적·사회적·윤리적 도전들을 상정한다. 즉 적절한 수사학의 경계들은 무엇인가? 이 본문은 성(gender)과 관련하여 무엇을 말하는가? 우리는 하나님에 대한 이 본문의 묘사에 관해 무엇을 생각할 수 있는가? 이런 질문들은 답변을 구하기가 쉽지 않다.[16] 그러나 이와 같은 본문들은 영적·신학적 실재들이 여러 공식으로 환원될 수 없으며 하나님은 길들여지지 않는다는 것을 증명한다.

일반적이며 구조적으로 책에 있는 네 개의 "리브"(rib) 신탁의 하나로서 에스겔 16장은 다음의 확장된 개요가 보여주는 것처럼 강력한 법적 분위기를 풍긴다.

A. 예루살렘에 대해 고발하라는 소명(1-3a절)

B. 예루살렘에 대한 고발장(3b-34절)

    1. 예루살렘의 천한 기원(3b-5절)

    2. 예루살렘의 높아짐(6-14절)

    3. 예루살렘의 뻔뻔함: 은혜에 대한 그녀의 응답(15-34절)

        a. 그녀의 종교적 난잡함(15-22절)

        b. 그녀의 정치적 난잡함(23-34절)

C. 예루살렘에 대한 판결(35-43절)

    1. 죄목들의 요약(35-36절)

    2. 야웨의 응답(37-42절)

    3. 결론적 요약(43절)

---

16 에스겔 16장과 같은 본문들의 어려운 측면들을 다루는 데 고려해야 할 요인들에 대한 간략한 논의를 위해서는 다음을 보라. Block, *Ezekiel Chapters 1-24*, 467-470.

구약 설교, 어떻게 할 것인가?

D. 예루살렘의 문제들에 대한 분석(44-52절)

    1. 죄를 고발하는 속담(44절)

    2. 예루살렘의 가족 묘사(45-46절)

    3. 예루살렘의 수치스러운 인격(47-52절)

E. 예루살렘을 위한 희망의 이중선(53-63절)

    1. 나쁜 복음: 은혜를 위한 자격 부여(53-58절)

    2. 좋은 복음: 은혜의 승리(59-63절)

우리의 본문은 예루살렘에 대한 고발장의 첫 절반을 구성한다. 여기서 에스겔은 전혀 희망 없는 도시에까지 확장된 하나님의 은혜를 배경으로 하여 그녀의 행위를 묘사한다. 예루살렘의 뿌리는 아모리 사람인 아버지와 헷 사람인 어머니로 대표되는 보통의 인간이다. 부모에게 버림받은 아이로서 그녀의 멸망은 확실했다. 그러나 야웨가 적시에 그 곁을 지나갔고, 그녀를 자칼의 발톱과 독수리의 부리로 인한 확실한 죽음으로부터 구원했으며, 그녀를 번성하고 자라나게, 즉 보통의 인간으로 살아남게 했다. 그러나 그다음에 그녀는 인간 약탈자들에게 상처를 입기 쉬운 형편이 되었고, 야웨가 또다시 적시에 그 곁을 지나갔다. 시내산에 대한 명백한 암시들과 함께 야웨는 그녀와 결혼하고, 그녀와 영원한 언약을 맺고, 그녀에게 그의 모든 자원을 주고, 그녀를 그의 왕비의 지위로 끌어올렸다.

비록 에스겔 16장이 좋은 소식들(1-14절과 60-63절)로 틀이 형성된다고 할지라도, 이 장의 사분의 삼은 가차 없는 고발과 하나님의 반응에 대한 충격적인 선언들로 구성되어 있다. 많은 회중이 우리의 설교에서 그런 비율을 견디지 못할 것이다. 나는 예전에 이 본문에 대해 4부의 시리즈 설교를 하도록 초청받은 적이 있다. 그것은 요청이었다. 나는 이 본문을 네 개의 구성 단위로 나누고 내가 끌어낼 수 있는 모든 열정을 다해 다음과 같은 네 가지 메시지를 전달했다.

　A. 하나님의 열정적인 사랑(1-14절)

　B. 하나님의 퇴짜 맞은 사랑(15-34절)

　C. 하나님의 거친 사랑(35-43절)

　D. 하나님의 큰 승리를 거둔 사랑(44-63절)

내가 세 번째 설교를 끝낼 즈음에 몇몇은 이런 심판의 잔혹한 이미지 때문에 그 단락을 끝맺는 복음으로 되돌아오지 못했다.

　　에스겔 37장의 마른 뼈들처럼, 이 본문에서 예루살렘은 전형적으로 기능한다. 문자적 수준에서 이 본문은 예루살렘의 운명과 성쇠에 관심을 갖는다. 그러나 또 다른 수준에서 하나님이 자신이 선택한 백성을 다루는 방식은 그가 인간을 다루는 방식을 반영한다. 복음의 구약 버전을 제시하면서 에스겔은 그리스도인들이 선포하는 복음의 모든 요소를 언급하고 있다.

　1. 보편적인 교회와 지역적인 회중을 포함하여 자신의 백성의 역사에 대한 하나님의 관점은 아마도 우리가 이상적인 역사로 간주하는 것과는 상당히 다르게 보일 것이다. 이 장은 외부의 세상에게 쓴 것이 아니다. 이는 하나님의 백성이라고 주장하는 사람들에게 쓴 것이다. 그것은 우리가 "만약 하나님이 우리의 이야기를 쓰셨다면 그것은 어땠을까?"라는 질문을 하도록 만든다. 우리도 이스라엘처럼 하나님의 은혜를 발아래 짓밟고, 그가 우리에게 풍성하게 주신 모든 것을 이기적인 목적과 악한 결말을 위해 사용했는가?

　2. 하나님의 은혜의 개입을 배제하면, 예루살렘처럼 모든 인간은 도덕적으로 결

구약 설교, 어떻게 할 것인가?

여되고 죽을 운명에 처해 있다(롬 3:23; 엡 2:1-3).

3. 일반 은혜를 배제하면, 육체적 죽음이라는 유죄 판결은 모든 인간에게 닥친다.[17]

4. 생존은 우리의 문제가 해결되었다는 것을 의미하지 않는다. 육체적으로는 살아 있을 수 있으나 영적인 삶은 여전히 결여된다. 이 영적인 삶은 오직 하나님과의 언약 관계를 통해서만 가능하다.

5. 하나님의 은혜는 길을 잃은 인간을 위한 유일한 희망이다. 이것은 천성적으로 궁핍한 인간의 상태를 위한 유일한 해결책이다.

6. 하나님과의 언약 관계는 상상할 수 있는 최고의 특권이다.

7. 하나님의 구원 및 언약의 은혜를 누리는 대상으로서 우리는 그리스도 예수 안에서 모든 영적인 축복을 받았다(엡 1:14).

8. 하나님의 은혜를 받은 자격 없는 수령인들인 우리는 어두움에서 우리를 불러내어 그의 기이한 빛 안으로 들어가게 하신 그의 탁월성을 선포하는 그의 은혜의 전리품들로서 기쁘고 신실한 삶을 살도록 부름을 받는다(신 26:19; 벧전 2:9-10).

9. 제안 7: 권위 있고 명료하게 에스겔을 설교하기 위해 우리는 그의 메시지를 신약의 메시지와 책임감 있게 연결해야 한다.

에스겔 16장에서 기독교적 복음을 분별해내기 위해 알레고리적 해석 방법론에 의존할 필요는 없다. 사실상 예루살렘/유다/이스라엘은 버려진 상태에 있는 모든 인간과 특별히 하나님의 은혜의 대상인 교회에 대한 전형으

---

17 예루살렘을 향한 야웨의 첫 번째 부름인 "살라"는 타락에 대한 유죄 판결을 뒤로 미룬다.

로 기능한다. 그러나 우리는 이스라엘을 희망 없는 상태에서 구원하신 야웨 하나님이 죄로부터 우리를 구원하시고 성부 하나님의 축복의 통로가 된 예수 그리스도 안에서 성육신하셨다는 사실을 우리의 회중에게 상기시킬 필요가 있다.

10. 결론

이제 교회가 에스겔서를 재발견하고 그 메시지를 자신의 것으로 주장할 때다. 우리 역시 심오한 신조들을 입으로만 떠들고 실제로는 모든 종류의 경쟁적인 우상들 때문에 하나님을 버렸으면서도 자신의 안전을 위해서는 하나님의 약속에 의존하면서 안일하게 성장했다. 이런 이유로 이 책은 과거에 그랬던 것만큼 오늘날에도 연관성이 있다. 주님께서 에스겔이 보여준 하나님과 그분의 백성에 대한 열정을 우리의 마음에 다시 불러일으키시기를, 그리고 우리가 매일 증명해야 하는 언약적 신실함에 우리의 눈을 뜨게 해주시기를 기도한다.

추천 도서

Block, Daniel I., *Ezekiel Chapters 1 – 24*, NICOT (Grand Rapids : Eerdmans, 1997).
Block, Daniel I., *Ezekiel Chapters 25 – 48*, NICOT (Grand Rapids : Eerdmans, 1998).

'HE BEGAN WITH MOSES...'
PREACHING THE OLD TESTAMENT TODAY

제10장

묵시 설교하기

어니스트 C. 루카스(Ernest C. Lucas)

"다수의 선하고 성실한 설교자들은 묵시 본문에 관해 설교하는 것을 독사를 다루는 것과 같이 위험한 일이라고 생각한다. 그들은 누군가가 묵시 본문을 설교한다는 이야기를 들어도 정작 그들 자신은 그 본문 근처에 가까이 갈 엄두도 내지 못한다."[1] 이 인용문은 설교자들이 묵시 본문에 관한 설교를 거의 하지 않는다는 슬픈 사실을 강조한다. 묵시 본문을 피하는 한 가지 이유는 소수의 설교자들이 그 본문을 오용하기 때문이다. 토마스 롱 (Thomas Long)이 언급했던 것처럼 "그들의 거만하고 초점을 잃은 설교, 마지막 때에 관한 끝없이 현란한 목록, 그리고 복잡한 사이비 수학들과 함께…마지막 날의 미신에 사로잡힌 이 잡상인들은 공포, 무지, 아마겟돈에 대한 두려움을 생산하는 가내 수공업을 영구히 유지한다."[2] 묵시 본문을 설교하려고 숙고하는 책임감 있는 설교자들이 직면하는 가장 큰 문제점은 그 본문에 충실하고 그것을 오용하지 않기 위해 본문의 특성을 이해하는 일이 어렵다는 사실이다.

---

1 L. P. Jones and J. L. Sumney, *Preaching Apocalyptic Texts* (St Louis, MO : Chalice Press, 1999), 1.

2 T. G. Long, "Preaching Apocalyptic Literature," *Review and Expositor* 90 (1993), 371-381.

1. 묵시(apocalyptic)란 무엇인가?

1980년에 프랜시스 글래슨(Francis Glasson)은 "묵시는 합의되고 인식될 수 있는 아무런 의미도 가지고 있지 않다"라고 주장하면서, 성서학의 어휘에서 "묵시"라는 용어를 생략할 것을 지지했다.[3]

(1) 묵시문학(apocalypse)이란 무엇인가?

대략 1970년까지 묵시(apocalyptic)와 묵시문학(apocalypse)에 대한 많은 논의는 사실상 혼동되었고 혼동을 주기도 했다. 왜냐하면 학자들은 그들이 사용하고 있는 용어들에 대해 모호하고 막연한 인상을 주는 정의를 사용하는 경향이 있기 때문이다. 코흐(K. Koch)[4]는 원래 독일어 제목(*Ratlos vor der Apokalyptik*,[5] "묵시 앞에서의 당혹")이 이러한 어려움을 암시해주고 있는 자신의 책에서 그가 말하고 싶은 문제를 전하고, 현재 사용되고 있는 묵시에 관한 정의들의 "흐릿함"(cloudiness)에 주의를 기울였다. 그는 문학 장르인 "묵시문학"(apocalypse)과 그것이 기원한 역사적인 "묵시"(apocalyptic) 운동은 구별되어야 한다고 주장했다. 또한 그는 후자를 이해하려는 노력 이전에 전자에 대한 명확한 정의가 세워져야 한다고 강조했다. 그는 자신이 묵시문학의 핵심적 특징이라고 여기는 것들의 목록을 다음과 같이 나열했다.

- 담화의 순환(환상 또는 환청에 중심을 두면서)
- 선견자(seer)의 영적 혼란들에 대한 묘사

---

3 T. F. Glasson, "What is Apocalyptic?," *NTS* 27 (1980), 98-105.

4 K. Koch, *The Rediscovery of Apocalyptic* (London : SCM, 1972).

5 K. Koch, *Ratlos vor der Apokalyptik. Eine Streitschrift uer ein vernachlässigtes Gebiet der Bibelwissenschaft und die schädlichen Auswirkungen auf Theologie und Philosophie* (Gütersloh : Gerd Mohn, 1970).

구약 설교, 어떻게 할 것인가?

- 권고적 담화들
- 익명성
- 상징적(종종 신화적) 이미지의 사용
- 합성 인물

코흐의 접근법은 두 가지 방향으로 개선되었다. 핸슨(P. Hanson)[6]은 묵시문학(apocalypse, 문학 장르), 묵시적 종말론(apocalyptic eschatology, 종교적 관점), 묵시사상(apocalypticism, 종교-사회적 운동의 상징적 우주)을 구별했다. 세계성서학회(Society of Biblical Literature)의 한 세미나에서 기원전 250년부터 기원후 250년까지의 작품들에 대한 연구에 기초하여 문학 장르로서 "묵시문학"에 대한 정의가 도출되었는데, 일반적으로 묵시문학으로 분류되는 것은 다음과 같다.

> 묵시문학은 내러티브 틀이 있는 계시문학(revelatory literature)의 한 장르이고, 그 틀 안에서 계시는 다른 세상의 존재를 통해 인간 수령인에게 전달된다. 이는 종말론적 구원을 예견한다는 점에서 시간적인 동시에 또 다른 초자연적 세계를 포함한다는 점에서 공간적이기도 한 초월적 실재(a transcendent reality)를 드러낸다.[7]

세계성서학회 세미나는 묵시문학이 두 개의 하위 장르로 나누어진다고 결론지었다. 즉 다른 세상으로의 여행이 나오는 장르와 역사에 대한 개관이

---

6 P. D. Hanson, "Apocalypticism," *IDB Supplement* (1976), 28-34.

7 J. J. Collins, "Introduction : towards the Morphology of a Genre," *Semeia* 14 (1979), 1-20. 그 정의는 9쪽에 있다.

있는 장르다. 이 정의는 그것의 의도가 단지 장르의 경계를 구분 짓기 위한 것이지, 그 경계 안에 포함되는 구성 작품들에 대해 완전하거나 적절한 묘사를 제공하기 위한 것이 아니라는 경고를 전달한다. 그것은 오직 묵시문학의 중요한 핵심 특성들만을 아우른다. 코흐가 인식했던 것처럼 대부분의 묵시문학은 여러 종류의 문학의 복합체다. 이런 정의는 폭넓은 동의를 얻지만 보편적인 것은 아니다. 어떤 학자들은 이것에 묵시문학의 기능에 관한 진술을 추가하기 원한다. 이는 일반적으로 묵시문학이 위기 상황에 있는 공동체에게 위로와 격려를 제공한다는 것과 맥락을 같이한다.[8] 이것의 문제는 그런 기능이 보통 묵시문학 내에서 명백하게 제시되는 것이 아니라 본문에서 추론되기 때문에 그 주장이 순환적인 것이 될 수 있다는 점이다.

다니엘 10-12장은 구약에서 이런 정의에 잘 어울리는 한 부분이다. 그것은 역사에 대한 개관을 가진 묵시문학이다. 약간 더 확장하면 이 정의는 다니엘서 전체를 포함할 수 있다.

비록 다니엘서가 구약에서 유일한 묵시문학이지만 묵시적 종말론을 표현하는 것으로 널리 인정되는 몇몇 다른 본문들이 있다. 곧 이사야 24-27장, 요엘 2:28-3:21(히브리 성서 3:1-4:21), 스가랴 9-14장이다. 어떤 학자들은 이사야 65-66장도 여기에 포함시킬 것이다. 이는 묵시적 종말론의 독특한 특징이 무엇인지에 대한 질문을 제기한다.

(2) 예언적 종말론과 묵시적 종말론

이 질문은 보통 묵시와 예언에서 발견되는 역사와 역사의 끝(종말론)에 대한 관점들을 대조함으로써 대답이 이루어진다. 그러나 일반적으로 동의되

---

8 예를 들어 D. Hellholm, "The Problem of Apocalyptic Genre," *Semeia* 36 (1986), 13-64.

구약 설교, 어떻게 할 것인가?

는 사실은 "묵시적 종말론의 관점은 예언적 종말론의 자연스러운 결과물로서 가장 잘 이해될 수 있다"[9]는 것이다. 그 결과 둘 사이를 구분하는 선은 흐릿하다. 그래서 이사야 65-66장 같은 구약 예언서의 몇몇 본문을 묵시문학으로 분류하는 것은 논쟁의 여지가 있다. 아래에 나오는 것은 예언적 종말론과 묵시적 종말론의 주요 차이점들에 대한 전형적인 목록이다.[10]

1. 예언자들은 자신의 신탁의 대상들(그들은 자주 하나님의 백성이지만 때로는 열방도 아우른다)의 죄를 폭로한다. 일반적으로 묵시사상가들(apocalyptists)은 자신의 청중이 그들 주변에 있는 악에 분개하거나 분노하고 그래서 하나님이 그것에 관해 무엇인가를 해주시기를 간절히 열망한다고 가정한다.

2. 예언자들은 청중에게 그들의 죄를 인정하고 회개할 것을 촉구한다. 묵시사상가들은 악이 이미 돌이킬 수 있는 지점을 지나쳤다고 주장한다. 심판은 이제 불가피하다.

3. 예언자들은 하나님의 백성을 언약과 하나님에 대한 순종으로 다시 부른다. 묵시사상가들은 하나님의 백성 안에 남아 있는 얼마 안 되는 신실한 자들에게 그들이 직면한 어려움에도 불구하고 최후까지 인내할 것을 요청한다.

4. 예언자들이 하나님이 죄를 심판하고 구원을 베풀 것이라고 공표할 때, 이것은 보통 인간 대리인과 자연적 수단들을 통해 시행되는 것으로 간주된다. 묵시사상가들은 하나님이 직접 개입하고 초자연적 수단들을 통해 심판과 구원을 가져올 것이라고 공표한다.

---

9 P. D. Hanson, "Apocalyptic Eschatology," *ABD*, vol. 1 (New York : Bantam Doubleday Dell, 1992), 281a.

10 D. B. Sandy, *Plowshares and Pruning Hooks : Rethinking the Language of Biblical Prophecy and Apocalyptic* (Leicester : Inter-Varsity Press, 2002), 107에 있는 목록을 비교하라.

5. 예언자들은 보통 심판과 구원의 임박한 행동에 대해 말한다. 이것은 때로는 멀리 떨어져 있는 대상을 가리키는 것으로도 여겨질 수 있다. 묵시사상가들은 최후의 해결책을 예견하는 것처럼 보인다.

6. 예언자들의 초점은 특별한 역사적 상황에 있다. 그들은 역사 내부의 위기들에 대해 종말적 언어(end-of-the-world language)를 사용한다(사 13:9-22; 34:4-5). 그들은 한 국가의 삶에서 시대의 종말 아니면 역사 내에서 특별한 세계 질서의 종말을 공표한다. 묵시사상가들은 우주적 관점을 가지고 있고 역사 자체의 종말에 대해 말한다.

7. 예언적 종말론은 의미 있는 사후 세계에 관해—비록 뭔가가 있다고 하더라도—거의 말하지 않는다. 반면에 이것은 묵시적 종말론의 한 특징이다.

2. 묵시 본문 설교하기: 도전

설교에 관한 수많은 문헌 가운데 묵시 본문에 대한 설교를 다루는 책과 논문은 상대적으로 거의 없다. 이는 부분적으로 많은 기독교 전통에서 무엇에 대해 설교하는지에 영향을 미치는 성서일과표에서 묵시 본문이 드물다는 사실을 반영한다. 묵시 본문을 설교하는 것에 관한 대부분의 문헌은 요한계시록에 집중되어 있다. 비록 그중 일부는 묵시 본문에 일반적으로 적용 가능하다고 할지라도, 그것의 대부분은 요한계시록 자체의 구체적인 문제들에 집중한다. 현존하는 문헌에 대한 연구는 묵시 본문을 책임감 있게 설교하기 원하는 사람들이 직면하는 많은 도전을 폭로한다.

구약 설교, 어떻게 할 것인가?

(1) 묵시 본문의 상징적 이미지

묵시문학의 명백한 특징은 상징적 이미지들을 사용한다는 것이다. 이는 다니엘 7장에서처럼 때때로 이상하고 심지어 기괴하기까지 하다. 이 이미지는 상당히 이례적일 수 있다. 그러나 이 이미지가 진정한 환상으로서 그의 정신에서 나왔든지 아니면 순수하게 문학적 창작이든지 간에 그것은 저자에게 친숙했던 것일 가능성이 높다. 만약 그 이미지가 본래의 독자들에게 무엇인가를 전달하기 위해 의도되었다면, 그것은 독자들이 저자와 공유하는 이미지였을 경우에 훨씬 더 효과적이었을 것이다. 대부분의 경우 그 이미지는 저자와 독자들이 공유하는 문화에 그 기원을 두고 있다는 것을 믿을 만한 좋은 근거가 있다. 그래서 현대의 설교자들이 맞닥뜨리는 문제점은 그들이 그 문화적 배경을 공유하지 않는다는 것이다.

영국인(Briton)으로서 최근에 미국에 도착했을 때 나는 어떤 신문의 만화란에 있는 코끼리와 당나귀의 모습에 당황했다. 내 문화적 배경에서 코끼리는 굉장한 기억력을, 당나귀는 어리석음을 상징했다. 그것은 그 만화에는 적합하지 않은 것처럼 보였다. 이 동물들이 두 주요 정당에 대한 전통적인 상징이라는 말을 들었을 때 비로소 모든 것이 분명해졌다. 만화는 상징의 사용에 있어서 상당히 복잡할 수 있다. 나는 이 당시의 만화를 기억한다. 그 만화에서 자유의 여신상은 바위에 묶인 채 당시 미국 대통령(Richard Nixon)의 얼굴을 한 바다 괴물에게 위협받고 있었고, 그 옆에는 다른 정당의 대통령 후보(George McGovern)의 얼굴을 한 무장한 기사가 당나귀를 타고 구조하려는 모습이 그려져 있었다. 여기에는 안드로메다와 페르세우스의 그리스 이야기와 성 조지(St George)와 용의 이야기에 대한 암시들이 존재한다. 이 만화는 자유의 여신상에 대해 아무것도 알지 못하는 사람들, 두 명의 얼굴을 식별할 수 없는 사람들, 또는 페르세우스와 성 조지에 대한 암시들을 알아챌 수 있을 만한 고전적인 교육을 받지 못한 사람들에게는 기괴하고 모호하게 보일 것이다. 따라서 묵시문학에 있는 이미지가 그에 대해 필수적인 문화적 배경 지식이 부족한 사람들에게 기괴하고 모호하게 보인다는 것은 놀랍지 않다.

구약 묵시 본문에 나오는 많은 이미지는 고대 근동에 널리 퍼져 있었던 문화적 이미지에 그 뿌리를 두고 있다. 공부하지 않는 설교자들은 이 이미지의 중요성을 놓치거나 오해할 수 있다. 예를 들어 스가랴 14:10-11은 "높이 들려 그 본처에 있는" 예루살렘을 포함하여 평지가 된 유다에 대한 많은 이미지를 그린다. 이 이미지의 배후에는 신들이 높은 산 위에 거주한다는 생각이 놓여 있다. 우가리트 본문들에서 신들의 보좌는 자폰산(Mount Zaphon) 위에 있다. 스가랴는 지리적 진술이 아니라 신학적 진술을 한다. 하나님이 거주하시는 처소는 자폰산이나 다른 어떤 산이 아니라 예루살렘이다. 이 이미지는 시편 48:2(개역개정에서는 "자폰"이 "북방"으로 번역됨—역자 주)의 예루살렘에 대한 언급 배후에도 존재한다. 그러나 몇몇 영어 번역은 이것을 모호하게 한다.[11]

또 다른 사례는 이사야 27:1에 있는 리워야단(Leviathan)에 대한 묘사다. 니콜라스 와이어트(Nicolas Wyatt)는 바알(Baal)과 모트(Mot)와 관련된 우가리트 본문에서 뱀 "리탄/로탄"(Lītān/Lôtān)에 대한 묘사가 "이사야 27:1의 히브리 본문에 놀랍도록 근접한다"고 언급한다.[12] 이 뱀과 바알의 갈등의 중요성은 불분명하다. 우가리트 본문에서 "리탄/로탄"은 많은 머리를 갖고 있는데, 이는 시편 74:14의 리워야단과 동일하다. 시편 74:12-19에

---

11 P. C. Craigie, *Psalms 1-50* (Waco, TX : Word Books, 1983), 353.

12 N. Wyatt, *Religious Texts from Ugarit* (Sheffield : Sheffield Academic Press, 1998), 115.

서 리워야단과 용은 함께 등장하는데, 세상에 대한 야웨의 창조라는 맥락에서 야웨는 그들의 머리를 부순다. 이는 바빌로니아의 것과 비슷한 창조 이야기에 대한 암시를 전제한다. 그 이야기에서 마르두크는 기괴한 바다 괴물로 묘사되는 혼돈의 세력들과 전투를 벌이고, 세상을 창조하기 전에 그 세력들을 격퇴한다. 따라서 이런 배경과 함께 이사야 27:1은 세상에서 혼동과 혼란을 야기하는 모든 것을 궁극적으로 파괴하는 야웨에 대해 말한다.

다니엘 7장의 바다에서 나온 네 생물에 대한 환상의 이미지 배후에 바빌로니아의 창조 이야기가 놓여 있다는 광범위한 합의가 존재한다. 이 이야기는 바빌로니아에 있는 유대인 포로들에게 잘 알려져 있었을 것이다. 왜냐하면 그것은 매년 정월 초하루에 낭독되거나 재연되었기 때문이다. 이 이미지의 문화적 뿌리를 인식하는 것은 중요하다. 왜냐하면 이는 기억을 떠올리는 힘을 제공해주기 때문이다. 이것은 두 가지의 다른 행동을 비교함으로써 묘사될 수 있다.[13] 어떤 사람이 오래된 침대보를 공공장소로 가지고 가서 그것에 기름을 붓고 불을 붙였다고 상상해보라. 이 행동은 어떤 구경꾼들에게는 호기심과 당황을 야기할 수 있다. 그러나 만약 그 행동이 침대보가 아니라 국기를 가지고 한 것이었다면, 그 반응은 매우 달랐을 것이다. 아마도 폭력적이었을 것이다. 왜냐하면 국기는 다른 종류의 천과는 다르게 열정을 불러일으키는 문화적 상징이기 때문이다. 묵시 본문을 다루는 설교자들에 대한 도전 중 하나는 그들의 회중이 본문 안에 있는 상징적 이미지가 불러일으키는 열정을 이해하고 이상적으로 느낄 수 있도록 도울 수

---

13 이 예시는 다음에서 나온 것이다. D. S. Jacobson, *Preaching in the New Creation: The Promise of New Testament Apocalyptic Texts* (Louisville, KY: Westminster John Knox, 1999), 60-61.

있는 방법을 찾는 것이다.

데이비드 제이콥슨(David Jacobsen)은 오늘날 상징 언어와 이미지가 오용되고 있는 두 가지 방식을 지적한다.[14] 한 가지는 그것을 단순하게 하나의 대상에 대한 언급으로 간주하는 것이다. 그래서 다니엘의 네 생물은 단순하게 네 개의 연속적인 제국을 가리키는 것으로 이해된다. 따라서 요구되는 모든 것은 "그 암호를 푸는 것"이다. 네 생물은 바빌로니아, 메대, 페르시아, 그리스를 상징하는가? 아니면 바빌로니아, 메대-페르시아, 그리스, 로마인가? 아니면 제3제국(히틀러 치하의 독일), 소련, 미국, 중국인가? 이 환상은 혼돈이 피조세계를 위한 하나님의 목적을 파괴하려고 위협한다는 걱정을 표현하거나 자아내는 상징적 환상 대신에 해독해야 하는 암호가 되었다. 암호로서의 환상은 오직 한 대상만을 가리킬 수 있고, 따라서 제국들의 정확한 배경을 찾는 것이 해석자를 사로잡아버린다. 상징으로서의 환상은 혼돈이 하나님의 목적들을 지배하려고 위협하는 것처럼 보이는 다양한 상황에 대해 말할 수 있다.

제이콥슨이 말하는 또 다른 오용은 개인적 주관성 안으로 퇴각하는 것이다. 제이콥슨이 보기에 이것은 프로이트적 정신 치료(Freudian psychotherapy)와, 실존주의 철학의 측면에서 성서에 대한 불트만의 "탈신화화"(demythologizing) 및 "재신화화"(remythologizing) 모두에 영향을 받았다. 나는 그렇게 보지 않았지만, 아마도 누군가는 다니엘 7장의 환상을 이교도의 땅에 사는 포로로서 하나님께 순종하는 삶을 살고자 노력하는 선견자의 자아(Ego)와 초자아(Superego) 사이의 내적 투쟁이라는 관점에서 해석했을 수도 있다. 여기서 더 일반적인 핵심은 어떤 성서 본문의 메시지를 개인화

---

14 앞의 책, 54-60.

구약 설교, 어떻게 할 것인가?

하고 개별화하려는 많은 현대 설교의 경향이다.

(2) 묵시 본문의 역사 사용

어떤 묵시문학들은 역사에 대한 개요를 포함한다. 많은 주석가와 설교자들이 인식하지 못하는 것은 이런 개요 역시 상징적 문학의 한 형태라는 것이다. 우리가 현대의 "과학적 역사"(scientific history)에서 기대하는 것처럼 이 개요들을 "객관화"하고 그것을 주로 역사에 대한 연대기적 기록으로 다루는 것은 그것의 핵심을 놓치는 것이다. 이 개요들은 레스터 그래비(Lester Grabbe)가 "크로노그라피"(chronography)라고 부른 것으로서 더 잘 간주되는데,[15] 이는 주요 사건들의 발생을 예측할 수 있는 수단을 제공하기 위한 것이 아니라 그 사건들의 의미와 중요성을 해석하려는 목적으로 의도된 역사에 대한 상징적 도식이다.

이에 대한 가장 두드러진 사례는 다니엘 9:24-27의 "칠십 주"에 대한 도식이다. 제임스 몽고메리(James Montgomery)는 이 단락을 "구약비평의 음울한 늪"으로 묘사했다.[16] 왜냐하면 이 단락을 연대기로 다루어야 한다고 가정하면서 그것을 "해독"하고자 하는 수많은 불만족스러운 시도가 있었기 때문이다. 나는 다른 곳에서 칠십 주 패턴이 레위기 25장에 있는 안식년과 희년의 순환에 대한 상징을 사용한다고 주장했다.[17] 안식년과 희년의 순환에 대한 상징을 사용한 것의 효과는 자신의 백성을 압제로부터 구원한 하나님으로서 야웨에 대한 신뢰를 불러일으키는 것이다. 이 경우에 모세 율법에 부과된 문화적 관습은 역사의 주기를 이해하는 방식을 제공하기 위

---

15 L. L. Grabbe, "Chronography in Hellenistic Jewish Histography," *SBLSP* 17 (1979), 43-68.

16 J. A. Montgomery, *The Book of Daniel*, ICC (Edinburgh : T. & T. Clark, 1927), 400.

17 E. C. Lucas, *Daniel*, AOTC (Leicester : Apollos, 2002), 245-248.

해 사용된 상징의 기초다.

다니엘 8장과 다니엘 11:2-12:4의 개요에서는 역사에 대한 덜 분명한 상징 패턴을 발견할 수 있다. 다니엘 8:1에서 벨사살을 언급한 것은 단지 연대만을 제공하지 않는다. 그것은 다니엘 5장의 이야기와 이 환상 사이의 비교를 야기한다. 어느 정도 벨사살은 작은 뿔에 대한 흐릿한 예시다. 그는 성전에서 가져온 제기들을 더럽혔고(단 8:11-12), 그의 운명은 하늘로부터 보내진 손에 의해 확정되었다(단 8:25c). 단어와 구절들의 반복은 숫양, 염소, 작은 뿔의 이력들 안에서 분명한 패턴을 만들어낸다. 그것들은 각각 위대하게 되고(단 8:4c, 8a, 9a), 각각의 힘이 강조되고(4b, 7b-8, 24절), 각각의 마지막은 부서지는 것으로 표현된다(7a, 8b, 25c절). 이런 패턴의 목적은 작은 뿔의 손으로 인해 고통당하는 사람들에게 비록 그것이 땅 위에 높이 솟아 있고 난공불락처럼 보인다고 할지라도 그 권력은 무너질 것이라는 점을 확신시키기 위한 것이다.

네 명의 특별한 왕의 이력들은 다니엘 11:2-12:4에 등장한다. 즉 "능력 있는 왕"(단 11:3-4), "북방 왕"(10-19절), "왕"(20절), "한 비천한 사람"(21-45절)이다. 마지막 인물에게 주어진 분량은 그가 이 연구의 초점이라는 것을 가리킨다. 그의 이력의 몇몇 측면은 이전 왕들의 이력으로 예시된다. 능력 있는 왕과 이전의 북방 왕처럼 그는 "자기 마음대로 행할" 수 있다(3b, 16, 36a절). 북방 왕처럼 그는 "영화로운 땅"을 침공하고(16, 41절) 거기서 지지를 얻는다(14, 30b, 32a절). 둘 다 기만적인 조약들을 맺고(17, 23절), 그들의 힘이 증대하는 시기에 방해물을 만난다(18b, 30a절). 북방 왕은 비천한 사람의 교만에 대한 암시를 보여준다(12a, 36a, 37b절). 20절의 왕처럼 이 비천한 사람은 조공을 요구하고 부를 쌓는 데 관심이 있다(28, 43절). 이전 왕들의 이력들이 이 비천한 사람의 이력을 예시한다는 사실은 이 비천한 사

구약 설교, 어떻게 할 것인가?

람의 엄청난 성공에도 불구하고 그들처럼 그의 이력 역시 이른 시기에 몰락할 것이라는 사실에 대해 독자들을 준비시킨다(4a, 19, 20b절). 이런 패턴은 그 아래에서 고통당하고 있는 사람들에게 그의 통치는 제한이 있고 때 이른 몰락을 맞이할 것이라는 점을 확신시킨다.

다니엘 8장과 11장에 있는 패턴들은 단순히 역사에 부과된 것이 아니다. 이 패턴들은 역사 안에서 인식되고 역사로부터 도출된다. 여기에 고대 이스라엘의 지혜 교사들의 작품과의 유사성이 있다. 이 지혜 교사들은 다양한 수준의 경험에서 그런 패턴들을 찾았고 그것을 격언으로 표현했다. 한 가지 패턴은 이것이다. "교만은 패망의 선봉이요, 거만한 마음은 넘어짐의 앞잡이니라"(잠 16:18). 다니엘서의 저자는 국제 정치의 무대에서 이런 패턴을 뚜렷하게 본다. 성공 및 권력과 함께 다가올 수 있는 교만은 통치자들과 나라들을 다양한 방식으로 제 꾀에 넘어가게 하여 그들을 멸망하게 한다.

역사가 묵시적 이미지들을 다양한 상황에 적용할 수 있도록 해주는 그 이미지들의 상징적 의미인 것처럼, 역사는 역사에 대한 개요들의 상징적 의미와 함께 이런 패턴들을 통해 드러난다. 그 개요들을 단순하게 역사의 한 시기를 가리키는 연대기로 읽으면 설교자는 오늘을 위한 메시지를 찾기 위해 허우적거리게 된다. 그러나 크로노그라피(chronography)로 읽는다면 설교자는 그 제공된 패턴이 오늘날 보이는지 아닌지를, 그리고 어디서 보이는지를 질문하도록 도전받는다.

역사 안의 패턴들에 관해 말하는 것은 포스트모더니즘의 환경에 쉽게 정착하지 않는다. 포스트모더니즘의 사람들은 메타-내러티브들(meta-narratives), 즉 역사 안의 좀 더 작은 내러티브들을 통합시키고 그것에 의미를 제공하는 가장 중요한 이야기들을 싫어한다. 이에 대해 최소한 두 가지 근거가 존재한다. 하나는 그 메타-내러티브들이 실제가 아니라 단순하게 역사에 부과된 이야기라는 의심이다. 성서의 독자들은 스스로 이 메타-내러티브들의 유효성을 자유롭게 판단할 수 있다. 예일 대학교의 폴 케네디(Paul Kennedy) 교수는 전적으로 세속적인 관점으로 성서를 읽으면서 다니엘서에 나오는 것과 같은 역사의 한 패턴을 식별했고, 그것을 자신의 저서 『대제국의 흥망성쇠: 1500-2000년의 경제적·군사적 갈등』(*The Rise and Fall of the Great Powers: Economic and Military Conflict from 1500 to 2000*)에서 길게 서술한다. 그 제목에도 불구하고 이 책은 1988년에 출판되었다. 1985/6년에 그 책을 쓸 때 케네디는 자신이 식별한 패턴을 너무 확신한 나머지 소련이 21세기까지 남아 있지 않을 것이라고 예측했는데, 그는 소련의 수명을 과대평가했다. 우리가 알다시피 소련은 1989년에 붕괴했다. 그는 이것을 비인격적인 경제적·정치적·사회적 세력들의 결과로 간주한다. 나는 우리가 그것들 안에서 역사하시는 하나님의 손을 보는 것이 당연하다고 생각한다.

포스트모더니즘이 메타-내러티브들을 싫어하는 또 다른 근거는 그것들이 "억압적"(oppressive)이라는 주장이다. 힘이 있는 자들은 다른 사람들에게 일을 하는 것에 대한 자신의 관점과 방식들을 강요한다. 이것은 성서의 묵시 본문들 안에 있는 메타-내러티브들에 적합하지 않다. 묵시 본문들은 "아랫면"으로부터의 관점을 제시한다. 묵시 본문들은 억압하는 자들의 메타-내러티브에 대한 도전이다. 이런 메타-내러티브들은 결국 억압하는 자들의 몰락으로 종결될 단순히 교만한 자랑으로 폭로된다. 설교자들이 직면한 도전은 현재의 잘못된 메타-내러티브들과 그것의 억압적 영향력을 폭로하는 것이다. 그러나 모든 메타-내러티브들을 일축하는 대신에 설교자들은 대안적이고 실제적이며 자유롭게 하는 기독교 메타-내러티브를 동반한 청중의 상상력을 포착해야 한다.

구약 설교, 어떻게 할 것인가?

설교자들에 대한 또 다른 도전은 묵시사상가들이 역사를 거대 규모로 바라본다는 것이다. 다니엘서, 이사야서, 요엘서, 스가랴서는 모두 하나님이 전체 공동체 및 열방과 함께 그리고 그들에게 무슨 일을 행하시는지를 다룬다. 찰스 캠벨(Charles Campbell)이 요한계시록에 관해 말한 것은 이 본문들에도 적용된다.

> 요한은…개인적인 죄가 아니라 하나님의 백성을 위협하고 유혹하여 죽음의 길로 몰아넣으려 하는 이 거대한 세력들에 대해 우선적으로 관심을 둔다.… 요한의 증언의 초점은 개인들이 아니라 믿음의 **공동체**에 있다. 그의 목적은 회중 가운데 있는 사람들이 직면할 수 있는 개개인의 목회적이거나 치료적인 쟁점들을 다루는 것이 아니다. 오히려 그는 공국(公國)과 권력의 위협과 유혹을 거부하기 위해 요구되는 믿음과 희망의 자원들을 지닌 공동체로서 교회를 세우는 것을 추구한다.…요한계시록은 개별적인 회중 구성원들의 요구와 문제들을 다루기 원하는 치유 설교자들을 위한 책이 아니다. 그것은 설교자들을 공적이고 정치적인 영역 안으로 초대하는 책이다.…이 사실이 기괴한 이미지와 모호한 비유들보다 훨씬 더 오늘날의 기독교 설교자들에게 가장 큰 도전을 제시할 것이다.[18]

(3) 묵시 본문의 이원론

이 글의 시작 부분에서 인용된 묵시문학의 정의는 묵시 본문들 안에 나타나는 두 종류의 이원론(dualism)을 강조한다. 가시적 세상과 초자연적 실재

---

18 C. L. Campbell, "Apocalypse Now: Preaching Revelation as Narrative," in J. B. Green and M. Pasquarello Ⅲ (eds.), *Narrative Reading, Narrative Preaching* (Grand Rapids: Baker Academic, 2003), 151-175. 인용문은 156-157에 있다.

의 대조 안에는 "공간적" 이원론이 존재한다. 그리고 "지금"과 "그날", "주의 날" 또는 "마지막" 사이의 대조 안에는 "시간적" 이원론도 존재한다. 이두 가지는 현대 서구적 세계관에 도전이 되는 어떤 것을 제시한다. 그러나설교자들이 이 이원론을 진지하게 다루도록 사람들을 도울 수 있는 방식들이 있다.

내가 주일 학교 학생이었을 때 우리는 다음의 구절을 포함하는 찬송을부르곤 했다. "밝게 빛나는 푸른 하늘 위에 어린아이들을 위한 집이 있다." 이런 이미지는 우주 비행의 등장으로 낡은 것이 되어버렸다. 내 자녀들이어려서 "천국은 어디에 있어요?"라고 질문했을 때, 나는 "천국은 하나님이계신 곳이야"라고 대답했다. 톰 라이트(Tom Wright)도 동일하게 말한다. 물론 그는 이를 훨씬 더 정교한 신학적 언어로 이야기하지만 말이다. 그는 다음과 같이 말한다. "천국은 현재의 실재에 대한 하나님의 차원이다."[19] 그는 열왕기하 6:15-19에 있는 이야기를 언급함으로써 자신이 의미하는 것을 설명한다. 이 단락에서 엘리사와 그의 종은 시리아 군대에 둘러싸인다. 종이 말한다. "아아, 내 주여, 우리가 어찌하리이까?" 엘리사는 그에게 두려워하지 말라고 말하며 이렇게 기도한다. "여호와여, 원하건대 그의 눈을 열어서 보게 하옵소서." 야웨가 그의 눈을 여시자 그는 불말과 불병거가 산에 가득하여 엘리사 주변에 있는 것을 본다. 여기서 일어난 일은 그곳에 계속 함께 있었으나 일반적으로는 보이지 않는 실재의 한 차원이 갑작스럽게 드러난 것이었다. 하나님은 우리와 완전히 분리된 현실에 존재하시지 않는다. 오히려 우리가 일반적으로 경험하는 그의 **중재된 현존**(mediated presence)과는 다르게 그의 **직접적인 현존**(immediate presence)은 우리의 현실

---

19 N. T. Wright, *New Heavens, New Earth* (Cambridge : Grove Books, 1999), 14.

구약 설교, 어떻게 할 것인가?

에 존재하지만 일상적으로는 보이지 않는 차원에 존재한다. 우리의 현실에서 보이지 않는 부분인 "현재의 실재에 대한 하나님의 차원"으로서 천국을 생각하는 것은 우리에게 이상하게 보이지 않을 것이다. 우주론자들은 지난 이십 년 동안 끈 이론(String Theory)에 대해 말해왔다. 그에 따르면 적어도 십 차원 이상의 현실이 존재하고, 그중 여섯 개는 "압축되어"(compactified, "둘둘 말려"[rolled up]) 있어서 우리는 그것들을 인지할 수 없다. 내가 천국이 그런 가상의 차원들 중 하나에 있다고 주장하는 것은 아니다. 현실의 다양한 차원에 대한 생각과 그것들 사이를 움직이는 것은 공상 과학 소설과 영화에서 흔하다.

때때로 "세상의 끝"에 대한 가능성 있는 시나리오들이 현대적 지성 안으로 침투한다. 예를 들면 핵 대참사, 지구적 환경 재앙, 소행성 충돌 등이다. 이런 것들을 묵시적 시나리오에 연결하는 것이 얼마나 유용한지에 대해서는 의문을 제기할 만하다. 그러나 이것들은 지구 위에 있는 인간 존재의 취약성과, 인간의 죄(권력에 대한 욕망, 공격성, 이기심, 탐욕)가 지구를 악화시키고 있다는 사실을 사람들에게 일깨우는 데 사용될 수 있다.

묵시사상에는 상대주의에 기반을 둔 관용에 최우선의 자리를 내주는 현대의 서구적 사고방식에 도전하는 강한 윤리적 이원론도 존재한다. 설교자는 이런 윤리적 이원론을 주의 깊게 다루어야 한다. 윤리적 이원론은 너무 쉽게 영적인 마녀사냥이나 축귀로 강등될 수 있다. 그러나 윤리적 이원론은 악이 좀처럼 명백하게 드러나지 않으며 때때로 좋은 것의 외형을 취한다는 사실을 진지하게 다루도록 우리에게 도전한다. 가난한 사람들을 집주인으로 만들어주는 방식으로서 옹호되는 서브프라임 모기지론(비우량주택담보대출)은 자신의 주머니를 채우고 사치스러운 삶을 지속하기 위해 탐욕스러운 금융 상인들이 고안한 금융 상품의 일부다. 사탄도 빛의 천사로 가장할 수 있다. 이것은 교회 밖의 사람들뿐만 아니라 교회 안의 사람들에게도 너무 그럴듯해서 사람들을 악에 연루되게 만든다. 묵시를 설교하는 자들이 미래를 드러내고 싶은 열망으로 인해 종종 놓치게 되는 묵시의 "폭로"(unveiling) 기능의 일부는 교회와 세상에서 현재 활동하고 있는 악을 폭로하는 것이다. 이는 최소한의 부, 권력, 자신의 삶의 선택들에 대한 통제권, 즉 경제적·정치적인 현재 상태에서 그들에게 일정한 기득권을 제공하는 모든 것을 소유한 회중에게는 인기 있는 설교가 되지 않을 것이다.

3. 묵시 본문 설교하기: 메시지

설교의 전문가들과 선생들이 묵시 본문을 설교하는 일과 관련된 중요한 도전으로 간주하는 몇 가지를 고려한다면, 이제 그런 도전들이 지닌 주요 신학적 주제들의 윤곽을 간략하게 정리할 시간이다.

(1) 하나님은 역사의 주인이시다.

히브리 예언자들은 야웨의 손이 그의 백성의 역사 안에서 일하는 것을, 심지어 야웨의 목적을 대행하는 대리인인 예언자들을 둘러싸고 있는 거대한 권력들조차도 사용해서 활동하는 것을 보았다. 이런 주제는 묵시사상에서 훨씬 더 강하게 등장한다. 역사에 대한 개요와 그 패턴들의 배후에는 하나님이 다스리시고 있다는 신념이 있다. 특별히 하나님은 역사를 자신이 계획한 절정으로 이끌어가실 것이다. 이것은 다니엘 7:9-10에서 심판의 보좌 위에 있는 옛적부터 항상 계신 이에 대한 환상으로 강력하게 표현된다. 그러나 이런 확신은 모든 배우가 단순히 자신에게 정해진 역할만을 수행하는 미리 기록된 대본의 예행연습에 불과한 것으로 역사를 만들지 않는다.

다니엘 11장의 왕들은 자신이 하고 싶은 대로 할 수 있는 자유를 가지고 있다. 페르시아의 왕자는 하나님이 의도하는 것을 방해하고 지연시킬 수 있다. 다니엘의 기도는 사건들에 어느 정도의 영향을 미친다. 사람들은 그들의 행위를 해명하기 위해 소집된다. 이는 그들에 대한 어느 정도의 도덕적 책임감을 암시한다. 제시된 인상은 영적인 영역과 인간 역사에서 발생한 것들 사이에서 시너지 효과를 준다. 한쪽의 행동이 단순히 다른 쪽에서 일어나는 것을 결정하지 않는다. 게다가 역사에 대한 하나님의 통제는 완전하게 명백한 어떤 것으로서 제시되지 않는다. 하나님은 무대 뒤에서 일하신다. 이것은 왜 발생한 사건이 신실한 자들을 당황하게 할 수 있는지에 대한 이유다. 그러나 신실한 자들은 그럼에도 불구하고 하나님이 다스리고 계시며 그분의 선한 목적이 결국 성취될 것이라는 사실을 확신한다.

(2) 악은 세상에 만연하지만 극복될 것이다.

묵시사상가들은 악의 실재를 매우 진지하게 다루었다. 인간의 악함과 그것의 영향은 이사야 24:5-6a에서 도식적으로 다음과 같이 요약된다.

> 땅이 또한 그 주민 아래서 더럽게 되었으니
>
> 이는 그들이 율법을 범하며
>
> 율례를 어기며
>
> 영원한 언약을 깨뜨렸음이라.
>
> 그러므로 저주가 땅을 삼켰고
>
> 그중에 사는 자들이 정죄함을 당하였고(사 24:5-6a).

하나님과 같이 되고자 하는 원초적 죄는 다니엘 7-12장의 "작은 뿔"과 "비천한 사람"을 통해 예시된다.

묵시사상가들의 특별한 강조는 악이 죄를 짓는 개인의 행동이라는 측
면으로 단순하게 간주되지 않는다는 것이다. 이사야 27:1과 다니엘 7장에
서 혼돈이라는 괴물의 이미지를 사용한 것은 비록 인간이 그 안에서 어떤
역할을 한다고 할지라도 인간과 그들의 행위로 제한되지 않는 고유한 악이
존재한다는 것을 암시한다. 이사야 24:21은 하늘에 있는 악한 영적 세력의
존재를 암시한다. "그날에 여호와께서 높은 데에서 높은 군대를 벌하시며
땅에서 땅의 왕들을 벌하시리니."

구약의 묵시 본문들은 악의 기원과 존재에 대해 어떤 설명도 제공하지
않는다. 그 본문들은 하나님이 악을 이길 것이라는 점만 약속한다. 악인들
이 심판받고 악이 하나님의 창조로부터 근절되는 최후의 야웨의 날이 있을
것이다. 리워야단은 "견고하고 크고 강한 칼"로 심판받고, 용이 죽으며(사
27:1), 짐승은 죽임을 당하고 불탈 것이다(단 7:11).

(3) 야웨가 통치할 것이다

온 땅에 만연한 악에 대한 묘사 때문에 외견상 비관적으로 보일지라도, 묵
시적 종말론의 메시지는 궁극적으로 희망이다. 야웨의 날은 신실한 자들에
게 구원을 가져온다. 이는 다음과 같은 다양한 이미지로, 즉 풍부한 음식의
큰 축제(사 25:6), 죽음의 제거와 기쁨이 눈물을 대체함(사 25:7-9), 열매가
많은 식물(사 27:6), 열매가 풍성한 땅(욜 3:18) 등으로 묘사된다.

가장 편만한 이미지는 자신의 통치를 확립하는 하나님에 대한 이미지
다.

• 이사야 24:23: "이는 만군의 여호와께서 시온산과 예루살렘에서 왕이 되
  시고."

구약 설교, 어떻게 할 것인가?

- 스가랴 14:9: "여호와께서 천하의 왕이 되시리니 그날에는 여호와께서 홀로 한 분이실 것이요, 그의 이름이 홀로 하나이실 것이라."
- 스가랴 9:9-10은 열방 가운데 평화를 설립하고 땅끝까지 통치하기 위해 예루살렘으로 오는 승리하는 왕에 대한 그림을 그린다.

더욱이 다니엘 7:13-14에서 짐승들에 대한 심판 이후에 "인자 같은 이가 권세와 영광과 나라를 받고, 모든 백성과 나라들과 다른 언어를 말하는 모든 자들이 그를 섬기게 된다." 이것은 짐승에 대한 환상의 창조 이미지라는 관점에서 특별한 중요성을 갖는다. 여기서 묘사되는 것은 하나님이 세상을 창조했을 때 그분의 목적의 성취, 즉 그의 형상과 모양대로 만들어진 인간이 세상에 대한 지배권을 갖고 그분의 대표자로서 세상을 통치해야 한다는 것이다. 여기서 구원에 대한 이해는 개별적 인간을 구원하는 것을 넘어 전체 창조세계를 포함한다. 또한 이것은 이사야 65, 66장에 있는 "새 하늘과 새 땅" 단락에 대한 이해이기도 하다.

개인에 대한 구원은 무시되지 않는다. 바로 묵시적 종말론에서 영원한 생명으로의 부활 혹은 영원한 수치로의 부활이라는 분명한 약속이 최초로 등장한다(단 12:2).

(4) 신실하게 남아 있으라는 요청

묵시의 전반적인 메시지는, 그것이 죽음이든지 야웨의 날이든지 간에, 마지막까지 견디고 신실하게 남아 있으라고 신실한 자들을 격려하는 것이다. 이는 윤리적 이원론으로 상대주의와 타협을 거부하고, 신실한 자들에게 의롭게 남아 있을 것을 요청한다. 이것이 다니엘 1-6장의 이야기들과 다니엘 7-12장의 묵시 환상들 사이를 연결하는 논리다. 이 이야기들은 짐승들이 날뛰며 돌아다니는 이방의 세상에서 야웨에 대해 신실한 삶을 살라는 도전이다. 그 환상들은 이것에 대한 동기 부여를 제공한다. 짐승들은 심판받고 파괴될 것이다. 그리고 하나님의 통치는 땅 위에 확립될 것이고, 신실한 자들은 그것을 공유하기 위해 일으켜질 것이다.

4. 묵시 본문으로부터 그리스도를 설교하기

신약은 기독교 설교자들에게 이런 본문들을 그리스도의 인격 및 사역과 관련짓기 위한 몇 가지 단서를 제공한다.

예수는 자신을 "인자"(the Son of Man)로 자주 언급했다. 이것은 적어도 부분적으로는 그가 그 자신을 하나님의 통치를 이끄는 존재로서 그리고 세상을 창조한 하나님의 목적의 성취로서 바라보기 때문이다. 히브리서 2:1-9 역시 다니엘 7장에 대한 이런 이해를 밝혀준다. 세상이 그를 통해 창조되었고, 만유의 상속자(히 1:2)인 예수는 단순히 개개인인 인간을 구원하기 위해서가 아니라 하나님이 세상을 창조하고 그것을 다스리도록 자신의 형상대로 사람을 창조했을 때 품었던 본래 목적을 성취하기 위해 왔다. 그가 죽음을 패배시킨 것(히 2:14-15)은 우리가 진정한 인간성을 회복하고 적절한 방식으로 우리의 지배권을 행사할 수 있다는 것을 의미한다. 여기에는 창조세계에 대한 우리의 돌봄과 관련된 명백한 암시들이 있다.

다니엘 7:13에 있는 "인자 같은 이"는 그 장의 뒷부분에서 언급되는 "지극히 높으신 이의 성도들"을 대표한다. 그들은 그 나라를 얻기 전에 고난을 견뎌야 한다. 이것은 자신의 고난에 대해 예수가 이해한 것, 특별히 하나님 나라는 악과 싸우는 데 있어서 기꺼이 고난을 감내하는 사람들을 통해서만 얻어질 수 있다는 진리의 한 요소였을 수 있다. 이것은 제자도에 관

구약 설교, 어떻게 할 것인가?

한 신약의 가르침에서 중요한 주제다(막 8:34-38; 벧전 3:13-17; 4:12-19).

예수는 다니엘 12:2-3에서 약속된 부활의 "첫 열매"다. 그의 부활은 고통을 당하고 있는 사람들, 심지어 죽음에 다다른 사람들에게 그들은 가망 없는 존재가 아니고 그들의 고통은 영광으로 이어질 것이라는 확신을 준다. 이것은 고린도전서 15:58에서 우리의 수고가 헛되지 않은 줄 알기 때문에 그리스도를 위한 일에 항상 힘쓰라고 말하는 바울의 권면으로 이어진다.

예루살렘으로 입성할 때 예수는 우주적인 평화의 통치를 확립하기 위해 오는 왕에 대한 스가랴의 묘사를 실행한다(슥 9:9-10과 마 21:4-5 — 역자 주). 요한복음 19:37은 예수의 십자가 죽음에서 스가랴 12:10의 부분적 성취를 본다. 궁극적이고 지속적인 평화는 폭력이 아니라 겸손과 고난을 통해 온다.

오순절에 베드로는 성령의 선물을 예수의 사역, 죽음, 부활 및 승천의 절정으로서 요엘 2:28-29이 약속한 것의 성취라고 선언한다. 그러나 오순절은 묵시사상가들이 예견한 종말을 미리 맛본 것에 불과하다. 그것은 "종말의 시작"이라는 신호를 보낸다. 우리는 세대들의 "중첩"(overlap) 안에 살고 있다. 즉 "이 세대"와 "장차 올 세대"다. 이것은 구약의 묵시 본문들의 환상 안에서는 분명하게 보이지 않는 중요한 것이다. 이는 우리가 이런 본문들의 빛 안에서 어떻게 삶에 접근해야 하는지를 이해하도록 도와주는 신약의 중요한 공헌이다.

이사야 25:8에서 약속된 죽음의 폐기는 바울이 고린도전서 15:54에서 분명하게 말한 것처럼 예수의 죽음과 부활을 통해 성취된다. 이 구절에서 "사망을 삼키고 이기리라"라는 말은 아마도 이사야서의 구절에 대한 자유로운 인용일 것이다. 그리스도의 승리는 묵시 본문들에서 선포되는 악에 대한 하나님의 궁극적 승리라는 추가된 확신을 우리에게 제공한다.

하나님의 백성을 아이를 출산할 수 없고 진통만 하고 있는 여인으로 그리고 있는 이사야 26:17-18의 묘사는 분명히 한 아이가 태어나고 그가 메시아라는 요한계시록 12:1-6에 나오는 이미지의 근원들 중 하나다. 요한의 환상의 이런 이미지는 아폴론 신화에도 토대를 두고 있는데, 이는 황제가 아니라 예수가 진정한 구원자라고 주장한다.

- ### • 다니엘 7:1-22과 요한계시록 5:1-10에 대한 설교 개요: "하나님의 목적을 신뢰하기"

다니엘 7-12장은 묵시문학(apocalyptic literature) 즉 풍부한 이미지가 있는 문학 유형의 사례다. 요한계시록은 또 다른 사례다. 이 둘의 이미지는 메시지를 숨기고 예언 문학의 전문가들에게 풀어야 할 퍼즐을 제공하기 위해 의도된 것이 아니다. 그 이미지는 그것이 유래한 문화에서 강하게 의사소통했기 때문에 사용되었다. 우리의 문제는 우리가 다른 문화에서 왔다는 것이다.

세상은 무서운 장소가 될 수 있다

다니엘 7장의 기이한 이미지는 유대인 포로들을 포함하여 다니엘의 시대에 바빌로니아에 살고 있던 사람들에게는 상당히 흔했던 것이다. 그들은 이 이미지를 바빌로니아 문화의 두 가지 특징에 연결했을 것이다.

(1) 징조들

바빌로니아 사람들은 비정상적인 징후들은 중요한 사건들을 예시한다고 믿었다. 징조 점술의 한 형태는 가축의 자연 유산된 태아의 기형에 관심을 가졌다. 바빌로니아의 징조 제사장들은 이렇게 정상이 아닌 모양의 태아들 안에서 모든 종류의 기이한 생명체를 보았다.

출생 징조들은 기괴한 생명체들이 묘사되는 바빌로니아의 예술에 영향을 미쳤다. 따라서 다니엘 7장의 독자들에게 그 환상이 중요한 미래의 사건들과 관련되었다는 것은 분명했을 것이다. 그러나 다니엘은 바빌로니아의 출생 징조들에 의존하지 않았다. 그는 이스라엘의 하나님으로부터 대제국들의 성쇠와 관련된 계시를 받았다. 하나님은 바빌로니아의 문화적 이미지를 사용하셨는데, 왜냐하면 그것이 그가 말씀하시려는 대상인 사람들과 의사소통하는 강력한 방식이었기 때문이다.

(2) 신년 축제

이것은 바빌로니아의 중요한 축제였다. 이 축제는 바빌로니아의 신 마르두크와 흉포한 바다 괴물로 묘사되는 혼돈의 세력들 사이에 전투가 벌어지는, 그들의 창조 이야기를 재연하는 것을 포함했다. 마르두크가 혼돈의 세력들을 이긴 후에야 그는 질서정연한 우주를 창조할 수 있었다. 바빌로니아 사람들은 우주가 혼돈으로 붕괴되는 것을 항상 두려워했다.

그런 혼돈으로 붕괴될 가능성은 실제로 자주 있는 것처럼 보인다. 예를 들면 핵 확산, 국제적 테러, 경제적 혼돈 등이다. 다니엘의 환상은 이 세계가 심지어 경건한 사람들에게도 두려운 장소일 수 있다는 사실을 생생하게 말해준다.

하나님은 여전히 통치하신다.

환상은 다니엘 7:9로 이동한다. 다니엘은 혼돈의 짐승이 땅 위로 명백하게 등장함에도 불구하고 하나님이 여전히 우주의 보좌 위에 앉아 있음을 본다. 그는 왕이자 심판관이며 역사의 주인이다.

비록 지상의 권세들이 횡행한다고 할지라도 하나님의 목적은 심지어 그것들을 통해서도 성취될 수 있다는 것이 바로 구약의 주제다(사 10:5; 45:1). 이것은 이해하기 어렵다. 이사야는 "그의 일이 비상할 것이며…그의 사역이 기이할 것임이라"(사 28:21)라고 외친다. 그러나 이런 진리가 이해하기 어렵다고 할지라도, 그것은 세기를 걸쳐 하나님의 백성에게 위로와 격려의 큰 원천이 되었다.

다니엘은 하나님이 짐승들을 심판하시는 것을 본다. 그들은 힘을 박탈당할 것이고, "권세와 영광과 나라"는 "인자 같은 이"에게 주어진다.

하나님의 백성은 고난당할 것이다.

역사에 대한 하나님의 통치와 그의 나라의 승리에 대한 이런 확신 다음에 장면은 다시 전환된다. 우리는 네 번째 두려운 짐승에게 되돌아가고(19절 이하), 그것이 대표하는 한 지배자가 자신이 완전히 파괴되기 이전에 "성도들과 더불어 싸워 그들에게 이겼다"(21절)는 것과, 그가 "지극히 높으신 이의 성도를 괴롭게 할 것이며…성도들은 그의 손에 붙인 바 된다"(25절)는 것을 듣는다.

하나님의 신실한 백성은 그 짐승들이 초래하는 역경과 고난으로부터의 면제를 약속받지 않는다. 다니엘 7:25b의 첫 성취는 기원전 167-164년에 안티오코스 에피파네스(Antiochus Epiphanes) 치하에서 유대인이 겪은 끔찍한 박해였다. 예수는 다니엘서의 몇몇 예언을 유대인과 그리스도인들이 기원후 70년에 로마가 예루살렘을 파괴할 때까지 견뎌야 하는 고난에 다시 적용했다. 요한계시록 13장은 다니엘 7장을 로마 황제들이 그리스도인을 박해한 것에 다시 적용한다. 그리고 그것은 역사를 통해 계속되었다.

구약 설교, 어떻게 할 것인가?

만일 우리가 신실하지 않은 세상에서 하나님께 신실하게 살고자 한다면 고난은 불가피하다(벧전 4:12).

하나님의 목적은 성취될 것이다.

그러나 다니엘 7장은 우리에게 굳건하게 서서 희망을 잃지 말라고 격려한다. 하나님은 여전히 보좌 위에 있다. 하나님의 목적은 성취될 것이고, 그의 백성은 이런 최종적 승리를 공유할 것이다.

다니엘 7:13-14의 이미지가 26-27절과 평행을 이룬다는 사실은 27절에서 그 나라를 "지극히 높으신 이의 거룩한 백성"에게 주는 것을 13-14절에서는 왕권을 "인자 같은 이" 즉 "인간"(a human figure)에게 주는 것으로 묘사한다는 점을 명백하게 한다. 여기서 창조와 구속에서의 하나님의 목적들은 공통의 목표에 도달한다. 사람은 땅을 다스리기 위해 하나님의 형상대로 창조되었다. 하나님을 배반하고 거절할 때 우리는 본래 우리의 모습 즉, 진정한 인간이 되지 못한다. 따라서 반역적인 지상의 권세들은 짐승들로 묘사된다. 하나님의 구속적 목적은 우리와 그의 모든 창조물을 그가 본래 의도했던 모습으로 회복시키는 것이다. 우리의 경우에 우리를 진정한 인간으로 만드는 것이다.

다니엘의 환상은 그의 독자들에게 하나님의 목적이 승리할 것임을 확신시켰다. 우리에게는 추가적인 확신 즉 예수의 죽음과 부활이 있다. 예수는 자신을 "인자"라고 불렀다. 이것은 예수를 하나님의 고난당하는 성도들과 동일시했고, 그를 하나님의 목적이 성취되는 통로로서 간주했다. 이는 예수의 고난을 의미했다. 그는 짐승들처럼 짓밟혔고, 유대 민족주의와 로마 제국주의 사이에서 억류되었다. 그들은 예수를 십자가에 못 박았다. 그러나 그는 부활하여 승리를 거두었고 지금 죽임당한 어린양으로서 하늘에서 통치하고 있다.

결론

이 장은 세상에서의 삶에 관한 근본적인 진리들을 가르친다.

- 우리는 두려운 세력들에 직면하고 그 세력들이 야기한 혼돈에 영향을 받을 수 있다. **그러나** 우리는 하나님이 여전히 보좌 위에 계신다는 것을 확신할 수 있다.
- 우리는 우리의 믿음 때문에 고난당할 수 있다. **그러나** 하나님의 목적은 성취될 것이고, 우리는 예수의 고난과 부활을 통해 성취된 그의 승리를 공유할 것이다.

그러므로 우리가 이방의 세상에서 하나님을 위해 굳건하게 서서 그의 나라에 대한 신실한 증인이 되어야 한다는 도전을 받아들일 만한 가치가 있는지를 궁금해할 때, 우리는 그의 목적들의 확실한 승리를 보여주는 다니엘의 환상으로부터 용기와 힘을 얻을 수 있다.

추천 도서

Jones, L. P. and J. L. Sumney, *Preaching Apocalyptic Texts* (St Louis, MO : Chalice Press, 1999).

Lucas, E. C., *Decoding Daniel: Reclaiming the Visions of Daniel 7-11* (Cambridge : Grove Books, 2000).

Sandy, D. B., *Plowshares and Pruning Hooks: Rethinking the Language of Biblical Prophecy and Apocalyptic* (Leicester : Inter-Varsity Press, 2002).

구약 설교, 어떻게 할 것인가?

'HE BEGAN WITH MOSES...'
PREACHING THE OLD TESTAMENT TODAY

제11장

소예언서 설교하기

앨리슨 로(Alison Lo)

소예언서는 사회적 정의, 종교적 부패, 경제적 부당함, 사회정치적 불안이라는 주제들이 우리의 세계 및 현대 교회와 매우 유사하다는 의미에서 놀랍도록 현대적이다. 그 간결성에도 불구하고 소예언서는 유대교와 기독교 정경에서 "가장 이질적인"[1] 책들로 간주된다. 이 책들에서 다루어지는 쟁점들은 무궁무진한 설교 자료를 확실하게 제공해준다. 이 자료는 우리와도 여전히 상당한 관련이 있다. 설교자들은 여러 가지 해석적이고 설교적인 기술을 가지고 소예언서를 설교하는 것이 가장 보람 있는 일임을 발견하게 될 것이다. 그러므로 이 장은 소예언서를 설교하는 기본적 원리들을 논의하고자 한다. 특별히 이 장은 스바냐서를 사례로 사용함으로써 이 원리들을 적용할 것이다. 실례를 들기 위한 목적으로 이 장의 끝부분에서는 확장된 설교 개요가 제시될 것이다. 우선 일곱 가지 원리를 살펴보도록 하자.

---

1 H. Marks, "The Twelve Prophets," in R. Alter and F. Kermode (eds.), *Literary Guide to the Bible* (Cambridge, Mass.: Belknap Press of Harvard University Press, 1987), 207.

1. 역사-문화적 맥락을 간략하게 설명하라.

하나님은 역사의 특정한 시기에 예언자들을 통해 이스라엘과 유다의 백성에게 말씀하신다. 그 역사적 상황들에 대한 이해는 이 본문들의 의미에 대한 핵심적인 단서들을 제공할 수 있다. 설교자는 소예언서에 대한 설교를 준비할 때 이 첫걸음을 주의 깊게 내디뎌야 한다. 책의 첫머리는 독자에게 그것의 배경에 관해 알려줄 것이다(예. 호 1:1; 암 1:1; 미 1:1 등). 이런 배경이 없는 곳에서는 본문 자체가 그것의 역사적 맥락에 관한 단서들을 제공할 것이다.

기원전 8세기에 이스라엘에서는 호세아와 아모스가, 유다에서는 미가가 이스라엘이 아시리아에게 멸망당한 것을 증언했다(기원전 722년). 나훔, 하박국, 스바냐는 기원전 7세기 무렵에 활동했는데, 그 시기에 아시리아 제국은 쇠퇴하고 바빌로니아 제국이 흥왕하고 있었다. 바빌로니아는 기원전 587년에 유다를 멸망시켰고 그 결과 바빌로니아 유수가 발생했다. 오바댜 11-14절은 아마도 바빌로니아가 유다를 멸망시키는 데 에돔이 참여했던 기원전 587년의 상황을 반영하는 것으로 보인다. 학개, 스가랴, 말라기가 예언자로 활동했을 때 페르시아는 바빌로니아 제국을 멸망시키고 유대인들이 고향으로 귀환하여(기원전 538년) 예루살렘에 성전을 재건하도록 허락했다. 성전 재건은 포로기 이후의 시기에 시작되었다. 학개와 스가랴의 독려에 힘입어 성전은 기원전 515년에 완공되었다. 요엘과 요나가 사역한 시기에 관해서는 일반적인 합의가 존재하지 않는다. 요엘은 일반적으로 포로기 이후로 간주된다. 열왕기하 14:25의 언급은 요나가 여로보암 2세의 통치기에 활동했던 이스라엘의 예언자였을 가능성을 암시한다. 그러나 그의 이야기는 때때로 허구로 간주된다. 소예언서의 역사적 배경은 대부분의 주석서에서 확인할 수 있다.

구약 설교, 어떻게 할 것인가?

설교에서 역사적 배경에 대한 간략한 소개는 청중을 시대착오의 문제로부터 구할 수 있다. 그러면 청중은 기원전 8세기 예언자나 포로기 또는 포로기 이후의 예언자로부터 무엇을 기대해야 할지를 알게 될 것이다. 예를 들어 이런 역사적 지식이 있으면, 청중은 호세아와 아모스가 둘 다 기원전 8세기 예언자임에도 불구하고 서로 많이 다른 이유를 이해할 수 있다. 전자는 이스라엘을 자국민의 관점으로 이해했던 반면에 후자는 유다인의 시각으로 인식했다. 게다가 역사적 배경에 대한 지식은 다양한 적용 가능성을 열어놓을 수 있다. 예를 들어 만약 하나님이 아모스를 목자이자 뽕나무를 재배하는 자로서 이스라엘에서 인기 없는 사역을 계속하도록 유다로부터 보내신 것이라면, 오늘날 교회에 있는 어떤 사람들도 반대와 역경에 직면할 수 있는 도전적인 사명이나 사역으로 하나님께 부름 받을 수 있다.

2. 장르와 문학적 특징들을 고려하라.

설교자들은 본문의 장르와 문학적 특징들을 확인할 필요가 있다 소예언서는 다양한 장르, 예를 들어 상징 행동(symbolic actions, 호 1:2-11), 환상 보고(vision reports, 암 7:1-8; 슥 1:8-17), 심판 신탁(judgement oracles, 욥 15-16절), 구원 신탁(salvation oracles, 암 9:11-15; 미 4:1-4), 화(禍) 신탁(woe oracles, 나 3장; 합 2:6-19), 열방에 대한 신탁(oracles against the nations, 습 2:4-15; 암 1:1-2:3), 소송(lawsuits, 미 1:2-7), 애가(dirges, 암 5:1-3; 미 1:8-16) 등을 사용한다. 이런 형태들의 대부분은 *The Forms of Old Testament Literature: Isaiah 1-39* (vol. 16)에 설명되어 있고, 이 책은 예언 문학의 개요(1-30쪽)와 장르

들의 용어 사전(512-547쪽)을 포함한다.[2] 또한 반복(repetition), 평행(parallelism), 교차대칭구조(chiasm), 수미상관(inclusio), 언어유희(wordplay, pun), 수사적 질문(rhetorical question), 중복(doubling), 대조(contrast), 모순(contradiction), 은유(metaphor) 등등의 다른 문학적 특징에도 특별한 주의를 기울여야 한다.

　　설교를 준비할 때 장르와 문학적 특징을 아는 것은 단락 구분과 주석적 분석에 있어서 핵심적이다. 아모스 5:1-17을 예로 들어보면 이 단락은 그 장르에 따라 좀 더 작은 단위들로 나누어질 수 있다.

A 나라의 죽음에 대한 애가(1-3절)

B 하나님을 찾고 살라는 요청(4-6절)

C 불의에 대한 고발(7절)

D 야웨 찬가(8-9절)

C′ 불의에 대한 고발(10-13절)

B′ 하나님을 찾고 살라는 요청(14-15절)

A′ 나라의 죽음에 대한 애가(16-17절)

아모스 5:1-3과 5:16-17은 애가다. 아모스 5:4-6과 5:14-15은 회개에 대한 요청이다. 아모스 5:7과 5:10-13은 정의가 없는 것에 대한 고발이다. 중앙에는 야웨 찬가가 놓여 있다(암 5:8-9). 이 단락은 깔끔하게 교차대칭구

2　M. Sweeney, *The Forms of Old Testament Literature: Isaiah 1-39* (Grand Rapids: Eerdmans, 1996). (이 책의 "장르들의 용어 사전" 부분은 다음의 책에 번역되어 수록되었다. 차준희, 『최근 한국교회의 예언서 설교: 역사와 양식에 기초하라!』 구약사상문고 7 [서울: 대한기독교서회, 2013], 170-257─역자 주).

　　　　　　　　　　　　　　　구약 설교, 어떻게 할 것인가?

조를 보여준다. A-B-C-D-C´-B´-A´. 핵심 메시지는 일반적으로 교차대칭 구조의 중앙, 즉 나라의 미래에 대한 하나님의 주권적 능력을 강조하는 야웨 찬가(암 5:8-9)에 놓인다.

설교자들은 애가가 고대 이스라엘에서 사용된 방법을 알아야 한다. 애가는 보통 장례식에서 고인의 죽음을 애도하고 그의 업적을 기리기 위해 불렀다. 예언자들은 왕이나 의인화된 나라의 멸망이 다가오고 있음을 선포하기 위해 조롱조로 애가를 자주 사용했다. 여기서 아모스는 이스라엘 나라의 거의 죽은 상태를 비통해하고 있다(암 5:1-3, 16-17). 이스라엘은 정의를 행하는 데 실패했기 때문에 멸망당할 운명에 처해 있다(암 5:7, 10-13). 그런 상황에서 아모스는 회개를 요청하고, 이스라엘에게 하나님을 찾고 살 것을 촉구한다(암 5:4-6, 14-15). 백성을 죽음 및 삶에 대한 질문과 대면시킨 이후에 아모스는 하나님 즉 그들의 운명을 결정하는 유일한 존재에게로 돌아가라고 그들을 자극한다(암 5:8-9). 이스라엘의 운명에 대한 아모스의 고통스러운 고뇌와 비교해볼 때, 오늘날의 교회는 영원한 죽음의 형벌로 고난을 당하게 될 세상의 상실에 대해 얼마나 많이 애통해하고 있는가?

이런 사례는 장르와 문학적 특징이 단락 구분, 주석적 분석, 본문의 적용에 대한 단서들을 제공하는 방법을 보여준다. 더 중요한 것은 설교 개요가 성서 본문의 형태로부터 도출된다는 점이다. 이는 스바냐서를 사례로 들어 아래에서 탐구될 것이다.

3. 각 책의 핵심 주제를 강조하라.

소예언서 안에는 설교할 수 있는 내용이 매우 많다. 그러나 지나치게 많은 정보는 회중을 지루하게 만들 것이다. 그러므로 각 예언서의 중심 메시지를 되풀이하는 것이 더 낫다. 지면의 제약으로 인해 우리는 이 단락에서 논의를 위해 호세아서만을 다룰 것이다. 책의 주제를 확립하는 방법은 아래에 나오는 스바냐서의 사례에서 제시될 것이다.

호세아와 동시대 예언자인 아모스가 여러 나라를 염두에 두고 있는 반면에 호세아의 주요 관심은 선택된 백성인 이스라엘이다. 그러므로 설교자들은 호세아가 이스라엘과 야웨의 언약적 관계라는 맥락 내에서 말하고 있다는 것을 인식해야 한다. 야웨를 이스라엘의 남편이자 아버지로 묘사하는 것은 자신의 백성에 대한 하나님의 언약적 사랑, 즉 경쟁자를 용납하지 않는 사랑을 보여준다. "하나님을 아는 것"(호 6:6)과 "인애"(호 4:1; 6:6; 12:6)는 언약적 충성의 특성들이다.

호세아 2:14-23의 예를 들자면 여기서 하나님은 이스라엘과의 관계를 회복하기 위해 행동하신다. 호세아가 이스라엘에게 다시 구애하는 하나님에 관해 말할 때 그는 우리에게 옛 출애굽 당시의 이스라엘과 하나님 간의 친밀한 관계를 상기시킨다(호 2:14-15). 이제 하나님은 이스라엘이 바알로부터 돌아오는 것을 돕겠다고 약속하신다. 부서진 관계를 회복시킨 이후에 하나님은 다시 이스라엘의 남편이 되실 것이다(호 2:16-18). 이런 배타적인 언약 관계 안에서 하나님은 의로움, 정의, 인애, 자비와 신실함으로 이스라엘과 약혼할 것이며, 이스라엘은 하나님을 알게 될 것이다(호 2:19-20). 마지막으로 호세아의 자녀의 이름들이 심판의 이미지에서 희망의 이미지로 전환된다(호 2:21-23). 이제 "이스르엘"은 그 이름이 가지고 있는 "하나님이 씨를 뿌린다"라는 의미를 실제로 성취한다(호 2:22, 23a; 참조. 호 1:4, 11). "자비 없음"은 "나는 자비를 얻을 것이다"가 된다(호 2:23b; 참조. 호 1:6). "내 백성이 아니다"는 "너는 내 백성이다"가 된다(호 2:23c; 참조. 호 1:9). "내 백성"이라는 이름은 시내산 전통을 암시한다. 거기서 야웨는 이스라엘

구약 설교, 어떻게 할 것인가?

을 "내 백성"으로 불렀다(출 6:7; 3:7, 10). 호세아 2:14-23은 호세아서를 언약 신학의 빛 안에서 어떻게 읽어야 하는지를 보여준다.

4. 책들 사이에서 주제적 일관성을 추적하라.

최근의 학자들은 소예언서를 "열두 권의 책"으로 된 하나의 전체로 읽는 경향이 있는데, 이는 이 책들의 내적 일관성을 전제한다. 주제적 가닥에 대한 분석은 소예언서에 대해 좀 더 큰 밑그림을 그리는 것을 돕는다. 설교자들은 이 책들 사이의 연관성을 발견할 때 표어, 반복, 축어적 표현(verbatim), 수미상관, 대조, 모순 등을 인식해야 한다.

이 단락은 어떻게 처음 네 권의 책(호세아—오바댜)이 "야웨의 날"이라는 핵심 주제로 통일되는지를 논증한다. 호세아서는 하나님과 이스라엘 사이의 부서진 언약 관계를 묘사하기 위해 결혼과 부자 관계의 이미지를 사용한다. 이 책은 이스라엘이 회개하고 하나님께로 돌아갈 것을 요청한다. 하나님은 지금 그의 백성에 대한 사랑과 심판 사이에서 큰 딜레마에 빠져 있다. 열두 권 중 처음 책으로서 호세아서는 언약의 배신이라는 이스라엘의 공통적인 문제를 강조하면서 나머지 책들을 위한 장을 마련한다. 또한 호세아서는 열두 권의 또 다른 핵심 주제, 즉 야웨의 날을 끌어낸다. 그날의 긍정적인 측면과 부정적인 측면이 모두 이 책에서 명확하게 나타난다. 그날에 하나님은 이스라엘과 유다의 통일(호 1:11), 야웨와 이스라엘의 회복된 관계(호 2:16-20), 그리고 이스라엘과 동물 세계 사이의 회복된 관계(호 2:21-23)를 끌어낼 것이다. 반면에 그것은 "형벌의 날"과 "보응의 날"의 도래를 알릴 것이다(호 9:7-9).

"야웨의 날"(욜 1:15; 2:1, 2, 11, 29, 31; 3:1, 14, 18)은 요엘서의 주요 관심

사다. 이는 하나님의 개입의 긍정적인 측면과 부정적인 측면에 대한 호세아서의 강조를 확장한다. 임박한 재난에 직면하여 요엘서는 회개를 요청한다. 호세아 9:7-9과 유사하게 요엘서는 군대가 예루살렘과 유다를 공격하려고 올 것이라고 경고한다(욜 1:15-2:11). 그들의 회개가 받아들여진다면(욜 1:2-14; 2:12-17) 야웨의 영이 부어짐(욜 2:28-29), 우주적 심판의 날의 구원(욜 2:30-32 — 역자 주), 그리고 열방에 대한 심판(욜 3:1-21)이 있을 것이다. 요엘서는 곡식, 새 포도주, 기름을 보낸다는 하나님의 약속을 강조하면서 호세아 2:22을 인용한다(욜 2:19). 호세아서가 떠난 자리를 차지하면서 요엘서는 야웨의 날에 대해 좀 더 복잡한 그림을 발전시키고 아모스서로 이동한다.

호세아서가 북 왕국을 향한 회개의 요청으로 끝나는 반면 요엘서는 야웨의 날이 도래하기 전 유다와 예루살렘을 향한 회개의 요청으로 시작한다. 아모스서는 북 왕국을 향해 야웨의 날을 선언하고(암 5:18-20), 야웨께로 돌이키기를 거부한 이스라엘로 인해 재앙이 다가온다고 상정한다(암 4:6, 8, 9, 10, 11). 심판의 날은 이스라엘을 끝장낼 것이다(암 8:3). 그날의 재앙에 대한 아모스서의 묘사는 요엘서의 묘사와 유사하다(암 5:18; 욜 1:15; 2:1-2, 11). 두 책은 모두 그날의 군사적 파괴를 강조한다. 또한 야웨의 진노의 날에 생존한 자들의 구원을 강조하는 아모스 5:14-15의 남은 자에 관한 주제는 요엘 2:32을 되풀이한다. 아모스 9:11-15은 하나님의 미래의 회복을 긍정적으로 이끌어낸다. 그 안에서 다윗 왕국의 회복(암 9:11)은 호세아 1:11과 공명하고, "산들은 단 포도주를 흘리며"(암 9:13)라고 말하는 농업적 풍부함은 요엘 3:18과 평행을 이룬다. 더 나아가 아모스 9:12은 에돔의 파괴(옵 1-15절)와 다윗 왕국의 회복(옵 18절)을 알리는 오바댜서의 메시지를 요약한다. 왜냐하면 다윗 왕국이 에돔과 그 주변 영역을 재소유하기 때문이다(옵 19-21절). 다시 야웨의 날이라는 주제는 호세아, 요엘, 아모스를 통과하여 오바댜서까지 퍼져나간다(옵 8, 11-14, 15절). 열방에 대한 야웨의 심판 모티프는 모든 열방을 적절히 대표하는 에돔의 멸망을 고지함으로써 오바댜서에서 되풀이된다(옵 15절).

학계의 최근 경향을 따라 소예언서에 대한 시리즈 설교를 하는 것은 요즈음 더욱 구미에 맞는다. 이 책들에 대한 시리즈 설교를 하든지 아니면 하나의 개별 책에 집중하든지 상관없이 설교자들은 모든 책을 하나로 엮고 통일성과 목적에 대한 의식을 제공하는 주제적 가닥을 알아내야 한다. 설교에서 주제적 일관성을 언급하는 것은 청중이 이 책들 사이의 상호관련성을 이해하도록 돕는다. 설교자들은 청중에게 더 넓은 맥락에서 주석이 행해지는 방법을 보여줄 수 있다. 우리는 설교가 청중을 교육하는 데 있어 더없이 좋은 기회임을 믿는다. 설교는 그 메시지를 통해 청중을 교화시킬 뿐만 아니라 그들에게 단일 책의 경계를 넘어 본문을 신중하게 설명하는 방법에 대한 본보기를 제공한다.

5. 다른 소예언서들과 균형을 유지하라.

요엘 3:16의 "여호와께서 시온에서 부르짖고"는 아모스 1:2에서 복제된다. 요엘이 이것을 말했을 때 그는 유다에 대한 야웨의 회복과 열방에 대한 그의 심판을 가리키고 있었다. 요엘서의 결말은 아모스서의 시작과 놀라운 대조를 이룬다. 아모스서에서 메시지는 완전히 역전되는데, 왜냐하면 그것은 구원이 아니라 오히려 열방과 함께 유다와 이스라엘에 대한 심판을 선언하기 때문이다. 아모스서에서 열방에 대한 심판은 유다와 이스라엘에 대한 정죄에 선행한다. 반면에 요엘서에서 열방에 대한 형벌은 유다와 이스라엘의 회복 이전에 온다. 이 두 권의 인접한 책들에 있는 축어적 표현(ver-batim)의 병치(욜 3:16; 암 1:2)는 그들의 회중에게 강력한 수사학적 영향을 가하는 것처럼 보인다. 이는 시온에서 야웨가 부르짖는 것에 관한 그들의 잘못된 기대 때문에 이스라엘 사람들에게 충격을 준다. 이런 내부의 연결을 설명하면서 설교자들은 축어적 표현이 다른 문맥에서 어떻게 다른 것을 의미할 수 있는지를 회중에게 강력하게 보여줄 수 있다. 설교자들은 심지어 아모스의 독자들이 느꼈을 충격을 설교의 메시지가 실제로 향하고 있는 오늘날의 청중과 연관시킴으로써 본문을 활용할 수도 있다.

요엘서에서 야웨는 그의 용사들과의 전쟁을 위해 열방에게 "너희는 보습을 쳐서 칼을 만들지어다. 낫을 쳐서 창을 만들지어다"(욜 3:10)라고 도전한다. 그리고 그는 이스라엘의 적들을 패배시킬 것이다. 그러나 이 이미지는 미가서에서 역전된다. 이제 열방은 시온으로 오고 "그들은 그 칼을 쳐서 보습을 만들고 창을 쳐서 낫을 만들 것이다"(미 4:3; 참조. 사 2:4). 명백하게 열방의 회복과 국제적인 평화의 새 시대가 미가서에서 예견된다. 여러 이미지의 이런 역전은 자신의 신적 정의로부터 열방을 심판하고, 또한 자신의 인애로부터 열방을 회복하는 동일한 하나님에 대한 다른 관점들을 드러낸다.

하나님의 성품에 대한 균형 잡힌 관점은 요나서와 나훔서를 나란히 읽을 때 인식될 수 있다. 니느웨에 대한 하나님의 용서와 긍휼은 그가 다음과 같이 열정적으로 말했을 때 생생하게 묘사된다. "하물며 이 큰 성읍 니느웨에는 좌우를 분변하지 못하는 자가 십이만여 명이요 가축도 많이 있나니 내가 어찌 아끼지 아니하겠느냐?"(욘 4:11). 그러나 니느웨에 대한 하나님의 진노와 복수는 그가 분노하며 다음과 같이 말했을 때 전혀 다른 정반대의 용어로 표현된다. "만군의 여호와의 말씀에 내가 네 대적이 되어 네 병

구약 설교, 어떻게 할 것인가?

거들을 불살라 연기가 되게 하고 네 젊은 사자들을 칼로 멸할 것이며 내가 또 네 노략한 것을 땅에서 끊으리니 네 파견자의 목소리가 다시는 들리지 아니하리라 하셨느니라. 화 있을진저 피의 성이여, 그 안에는 거짓이 가득하고 포악이 가득하며 탈취가 떠나지 아니하는도다!"(나 2:13-3:1). 요나가 회개를 설교했을 때 니느웨는 응답했고 보존되었다. 반면에 한 세기 후에 나훔이 설교했을 때 니느웨는 회개하지 않았고 그래서 하나님의 심판에 직면했다. 죄인이 형벌을 받는 것은 당연하다는 사실에도 불구하고, 인간이 회개하면 하나님은 여전히 자신의 마음을 기꺼이 바꾸실 것이다.

"혹시"(perhaps)와 "누가 알겠느냐?"(who knows?)라는 메시지들은 요엘, 아모스, 요나, 스바냐서에서 서로를 되울린다. "혹시"를 사용함으로써 아모스와 스바냐는 그들의 백성에게 야웨를 찾을 것을 촉구한다. 그럼에도 불구하고 의로움이나 겸손도 야웨의 날에 사람의 안전을 보장할 수 없다(암 5:15; 습 2:3). 그것은 전적으로 하나님의 손에 달려 있다. 니느웨 사람들에게 "누가 알겠느냐?"는 그들에 대한 하나님의 메시지가 오직 파괴뿐인 때에 그들의 구원에 대해 생각하는 것이다(욘 3:9). 하나님의 파괴의 심판은 정당하다. 그러나 그의 긍휼이 승리할지도 모른다. 유사하게 요엘서에서 "누가 알겠느냐?"는 하나님의 자유와 주권을 지적한다(욜 2:14). 인간의 회개가 하나님을 조종할 수 없다. 사람들은 그의 용서와 긍휼을 희망할 수 있다. 그러나 그것을 명령할 수는 없다. "혹시"와 "누가 알겠느냐?"라는 언급은 하나님의 주권과 인간의 행위라는 사안과 관련하여 소예언서 전체에서 지속적인 평형추로 기능한다.

따라서 소예언서를 한 권의 책으로 읽는 것은 본문을 상세히 설명하는 데 있어서 다양한 각도를 제공할 수 있다. 왜냐하면 각각의 개별 책은 특별한 하나의 관점으로 하나님을 묘사하기 때문이다. 교회의 회중은 균형 잡힌 신학이 있어야 한다. 그러므로 설교자들이 어느 특정한 소예언서를 설교할 때 다른 예언서들을 염두에 두는 것은 매우 중요하다.

6. 소예언서로부터 그리스도를 설교하라.

다른 예언 문학과 마찬가지로 소예언서도 구속사의 빛 안에서 해석되어야 하는데, 이는 하나님이 아브라함에게 말씀하신 언약의 약속들을 통해 열방에 대한 그분의 계획을 드러낸다. 하나님은 이스라엘을 구원하고 이스라엘을 통해 모든 인류를 구원하기 위해 한 구원자를 보내겠다고 약속하신다. 그 구원자로서 예수는 그 "약속들"의 성취다. 소예언서로부터 그리스도를 설교하는 것은 어렵지 않다. 왜냐하면 언약의 약속들이 예수 그리스도 안에서 성취된 것으로 보이기 때문이다.

　예언이 다중적 성취(multiple fulfilments)를 자주 전달한다는 것은 주목할 만하다. 이는 구속사 전체를 통해 완전히 이루어질 때까지 계속 성취될 것이다. 몇몇 예언은 특정한 역사적 사건들에서 종결되지 않고, 예수의 초림과 재림을 가리킨다. 예수가 교회에 주는 성령의 선물(행 2:17-36; 고전 2:6-13)은 모든 육체 위에 그의 성령을 부어주겠다는 하나님의 약속의 성취다(욜 2:28-29). 구원이 하나님에 대한 믿음을 가진 모든 자에게 이루어질 뿐만 아니라 하나님의 영도 그들의 나이, 성별, 사회적 지위와 무관하게 그들에게 부어질 것이다(롬 10:12-13; 딛 3:6). 요엘 2:31에서 "여호와의 크고 두려운 날이 이르기 전에 해가 어두워지고 달이 핏빛 같이 변하려니와"라는 예언과 관련하여, 마태, 마가, 누가는 모두 큰 능력과 영광으로 오실 그리스도의 재림에 선행하는 징조들을 언급하기 위해 이 구절을 인용한다(마 24:29-30; 막 13:24-25; 눅 21:25-27). 이 약속의 완전한 실현은 여전히 미래

구약 설교, 어떻게 할 것인가?

에 있다.

미가 4:9-5:4은 역사의 다양한 시기에 하나님의 말씀의 점진적인 성취를 보여주는 또 다른 사례다. 미가의 예언이 선포된 지 몇 해 후에 유다는 바빌로니아에 포위되었고 이스라엘인들은 바빌로니아로 끌려갔다(미 4:10a). 포로가 된 지 약 칠십 년 후에 유다 포로들 중 일부가 그들의 고향으로 돌아왔다(미 4:10b ; 5:3). 미가가 예언한 지 약 칠백 년 후에 마태복음은 다윗의 고향인 베들레헴에서 이스라엘의 왕으로 예수가 탄생한 것과 관련하여 미가 5:2을 인용한다(마 2:6). 예수 시대에 팔레스타인 지방의 많은 유대인들은 그들 자신을 여전히 포로 상태에 있는 것으로 보았다. 왜냐하면 "회복의 예언들이 아직 성취되지 않았기"[3] 때문이다. 게다가 미가 5:4에서 온 땅에 대한 하나님의 우주적 통치의 완전한 성취를 여전히 간절하게 기다리고 있다.

비록 소예언서가 그리스도를 설교하기에 충분한 자료들을 제공한다고 할지라도, 설교자들은 이것을 너무 급하게 하는 것을 피해야 한다. 우리는 우선 그 메시지가 원래의 독자들에게 어떤 의미였는지를 발견하고 그다음에 단계별로 신약을 향해 이동해야 한다. 그리고 설교자들은 예언이 역사를 통틀어(예수 시대 이전에, 그 시대에, 그 시대 이후에) 성취되어온 방법과 그 여부를 조사할 필요가 있다. 본문을 올바르게 설명하기 위해 설교자들은 두 성서 사이를 신중하게 오가야 한다.

---

3 N. T. Wright, *Jesus and the Victory of God*, vol. 2(London : SPCK, 1996, 『예수와 하나님의 승리』, 크리스천다이제스트 역간), 126.

7. 개인, 사회 그리고 세상에 설교하라.

"하나님이 이스라엘에게 어떤 존재이며 이스라엘을 위해 무엇을 행하시고 가르치시고 요구하셨는가라는 주제와, 하나님이 그리스도 안에서 어떤 존재이며 교회를 위해 무엇을 행하시고 가르치시고 요구하셨는가라는 주제 사이"[4]에는 연속성과 평행점이 존재한다. 따라서 설교자들은 우리 시대에 소예언서를 설교하기 위해 유비(analogy)를 사용할 수 있다.

소예언서 안에 있는 사회적 불의, 종교적 형식주의, 부패한 지도층, 부정적인 거래, 폭력, 전쟁 범죄, 군사적 무장, 노예 밀매 등의 쟁점들은 우리의 현 세상과 크게 다르지 않다. 그래서 어떤 사람들은 소예언서의 주된 관심이 사회개혁을 요청하고 사회에서 정치적 변화를 끌어내는 것이라고 생각할 수 있다. 그러나 소예언서는 자주 개인들에게 말한다. 스바냐가 이스라엘 사람들에게 하나님, 의로움, 그리고 겸손을 찾으라고 촉구했을 때(습 2:3), 응답해야 했던 것은 개인들이었다. 학개가 성전은 무너진 채로 있는 반면에 자신들은 "판벽한 집"에서 사는 것에 대해 사람들을 꾸짖었을 때(학 1:4), 그는 개인들에게 회개하고 성전을 짓기 위한 조치를 취하라고 요청하고 있었다.

대부분의 소예언서가 언약 공동체에 초점을 맞추고 있지만, 소예언서는 외부 세계도 염두에 두고 있다. 따라서 소예언서의 선교적·세계적 비전들을 끌어내는 것이 필요하다. 왜냐하면 소예언서와 그들의 내부적 언약 공동체는 자신을 지켜보고 있는 세상의 증인이 되기 때문이다. 이는 요나서가 말하고 있는 것이다. 설교자들이 소예언서를 설교할 때 본문에 대해

---

4 S. Greidanus, *Preaching Christ from the Old Testament: A Contemporary Hermeneutical Method* (Grand Rapids: Eerdmans, 1999, 『구약의 그리스도 어떻게 설교할 것인가』, 이레서원 역간), 263.

구약 설교, 어떻게 할 것인가?

균형 잡힌 적용을 하기 위해서는 "개인, 사회 그리고 세상"을 항상 유념하는 것이 중요하다.

아모스 1-2장을 예로 들어보자. 주권적인 하나님은 열방의 폭력, 억압, 노예 밀매, 사회적 불의의 죄 때문에 이방 나라들(암 1:1-2:3)과 당신의 백성(암 2:4-16) 모두를 심판하신다. 이 단락을 설교하기 위해 설교자들은 부자의 지나친 지배, 인종 차별, 성불평등, 권력 남용, 성범죄, 재정 사기, 간음 등과 같은 불의가 교회 내에 존재하는지를 분별할 필요가 있다. 동시에 세계적인 시야를 유지해야 한다. 노예 무역, 불법적인 군사적 침공, 전쟁 포로들에 대한 비인간적 처우, 세계의 초거대 권력의 지나친 지배, 제3세계 국가들의 궁핍과 같은 21세기의 세계적 쟁점들은 우리의 주된 관심사다. 야웨를 찾고(암 5:4-6), 악을 미워하며, 선을 사랑하고, 성문에서 정의를 세우라(암 5:14-15)는 아모스의 말에 도전받았던 개인들처럼, 오늘날의 그리스도인들도 각각 우리의 일상생활, 신앙 공동체, 나라와 더 넓은 세계 공동체 안에서 정의를 실행해야 한다.

평범한 그리스도인들은 이런 거대한 지구적 악에 관해 무엇을 할 수 있는가? 설교자들은 회중에게 무지, 침묵, 안일함의 연결들을 끊어버리라고 도전하는 목회적 지혜가 필요하다. 우리는 어떤 방식으로 회중에게 노예 무역에 관해 반응하도록 요청하고 있는가? 반응은 다음을 포함할 수 있다. 즉 그 상황을 위해 기도하는 것, 대중을 교육하는 것, 공정거래 상품들을 사는 것, 캠페인에 참여하는 것, 기금을 모으는 것, 노예들을 보살피는 것, 정부 정책에 개입하는 것 등등이다. 개별 신자들은 사실상 세계의 모든 구석구석에서 불의를 제거하도록 우리의 공동체들을 지도하는 전면에 위치한다. 이는 각 개인의 삶의 변화로 시작하며, 그다음에야 우리의 가족, 교회, 직장, 나라, 그리고 세계 안으로 침투할 수 있다. 만약 지역과 주(State)

의 지도자, 혹은 국가와 세계의 지도자들이 회중 안에 있다면, 그것은 훨씬 더 효과적일 것이다. 왜냐하면 그들이 정책을 만들기 때문이다.

위에서 여러 원리를 논의했으므로 이제 우리는 스바냐 1-3장을 통해 이런 원리들이 적용될 수 있는 방법을 탐구할 것이다.

적용: 스바냐서

1. 역사-문화적 맥락

표제에 따르면 스바냐의 계보는 히스기야에게로 거슬러 올라간다. 이 예언 자가 왕자(히스기야의 자손)였는지, 아니면 아프리카인의 자손(구시의 아들) 이었는지는 논쟁의 대상이다. 스바냐는 요시야가 통치하는 동안에 사역했 다(기원전 640-609년). 스바냐가 요시야의 종교개혁(기원전 621년) 이전에 예 언했을 것이라는 점은 널리 인정된다. 왜냐하면 그는 유다의 혼합주의적 관습들, 바알 숭배와 유아 제사를 비난했기 때문이다(습 1:4-9, 11-12; 3:1-4). 이는 요시야의 전임자 므낫세와 아몬이 통치했던 시기에 만연했던 것 들이다. 예루살렘에 대한 스바냐의 친숙함은 그가 아마도 그 수도에서 예 언했을 것이라는 점을 암시한다. 이 책은 기원전 612년 니느웨의 멸망(습 2:13-15)과 예루살렘의 임박한 파괴를 예견했다(습 1:4, 10-11; 2:1; 3:1-4). 스바냐가 하나님이 자신의 백성을 벌하기 위해 사용하신 대리인이 누구인 지를 결코 언급하지 않았다는 사실에도 불구하고 역사적 기록들은 그 대리 인이 갈대아인들이었음을 보여준다. 왜냐하면 그들은 기원전 597년에 예루 살렘을 공격하고 최종적으로 기원전 587년에 남 왕국을 멸망시켰기 때문 이다.

스바냐 시대의 사회적·경제적·정치적·종교적 상황들은 자신의 백성

구약 설교, 어떻게 할 것인가?

에 대한 예언자의 고발들을 통해 추적될 수 있다. 위에서 언급한 것처럼 우상숭배는 그 당시 가장 큰 문제들 중 하나였다(습 1:4-6, 9). 그들 자신에 대한 신뢰와 그들의 부(습 1:10-12)는 그들의 교만과 오만으로 이어졌다. 부패한 지도자들(방백들과 왕자들)은 하나님께서 야웨의 희생의 날이 도래할 것을 선포하도록 만들었다(습 1:7-8).

2. 스바냐서의 핵심 목소리

본문에 나오는 반복들은 이 책의 중심 주제에 대한 중요한 단서들을 우리에게 제공해준다. "야웨의 날"은 세 번 등장한다(습 1:7, 8, 14). 이 책의 다른 곳에서 이것은 "야웨의 큰 날"(습 1:14), "야웨의 분노(wrath)의 날"(습 1:18), "야웨의 진노(anger)의 날"(습 2:2, 3), "분노의 날"(습 1:15), "환난과 고통의 날"(습 1:15), "황폐와 패망의 날"(습 1:15), "캄캄하고 어두운 날"(습 1:15), "구름과 흑암의 날"(습 1:15) 등으로 표현된다. 이렇게 많이 등장하는 것은 그것이 이 책의 중심 주제라는 것을 강하게 시사한다.

그날에 심판의 규모는 스바냐 1:2-3, 18, 3:8의 반향을 통해 생생하게 묘사된다. 이는 온 땅이 하나님의 질투의 불로 삼켜질 것임을 되풀이한다. "분노"(습 1:15, 18)와 "진노"(습 2:2[두 번], 2:3; 3:8)의 반복은 야웨의 날의 우주적인 파괴로 이어지는 유다와 다른 나라들의 죄에 대한 야웨의 격노를 반영한다. 반면에 자신의 백성에 대한 하나님의 긍휼은 유다와 열방에 대한 심판 신탁들의 한가운데서 수면에 떠오르는 "남은 자"/"생존자" 모티프(습 2:7, 9; 3:9-10, 12-13)와 열방의 회심(습 2:11; 3:9-10)으로 명백하게 드러난다.

다른 소예언서와 비교해볼 때 스바냐서는 야웨의 날에 대해 더욱 균형 잡힌 시각을 제공하는데, 이는 다음의 두 가지 관점을 반영한다. 즉 (1) 유다와 다른 나라들에 대한 심판(습 1:1-3:8), (2) 유다와 다른 나라들의 구원(습 3:9-20)이다. 이 예언자의 메시지는 그것이 심판과 회복 모두를 포함하고 유다와 이방인 모두와 관련된다는 의미에서 더욱 균형이 잡혀 있다.

3. 스바냐 1-3장의 본문 분석

스바냐 1장은 유다에 다가오고 있는 심판에 초점을 맞춘다. 야웨의 날의 임박성은 스바냐 1:7, 14의 반복을 통해 강조된다. 스바냐 1:18은 스바냐 1:2-3을 되울린다. 이 구절들은 수미상관을 형성하는데, 이는 야웨의 날이 임할 때의 우주적인 파괴를 강조한다. 이 장은 유다에 대한 야웨의 진노의 이유를 담고 있는 긴 목록을 제공한다(습 1:4-13). 즉 (a) 혼합주의적 예배(4-6절), (b) 지도층의 부패(8-9절), (c) 상업과 부에 대한 신뢰(10-11절), (d) 백성의 안일함(12-13절) 등이다. 계속해서 이 장은 야웨의 날의 끔찍한 결과들을 묘사한다(습 1:14-18). 스바냐 1장의 구조는 다음과 같다.

습 1:1	표제
습 1:2-3	도입-하나님의 우주적 심판
습 1:4-13	하나님의 진노의 근원-유다의 죄들
	• 혼합주의적 예배(4-6절)
	• 부패한 지도층(7-9절)
	• 상업과 부에 대한 신뢰(10-11절)
	• 백성의 안일함(12-13절)
습 1:14-18	하나님의 진노의 결과들
	• 야웨의 날(14-17절)
	• 하나님의 우주적 심판(18절)

스바냐 2장의 주요 관심사는 유다의 겸손하고 신실한 남은 자들이 땅을 소

구약 설교, 어떻게 할 것인가?

유할 수 있도록 그 땅으로부터 모든 열방(유다의 적들)을 쓸어버리는 것이다. 스바냐는 우선 유다의 겸손한 백성이 야웨의 날에 하나님의 진노로부터 숨겨질 수 있을지도 모른다는 것을 희망하며 그들에게 야웨를 찾으라고 요청한다(습 2:1-3). 그리고 스바냐는 하나님이 그들의 재산을 회복시킬 것이기 때문에 남은 자가 다시 그 땅에서 살 것이라고 선언한다(습 2:7, 9, 11; 참조. 습 3:10-13). 이 장의 남은 부분은 야웨의 폭력적인 날 동안 열방이 사방에서 파괴된다는 것을 강조한다(습 2:4-15).

4-7절	서쪽(해안): 가사, 아스글론, 아스돗, 에그론, 그렛, 가나안
8-11절	동쪽: 모압, 암몬
12절	남쪽: 구스
13-15절	북쪽: 앗수르

기본적으로 이 나라들은 그들의 교만과 오만 때문에 심판받을 것이다. 모압과 암몬 족속은 하나님의 백성을 모욕하고 그들을 거슬러 자랑한다(습 2:8, 10). 니느웨 사람들은 그들의 마음에 "오직 나만 있고 나 외에는 다른 이가 없다"(습 2:15a)라고 교만하게 말한다. 스바냐 1장에 있는 혹독한 심판에 대한 절대적 진술들(예. "나는 완전히 쓸어버릴 것이다"; "나는 나의 손을 펼 것이다"; "나는 자를 것이다"; "나는 심판할 것이다"; "나는 재앙을 가져올 것이다" 등)과 비교해볼 때, 스바냐 2장에서 선고의 어조는 훨씬 부드럽다. 멸망의 우울한 어두움 가운데서 그 어조는 고난의 시기 동안 하나님의 겸손한 백성에게 희미한 빛과 희망을 주는 구원의 가능성을 연다. 스바냐 2장의 구조는 다음과 같다.

습 2:1-3	겸손한 남은 자에 대한 야웨를 찾으라는 요청
습 2:4-15	다른 나라들에 대한 심판
	• 서쪽(4-7절)
	• 동쪽(8-11절)
	• 남쪽(12절)
	• 북쪽(13-15절)
	열방을 심판하는 이유들
	• 하나님은 유다의 부를 회복시키려고 의도하신다(습 2:7, 9).
	• 그들은 하나님의 백성을 모욕한다(습 2:8, 10).
	• 그들은 교만하다(습 2:10).

스바냐 3:1-8은 유다(습 3:1-5)와 열방(습 3:6-8)에 대한 하나님의 심판과 관련하여 스바냐 1-2장의 결론을 내린다. 스바냐 3:8b은 "온 땅이 나의 질투의 불에 소멸되리라"(습 3:8b; 1:18)라는 우주적 파괴에 대한 하나님의 확고한 결정을 요약하면서 1:18을 되울린다. 그다음에 마지막으로 이 책은 열방의 회심(습 3:9)과 유다의 회복(습 3:10-20)을 강조하는 절정에 이르게 된다.

습 3:1-8	결론-하나님의 우주적 심판
	• 유다에 대해(1-5절)
	• 열방에 대해(6-8절)
습 3:9-20	절정-하나님의 우주적 구원
	열방에게(9절)
	유다에게(10-20절)
	• 하나님은 남은 자를 보존하실 것이다(10-13절).
	• 하나님은 그의 백성과 함께 즐거워하실 것이다(14-17절).
	• 하나님은 남은 자를 집으로 모으실 것이다(18-20절).

구약 설교, 어떻게 할 것인가?

위의 분석은 스바냐서에서 심판과 구원의 예언적 형태가 책의 구조를 형성한다는 것을 보여준다. 이런 본문의 형태가 어떻게 설교 형태에 영향을 미치는지는 아래의 설교 개요에서 제시될 것이다.

4. 스바냐서로부터 그리스도를 설교하기

설교자들은 스바냐서와 신약 사이의 중요한 연결점들을 많이 발견할 것이다. 이것은 스바냐서로부터 그리스도를 설교할 수 있는 좋은 기회를 제공한다. 예를 들어 야웨의 날에 대한 스바냐서의 예언은 기원전 587년 예루살렘의 파괴로 끝나지 않는다. 그 예언은 다른 역사적 시대들에 대한 추가적인 해석에 열려 있다. 스바냐서는 하나님이 지면으로부터 모든 것을 쓸어버리고(습 1:2), 그의 질투의 불로 온 땅이 삼켜질 것이라고 언급한다(습 1:18; 3:8). 우주적 심판의 언어(습 1:2-3, 18; 3:8)는 마치 그것이 종말론적 적용을 가리키는 것처럼 들린다. 이는 신약에 있는 최후 심판의 날과 밀접하게 연결된다. 신약에서 예수는 그에 관해 다음과 같이 말한다. "이는 그 때에 큰 환난이 있겠음이라. 창세로부터 지금까지 이런 환난이 없었고 후에도 없으리라"(마 24:21; 참조. 막 13:19). 초기 교회 역시 그날의 도래를 기다렸다(행 2:20; 롬 2:2-9; 벧후 3:10; 계 6:17 등). 베드로는 이것을 다음과 같이 생생하게 묘사한다. "그러나 주의 날이 도둑 같이 오리니 그날에는 하늘이 큰소리로 떠나가고 물질이 뜨거운 불에 풀어지고 땅과 그중에 있는 모든 일이 드러나리로다"(벧후 3:10). 오늘날의 그리스도인들도 그날의 도래를 여전히 학수고대하고 있다.

야웨의 진노의 날과 관련하여 바울은 로마에 있는 그리스도인들에게 심각하게 경고할 때 스바냐서로부터 하나님의 진노와 분노라는 단어를 차용한다(롬 1:18; 2:2-3, 5, 8-9). 바울은 로마서 1:21-2:1에 나열된 죄에 탐닉

하는 사람들은 스바냐 시대의 사람들이 그랬던 것처럼 하나님의 진노에 직면할 것이라고 경고한다. 스바냐 3:15의 "이스라엘 왕 여호와가 네 가운데 계시니 네가 다시는 화를 당할까 두려워하지 아니할 것이라"는 구절은 요한복음 12:13-15에서 그 메아리를 발견한다(참조. 슥 9:9). 이 구절에서 요한은 큰 군중이 종려나무 가지를 가지고 맞으러 나가 "호산나! 찬송하리로다. 주의 이름으로 오시는 이 곧 이스라엘의 왕이시여!"라고 외치는 것으로 예수의 예루살렘 입성을 묘사한다. 예수는 "이스라엘의 왕"에 관한 스바냐서의 예언을 성취하는 인물이다.

스바냐 3:17은 자신의 백성의 구원에 대한 하나님의 기쁨을 묘사한다. 이는 한 아버지가 자신의 방탕한 아들이 돌아온 것에 대해 기뻐하는 누가복음 15:11-32에서 메아리친다. 또한 이것은 자신의 백성에 대한 하나님의 기쁨을 신부에 대한 신랑의 기쁨으로 묘사하는 이사야 62:5과 평행을 이룬다. 스바냐 3:18-20은 자신의 남은 자를 집으로 모을 것이라는 하나님의 약속을 강조한다. 이런 "귀향"(homecoming)의 개념은 신약에서 되풀이된다. 예수는 자신(인자)이 큰 영광으로 다시 올 때 사방으로부터 그가 선택한 자를 모을 것이라고 말했다(마 24:30-31). 예수는 우리를 위해 많은 방이 있는 거처를 준비하기 위해 아버지에게로 갔다. 더 중요한 것은 그가 다시 와서 우리를 집으로 데려가겠다고 약속했다는 점이다(요 14:1-6). 설교자들은 스바냐서를 설교할 때 "남은 자"를 모으는 것과 우리의 "귀향" 사이의 유비를 발견할 수 있다.

5. 청중을 알기

스바냐서는 다양한 청중에게 연설될 수 있다. 설교자들은 자신의 메시지가 누구에게 전달되는지를 알아야 한다. 이 단락의 설교 개요는 보통의 교회

구약 설교, 어떻게 할 것인가?

회중의 필요를 위해 특별히 고안될 것이다. 위에서 분석한 것처럼 스바냐서에서 묘사되는 야웨의 날의 우주적인 심판은 완전히 충격적이다. 그러나 오늘날 그리스도인들이 직면하는 큰 도전은 우리의 죄에 대한 하나님의 진노를 대하는 태도다. 우리 중 많은 이들은 전적인 파괴에 대한 스바냐서의 끔찍한 묘사에도 불구하고 이 책의 심판 신탁들에 관해 별 "감각이 없다." 우리는 예수의 사랑, 죽음, 용서에 자주 감명을 받지만, 하나님의 진노를 향한 두려움과 존중의 감각은 부족하다. 우리 중 많은 이들이 우리가 모두 죄인이라는 것을 인정하지만, 우리는 자신이 그렇게까지 나쁜 존재는 아니라고 생각한다. 어쨌거나 예수가 우리를 구원에 포함시켰으니 우리는 그것을 잃는 것에 대해 두려워하지 않는다. 이것이 많은 그리스도인들이 스바냐서의 우주적 심판에 관한 메시지를 자신과 무관하다고 생각하는 이유다.

위에서 언급한 사안을 다루기 위해 세 개의 단락, 스바냐 1:1-18, 2:1-3, 3:14-17이 삼 대지 설교를 위해 선택된다(특별히 습 2:7, 9; 3:12을 언급한다). 이 요점들의 전개는 다음 단락에서 논의될 것이다. 이 설교의 목적은 회중에게 하나님이 우리에 관해 어떻게 느끼시는지에 관심을 가지라고 도전하는 것이다. 만약 우리가 하나님이 우리에 관해 어떻게 느끼시는지에 관심을 갖게 되면 우리가 어떻게 사는지에 대해서도 관심을 갖게 된다.

6. 설교 전개

스바냐 1장을 기초로 하여 우리의 죄에 대한 하나님의 진노라는 첫 번째 요점이 소개된다. 스바냐 1장에서 하나님의 진노의 이유(습 1:4-13)와 진노의 결과(습 1:2-3, 14-18)를 지적한 이후에 설교자는 유다의 죄에 대한 현대의 평행을 지적할 수 있다. 혼합주의적 예배를 예로 들어보자. 일부 그리스도인들은 하나님과 함께 그들의 현대적 우상들, 즉 돈, 물질만능주의, 소비

지상주의, 명성, 권력, 자기 야망, 성공, 중독된 습관들 등을 예배할 수 있다. 현대적 의미에서 "안일함"이란 무엇인가? 부유한 서구 국가들에 사는 많은 그리스도인들은 그들의 안락한 지역을 떠나 제3세계 국가에 사는 궁핍한 자들을 돌보러 가기를 망설인다. 과거에 영국인들을 분노하게 만들었던 국회 하원의원의 비용 스캔들은 부패한 정치 지도층에 대한 생생한 예다. 게다가 하나님의 심판을 향한 청중의 태도, 즉 그들의 "무감각" 역시 도전받을 수 있다. 가장 사소한 죄조차도 하나님께는 문제가 된다. 스프로울(R. C. Sproul)은 가장 사소한 죄들의 더 깊은 영향력을 지적한다. "가장 사소한 죄들은 우리의 모든 것이 의존하고 있는 그분을 향한, 우리에게 생명 자체를 준 그분을 향한 최악의 배은망덕한 행위다.…우리가 하나님의 형상을 지닌 자로서 죄를 지을 때, 그것은 그분의 거룩함에 대한 모독이고, 우리는 하나님에 대한 거짓 증인들이 된다."[5] 이런 함의는 스바냐서의 메시지를 자신이 잘 처신하고 있다고(단지 가장 사소한 죄들만을 범한다고) 생각하는 사람들과도 관련되도록 만든다. 그렇다면 설교자는 회중에게 우리의 죄에 대한 하나님의 진노에 관해 우리가 얼마나 많은 관심을 가져야 하는지 도전할 수 있다.

두 번째 요점은 우리의 형벌에 대한 하나님의 긍휼이다(습 2:1-3). 긍휼이 가득한 하나님의 사랑은 그가 겸손하고 순종하는 사람들에게 야웨를 찾고 의로움과 겸손을 구하라고 권고할 때 명백하게 드러난다(습 2:3). "혹시" 그들은 야웨의 진노의 날에 피난처를 찾을 수 있을지도 모른다. "혹시"라는 부사는 구원의 가능성을 가리킨다. 이는 나중에 스바냐 2:7, 9, 3:12에서 구원의 확신이 된다. 이 구절들에서 하나님은 심판 동안에 겸손한 남은

---

5 R. C. Sproul, *The Holiness of God* (Wheaton : Tyndale House Publishers, 1985), 151-152.

378   구약 설교, 어떻게 할 것인가?

자를 보존하겠다고 약속하신다. 하나님의 긍휼을 강조하기 위해 실례를 덧붙일 수 있다. 예를 들어 부모는 잘못된 행동을 하는 그들의 자녀가 훈육을 받아야 할 필요가 있을 때 종종 마음이 아프다. 그다음에 설교자는 우리에 대한 하나님의 긍휼에 우리가 얼마나 많은 관심을 갖고 있는지 계속 청중에게 도전해야 한다.

세 번째 요점은 우리의 구원에 대한 하나님의 큰 기쁨이다(습 3:14-17). 여기서 설교는 절정에 도달한다. 이사야 62:5과 누가복음 15:11-32에서 놀랄 만한 평행을 발견할 수 있다. 하나님의 기쁨의 환호성(습 3:17)은 스바냐 3:14에서 구원받은 남은 자의 기쁨을 되울린다. 우리와 동일한 감정을 공유하시는 하나님이라니! 우리가 죄를 지을 때 그는 우리에게 진노하신다. 우리가 심판으로 고통당할 때 그는 우리를 긍휼히 여기신다. 우리가 우리의 구원에 대해 즐거워할 때 그는 우리와 함께 기쁨의 환호성을 터뜨리신다. 마르틴 루터(Martin Luther)는 가장 큰 계명을 연구했다. "첫째는 이것이니 이스라엘아, 들으라. 주 곧 우리 하나님은 유일한 주시라. 네 마음을 다하고 목숨을 다하고 뜻을 다하고 힘을 다하여 주 너의 하나님을 사랑하라 하신 것이요. 둘째는 이것이니 네 이웃을 네 자신과 같이 사랑하라 하신 것이라." 그리고 그는 자신에게 질문했다. "가장 큰 죄는 무엇인가?" 당신은 이렇게 대답할지 모른다. "살인, 간음, 신성 모독, 불신앙, 아니면 스바냐서에 언급되는 모든 죄." 루터는 동의하지 않는다. 그는 이렇게 말했다. "만약 가장 큰 계명이 온 마음을 다해 하나님을 사랑하는 것이라면, 가장 큰 죄는 온 마음으로 하나님을 사랑하지 않는 것이다."[6] 우리 중 아무도 심지어 단 5분 동안도 가장 큰 계명을 지킬 수 없다. 만약 우리가 누군가를 사랑한다

---

6 앞의 책, 116-117.

면 우리는 그/그녀가 어떻게 느끼는지에 확실히 관심을 가질 것이다. 마지막으로 설교자는 우리에 대한 하나님의 감정에 우리가 얼마나 많은 관심을 갖고 있는지에 대해 회중에게 도전할 수 있다.

요약하면 스바냐서의 사례는 설교자가 소예언서에 대한 설교를 준비하는 데 있어 앞에서 제안한 원리들을 어떻게 적용할 수 있는지를 보여준다. 위의 분석에 따라 확장된 설교 개요가 아래에 제공된다. 이 설교 형태가 본문의 형태로부터 나온다는 것을 알아채는 것은 어렵지 않다(참조. 위의 "스바냐 1-3장의 본문 분석").

• 스바냐서에 대한 설교 개요

선택된 본문들

스바냐 1:1-18, 2:1-3(참조. 습 2:7, 9; 3:12), 3:14-17.

문제 제기

스바냐서는 우리에게 하나님이 우리에 관해 어떻게 느끼시는지를 상기시킨다. 만약 우리가 하나님이 우리에 관해 어떻게 느끼시는지에 대해 관심을 가진다면, 우리가 어떻게 살아야 하는지에 대해서도 관심을 가지게 될 것이다.[7]

배경

1. 책의 역사적 맥락(습 1:1)

---

7 설교의 문제 제기는 그 메시지가 청중에게 왜 그렇게 중요한지를 강조한다. 그것은 해당 사안에 대한 회중의 주목을 끌기 위해 설교 전체에서 반복될 필요가 있다. 이 설교 개요에서 문제 제기는 각 요점의 끝부분에서 청중에 대한 도전으로서 반복하여 표면화될 것이다.

구약 설교, 어떻게 할 것인가?

2. 핵심 주제-야웨의 날

A. 우리의 죄에 대한 하나님의 진노(습 1:1-18)

   1. 하나님의 진노의 근원들(습 1:4-13)

      (a) 혼합주의적 예배(4-6절)

      (b) 부패한 지도층(7-9절)

      (c) 상업과 부에 대한 신뢰(10-11절)

      (d) 안일함(12-13절)

   2. 하나님의 진노의 결과들(습 1:2-3, 14-18)

      (a) 야웨의 날의 임박성(14-17절)

      (b) 우주적 파괴(2-3, 18절)

      로마서 2:2-9, 베드로후서 3:10, 사도행전 2:20, 요한계시록 6:17의 심

      각한 경고들과 연결해보라.

   3. 현대적 적용

      (a) 유다의 죄에 대한 현대의 평행들

      (b) 하나님의 진노와 그의 심판에 대한 "무감각"

      (c) 우리의 가장 사소한 죄들의 더 큰 영향력

      (d) 도전: 우리는 우리의 죄에 대한 하나님의 진노에 얼마나 많이 관심

      을 가지고 있는가?

B. 우리의 형벌에 대한 하나님의 긍휼(습 2:1-3, 7, 9; 3:12)

   1. 구원의 가능성(습 2:1-3)

      (a) 하나님, 의로움, 겸손을 찾는 것(1-3ab절)

      (b) 혹시 그들이 야웨의 날에 구원받을 수 있을지도 모른다(3c절).

로마서 11:5-6(행위가 아니라 은혜로 선택받음)과 연결해보라.

2. 구원의 확신(습 2:7, 9; 3:12)

    (a) 남은 자는 그 대적들의 땅을 소유할 것이다(습 2:7, 9).

    (b) 구원의 가능성(습 2:3)으로부터 구원의 확신(습 3:12)으로의 이동은 자신
의 백성에 대한 하나님의 긍휼을 보여준다.

3. 현대적 적용

    (a) 실례: 잘못 행동하는 아이를 훈육할 때 흘리는 어머니의 눈물. 하나님은
우리가 형벌을 받는 동안 우리의 아픔을 느끼신다.

    (b) 도전: 우리는 우리의 형벌에 대한 하나님의 긍휼에 대해 얼마나 많이
관심을 가지고 있는가?

C. 우리의 구원에 대한 하나님의 기쁨(습 3:14-17)

    1. 겸손한 남은 자들은 그들의 구원에 대해 즐거워한다(14절).

    2. 하나님은 그의 백성의 구원에 대해 즐거워하신다(17절).

이사야 62:5, 65:17-19(신부에 대해 기뻐하는 신랑으로서), 누가복음 15:11-32(방
탕한 아들이 집으로 돌아옴)과 연결해보라.

    3. 현대적 적용

    (a) 가장 큰 계명과 가장 큰 죄에 대한 마르틴 루터의 질문

    (b) 하나님은 우리의 죄에 대해 진노하신다. 그는 우리의 형벌에 대해 긍휼
을 느끼신다. 그는 우리의 구원에 대해 우리의 기쁨을 공유하신다.

    (c) 도전: 우리는 우리에 대한 그분의 감정에 대해 얼마나 많이 관심을 가지
고 있는가? 만약 우리가 하나님이 우리에 관해 어떻게 느끼는지에 대해
관심을 가진다면, 우리는 우리가 어떻게 살아야 하는지에 대해서도 관
심을 가지게 될 것이다.

추천 도서

Berlin, Adele, *Zephaniah,* Anchor Bible Commentary 25A (New Heaven : Yale University Press, 1994).

Redditt, Paul L. and Aaron Schart, *Thematic Threads in the Book of the Twelve* (Berlin : Walter de Gruyter, 2003).

Sweeney, Marvin A., *The Twelve Prophets,* 2 vols., Berit Olam (Collegeville : The Liturgical Press, 2000).

'HE BEGAN WITH MOSES...'
PREACHING THE OLD TESTAMENT TODAY

제12장

어려운 본문들 설교하기

고든 J. 웬함(Gordon J. Wenham)

1. 서론

이번 장을 쓰면서 나는 종종 오래된 농담에 대해 생각했다. 한 여행객이 아일랜드 사람에게 더블린(Dublin)으로 가는 길을 물었다. 그는 "만약 내가 더블린으로 가는 길이었다면, 나는 여기서 출발하지 않았을 거요!"라고 대답했다. 만약 내가 구약의 어려운 본문들에 관해 설교하려고 한다면, 나는 확실히 그 본문들로 시작하지는 않을 것이다. 교회를 포함한 많은 공동체에서 구약은 잔인하고 폭력적이며 구식이라는 안 좋은 평판이 있기 때문에, 설교자는 사람들이 구약의 메시지를 듣게 하기 위해 상당히 애를 먹을 것이다. 매 주일 구약을 읽을 것을 지시하는 성서일과표를 따르는 교회들은 약간 더 쉬운 임무를 담당할 수도 있다. 왜냐하면 성서일과표는 가장 이상한 단락들을 거의 포함하지 않기 때문이다. 그러나 이것은 문제를 다루는 것이라기보다 피하는 것이다.

그럼에도 불구하고 목회자들이 그들의 양 떼로부터 너무 멀리 앞서 걸어가면 안 된다는 것은 당연한 것 같다. 그렇지 않으면 양들은 곧 멀어져서 아예 따르지 못하게 될 것이다. 그러나 우리는 구약의 어려운 단락들과 씨름하는 방법 또는 심지어 씨름을 하느냐 마느냐의 문제조차도 회중의 영적인 성숙도와 이해에 상당히 많이 의존해야 한다. 만약 회중이 성서에 숙달되어 있고 그것의 권위에 공감한다면, 교구의 신참내기 부목사가 아닌 한 설교자들은 어려운 본문들을 충분히 담대하게 설교할 수 있다. 개인적인 추종자들이 없는 사람보다는 많이 사랑받고 인정받는 교구목사가 그런 본문의 가치를 설명할 때 회중이 그의 말을 훨씬 더 경청하게 될 것이다. 따라서 이런 본문에 관한 설교를 고심하고 있는 사람은 양 떼와 관련하여 자신의 태도를 주의 깊게 고려하고 그들의 털을 무익하게 흐트러뜨리지 않는 방식으로 본문을 다루는 방법을 성찰해야 한다. 물론 이런 전략적 사안은 구약에만 한정된 것이 아니다. 신약에도 부, 이혼, 지옥, 다원주의 등 강단에서의 신중한 해석을 요구하는 수많은 주제가 있다.

그렇다면 현대의 독자와 설교자에게 구약의 어려운 부분들은 어떤 것이 있을까? 창세기 1장은 우리에게 현대 과학과 상충되는 6일 동안의 창조 기사를 제공한다. 창세기 5, 10, 11, 36장과 역대상 1-9장은 계보들로 구성되어 있는데, 현대의 독자들을 지루하게 만들 뿐만 아니라 족장들의 나이 때문에 그들을 놀라게 한다. 창세기 22장은 인신 제사에 대한 하나님의 요구 때문에 현대인들에게 충격을 준다. 출애굽기는 그 자체의 문제들을 제시하는데, 예를 들면 바로의 마음을 완고하게 하는 것, 전염병, 노예법과 동태복수법 등이 그렇다. 희생제사와 부정함에 집착하는 레위기는 서구의 독자들에게 거의 흥미를 주지 못한다. 가나안 민족들의 인종 청소를 요구하는 신명기의 호전성은 많은 사람들에게 터무니없는 것으로 충격을 준다. 전쟁은 여호수아서부터 열왕기서까지 모든 지면을 계속 지배한다. 하나님이 이와 같은 피 흘림을 모두 승인한다는 것이 실제로 가능한 것일까? 다음으로 시편과 예언서에는 이스라엘의 대적들에 대해 하나님의 복수를 요청하는 잔인한 기도들이 나온다. 이 모든 것이 사도 바울이 말한 것처럼 "우리의 교훈을 위하여 기록된" 것일까?(롬 15:4)

이 모든 쟁점과 철저하게 씨름하기 위해서는 매우 자세한 책이 필요할 것이다. 여기서 나는 그 문제들을 완화할 수 있는 몇 가지 의견을 제공할 것이다. 나는 그런 문제들이 두 개의 주요 범주로 나누어진다고 생각한다. 즉 구약의 관습에 대한 오해와, 성서적 관점과 현대 세계의 충돌이다.

2. 계보

예를 들어 계보는 현대의 독자를 지루하게 한다. 왜냐하면 우리의 조상은 비교적 우리에게 중요하지 않기 때문이다. 계보를 아는 것이 취미가 아니라면 말이다. 우리의 부모나 조부모가 생계를 위해 무슨 일을 했는지가 오늘날 우리의 직업 또는 거주지를 결정하는 경우는 드물다. 그러나 성서 시대에 계보는 모두에게 특별히 남성에게 매우 중요했다. 그것이 당신이 어디에 살 것인지를 결정했다. 왜냐하면 당신은 보통 당신의 아버지의 땅 또는 그의 기업을 상속받을 것이기 때문이다. 따라서 한 사람의 경력은 그의 가족 배경으로 결정되었다. 만일 당신이 유다 사람이라면, 당신은 유다에 살았을 것이다. 또는 당신의 아버지가 제사장이라면, 당신도 제사장이 되었을 것이다. 즉 당신의 계보가 당신의 정체성을 규정했다. 그러므로 당신의 혈통을 입증할 수 없다는 것은 심각한 문제였다. 포로지에서 귀환했으나 그들의 조상을 증명할 수 없었던 제사장들은 제사장직에서 배제되었다 (스 2:62; 느 7:64). 신약 역시 우리 주님의 두 계보를 제공함으로써 조상의 중요성을 강조한다(마 1:1-18; 눅 3:23-38).

3. 희생제사

희생제사는 현대인들에게 또 다른 출입 금지 구역이다. 희생제사는 그들에게 원시적이고 야만적이며 시대에 뒤떨어진 것처럼 보인다. 그러나 이런 반응들은 우리 사회의 고대 제사 관습에도 유사한 것들이 존재했다는 사실에 대한 무지와 인식의 실패에 기반을 둔다. 주요 희생제사의 구성 요소들 즉 고기, 곡식 가루, 술을 고려해보면, 그것들이 풍성한 식사를 만드는 재료들을 반영한다는 점은 분명하다(창 18:1-8). 희생제사의 기본적 은유는 당신이 하나님을 가장 존경하는 손님으로서 대우한다는 것이다. 여름에 바비큐를 즐기는 사람들은 이런 희생제사의 이미지에 전적으로 감사해야 한다.

만약 설교자들이 자신의 회중으로 하여금 희생제사의 연관성에 맨 먼저 주목하게 만들 수 있다면, 희생제사의 더 깊은 의미와 다양한 유형의 희생제사의 차이점들을 소개하는 일이 가능해진다.[1] 왜 다양한 동물이 지시되는가? 왜 피를 다양한 장소에서 던지고 바르며 뿌리는가? 속죄는 무슨 의미가 있는가? 피는 어떻게 정화에 영향을 미치는가? 등등. 이런 사안들을 탐구할 때 설교자는 그것들이 어떻게 그리스도의 죽음과 그것의 대속적 의미에 관한 신약의 가르침을 말해주는지를 지적할 필요가 있다. 이것은 아마도 회중 안에 있는 마르키온적인 경향에 레위기가 어쨌든 기독교 성서의 일부분으로 남아 있어야 한다는 것을 납득시켜야 한다.

레위기를 가르치는 서구의 설교자들은 그들의 청중 대부분이 희생제

---

1 세부 논의들을 위해서는 다음을 보라. John E. Hartley, *Leviticus* (Dallas : Word, 1992); Jacob Milgrom, *Leviticus 1-16* (New York : Doubleday, 1991); Rolf Rendtorff, *Leviticus 1-10* (Neukirchen : Neukirchener Verlag, 2004). 좀 더 대중적인 논의를 위해서는 내 NICOT 주석을 보라. *The Book of Leviticus* (Grand Rapids : Eerdmans, 1979, 『NICOT 레위기』, 부흥과개혁사 역간). 해석적 쟁점들의 분석을 위해서는 다음을 보라. Leigh Trevaskis, *Holiness, Ethics and Ritual in Leviticus* (Sheffield : Phoenix, 2011).

구약 설교, 어떻게 할 것인가?

사를 결코 본 적이 없고 따라서 그것이 무엇인지를 시각화하는 것을 극도로 어려워한다는 문제에 직면한다. 번제와 속죄제가 지니는 다른 기능들에 대한 토의는 만약 그의 청중이 그 제사들과 관련된 다른 의식 절차들을 이해하지 못한다면 좀처럼 나타나지 않을 것이다. 따라서 이런 상황에서는 이런 의식 절차들의 신학에 대한 해석을 시도하기 전에 그런 의식들이 어떻게 설명될 수 있는지를 먼저 고려해야 할 것이다. 아마도 하나의 희생제사는 아이들의 이야기로 재연될 수 있고, 아니면 파워포인트 도표가 사용될 수도 있다.

4. 노예

오해 또는 부적절한 번역에서 기인하는 또 다른 어려움은 노예(slavery)에 관한 것이다. 출애굽기 21장, 레위기 25장, 신명기 15장에서 노예에 관한 법들을 소개하는 아주 자애로운 태도는 노예라는 어휘 자체로 인해 모호해진다. 만약 "네가 히브리 종을 사면 그는 여섯 해 동안 섬길 것이요. 일곱째 해에는 몸값을 물지 않고 나가 자유인이 될 것이며" 대신에 출애굽기 21:2이 "네가 히브리 일꾼을 고용하면 그는 여섯 해 동안 노동할 것이요. 일곱째 해에는 몸값을 물지 않고 나가 자유인이 될 것이며"라고 번역되었다면, 우리는 성서에서 노예의 특징과 그 법들의 의도를 좀 더 쉽게 이해했을 것이다. 성서 시대에 이스라엘의 모든 가족은 곡식을 재배하고 가축을 기를 수 있는 개인 소유의 땅을 갖게 되어 있었다. 모든 가족은 자신의 농장을 경영했기 때문에 현대의 용어로 자영업자로 불릴 수 있을 것이다. 비가 많이 오고 가족이 건강했던 좋은 시기에는 이런 방식이 괜찮았을 것이다. 그러나 가뭄, 기근 또는 다른 재앙의 시기에는 어땠을까? 가족들에게 필요한 식량과 심지어 다음 해의 곡물을 위한 씨앗조차도 다 고갈되어버렸을 것이다. 그러면 어떤 일이 벌어지게 되었을까?

오경의 법들은 이런 상황에서 더 부유한 땅 소유주들이 삯꾼이나 "노예들"인 그들의 빈곤한 이웃들을 책임져야 한다고 명령한다. 이것은 극빈자들에 대한 자선의 행위로 간주되었다. 요셉이 이집트 사람들을 바로의 일생의 종으로 만들었을 때 그들은 "주께서 우리를 살리셨사오니 우리가 주께 은혜를 입고 바로의 종이 되겠나이다"(창 47:25)라고 외쳤다. 오경에 있는 이 법들의 핵심 취지는 노예로 섬기는 기간을 제한하는 것이다. 그러나 몇몇 "노예들"은 일자리의 안전성을 중요하게 생각해서 자기 주인의 영원한 종이 되기로 선택할 수 있다는 것이 인정된다(출 21:5-6; 신 15:16-17). 심지어 오늘날에도 자영업보다는 고용인의 상태를 더 선호하는 사람들이 존재한다. 그러나 우리가 성서의 노예법의 이런 혜택들을 가장 명백하게 볼 수 있는 것은 가난한 나라들에서다. 이런 사회에서 극빈한 소작인들은 도시로 이주하고, 그곳에서는 슬럼가에서 겨우 생계를 이어나간다.[2] 성서의 노예법은 그들을 고향에 머물 수 있게 했고, 그들에게 일자리와 식량을 제공해주었으며, 그들에게 육 년 후에 자신의 땅으로 돌아올 수 있는 기회를 주었다.[3] 그리고 마지막으로 이 법은 부자들을 향해 관대한 마음을 가지라고 권고했다. 신명기 15:18은 "그가 여섯 해 동안에 품꾼의 삯의 배나 받을 만큼 너를 섬겼은즉"이라고 말한다. 우리의 현대 복지 조항은 성서의 체제로부터 몇 가지 교훈을 배울 수 있을 것이다.

---

2 이런 과정의 결과들에 대한 도식적 설명을 위해서는 다음을 보라. D. Lapierre, *The City of Joy* (London : Arrow, 1986).

3 희년(레 25장)을 포함하여 노예법에 대한 좀 더 완전한 논의를 위해서는 다음을 보라. G. C. Chirichigno, *Debt-Slavery in Israel and the Ancient Near East*, JSOTSup. 141 (Sheffield : JSOT Press, 1993).

5. 동태복수법

"눈에는 눈, 이에는 이"라는 동태복수법(law of talion)은 자주 오해되는 오경의 또 다른 원리다(출 21:23-25; 레 24:17-21; 신 19:21). 이것은 용서에 대한 기독교적 태도들과 상반되는 복수라는 잔인한 표현으로 매도된다. 이 문제는 성서가 장황한 관념 대신에 생생한 은유를 선호한다는 점에서 발생한다. 법에서 형벌은 위법 행위에 비례해야 한다는 원리, 즉 "형벌은 범죄에 적합해야 한다"는 원리와 의견을 달리하는 사람은 거의 없다. 그리고 이것은 정확히 동태복수법 공식(the talion formula)이 주장하는 바다.

이 원리가 인정되지 않는다면 분쟁이 지속적으로 불화를 일으킬 것이고, 라멕이 그랬던 것처럼 강한 자가 약한 자에게 복수를 행할 것이다.

> 라멕이 아내들에게 이르되
>
> 아다와 씰라여, 내 목소리를 들으라.
>
> 라멕의 아내들이여, 내 말을 들으라.
>
> 나의 상처로 말미암아 내가 사람을 죽였고
>
> 나의 상함으로 말미암아 소년을 죽였도다.
>
> 가인을 위하여는 벌이 칠 배일진대
>
> 라멕을 위하여는 벌이 칠십칠 배이리로다 하였더라(창 4:23-24).

동태복수법은 보상의 권리를 일 대 칠십칠이 아니라 일대일로 제한한다. 한쪽 눈에는 한쪽 눈, 이 하나에는 이 하나 등등. 이는 폭력을 정당화하기 위한 것이 아니라 폭력의 한도를 정하기 위한 규칙이다. 그것은 최소한의 벌칙이 아니라 최대한의 벌칙이었다. 성서 시대에 법은 우리의 형법이 아니라 시민법처럼 작용했다. 만일 위법 행위가 발생하면 경찰을 부르는 것이 아니라(있지도 않았다) 당신이나 관계자가 그 범법자를 성문에 있는 장로들에게 데려갔고, 그들은 그가 유죄인지를 결정했다. 만일 범법자가 유죄 판결을 받는다면 그와 피해를 입은 당사자 사이에 중재가 이어지고 보상이 행해졌을 것이다. "너는 내 이를 부러뜨렸다. 나는 네 이를 부러뜨릴 자격이 있다. 만약 네가 나에게 X세겔을 주지 않는다면 말이다." 예를 들어 노예가 한쪽 눈이나 이 하나를 상실한다면 자유를 얻을 수 있었다(출 21:26-27). 출애굽기 21:30-31은 만약 소가 사람을 들이받아 죽게 했을 경우 뒤따르는 협상들을 언급한다. 잠언 6:32-35은 간음하려는 자에게 분노한 남편이 사형 대신에 보상을 받아들일 것이라고 기대하지 말라고 경고한다.[4] 따라서 동태복수법은 결코 야만적이고 원시적인 것이 아니라 정의의 심장이자 공평의 정수다. 이 법은 결코 지속적인 폭력이 아니라 오히려 분쟁들을 신속하고 공평하게 해결하기 위해 고안된 것이다.

6. 창세기 1장

구약을 설교하려고 시작하는 사람은 누구나 바로 첫 장부터 문제에 부딪힌다. 6일간의 창조는 다윈(Darwin)과 양립할 수 없는 것처럼 보인다. 이어지는 창세기 2-11장도 현대 설교자에게 문제들을 제시한다. 나는 여기서 그것을 논의할 생각이 없지만 내가 창세기 1장에 대해 관찰한 것들은 이어지는 장들과 연관성이 있다.

---

4 사형은 고대 세계에서 간음에 대한 표준적 처벌이었다. 동태복수법의 원리들에 대한 더 깊은 토의를 위해서는 다음을 보라. R. Westbrook, *Studies in Biblical and Cuneiform Law* (Paris: Gabalda, 1988); R. Westbrook, "Lex Talionis and Exodus 21, 22-25," *Revue Biblique* 93 (1986), 52-69.

근본적으로 이것은 고대의 관용구, 더 정확하게 말하면 창세기 1-11장의 장르를 오해하는 현대 독자들의 또 다른 사례다. 그것은 창조에 대한 과학적 묘사가 아니다. 고대의 사람들은 그런 기사를 어떻게 이해했는가? 혹자는 그것을 신화로 묘사하려는 유혹을 받기도 한다. 왜냐하면 많은 경우에 이 기사는 보통 신화로 불리는 세상의 기원에 관한 고대 근동의 이야기들과 유사점을 갖고 있기 때문이다. 그러나 신화라는 장르 묘사가 얼마나 적합하든지 간에 나는 그것을 강단에서 결코 사용하지 않을 것이다. 현대인의 귀에 신화의 첫째 의미는 가짜, 오류다. 만약 혹자가 이 용어를 창세기 1장에 대한 묘사로 사용한다면, 몇몇 사람은 매우 분개할 것이고 다른 이들은 성서신학의 이 근본적 이야기를 아무런 가치가 없는 것으로 묵살할 수 있다고 생각할 것이다.

대신에 나는 그들에게 아트라하시스 서사시와 같은 기원에 관한 메소포타미아의 거대한 이야기들을 말해준다. 나는 이 이야기들과 창세기의 몇몇 유사점을 지적한다. 그러면 현대의 청자들은 "신화"라는 끔찍한 단어를 사용하지 않고도 우리가 동일한 종류의 이야기를 다루고 있다는 것을 이해할 수 있다. 나는 그들에게 고대인들은 우리가 진화론을 믿는 것과 같은 확신을 가지고 이런 이야기들을 믿었을 것이라고 말한다. 그러나 고대 바빌로니아 또는 이집트의 한 방문객이 예루살렘을 방문해서 세상의 기원에 대한 창세기 버전이 바빌로니아의 버전과 유사하지 않고 다르다는 것을 들었을 때 무엇이 그를 정말로 놀라게 했을까? 오직 한 하나님만이 존재하신다. 결혼해서 아이를 낳는 남신과 여신들이라는 신들의 계보는 존재하지 않는다. 해와 달은 신들이 아니라 창조된 물체들이다. 인간은 열등한 신들의 파업으로 인해 필요하게 된 부산물이 아니라 하나님의 창조의 절정이다. 아트라하시스 서사시와 정반대로 하나님은 인간에게 음식을 공급하신다.

창세기는 옛 이야기를 새롭게 해석한다. 창조부터 홍수까지 이어지는 사건들의 윤곽은 세상의 기원에 관한 메소포타미아와 이스라엘의 이야기에서 동일할 수 있다. 그러나 그 경쟁하는 이야기들의 버전이 가르치는 신학은 상당히 다르다. 창세기는 유일신론, 말씀으로 만물을 존재하게 하시는 하나님의 주권, 하나님의 계획 안에 있는 인간의 위치, 사람의 행복에 대한 하나님의 배려를 확언한다. 창세기의 계보들과 수메르 왕의 목록을 비교하고 창세기의 홍수 이야기와 길가메시 서사시를 비교함으로써 이와 맥락을 같이하는 더 많은 요점이 만들어질 수 있다. 우리는 고대 근동의 평행 본문들과는 대조적으로 창세기 1-11장의 강조점들은 성서와 기독교 신앙의 핵심적 진술들이라는 것을 계속해서 지적해야 한다. 예를 들어 하나님의 유일성(막 12:29), 하나님의 주권(요 1:3), 하나님의 형상으로서의 인간(고전 11:7), 인간을 향한 하나님의 사랑(요 3:16) 등이다. 창세기를 시작하는 장들은 올바른 전제들을 가지고 성서의 나머지 부분을 읽기 위해 우리에게 인상적인 광경을 제공해준다.[5]

이런 방식으로 다루어질 때 창세기를 시작하는 장들은 더 이상 신앙의 장애물이 아니라 신앙의 근본적 진리들에 대한 토대인 것으로 보인다. 나는 때때로 우리가 모세(또는 창세기를 쓴 누구든지)를 본받아서 빅뱅으로부터 진화에 이르는 현대의 과학적 우주론을 취하여 그것을 창조주 하나님에 대한 신앙의 관점으로 다시 서술해야 한다고 계속해서 주장한다. "모세"는 기원에 대한 고대 동방의 이야기들을 인간 친화적인 유일신론의 관점에서

---

5 더 상세한 설명을 위해서는 다음을 보라. G. J. Wenham, *Genesis 1-15* (Waco : Word, 1987, WBC 성경주석 『창세기 상』, 솔로몬 역간) ; E. C. Lucas, *Can We Believe Genesis Today?* (Leicester : Inter-Varsity Press, 2000).

다시 서술했고, 그럼으로써 이 내러티브에서 하나님이 진정으로 어떤 존재인가를 가르쳤다. 시간과 우주에 대한 우리의 시야는 고대인들의 그것보다 훨씬 더 크고 풍부하다. 그래서 그것을 고안하고 지탱하는 하나님의 존재를 붙드는 것은 우리의 상상력을 폭발시키고 우리의 경배를 요구한다. 하나님이 욥에게 말씀하셨던 것처럼 말이다.

> 내가 땅의 기초를 놓을 때에 네가 어디 있었느냐?
> 네가 깨달아 알았거든 말할지니라(욥 38:4).

우리는 오직 시편 저자에게 동조하여 다음과 같이 말할 수 있을 뿐이다.

> 주의 손가락으로 만드신 주의 하늘과
> 주께서 베풀어 두신 달과
> 별들을 내가 보오니
> 사람이 무엇이기에
> 주께서 그를 생각하시며
> 인자가 무엇이기에
> 주께서 그를 돌보시나이까?(시 8:3-4)

이런 접근법은 나에게 아주 유용했다. 나는 그것이 창세기 1장에 적합한 방법이라고 생각할 뿐만 아니라 회중에게도 그것이 유용하다고 생각한다. 그러나 나는 언젠가 선을 넘었다. 젊은 사람들이 간간이 섞여 있는 지역의 침례교회에서 설교했을 때, 나는 한층 더 나아가 왜 그 날들이 인간의 이십사 시간이 아니라 하나님의 삶에서의 "날들"로 간주되어야 하는지를 설명할 수 있다고 생각했다. 나는 우리의 낮과 밤을 만드는 태양이 넷째 날까지 창조되지 않았다는 사실을 지적했다. 어쨌든 이것은 너무 과했다. 회중의 한 구성원이 일어나서 나에게 야유를 퍼붓기 시작했다. 그리고 그는 밖으로 나가버렸다! 그래서 나는 그런 논란의 여지가 있는 것들은 남겨두고 사람들이 스스로 결론을 내리거나 예배 후에 당신에게 질문하도록 하는 것이 더 낫다고 제안한다.

7. 폭력

폭력의 문제는 구약 설교자들이 가장 빈번하게 마주치는 것들 중 하나다. 물론 그것은 비신자들이 가장 자주 제기하는 문제들 중 하나이기도 하다. 여기서 비난받아야 하는 것은 부분적으로 성서신학에 대한 오해와 거부다. 우리는 한 신문이 다르푸르(Darfur)의 대량 학살이나 맨체스터의 살인 사건을 서술했다고 해서 그 신문 기자가 이 사건들에 책임이 있다고 주장하지는 않는다. 그러나 이는 종종 전쟁에 대한 성서의 기록들이 취급되는 방식이다. 성서를 좀 더 주의 깊게 읽어보면 대부분의 폭력이 승인되지 않는다는 것은 분명하다.

만약 우리가 창세기 1-11장이 성서 전체는 아니더라도 전체 창세기에 대한 우리의 독서 방식을 결정하도록 허용한다면, 폭력이 하나님의 선한 창조 안으로 유입된 비극적인 침입으로 간주된다는 것은 명백하다. 창세기 1장은 새롭게 창조된 우주에서 완벽한 조화의 그림을 제공한다. 동물과 인간은 모두 채식을 한다. 그들은 사냥하거나 서로 죽이지 않는다. 이사야 11:1-9과 65:25에 따르면 이런 평화의 상태가 새로운 창조의 특징을 이룰 것이다. 그러나 창세기 3장에서 혼돈으로의 하강은 인간과 뱀 사이의 적

대감과 함께 시작된다.[6]

> 내가 너로 여자와 원수가 되게 하고
>
> 네 후손도 여자의 후손과 원수가 되게 하리니
>
> 여자의 후손은 네 머리를 상하게 할 것이요.
>
> 너는 그의 발꿈치를 상하게 할 것이니라(창 3:15).

폭력은 창세기 4장에서 증가한다. 가인은 자기 동생을 살해하고 그의 후손인 라멕은 일흔일곱 배의 폭력으로 위협한다(창 4:8, 24). 창세기 6:5은 "여호와께서 사람의 죄악이 세상에 가득함과 그의 마음으로 생각하는 모든 계획이 항상 악할 뿐임을 보시고"라고 선언한다. 우리가 "온 땅이 하나님 앞에 부패하여 포악함이 땅에 가득한지라"(창 6:11)라는 구절을 읽자마자 하나님은 "모든 혈육 있는 자의 포악함이 땅에 가득하므로 그 끝 날이 내 앞에 이르렀으니 내가 그들을 땅과 함께 멸하리라"(창 6:13)라고 결정하신다. 즉 홍수는 인간과 동물("모든 혈육")의 폭력에 대한 형벌로서 보내졌다.[7] 이는 아트라하시스의 설명과 매우 다르다. 거기서 홍수는 인구 증가로 촉진된다.

폭력에 대한 이런 거절과 그에 상응하는 평화에 대한 갈망은 창세기에 있는 이후의 많은 이야기에 영향을 미친다. 아브라함은 롯과 아비멜렉을 평화롭게 대한 것에 대해 암시적으로 칭찬받고, 아브라함의 아들 이삭은 그런 태도를 영구화한다. 반면에 야곱의 아들들이 세겜 족속을 학살한

---

6 창 3:15에 대한 이런 이해는 그것 역시 원시복음(Protevangelium)이라는 것을 배제하지 않는다. Wenham, *Genesis 1-15*, 79-81.

7 앞의 책, 171.

일은 야곱에게 저주받는다.

> 그 노여움이 혹독하니
> 저주를 받을 것이요.
> 분기가 맹렬하니
> 저주를 받을 것이라(창 49:7).

성서에서 가장 유혈이 낭자한 책 중의 하나는 사사기다. 전쟁, 암살, 대량
학살, 내전이 사사기의 지배적인 주제들인 것처럼 보인다. 전반적으로 이
책은 하나님에 대한 불순종이 초래한 혼돈 속으로 들어가는 이스라엘의 쇠
퇴를 묘사한다. 폭력은 여기서 칭찬받거나 모방할 만한 좋은 것이 아니라
죄의 결과로 묘사된다.[8] 이런 어두운 배경에 반하여 사사들의 영웅적 행위
는 두드러진다. 그들은 가장 끔찍한 상황에서 행동하는 용기와 믿음의 본
보기들이다. 그러나 이것은 싸우는 것이 본질적으로 유익하다는 것을 의미
하지 않는다. 더 나쁜 악을 막는 것이 중요할 수 있다. 그러나 그 목표는 폭
력이 존재하지 않는, 죄 없는 사회다. 이 책은 왕정이 이스라엘을 이런 이
상에 좀 더 가깝게 데려갈 수도 있다는 것을 암시한다. "그때에 이스라엘
에 왕이 없으므로 사람이 각기 자기의 소견에 옳은 대로 행하였더라"(삿
21:25).

　사사기에서 감지될 수 있는 폭력을 향한 양면성은 창세기에서 더 빨리
등장한다. 이미 언급한 것처럼 "항상 악할 뿐"인 인간의 생각들과 그리하

---

8 좀 더 깊은 논의를 위해서는 다음을 보라. G. J. Wenham, *Story as Torah* (Edinburgh : T. & T.
　Clark, 2000), 45-71 ; R. Ryan, *Judges* (Sheffield : Sheffield Phoenix Press, 2007).

여 폭력으로 가득한 땅은 홍수를 촉발했다(창 6:5, 11, 13). 그러나 홍수로 땅이 정화된 이후에도 인간의 마음의 문제는 여전히 남아 있었다. "사람의 마음이 계획하는 바가 어려서부터 악함이라"(창 8:21). 희생제사는 또 다른 홍수를 보내지 않도록 하나님을 설득할 수 있을지도 모른다. 그러나 비틀어진 폭력에 대한 인간의 경향은 어떤가? 창세기 9:5-6은 다음과 같은 답을 제시한다.

> 내가 반드시 너희의 피 곧 너희의 생명의 피를 찾으리니 짐승이면 그 짐승에게서,
> 사람이나 사람의 형제면 그에게서 그의 생명을 찾으리라.
> 다른 사람의 피를 흘리면
> 그 사람의 피도 흘릴 것이니
> 이는 하나님이 자기 형상대로 사람을 지으셨음이니라(창 9:5-6).

살인에 대한 사형은 앞에서 논의한 동태복수법 원리의 적용이다. 그러나 이 본문은 그것의 역설적인 특성을 지적한다. 살인은 하나님의 형상 즉 인간에 대한 공격이므로 처벌받아야 한다. 비록 두 번째로 사람의 생명을 취하는 것이 또 다른 하나님의 형상을 공격하는 것이지만 말이다. 그러나 본문은 온 땅이 폭력으로 가득하여 하나님의 또 다른 신적 심판으로 멸망당하는 것보다 이것이 더 낫다는 것을 암시한다.

창세기 9:6은 구약에서 범죄가 행해졌을 때 무엇을 해야 하는지를 결정하는 법인 조건법/판례법(a case law) 형태를 띤 최초의 구절이다.[9] 조건법은 ("도둑질하지 말지니라"와 같은) 도덕적 이상들을 설정하는 것이 아니라

---

9 출 21-22장은 많은 조건법을 포함한다.

이런 이상들이 깨졌을 때 무엇을 행해야 하는지를 정의한다(예. 절도에 대한 처벌들). 따라서 여기서 그 이상은 인간의 생명을 보존하는 것이다. 그러나 살인자에 대한 처형으로 두 번째 생명을 잃는 것이 피의 반목보다 낫다. 이런 반목은 결코 끝나지 않거나 사사기 19-21장에서 묘사된 상황으로 발전할 수도 있기 때문이다.

그러므로 평화에 대한 이런 갈망과 폭력에 대한 거절이 전쟁과 살인에 대한 모든 성서의 묘사들의 기저를 이루는 기본적 전제로서 간주되어야 한다. 이것은 신명기 20장의 전쟁에 관한 법들을 통해 설명된다. 이 법들은 십계명에 대한 신명기의 해석에서 일부분을 형성한다. 신명기 19-21장은 "살인하지 말지니라"를 다양한 상황에 적용한다. 신명기 19:1-13은 의도치 않게 사람을 죽인 살인자가 달아날 수 있는 도피성들을 다룬다. 그리고 15-21절은 타인을 중죄로 거짓 고발하는 사람을 어떻게 해야 하는지 규정한다. 다음으로 전쟁에 관한 법들 이후에 신명기 21:1-9은 해결되지 않은 살인죄를 땅에서 제거하기 위한 의식을 다룬다. 따라서 신명기 20장의 전쟁에 관한 법들은 "살인하지 말지니라"라는 일반적 주제 아래 놓여 있으며 그 원리를 정당하게 시행하려고 전념하는 법들 사이에 끼어 있다.

전쟁에 관한 법들은 그 자체로 주목할 만하다. 이는 모든 종류의 사람들, 즉 새롭게 집을 지은 자들, 새롭게 포도원을 만든 자들, 최근 결혼한 자들, 그리고 두려워하는 자들이 부름에 응하지 않기로 선택하는 것을 허용하는 긴 서문으로 시작한다. 전쟁하러 해외로 나가는 것보다 집에 평화롭게 있는 것의 우선성이 이보다 더 명백할 수는 없을 것이다. 이런 장기적인 시야는 포위 공격에서 과일나무를 베는 것을 금지하는 결론으로 강화된다. 이는 "들의 수목이 사람이냐? 너희가 어찌 그것을 에워싸겠느냐?"(신 20:19)라는 수사적 질문으로 정당화된다. 평화를 사랑하고 환경 친화적인

구약 설교, 어떻게 할 것인가?

이 단락 내에서 대적과 관련한 규칙들이 등장한다. 이것은 포위 공격의 세 가지 시나리오를 아우른다.

1. 평화를 제안받은 적의 도시가 그것을 수용한다. 적은 강제 노동을 한다(10-11 절).
2. 가나안 밖에 있는 적의 도시가 평화를 거부한다. 적의 모든 남성이 죽임을 당한다(12-15절).
3. 가나안 내에 있는 적의 도시가 평화를 거부한다. 모든 적이 죽임을 당한다(16-18절).

이런 이해에 따르면 내부에서든 외부에서든 간에 이스라엘이 공격하는 모든 도시는 항복의 기회가 주어진다.[10] 만약 거부한다면 그들은 전멸하거나 적어도 모든 남성의 죽음이라는 매우 가혹한 처우에 직면한다. 우리는 이런 위협에 놀랄 수 있다. 아마도 그것은 신속한 항복을 권고하고 전쟁을 단축시키기 위해 고안되었을 것이다. 그러나 우리는 정확하게 알지는 못한다.

현대 그리스도인을 정말로 놀라게 하는 것은 항복하지 않은 가나안 도시들의 모든 거주민을 죽이라는 명령이다. 이 명령은 인종 청소처럼 보인다. 그러나 이것은 정확하지 않다. 신명기가 관심을 두고 있는 것은 종교적 정화다. 가나안 민족들에게 허용해서는 안 되는 것은 다음과 같다. "이는

---

10 Maimonides의 관점(Jeffrey H. Tigay, *Deuteronomy*, Philadelphia : Jewish Publication Society, 1996, 472), 그리고 더 최근에 Norbert Lohfink, "ḥāram," in *TDOT* V (Grand Rapids : Eerdmans, 1986), 197. 대부분의 주석가들은 이 항복의 기회가 오직 (가나안) 땅 밖의 도시들에만 적용된다고 가정한다. 그러나 신 20:10("네가 어떤 성읍으로 나아가서 치려 할 때에는 그 성읍에 먼저 화평을 선언하라")은 그런 제한을 설정하지 않는다.

그들이 그 신들에게 행하는 모든 가증한 일을 너희에게 가르쳐 본받게 하여 너희가 너희의 하나님 여호와께 범죄하게 할까 함이니라"(신 20:18).

이것은 완전한 파괴가 행해지기 위한 합리적 근거로서 신명기 7장에서 제시된 이유다. 이 단락에서 그 명령은 과장처럼 들린다. 왜냐하면 그것은 계속해서 가나안 민족과의 통혼을 금지하기 때문이다.

> 또 그들과 혼인하지도 말지니 네 딸을 그들의 아들에게 주지 말 것이요, 그들의 딸도 네 며느리로 삼지 말 것은 그가 네 아들을 유혹하여 그가 여호와를 떠나고 다른 신들을 섬기게 하므로 여호와께서 너희에게 진노하사 갑자기 너희를 멸하실 것임이니라(신 7:3-4).

만약 모든 가나안 민족이 멸절되어야 했다면 통혼의 금지는 전혀 불필요했을 것이다. 그러나 만약 일부 사람들이 항복해서 이스라엘 민족을 위해 일했다면, 그들과 결혼하고 그들의 종교를 채택하고자 하는 유혹은 현실이 되었을 것이다. 우상숭배자의 전멸이 명백하게 요구되는 유일한 단락은 이스라엘 민족의 마을과 관련이 있다. 그곳의 거주자들은 다른 신들을 섬겼다(신 13:12-18). 그곳의 모든 거주민은 칼로 죽여야 할 뿐만 아니라 그 마을 자체를 불살라야 하고 결코 재건해서는 안 된다.

신명기의 관심은 인종이 아니라 종교다. 모세는 야웨의 땅에서 야웨에 대한 완전한 충절을 요구하고 있다. 그러나 현대인들의 귀에 이는 거의 나쁜 것으로 인정될 것이 틀림없다. 다원주의와 관용은 현대 세속 사회가 칭찬하기 원하는 가치들이다. 그러나 만약 당신이 그런 신념을 지키지 않고 하나님께로 갈 수 있는 유일한 하나의 길만이 존재한다고 주장한다면, 그것은 덜 관용적인 것이 된다. 그러므로 특별히 하나의 짧은 설교에서 사람

구약 설교, 어떻게 할 것인가?

들을 설득시키는 일은 대단히 어려운 것이 사실이다. 설교자의 모든 수사학적 기술이 필요할 것이다. 신약이, 특별히 예수가 동일한 내용을 가르쳤다는 점을 보여주는 것이 핵심이다. 우리는 회중에게 사도행전 4:12, "다른 이로써는 구원을 받을 수 없나니 천하 사람 중에 구원을 받을 만한 다른 이름을 우리에게 주신 일이 없음이라", 그리고 요한복음 14:6, "예수께서 이르시되 '내가 곧 길이요, 진리요, 생명이니 나로 말미암지 않고는 아버지께로 올 자가 없느니라'"와 같은 본문들을 상기시킬 필요가 있다.

내가 생각하기에 구약의 어려운 메시지들을 설명하기 위해 신약에 호소함으로써 뒷받침하는 일은 사람들이 그것을 진지하게 받아들이도록 만드는 데 있어서 매우 중요하다. 나는 구약이 회중의 평가에서 가장 낮은 위치를 차지한다고 생각한다. 사도 바울은 조금 더 존경받을 것이다. 다른 사도들은 그보다 조금 더 그리고 최종적으로 예수와 그의 가르침이 가장 큰 존경을 받을 것이다. 심지어 그들이 그리스도의 가르침을 잊어버렸거나 무시해왔다고 할지라도 교회에 다니는 대부분의 사람들은 그리스도를 진지하게 대할 것이다. 구약을 설교할 때에는 이를 유념해야 한다. 우리는 구약의 불편한 가르침을 신약에, 특별히 복음서에 호소함으로써 뒷받침해야 한다.

8. 저주시

시편은 다양한 이유로 구약에서 가장 사랑받고 가장 많이 사용되는 부분이다. 그러나 시편은 성서의 다른 부분에서 발견되는 것보다 대적들을 향한 더욱 격렬한 증오의 표현들도 포함하고 있다. 심지어 상당히 보수적 성향인 많은 주석가들조차 시편 저자들이 은혜를 저버렸다고 한탄하기도 했다.

교회는 일부 시편의 전체와 다른 시편들의 일부분을 노래해서는 안 된다고 명령했다. 예를 들어 루이스(C. S. Lewis)는 그 시편들을 "끔찍하고" "경멸적인" 것이라고 불렀고,[11] 커크패트릭(Kirkpatrick)은 "야만적이고 혐오스럽다"라고[12], 외스터라이(Oesterley)는 "보복적"이고 "인간 본성에 대한 모욕"이라고 말했다.[13] 심지어 데렉 키드너(Derek Kidner)는 그리스도인들이 이런 시편들을 자기 자신의 것으로 사용할 수 없다고 생각했다[14].

최근 몇 년 사이에 이 시편들에 대한 정서가 변했다. 많은 학자들은 저주시(the imprecatory psalms)를 부분집합으로 가지고 있는 탄원시(the lament psalms)를 사용하지 않은 것이 기독교의 예배를 매우 빈곤하게 했다고 주장한다. 많은 사람들에게 삶은 그렇게 만만하지 않다. 그러므로 그들은 예배에서 그들의 두려움, 좌절, 하나님에 대한 불평을 표현할 수 있는 기회가 필요하다. 낙관적 노래들과 긍정적 증언들이라는 식이 요법은 실망, 질병이나 박해로 고통당하는 사람들의 필요를 충족시키지 못한다. 탄원시가 전체 시편에서 가장 큰 시편 군(群)을 구성하기 때문에, 그것을 배제하는 것은 큰 실수다.

그러나 이것이 대적들에게 복수해달라고 하나님께 요청하는 행위를 정당화하는가? 다른 사람들 중에서 퍼스(D. G. Firth),[15] 맥칸(J. C. McCan-

---

11 C. S. Lewis, *Reflections on the Psalms* (London : Collins, 1961, 『시편 사색』, 홍성사 역간), 24.

12 A. F. Kirkpatrick, *The Book of Psalms* (Cambridge : Cambridge University Press, 1902), xciii.

13 W. O. E. Oesterley, *The Psalms II* (London : SPCK, 1939), 458, 548.

14 D. Kidner, *Psalms 1-72* (London : Inter-Varsity Press, 1973), 32.

15 D. G. Firth, *Surrendering Retribution in the Psalms* (Milton Keynes : Paternoster, 2005).

구약 설교, 어떻게 할 것인가?

n),[16] 쳉어(E. Zenger)[17]는 이 문제와 정면으로 씨름했는데, 모든 성직자 후보는 그들의 작품을 읽어야 한다. 여기서 우리는 단지 그들의 접근법에 대한 간략한 요약만을 제공할 수 있다.

주목할 만한 첫 번째 요점은 다음과 같다. 시편 저자들의 기도는 대적들이 시편 저자들을 다루었던 것처럼 하나님이 그 대적들을 다루실 것이라는 내용이다. 이것은 우리가 앞에서 논의한 동태복수법의 원리를 기도 안으로 집어넣는 것이다. 시편 109편에서,

> 이 시편 저자의 요청은 대부분의 사람이 그때나 지금이나 유일하게 공평하다고 말할 수 있는 것과 일치한다. 즉 형벌은 범죄에 적합해야 한다(신 19:18-21). 특별히 대적은 인애를 보이지 않았기 때문에(16절), 인애(또는 "변함없는 사랑")를 받을 자격이 없다(12절). 대적은 가난한 자들과 어려운 자들을 학대했기 때문에(16절; 시편 10:2을 보라) 빈곤하게 되는 것이 마땅하다(8-11절). 대적은 다른 이들을 저주했기 때문에 저주받는 것이 마땅하다(17-19, 28-29절; 시편 62:4을 보라). 요약하면 대적은 다른 사람을 죽음에 이르도록 했기 때문에(16, 31절) 죽는 것이 마땅하다(8절).[18]

둘째, 시편 저자들은 결코 그들이 스스로 보복할 것이라고 주장하지 않는다. 그들은 형벌을 하나님께 맡긴다. 예를 들어 시편 38편에서,

---

16　예. J. C. McCann, *A Theological Introduction to the Book of the Psalms* (Nashville : Abingdon, 1993).

17　E. Zenger, *A God of Vengeance?* (Louisville : Westminster John Knox Press, 1996, 『복수의 하나님? : 원수시편 이해』, 대한기독교서회 역간).

18　J. C. McCann, *NIB* IV (Nashville : Abingdon, 1996), 1126.

여기에는 자신이 당한 폭력에 대해 개인적으로 보복하고자 하는 아무런 시도도 없다. 신원을 구하지만…그것은 오직 고백(19절)과 야웨가 구원의 근원이 되기를 바라는 소망의 맥락에서만 요청된다. 따라서 개인적 폭력은 거절된다. 왜냐하면 고통과 핍박으로부터의 구원에 대한 기대는 오직 야웨를 기다리는 것에서만 발견되기 때문이다.[19]

셋째, 시편 저자는 하나님께 단지 정의를 위해서만이 아니라 그의 명성을 위해 악인에 대해 조치를 취해달라고 기도한다. 하나님은 악인을 심판함으로써 그의 능력과, 가난한 자와 억압받는 자들을 위한 그의 돌봄을 입증하신다. 악인들은 하나님의 방관을 그가 돌보지 않거나 행동할 수 없거나 심지어 그가 존재하지 않는다는 증거로 이해한다. 그런 생각들이 중단되어야 한다는 것이 핵심이다.

시인의 기도처럼 보복의 시편들은 모든 것이 실제로 하나님을 대항하여 말할 때 하나님께 열정적으로 매달리는 것이다. 그런 이유로 그 시편들은 하나님에 관한 의심과 인간에 관한 절망의 잿더미 한가운데서 하나님을 향한 열정이 불타고 있는 열정의 시편들이라고 옳게 불릴 수 있다. 이 시편들은 악과 악인들이 역사에서 최종적인 결정을 내릴 수 없다는 열망에 대한 표현이다. 왜냐하면 이 세상과 그 역사는 하나님께 속하기 때문이다.[20]

그러나 왜 오늘날 현대의 예배자들은 핍박을 당하거나 부당한 대우를 받지

---

19 Firth, *Surrendering Retribution*, 124.
20 Zenger, *A God of Vengeance?*, 79.

구약 설교, 어떻게 할 것인가?

않았음에도 불구하고 이런 기도들을 사용해야 하는가? 이런 기도로 기도하는 것은 우리에게 고난당하는 사람들과 깊이 공감할 것을 가르친다. 이런 기도는 그들의 감정들을 우리의 입안으로 넣어준다. 그러나 그 이상으로 이런 시편으로 기도하는 것은 우리에게 불의와 폭력을 싫어할 것을 가르친다. 맥칸은 다음과 같이 쓴다.

> 괴물 같은 악에 직면할 때 가능한 최악의 반응은 아무것도 느끼지 못하는 것이다. 반드시 느껴야 하는 것은 슬픔, 화, 분노다. 그것이 없으면 악은 수용 가능한 다반사가 되어버린다. 잊어버리는 것은 악에 복종하고 시들어 죽는 것이다. 기억하는 것은 저항하는 것이고 신실하게 다시 사는 것이다.[21]

추가적으로,

> 시편 137편에 관해 기도하고 반성할 때 우리는 포로민의 고통, 전쟁의 두려움, 절망과 죽음의 공포, 십자가의 외로움을 기억하고 다시 배운다.[22]

쳉어는 이런 시편들로 기도하는 일이 가져다주는 또 다른 유익을 제시한다. 그 시편들은 사용자들에게 억압에 대한 그들 자신의 책임과 악과의 연관성을 되돌아보라고 가르칠 수 있다. 시편 139편은 악인에 대한 시편 저자의 증오를 표현한 이후에 다음과 같이 말한다.

---

21 McCann, *A Theological Introduction*, 119.

22 앞의 책, 121.

하나님이여!

주께서 반드시 악인을 죽이시리이다.

피 흘리기를 즐기는 자들아!

나를 떠날지어다(19절).

이 시편은 다음과 같이 끝난다.

하나님이여, 나를 살피사

내 마음을 아시며

나를 시험하사

내 뜻을 아옵소서.

내게 무슨 악한 행위가 있나 보시고

나를 영원한 길로 인도하소서(23-24절).

챙어는 이런 시편으로 기도하는 많은 사람들이 스스로 폭력과 억압에 대해 죄책감을 느낄지도 모른다고 주장한다. "이런 시편으로 기도하는 사람들은 필연적으로 폭력의 그물망 안에서 **그들 자신**의 공모를 묻는 질문에 직면한 다."[23]

요약하면 하나님의 개입을 구하는 이런 호소들은 종종 저주시라고 불리는데, 기도로 표현되는 저주 그 이상이다. 이 시들은 하나님이 주권적이고 정당하다는 확신으로 뒷받침된다. 실제로 하나님은 가난한 자와 짓밟힌 자들에게 고통을 가하는 불의를 다루신다. 시편 저자들은 악인들이 다

---

23 Zenger, *A God of Vengeance?*, 76.

　　　　　　　　　　　　　　구약 설교, 어떻게 할 것인가?

른 사람들을 다룬 것처럼 하나님이 그들을 다룰 것이라고 외친다. 하나님의 선함에 대한 믿음이 부정되는 것처럼 보이는 상황에서 시편 저자들은 그 믿음을 재확인하고, 스스로 복수하기보다는 자신을 신원하는 일을 하나님께 맡긴다.

오늘날 이런 시편들로 기도하는 사람들은 그것의 직설적인 특징 때문에 깜짝 놀랄 수 있다. 그러나 그것은 우리 자신의 근심 걱정 없는 생활과 우리가 더불어 자라온 경건함의 단조로움을 반영하는 것인지도 모른다. 이런 시편들은 우리의 환상을 산산조각 내고, 우리를 날것 그대로의 삶에 직면하게 하며, 우리가 주권적인 사랑의 하나님을 진정으로 믿는지에 대해 질문하도록 만든다. 쳉어는 이렇게 말한다. "사회적 불의에 눈감거나 그런 것들로 자신의 손을 더럽히기 원하지 않는, 하나님에 대한 모든 종류의 신뢰 또는 신비주의는 사실상 냉소주의의 한 형태다."[24] 시편의 한쪽 끝에서 다른 쪽 끝까지 울리는 가난한 자들의 부르짖음은[25] 이런 시편들에서 최고의 정점에 도달하고, 그것을 입술로 취하는 모든 이들에게 가난한 자들 및 그들의 창조주와 동질감을 가지라고 도전한다.

그러나 나는 이런 노선을 따르는 설교를 들은 우리의 회중 중 일부가 "아버지, 저들을 사하여 주옵소서. 자기들이 하는 것을 알지 못함이니이다"라고 예수가 말한 것에 여전히 반대할까봐 두렵다. 예수는 우리에게 우리의 원수를 사랑하고 우리를 박해하는 자들을 위해 기도하라고 말했다. 예수가 십자가에서 행한 기도가 자신을 배신하고 재판한 자들을 위해서가 아니라 군인들을 위해서였다는 것은 간과된다. 유다에 관해 예수는 이렇게

---

24 앞의 책, 33.

25 Jean-Luc Vesco, *Le psautier de David* (Paris : Cerf, 2006), 154.

말했다. "인자는 자기에 대하여 기록된 대로 가거니와 인자를 파는 그 사람에게는 화가 있으리로다. 그 사람은 차라리 태어나지 아니하였더라면 제게 좋을 뻔하였느니라"(마 26:24). 흥미롭게도 시편 69편은 신약에서 두 번째로 자주 인용되는 시편이다. 그리고 신약은 그 시편을 유다의 이력에 직접 적용한다. 또한 마태복음 23장도 주목해야 한다. 내가 생각하기에 이 장은 교회에서 거의 읽히지 않는다. 이는 서기관들과 바리새인들을 향한 일련의 화(禍)를 포함하고, "땅 위에서 흘린 의로운 피가 다"(마 23:35) 그들에게로 돌아가리라는 예언에서 절정을 이룬다. 이런 강조들은 단지 용서하라는 예수의 요청이 아니라 그의 가르침에 대한 우리의 묘사의 일부분을 형성해야 한다.

그러나 우리가 부당한 대우를 받을 때(그리고 이런 시편들이 아주 적절하다고 느낄 수 있는 상황에서) 개인적으로 어떻게 반응하든지 간에, 우리는 고난을 겪고 있는 동료 그리스도인들을 위해 하나님이 그들을 악에서 구원하도록 이런 시편들로 기도해야 한다. 우리가 이것을 모호하게 남겨둘 수도 있지만, 시편은 요구하는 것에 있어서 좀 더 실제적이다. 마지막으로 우리는 회중에게 우리가 "나라가 임하시오며"라고 기도할 때 그리스도의 재림을 위해 기도하고 있다는 것을 상기시킬 수 있다. 그렇지 않으면 알려진 것처럼 최후의 심판에서 염소들은 "저주를 받은 자들아, 나를 떠나 마귀와 그 사자들을 위하여 예비된 영원한 불에 들어가라"(마 25:41)라는 말을 듣게 될 것이다. 저주시는 이와 비교해보면 오히려 부드러운 것 같다.

우스터(Worcester) 올 세인츠(All Saints) 교회에서, 창세기 22장 설교(2005년 9월 4일)
최근에 히드로(Heathrow) 공항에 착륙하려고 하는데 우리가 탄 비행기가 왼쪽으로 휘청거리더니 급강하했습니다. 일부 사람들은 비명을 질렀고 다

구약 설교, 어떻게 할 것인가?

른 사람들은 숨을 멈추고 기도했습니다. 지금 여러분이 아시는 것처럼 우리는 안전하게 착륙했습니다. 그러나 그 당시에는 정말 두려웠습니다. 무슨 일이 일어났는지를 설명해주지 않는 기장과 승무원들의 침묵은 우리가 위기일발의 상황에 있었다는 것을 깨닫게 했습니다. 나는 우리 대부분이 자신이 죽을 뻔한 고비를 회상할 수 있으리라고 생각합니다.

그러나 우리의 경험은 오늘 아침에 읽은 아브라함과 이삭의 경험과는 상당히 다릅니다. 창세기 22장의 이 이야기는 모든 문학 중에서 가장 뛰어난 것 중 하나일 뿐만 아니라 유대교와 기독교 신학에서도 매우 중요합니다. 따라서 오늘 우리는 이 이야기에 관해 잠깐 생각해보려고 합니다.

우리가 겪는 위기일발의 상황들은 보통 우리가 그것을 깨닫기 전에 발생하고 종종 인간이 행한 실수의 결과입니다. 하지만 아브라함과 이삭의 사례에서 이 상황은 전혀 그렇지 않습니다. 적어도 아브라함은 유일하게 남아 있는 자기 아들을 제물로 바치라는 하나님의 명령을 심사숙고할 수 있는 충분한 시간이 있었습니다.

아브라함은 몇 해 전에 그의 장자였던 이스마엘의 상실을 이미 경험했습니다. 이 일은 그에게 큰 슬픔을 가져다주었습니다. 이제 그가 애지중지하는 상속자도 제물이 되어야 합니다. 이런 상황이 너무 끔찍해서 아브라함은 집을 떠나기 전에 이 일에 관해 자기 아내에게 아무런 말도 할 수가 없었습니다. 그는 자신의 종들에게 "너희는 나귀와 함께 여기서 기다리라. 내가 아이와 함께 저기 가서 예배하고 우리가 너희에게로 돌아오리라"라고 말하면서 그들을 따돌렸습니다. 산에서 걸은 지 사흘째 되던 날에 이삭이 아버지에게 이렇게 질문합니다. "번제할 어린양은 어디 있나이까?" 그러자 아브라함은 "내 아들아, 번제할 어린양은 하나님이 자기를 위하여 친히 준비하시리라"라고 말함으로써 두려운 진실을 위장합니다.

모든 부모는 아브라함의 고통에 동질감을 느낄 것입니다. 우리 자녀들의 행복은 우리의 가장 간절한 소망 중 하나입니다. 여러분이 자신의 손으로 유일한 자녀를 죽여야 한다면 어떻겠습니까?

그러나 아브라함이 거부하도록 요청받은 것은 단지 아들에 대한 그의 사랑만이 아니었습니다. 그것은 그의 인생 전체였습니다.

여러 해 전에 아브라함은 그의 고향을 떠나라는 말을 들었습니다. "내가 네게 보여줄 땅으로 가라." 그리고 이제 그는 "내가 네게 일러준 한 산으로 가라"라는 말을 듣습니다. 아브라함에 대한 하나님의 최초의 부르심이 이 마지막 부르심에서 메아리치고 있습니다. 아브라함은 그 최초의 부르심에 순종했습니다. 그 부르심이 그를 이라크에서 이스라엘 땅으로, 최종적으로 그의 귀한 아들 이삭의 출생으로 인도했습니다. 땅을 약속받고 열방에 복을 가져올 존재는 바로 이삭의 자손들이었습니다. 그러나 이제 나이가 많이 든 아브라함은 모든 희망을 걸고 있는 사랑스러운 자기 아들을 죽여야 한다는 말을 들은 것입니다.

창세기의 독자인 우리는 이 명령이 단지 시험일 뿐이라는 것을 이미 들었습니다. 그러나 아브라함과 이삭에게 그 명령은 전적으로 실제였습니다. 아브라함의 이력은 하나님의 약속에 대한 신뢰와 하나님의 명령에 대한 순종 위에 세워졌습니다. 이제 아브라함은 그의 인격에 대한 이 궁극적인 시험에 어떻게 반응할까요?

우리 역시 믿음과 순종에 있어서 아브라함의 본을 따르라는 요청을 받습니다. 우리는 우리가 가장 귀중하게 여기는 것, 즉 우리의 집, 우리의 소유, 우리의 경력, 우리의 자녀를 하나님께 바칠 준비가 되어 있어야 합니다. 하나님은 아브라함처럼 우리에게도 우리의 젊은 시기와 노년기에 희생을 바치도록 요청하십니다. 이 일은 우리가 젊을 때 쉽지 않습니다. 나이가 들었다고 더 쉬워지는 것도 아닙니다. 이는 예수께서 "누구든지 나를 따라오려거든 자기를 부인하고 자기 십자가를 지고 나를 따를 것이니라"라고 말한 것과 같습니다.

신약은 아브라함이 자기 아들 이삭을 기꺼이 제물로 바친 것을 자신의 독생자를 우리에게 보내신 하나님의 세상을 향한 사랑을 예시하는 것으로서 이해합니다. 이 점을 명확히 하기 위해 요한복음 3:16은 이 이야기의 어법을 이렇게 차용합니다. "하나님이 세상을 이처럼 사랑하사 독생자를 주셨으니 이는 그를 믿는 자마다 멸망하지 않고 영생을 얻게 하려 하심이라."

그리스도의 순종은 세상에 생명을 가져왔습니다. 아브라함과 이삭의 순종은 하나님이 "모든 열방이 너의 자손 안에서(즉 그리스도 안에서) 복을 받을 것이다"라고 맹세하는 것으로 이어졌습니다. 4천년 후에 우리는 십억 명 이상이 된 전 세계적인 교회의 성장 속에서 이 약속이 성취된 것을 보고 있습니다. 우스터에 있는 이 성장하는 교회는 회중과 성직자들이 "내가 네게 일러줄 산으로 가라"라는 하나님의 요청을 따르고 희생제물을 드릴 준비가 되어 있는 곳에서 하나님이 자신의 약속을 여전히 지키신다는 것을 보여줍니다. 그런 부르심이 우리에게 올 때마다 그것이 얼마나 어려운 일이든 간에 우리 모두가 그 요청에 주의를 기울일 준비가 되어 있기를 바랍니다. 아멘.

추천 도서

Firth, David G., *Surrendering Retribution in the Psalms* (Milton Keynes : Paternoster, 2005).

Lucas, Ernest C., *Can We Believe Genesis Today?* (Leicester : Inter-Varsity Press, 2000).

McCann, J. Clinton, *A Theological Introduction to the Book of the Psalms* (Nashville : Abingdon, 1993).

Zenger, Erich, *A God of Vengeance?* (Louisville : Westminster John Knox Press, 1996).

'HE BEGAN WITH MOSES...'
PREACHING THE OLD TESTAMENT TODAY

제13장

구약으로부터 그리스도 설교하기

R. W. L. 모벌리(R. W. L. Moberly)

구약을 예수 그리스도와 관련하여 어떻게 가장 잘 읽을 수 있는지에 대한 질문은 기독교 신앙의 영원한 관심사다. 고대의 오리게네스(Origen)와 아우구스티누스(Augustine), 종교개혁 시기의 루터(Luther)와 칼뱅(Calvin), 20세기의 바르트(Barth)와 드 뤼박(de Lubac) 같은 많은 주요 기독교 신학자들이 중대한 설명들을 제공해준다. 이 논문은 그중 일부를 검토하고 그 안에서 지속적으로 중요한 의미를 지니는 내용을 성찰하는 데 집중할 것이다. 그러나 그와 같은 신학자들 안에 여러 자원이 있지만, 나는 최근 몇 년 동안 성서적이고 신학적인 연구의 결과물을 결합하려고 시도했던 사람으로서 나 자신의 개략적인 설명을 제시할 것이다. 나는 기준이 되는 틀을 구성하는 데 도움이 되는 일반적인 해석학적 문제들을 성찰하고 사례 연구를 간략히 제시함으로써 이 작업을 수행하고자 한다.

현재의 목적을 위해 나는 독서와 설교가 원칙적으로 밀접하게 연관된 행위들이라고 가정한다. 설교는 기본적으로 독서의 결과를 전달하고 그에 대한 구체적인 적용점을 제공하는 것을 추구한다.[1] 물론 이것이 구약에 대

---

1 물론 이것은 지나친 단순화다! 신학자와 설교자의 다른 역할들에 대한 David Tracy의 제안은 이 전체 영역을 더 깊이 이해하는 데 도움을 준다. "신학자는 원칙적으로 단지 의미와 진리의 세계가 인간에게 진정으로 **가능한** 것(그래서 인간의 상황에 "적용 가능한 것")이라는 점을 보여줄 필요가 있다. 그러나 설교자는 그 이상을 해야 한다. 곧 **그것을 해석하기 위해** 지금 그것을 구체적으로 적용하는 것이다"(*The Analogical Imagination*, New York : Cross-

한 모든 종류의 독서에 적용될 수는 없다. 그러나 나는 편리하게 "정경적 접근법"(canonical approach)이라고 불리는 것을 염두에 둘 것이다.[2] 정경의 기준틀 내에서 구약을 읽는다는 것은 해석적 관심의 초점을 전환하는 것을 의미한다. 즉 "역사비평적 접근법"(historical-critical approach)의 특징적인 질문들(이는 때때로 구약에 관한 주요 쟁점은 그것이 어느 정도로 실제적인 고대 역사인지 아닌지를 판단하는 것이라는 인상을 준다)로부터 구약이 어떻게 기독교의 기준틀 내에서 가장 잘 이해되고 수용될 수 있는지를 묻는 질문들로 전환하는 것이다.

1. 맥락과 재상황화

비록 성서학에서 배우는 최초의 규칙들 중 하나가 본문을 "맥락 안에서"(in context) 해석하는 것의 중요성이지만, 만약 우리가 "어느 상황인가?" 또는 "누구의 상황인가?"라는 질문을 다루지 않는다면 이 규칙은 제한된 가치만을 갖게 된다. 내가 느끼기에 "맥락"(context)이 "기원의 맥락"(context of origin)을 의미한다는 내포된 원칙이 있는 한, "맥락적 해석"이 의미하는 바는 자명한 것처럼 보였다(그것이 무엇이었을지를 결정하는 데 있어 문제가 무엇이든 간에 말이다). 그러나 우리가 구약 정경 내에서 이미 재상황화된 현상을 진지하게 받아들이고 그 정경 자체가 유대교와 기독교의 기준틀 안에서 언제 재상황화되는지를 신경 쓰지 않으면, 곧바로 우리는 "맥락" 자체가

road, 1981, 136).

2 정경적 접근법과 고전적인 복음주의적 접근법의 관계에 대한 가치 있는 논의를 위해서는 다음을 보라. Stephen B. Chapman, "Reclaiming Inspiration for the Bible," in Craig Bartholomew et al. (eds.), *Canon and Biblical Interpretation*, Scripture and Hermeneutics Series, vol. 7 (Milton Keynes: Paternoster, 2006), 167-206.

복잡하고 가변적인 개념이라는 것을 알게 된다.

이런 영역에 대한 가장 중요한 공헌 중 하나는 존 레벤슨(Jon Levenson)의 저작들에서 발견된다. 그는 기독교의 기준틀 안에서도 적용 가능한 관심사들을 유대교의 기준틀 안에서 상세히 설명한다.[3] 무엇보다도 레벤슨은 해석을 위한 상이한 맥락들의 의미를 발전시킨다. 그는 엄격한 역사적 작업의 가치에 대해 의심하지 않는다. 그러나 역사적 맥락이 유일한 맥락은 아니다. 문헌을 더 큰 전체로 형성한 것이 구성하는 맥락, 즉 문학적 또는 정경적 맥락 역시 존재한다.

> 문제는 **역사적** 맥락을 주도적이고 규범적인 것으로 만듦으로써 역사비평이 성서
> (유대교 또는 기독교) 전체로서의 **문학적** 맥락과 책, 장 또는 기타의 더 작은 문학
> 적 맥락을 종종 파괴한다는 것이다.[4]

게다가 레벤슨은 본문이 고대의 맥락에서 의미했던 것과 그것이 지금 이해될 수 있는 방식 사이의 차이점에 관심을 기울이면서 성서학자들이 갖고 있는 친숙한 집착들을 성서 본문의 다양한 상황화에 대한 문제로 가치 있게(그리고 날카롭게) 재구성한다. 이것은 성서가 한 가지 이상의 의미를 지닌다는 고전적인 이해에 대한 재진술로 이어진다.

---

3 그의 놀라운 저서, *The Hebrew Bible, the Old Testament, and Historical Criticism: Jews and Christians in Biblical Studies* (Louisville: Westminster John Knox, 1993)에 있는 모든 논문이 중요하지만, 현재의 목적을 위해서는 "The Eighth Principle of Judaism and the Literary Simultaneity of Scripture"(62-81)와 "Theological Consensus or Historicist Evasion? Jews and Christians in Biblical Studies"(82-105)가 특별히 중요하다.

4 앞의 책, 100.

중세 유럽에서 **문자적 의미**(*sensus literalis*)에 대한 종교 간의 합의가 존재할 수 있었던 것처럼, 현대의 성서비평에서도 본문 단위들의 제한된 문학적 또는 역사적 배경들에서 그 본문 단위들의 의미를 합의하기 위해 광범위한 토대가 계속 존재할 것이다. 그러나 우리가 "최종적인 문학적 배경"을 생각하고 "정경의 맥락"을 한층 더 고려한다면, 우리(즉 유대인과 그리스도인)는 결별해야 한다. 왜냐하면 **이런 더 큰 맥락들에 대한 비배타주의적 접근법은 존재하지 않기** 때문이다. 이런 쟁점들에 대한 어떤 결정도, 심지어 세속적 목적을 위해 결정을 내렸을 때조차도, 유대교와 기독교 사이에서 중립적일 수 없다. 물론 유대인들과 그리스도인들은 서로의 성서를 연구하고 심지어 상대방의 전통적 맥락이 보장하는 해석들에 유비적으로나 감정적으로 동일시할 수 있다. 그리고 그 결과로 분별과 자기이해가 증대된다. 그러나 규범적인 신학 과업을 위해서는 다음이 선택되어야 한다. 예를 들어 아브라함 이야기의 정경적 맥락은 갈라디아서와 로마서에 있는 아브라함 자료를 포함하는가? 그리스도인들에게 그것은 당연하다. 그러나 유대인들에게는 그렇지 않다.[5]

또는 관련된 형태로

역사비평의 영역에서 "유대교 성서학"(Jewish biblical scholarship) 또는 "기독교 성서학"(Christian biblical scholarship)에 대한 호소는 무의미하고 수구적인 것이다. 그러나 실천적인 유대인들과 그리스도인들은 다른 시기의 문헌들을 하나의 등급이나 다른 등급으로 균질화하는 더 큰 맥락들의 의미심장함과 해석적 관련성을 확인하는 데 있어서 단호한 역사주의자들과는 다르다. 본

---

5 같은 책, 80-81.

문이 하나 이상의 맥락을 갖고 있는 것처럼, 그리고 성서학이 하나 이상의 방법론을 갖고 있는 것처럼, 성서도 하나 이상의 의미를 갖고 있다. 이것을 중세의 학자들은 알았으나, 틴데일(Tyndale), 스피노자(Spinoza), 조웻(Jowett), 그리고 대부분의 다른 현대 학자들은 잊어버렸다.[6]

이 모든 것은 구약으로부터 그리스도를 설교하고자 하는 우리의 관심에 대한 기준틀을 세우는 작업을 다양한 방식으로 도와준다. 특정한 성서 본문들의 내재적 깊이는 정경과 다양한 재상황화의 현상을 통한 풍성한 현실화에 본질적으로 열려 있다.

첫째, 본문의 깊이, 반향, 그리고 의미의 다양성이라는 현상이 성서만의 특별한 것은 아니라는 점을 이해하는 것이 중요하다. 성서는 영감 또는 완전한 의미(*sensus plenior*, 물론 그들의 자리를 가지고 있지만, 내가 생각하기에 다른 방식으로 가장 잘 기능하는 개념들—비록 그것이 후일을 위한 글이라고 하더라도!)라는 신학적 개념들에 대한 호소로 정당화되어야 한다. 우리는 제인 오스틴(Jane Austen)의 영향력에 대한 문학비평가 리비스(F. R. Leavis)의 논평을 그가 영미문학의 "위대한 전통"이라고 부른 것 안에서 비교할 수 있다.

그녀는 뒤따라오는 사람들을 위해 전통을 만들 뿐만 아니라 그녀의 업적은 우리를 위해 소급 효과를 갖는다. 즉 우리가 그녀를 넘어 회고할 때 우리는 이전에 무슨 일이 있었는지를 이해하고, 그녀 때문에 우리는 그녀가 자신에게 이어지는 전통을 창조하는 것과 같은 방식으로 드러난 가능성과 중요성

---

6 같은 책, 104.

을 본다. 모든 위대한 창조적인 작가들의 작품처럼 그녀의 작품도 과거에 의미를 부여한다.[7]

만약 제인 오스틴이 자신을 형성하는 데 영양분을 공급하고 도왔던 18세기 영미문학에 의미를 줄 수 있었다면, 예수 그리스도 역시 자신을 형성하는 데 영양분을 공급하고 도왔던 이스라엘의 성서에 의미를 부여할 수 있다. 전통에 대한 성숙한 농축과 증진은 그 전통을 더 깊이 이해하는 데 특권이 있는 유리한 위치를 구성한다.

둘째, 특별한 본문들에 대한 정경적 배치의 잠재적인 영향력은 데이비드 슈타인메츠(David Steinmetz)가 탐정 소설과의 유비를 통해 암시적으로 밝혀주었다.[8] 특이하게 이런 소설에는 "일차 내러티브"(first narrative)가 존재하는데, 이는 특별히 단서, 지능적인 추측, 잘못된 인도, 당혹스러움을 포함하는 이야기의 연속적인 전개 방식이다. 그러나 예외 없이 마지막이나 거의 마지막 장에서 주요 수사관이 나열하는 "이차 내러티브"(second narrative) 역시 존재한다.

> 이 내러티브는 뚜렷하고 분명하며, 더 큰 내러티브가 펼쳐지는 동안에 실제로 무엇이 발생했는지를 상당히 자세하게 설명한다. 이 내러티브의 타당성은 범죄의 가해자를 제외하고 등장인물 중 아무도, 이야기의 마지막까지 주요 수사관 자신도, 그 이야기가 실제로 무엇에 관한 것이었는지에 대한 분명

---

7   F. R. Leavis, *The Great Tradition* (Harmondsworth : Penguin/Pelican, 1972 ; repr. of 1948 ed.), 14.

8   David Steinmetz, "Uncovering a Second Narrative : Detective Fiction and the Construction of Historical Method," in Ellen F. Davis and Richard B. Hays (eds.), *The Art of Reading Scripture* (Grand Rapids : Eerdmans, 2003), 54-65.

           구약 설교, 어떻게 할 것인가?

한 개념을 가지고 있지 않았다는 사실로 인해 조금도 약화되지 않는다.…

　　이 이차 내러티브는, 비록 그것이 짧다고 할지라도 결코 부차적 플롯이 아님을 이해하는 것이 중요하다. 그것은 전체 이야기의 건축학적 구조에 대한 폭로다. 그러므로 이차 내러티브는 독자의 생각 속에서 일차 내러티브를 신속하게 압도한다. 독자는 이제 더 이상 그 이야기를 그것의 플롯과 형태에 관해 무지한 것처럼 읽을 수 없다. 이차 내러티브는 실질적으로 일차 내러티브와 동일하다. 그러므로 그것을 이야기에 겹쳐 있거나 이야기를 반복할 뿐인 관련 없는 추가로서가 아니라, 그 이야기가 내내 무엇에 관한 것이었는지에 대한 강렬하고 설득력 있는 폭로로서 대체한다.[9]

유비는 다음과 같이 단순하다.

전통적인 기독교 해석은 성서를 흔히 이런 방식으로 읽는다. 물론 정확하게 이런 방식은 아니지만 유용한 비교점들을 제공하기에 충분히 밀접한 방식으로 읽는다. 초기 그리스도인들은 예수 그리스도의 삶, 죽음, 부활에서 발생한 것이 너무 중요해서 그것이 이스라엘의 전체 이야기를 바꾸었고, 이스라엘을 통해 세상의 전체 이야기를 바꾸었다고 믿었다. 이스라엘의 길고 노후한 내러티브, 즉 이 민족의 유망한 출발과 예기치 못한 비틀림, 황홀함과 배반, 법, 교훈, 지혜, 그리고 순교한 예언자들을 포함하는 이 긴 내러티브는 초기 그리스도인들이 예수 그리스도 안에서 하나님이 쓰신 결론적인 장이라고 간주했던 것에 비추어 다시 이야기되고 재평가된다.[10]

9　앞의 책, 55.

10　같은 책, 56.

슈타인메츠의 논지는 복잡하지 않다. 이 유비는 본문을 그것의 본래 맥락 안에서 이해하고자 하는 역사비평적 관심의 영향력 아래에서 하찮게 되어 버린 그리스도인들의 성서 읽기와 성서 이해의 방식을 회복하도록 도울 수 있다. 이차 내러티브의 개념을 믿음의 규칙에 대한 교부들의 이해와 연관 시키고, 이차 내러티브의 구성과 역사가(슈타인메츠 자신과 같은)의 작품 사 이에 추가적인 유비를 발전시키며, 다양한 어려움과 반대를 고려한 후에 슈타인메츠는 다음과 같이 결론짓는다.

나는 기독교 신학자들이기도 한 성서학자들이 시대착오에 관해서는 덜 관심을 기울이고, 오히려 그들이 구성한 이차 내러티브의 특성에 관해 좀 더 많은 관심을 기울여야 한다고 생각한다. 나는 성서학자들이 성서의 등장인물들, 특히 구약의 등장인물들이 기독교 신학의 정교한 요점들을 명시적으로 인식 하고 있다고 보는 전통적인 해석을 경계하는 이유를 잘 이해할 수 있다. 그런 명시적인 인식은 당시의 인물들에게는 불가능했을 것이다. 하지만 나는 제2이사야가 나사렛 예수의 십자가 죽음에 대해 명시적으로 인식했다고 믿을 필요가 없다. 즉 제2이사야 자신이 그리스도 안에서, 비록 유일한 것은 아니라고 할지라도, 최종적인 의미를 찾고 있는 더 큰 내러티브의 일부분이었다고 생각하지 않는다. 추리 소설에 나오는 많은 등장인물처럼 이사야는 그 마음에 다른 것을 염두에 두고 있었다. 그러나 이사야의 작품의 의미는 그가 명시적으로 의도하는 좁은 경계로 한정될 수 없다. 다른 것들이 드러난 방식의 관점을 고려해볼 때 이사야의 신탁들은 당시에 아무도 추측할 수 없었던 의미의 차원들을 추가한 것으로 밝혀졌다. 그런 추가된 의미의 차원들이 존재한다고 믿는 것은 시대착오적인 것이 아니다. 그것은 오히려 좋은 해석이

다.[11]

셋째, 정경적 맥락의 영향들을 이해하는 데 도움이 될 수 있는 또 다른 유
비는 성서와 미국 헌법 사이의 유비다. 이에 대해서는 슈타인메츠가 간단
히 언급했고,[12] 야로슬라프 펠리칸(Jaroslav Pelikan)이 좀 더 완전하게 발전시
켰다.[13] 이 유비의 중요성은 각각의 경우에 당신이 한 본문을 가지고 있는
데 그 본문의 영속적인 의미는 계속되는 사람들의 공동체와 그 본문의 연
관성으로부터 분리될 수 없다는 데 있다(물론 헌법과 달리 성서는 수정될 수
없다). 성서와 미국 헌법 모두 그것의 본래 맥락 안에 있는 의미와 관련하여
합법적으로 가치 있게 연구될 수 있다. 그러나 이 둘을 중요하게 만들고 그
것들에 행해진 연구의 대부분을 야기한 것은 사람들이 성서와 헌법의 본래
맥락과는 다소간 다를 수 있는 배경과 상황 안에서 어떻게 삶을 살아야 하
는지가 지속적으로 문제가 된다는 사실이다. 수용의 맥락은 기원의 맥락이
아니고, 근본적인 본문을 가장 잘 이해하고 사용할 수 있는 방법에 대한 질
문을 상정하는 것이 바로 수용의 현대적 맥락이다.

　　이것은 결코 최종적으로 해결될 수 없는 변증법을 발생시킨다. 한편으

11　같은 책, 65. 그러나 기독교 신학에 대한 지식을 구약의 등장인물들에게 돌리는 전통은 특정
복음주의 학자들 사이에서 계속되고 있다. 이것이 적합한지 아닌지에 대해서는 여전히 논
쟁 중이지만 말이다. 그래서 Gleason L. Archer는 창 3:21에 대한 언급을 다음과 같이 주석
한다. "창 3:15이 구세주의 오심에 대한 최초의 통지를 포함하고 있기 때문에…하나님이 벌
거벗은 아담과 하와에게 옷을 지어 입혔을 때에 그가 대리 희생제사의 구속하는 피의 중요
성에 대해 그들에게 가르쳤다고 결론 내리는 것은 논리적으로 타당해 보인다. 그다음에 아
담은 틀림없이 피-희생제사의 구속에 대한 자신의 이해를 자기 아들들에게 전수했을 것이
다. 왜냐하면 아담의 둘째 아들인 아벨은 그것을 진실로 믿었고 제단 위에 흠 없는 양을 제
물로 드리는 것이 상징하는 대속에 관해 잘 교육받았을 것이 분명하기 때문이다"(창 4:4).
Gleason L. Archer, *Encyclopedia of Bible Difficulties*, Grand Rapids : Zondervan, 1982, 76.

12　Steinmetz, "Uncovering a Second Narrative," 62.

13　Jaroslav Pelikan, *Interpreting the Bible and the Constitution* (New Haven and London : Yale
University Press, 2004).

로 권위 있는 문서의 본질적 의미가 문제가 된다. 공동체는 그 문서의 기본적 특성과 존재 이유를 개관하는 근본적인 헌장의 의미에 묶이고 제한된다. 이 문서에 대한 신뢰가 없으면 공동체는 그것의 본래적인 **존재 의미를** 상실하게 된다. 다른 한편으로 삶은 계속되고 만물은 변한다. 그래서 어떤 것은 설립 당시의 맥락에 남아 있을 수 없다. 따라서 권위 있는 헌장과 관련하여 일종의 **발전**이 반드시 있어야 한다. 이는 본래적인 것의 **영향들을** 현실화하거나 그것과 **양립 가능한** 것을 결정하는 측면에서 특징적으로 표현되는 발전이다. 이 모든 것은 논증과 실천을 통해 좋은 영향력 또는 적절한 양립 가능성을 구성하거나 구성하지 않는 것이 무엇인지를 탐구하기 위한 전체 공동체 측과 인정된 대표자들 측의 지속적인 해석 활동을 필요로 한다. 공동체는 본래 의미에 주의하는 동시에 그 의미에 통제되어야 한다. 게다가 본래 의미에 한정되어서는 안 되고 그것을 초월하여 움직일 수 있어야 한다.

이는 성서의 지속적인 중요성이 교회의 지속적인 삶 안에서 최고로 실현되기 때문이다. 이는 미국 헌법의 지속적인 중요성이 미국 시민의 지속적인 삶 안에서 실현되는 것과 같다. 본래 의미에 대한 연구가 중요하지만 반드시 결정적인 것은 아니다. 성서에 대한 학문적 연구는 교회 안에 있는 주요 삶의 배경으로부터 성서를 분리시키는 행위를 통해 기원과 발전에 관한 분석적 명료함을 성취할 수 있지만, 동시에 성서가 현재의 삶에 대해 문제가 되는 것처럼 보일 때 실제로 적용되는 원동력들과 그것의 현재 적합성에 관해 고려되어야 하는 결정들을 모호하게 만드는 위험이 있다.

그러므로 내가 바라건대 성서 정경화라는 현상이 맥락이 변하면 구약의 의미와 사용도 변한다는 것을 보여주는 재상황화를 본질적으로 이끌어낸다는 사실은 적어도 예비적인 방법에서는 분명하다. 구약을 설교하려는 기독교 설교자들의 도전 과제는 서로 구별되는 성서의 목소리들을 보여주는 역사적인 측면과 구약의 증언이 적합해질 수 있는 기준틀인 그리스도 예수 안에서 나타난 하나님에 대한 건전한 기독교적 이해를 연결시키는 것이다.

2. 중심 소재 활용하기

성서의 내용 즉 중심 소재를 진지하게 활용하는 것의 중요성은 칼 바르트 (Karl Barth)가 성서학으로 강력하게 다시 도입했다. 바르트가 자신의 로마서 주석 2판의 서문에서 주류 성서학의 역사적 작업의 특징들이 예비지식 (prolegomena)을 넘어 해석이라는 진정한 작업까지 이동하지 못하는 것이라고 비판한 것은 유명하다(그것이 전적으로 공평한지의 여부를 떠나서 말이다). 바울을 진정으로 이해하기 위해서는 "실제 의미가 드러날 때까지 바울 서신에 펼쳐져 있는 것에 대한 재고"가 있어야 한다. 이를 설명하기 위해 바르트는 칼뱅에게 호소한다.

> 칼뱅이 처음에 본문에서 의미하는 것을 밝혀낼 때 16세기를 1세기로부터 분리시킨 벽들이 투명해질 때까지 얼마나 열정적으로 전체 자료를 재숙고하고 그것과 씨름했을까! 바울이 이야기하고 16세기의 그 사람은 듣는다. 본래의 기록과 이 독자의 대화는 어제와 오늘의 구별이 불가능해질 때까지 중심 소재를 중심으로 움직인다.[14]

---

14 Karl Barth, *The Epistle to the Romans*, trans. Edwyn C. Hoskyns (Oxford University Press : 1933, 1968, 『칼 바르트 로마서』, 복있는사람 역간), 7.

바르트의 관심사는 구약학 내에서 브레바드 차일즈(Brevard Childs)에 의해 특히 그의 저서 『신구약 성서신학』(Biblical Theology of the Old and New Testaments)에서 뚜렷하게 다루어졌다.[15] 차일즈는 성서신학이 "성서의 증인들의 묘사로부터 이 증인들이 가리키는 대상, 즉 중심 소재, 본질, 또는 실체(res)"로 반드시 움직여야 한다고 주장한다.[16] 근본적으로 이런 중심 소재가 예수 그리스도 안에서 알려진 하나님의 실재이고, 이런 실재로부터 도출된 맥락이 교회의 삶이다.

> 이런 기획 즉 성서신학의 핵심은 기독론적이다. 성서신학의 내용은 예수 그리스도이지 성서신학 자체의 자기이해나 정체성이 아니다. 그러므로 이 기획의 목표는 지식을 추구하는 믿음이라는 고전적 운동, 즉 주님으로 이미 밝혀진 존재의 본성과 의지를 이해하고자 애쓰면서 그리스도를 고백하는 사람들의 투쟁을 포함한다. 기독교 성서에 대한 진정한 해설자는 해석하는 사람이기보다는 해석되기를 예견하면서 기다리는 사람이다. 해석자가 움켜쥐고자 애쓰는 바로 그 신적인 실재는 그 해석자를 움켜쥐고 있는 바로 그 존재다. 성령의 역할에 대한 기독교 교리는 해석학적 원리가 아니라 하나님에 대한 이해를 가능하게 만드는 신적인 실재 자체다.[17]

게다가 차일즈는 해석자 자신의 신학적 이해와 성서 본문의 구체성 사이에는 변증법적 상호작용이 있어야 한다고 분명하게 말한다.

---

15 Brevard Childs, *Biblical Theology of the Old and New Testaments* (London : SCM, 1992).
16 앞의 책, 80.
17 같은 책, 86-87.

구약 설교, 어떻게 할 것인가?

예수 그리스도 안에서 나타난 하나님의 완전한 실재의 빛 안에서 전체 기독교 성서를 듣는 것은 중요한 기능이다. 달리 말하면 완전히 발전된 기독교의 신학적 성찰로부터 신구약의 성서 본문들로 다시 되돌아가는 움직임은 합법적인 시도다.

이런 최종적 움직임이 성서 본문을 단조롭게 만들거나 강제하거나 "구약의 숨겨진 의제는 항상 예수 그리스도였다"라는 것을 암시해서는 안 된다.

그것은 오히려 기독교 진리에 대한 완전한 이해라는 관점에서 읽을 때 새롭고 창조적인 방식으로 공명하는 성서 언어의 능력과 관계가 있다. 그런 독서는 본문의 문자적 의미(*sensus literalis*)를 위협하기 위해서가 아니라 단지 부분적으로만 들렸던 실재를 형체 부여를 통해 확장하기 위한 것이다.[18]

비록 내가 차일즈의 실제적인 실행이 그의 원리와 관련하여 실망스러울 수 있다고 생각하지만, 그의 원리는 여전히 설득력이 있다. 만약 예수 그리스도 안에서 탁월하게 또한 결정적으로 알려진 하나님과 이 하나님과 함께하는 삶의 다양한 역동성이 성서의 진정한 중심 소재라면, 진지한 독자는 그 중심 소재를 더욱 완전하게 활용하고자 하는 결코 끝나지 않는 도전에 직면한다.

---

18 같은 책, 87.

3. 상상력을 사용하는 것에 관하여

계몽주의의 유산 중 하나는 상상력에 대한 확실한 의심이었다. 이는 상상력이 이성과 달리 본질적으로 환상 또는 착각을 위한 도구라는 점에 근거한다. 이런 점은 성서학에서 단지 주관적인 것처럼 보일 수 있는 다른 해석적 접근법들에 대한 의심과 더불어, 언어학적 작업과 역사적 재구성에 대한 근거 있는 접근법들에 대한 선호에서 일반적으로 드러났다. 그럼에도 불구하고 신학과 철학에서 최근 연구의 놀랄 만한 측면은 상상력의 중요성에 대한 재발견이다.

예를 들어 니콜라스 래쉬(Nicholas Lash)는 『하나님의 성육신에 관한 신화』(*The Myth of God Incarnate*)에 글을 쓴 기고자들의 제한된 지적 범주들을 비판하는 맥락에서,[19] 그가 상당히 의심스러워하는 합리성과 객관성과 관련된 가정들에 대해 대안적인 해석 전략을 지시하기 위해 상상력이라는 개념을 사용한다. 그는 『하나님의 성육신에 관한 신화』에서 기고자들의 실패를 전적으로 상상력의 실패로 간주한다. 따라서 건설적으로 그는 상상력의 중요성이라는 밑그림을 그린다.

모든 소설가가 알고 있는 것처럼 상상력의 적절한 활용은 인간의 정신을 지적이고 도덕적으로 책임감 있게 사용하는 다른 작업들이 그렇듯이 몹시 힘들고 가치 있으며 미적인 기획이다. 시인은 자신이 말하고자 하는 것에 제한을 받기 때문에 역사가나 물리학자만큼이나 부정확성을 용납하지 못한다. 실제적이거나 이론적인, 또는 문학적이거나 과학적인 담론의 모든 영역에서

---

19 Nicholas Lash, "Interpretation and Imagination," in Michael Goulder(ed.), *Incarnation and Myth: The Debate Continued* (London: SCM, 1979), 19-28.

구약 설교, 어떻게 할 것인가?

적절한 말에 대한 탐색은 착각을 두려워하는 정확성에 대한 탐색이다.···

"이성"과 "상상력"을 대조하는 대신에 나는 **상상력은 적절한 정확성을 탐색하는 지성이다**라고 주장하는 것을 선호한다. 이 정의에서 "적절한"이라는 기능은 인간 담론의 유형들이 당황스러울 정도로 그리고 더 이상 단순화할 수 없을 정도로 다양하다는 점을 상기시키는 역할을 한다. 또한 담론의 어떤 특정한 영역에서 "정확성"으로 고려되어야 하는 것은 사전에 정확하게 규정될 수 없지만 조사, 토론, 비판적 성찰의 과정에서 드러날 것이라는 점을 상기시키는 역할을 한다.[20]

성서학의 이런 구체적인 관점으로부터 구약학자 가운데 월터 브루그만(Walter Brueggemann)은 성서 해석에 있어서 상상력의 중심성(centrality)을 광범위하게 주장했다.[21] 반면에 아담(A. K. M. Adam)은 신약의 맥락에서 비교할 만한 언급들을 조사했다. 성서 해석에 대해 일반적으로 말하면서 아담은 현대의 문화가 특징적인 전근대적 접근법들과 실제로 연속선상에 있는(물론 차이점들도 허용하지만) 성서 본문을 재활용하는 방법들을 열어놓는다고 주장한다.

지난 2세기 동안 해석자들의 상상력은 역사적 분석의 원리에 입각한 기준으로 감시되어왔다. 다른 접근법들은 오직 그것이 역사적 건전성의 지도 원리에 순응하는 한에서 성서 해석의 영역을 넓히고 이차적 해석 차원을 추가하

---

20 앞의 책, 21-22.

21 Brueggemann은 최근 저서 *Redescribing Reality: What We Do When We Read the Bible* (London : SCM, 2009)에서 자신의 작품의 핵심 측면들을 요약한다. 상상력의 중심성에 대해서는 xx, 28, 32를 보라.

도록 허용되었다.[22]

그러나

사이버매체를 통해 알려진 상상력은 역사적 입증이라는 묵직한 감시 아래 여전히 앉아 있지는 않을 것이다. 새로운 매체는 해석자들이 그들의 해석적· 비판적 능력의 영역을 의무적으로 확장하게 할 것이다.[23]

게다가 이 새로운 매체는 해석자들을 전근대적이고 알레고리적인 해석을 하는 자들과 다르지 않은 방향들로 이끌 수 있다. 이는 15세기의 『극빈자의 성서』(Pauper's Bible)에 제시된 것과 같다.

『극빈자의 성서』는 과거의 성서 해석 작업이 이미지들을 통해 잘 전달되었 다는 것을 우리에게 상기시키기 때문에, 이 『극빈자의 성서』를 지원했던 알 레고리적 상상력은 비평적 해석이 새로운 매체 안에서 취할 수 있는 방향들 에 대한 단서를 제공할 수 있다.…알레고리적 해석에 대한 4중적 접근은 상 상력이 도를 넘는 것을 허용하는 자격증이 아니라 해석적 상상력을 인도할 수 있는 일련의 통로들이다. 그런 통로들은 자신의 타당성을 위해 단어들의 고유한 자산이 아니라 독자의 상상력을 만족시키는 상관관계, 즉 정교한 것 (confections)을 도출하는 적성에 의존한다. 알레고리적 기준은…여러 해석이

---

22 A. K. M. Adam, "This is not a Bible: Dispelling the Mystique of Words for the Future of Biblical Interpretation," in Robert Fowler et al. (eds.), *New Paradigms for Biblical Study: The Bible in the Third Millennium* (New York/London: T. & T. Clark International, 2004), 1–20(16).

23 앞의 책, 17.

구약 설교, 어떻게 할 것인가?

타당성을 결코 벗어나지 않고 다양한 방향으로 갈 것이라는 필연성을 존중한다.[24]

중요한 것은 지적인 문화의 전환, 즉 구약을 기독교 성서로 인정하는 기독교의 관심사들에 적합한 전환이다.

역사적 정확성의 기반이 아닌 다른 것에 기초하여 성서 본문을 해석하는 데 익숙하지 않은 학자들은 그들의 친숙한 습관의 경계들을 넘어 도달할 때 더 듬거리고 비틀거린다. 학자들이 자신의 해석에 관해 미학적으로 또는 윤리적으로 또는 정치적으로 생각하는 것에 결국 길들여질 때, 해석의 이런 양태들은 역사적 개연성에 대한 다양한 평가에 기초한 해석들보다 더 주관적인 것처럼 보이지 않을 것이다.[25]

언급할 수 있는 내용이 더 많이 있다. 그러나 내 현재 관심사는 종종 현대 성서학의 특징이었던 것보다 성서 해석에서 더 풍부하고 더 광범위하며 더 강력한 지성의 사용을 위해 이용 가능한 몇몇 자원을 간략하게 제시하는 것이다. 그리고 이것들을 구약과 관련하여 그리스도를 생각하기 위한 기준 틀을 제공하는 것으로서 사용하는 것이다.

---

24 같은 책.

25 같은 책, 15.

사례: 이사야 49:14-16

나는 간략하게 작업한 한 가지 사례로 결론을 내릴 것이다. 이는 내가 생각하기에 그리스도와 구약을 연관시키기 위해 무엇이 적절한 움직임이고 무엇이 적절하지 않은 움직임인지에 우리의 생각을 집중하는 데 도움이 될 수 있는 방식과 관련하여 구조적으로 논란의 여지가 있다.

　구약 본문인 이사야 49:14-16은 다음과 같다.

　오직 시온이 이르기를

　"여호와께서 나를 버리시며

　주께서 나를 잊으셨다" 하였거니와

　여인이 어찌 그 젖 먹는 자식을 잊겠으며

　자기 태에서 난 아들을 긍휼히 여기지 않겠느냐?

　그들은 혹시 잊을지라도

　나는 너를 잊지 아니할 것이라.

　내가 너를 내 손바닥에 새겼고

　너의 성벽이 항상 내 앞에 있나니.

이것은 시온을 회복하고 다시 번성시키며 시온의 대적들에게 보복하는 하나님에 대해 광범위하게 말하는 단락의 시작 부분이다(사 49:14-26). 야곱이 이전에 말했던 것처럼(사 40:27) 시온이 슬퍼하며 말할 때(사 49:14), 비록 14절이 예레미야애가 5:20에 대한 응답으로도 읽힐 수 있다고 할지라도, 깊은 재확신의 응답이 존재한다. 즉 시온에 대한 야웨의 애착은 전적으로 자신을 희생하는 어머니의 애착보다 더 강하다(15절). 이것은 재확신에 대한 묘사로 더욱 지지된다(16절). 여기서의 일반적 취지(시온에 대한 야웨의 멈추지 않는 인식, 왜냐하면 그는 끊임없이 시온을 생각하기 때문이다)는 분명한 반면에 그것의 정확한 이미지는 불분명하다.

오늘날 많은 설교자들은 하나님의 돌봄을 묘사하기 위해 사용된 여성 이미지에 초점을 맞출지도 모른다(15절). 왜냐하면 특히 하나님에 대한 언어와 관련하여 성차별 문제의 민감성은 우리의 현 상황의 광범위한 특징이기 때문이다. 게다가 성차별적 언어가 생생한 쟁점이 되기 훨씬 오래전인 14세기 후반 영국의 가장 유명한 영성 작가 중 한 사람인 노리치의 율리아나(Julian of Norwich)가 하나님의 모성(母性)에 관해 경건하게 말했다는 것은 기억할 만한 가치가 있다. 이는 11세기 후반에 성 안셀무스(St. Anselm)가 말했던 것과 같다.[26] 율리아나는 자신의 저서 『하나님의 사랑의 계시』(Revelations of Divine Love)의 58-63장에서 이 주제를 발전시킨다. 이 책에서 그녀는 다음과 같이 말한다.

> 현존하고 있는 우리의 어머니, 은혜의 우리의 어머니[즉 예수], 그는 모든 것에서 우리의 어머니가 되기를 원했기 때문에 자신의 사역의 토대를 여종의 태 안에서 가장 겸손하고 가장 부드럽게 만드셨다.…이 어머니의 섬김은 가장 가깝고 가장 빠르며 가장 확실하다.…우리는 우리의 모든 어머니가 고통과 죽음으로 우리를 낳는다는 것을 알고 있다.…그러나 우리의 진정한 어머니 예수, 그는 기쁨과 영생을 위해 홀로 우리를 낳으신다. 그가 찬송 받으시기를… 어머니는 아이에게 자신의 모유를 줄 수 있다. 그러나 우리의 귀중한 어머니 예수는 그 자신으로 우리를 먹이실 수 있다. 참 생명의 귀중한 양식인

---

26 Dom André Cabassut, "Une dévotion médiévale peu connue : la dévotion à Jésus 'notre mère,'" in *Révue d'Ascétique et de Mystique*, 99-100 (1949), 234-245.

성찬으로 가장 정중하게 가장 부드럽게 먹이신다.[27]

따라서 이것은 설교자가 15절의 이미지에 대해 가능한 암시들을 풍부한 상상력으로 곱씹을 수 있는 좋은 선례가 될 것이다.

그럼에도 불구하고 나는 다른 방향을 택하고 오히려 16절의 이미지에 대한 가능한 암시들에 초점을 맞추고자 한다. 여기에는 야웨가 자신의 손바닥에 새기는/파는 것($ḥāqaq$)이 무엇을 연상시키는지에 대한 초기의 주석적 질문이 존재한다. 이는 구약에 분명한 유비가 존재하지 않는 어떤 것이다. 개념적으로 구약에 있는 최상의 평행은 아마도 이스라엘에게 쉐마의 말씀을 "네 손바닥에 표식으로서" 묶으라고 한 명령일 것이다. 여기서의 요점은 이 팔찌가 그 위에 기록된 모든 중요한 말씀과 함께 지속적으로 기억을 떠올리게 하는 도구로(손목시계를 보는 것과 유사하게) 기능할 것이라는 점이다. 대부분의 주석가들은 일종의 문신을 언급하고 많은 사람이 그것을 선택한다(레 19:28에 있는 신체 절개의 금지가 여기에 나오는 문신에 대한 생각과 어떤 관련이 있는지에 대해서는 일반적으로 불확실하다).[28] 클라우스 발처(Klaus Baltzer)는 심지어 "여기서의 의미가 손바닥 위의 손금, 즉 사람들이 예루살렘에 대한 계획을 분별할 수 있다고 생각했던 손금"[29]이라고 기발하게 제안한다. 그리고 어떤 학자들은 그런 논의는 대상을 잘못 잡은 것이라고 단순하게 생각한다. "예언자는 확실히 여기서 오래 친숙한 언어의 형태를 사용

---

27 Julian of Norwich, *Showings*, ch. 60, *Long Text*, Classics of Western Spirituality, trans. and ed. Edmund Colledge and James Walsh (New York : Paulist, 1978), 297-298.

28 히브리어 전치사는 문신을 개연성 없게 만든다. 레 19:28은 전치사 "베"($bĕ$)를 사용하는데, 이것은 사람의 신체 **안에** 있는 어떤 것에 적합하다. 반면에 사 49:16은 신 6:8처럼 "알"($'al$)을 사용하는데, 이는 사람의 손/손목 **위에** 위치하고 있는 어떤 것을 연상시킨다.

29 Klaus Baltzer, *Deutero-Isaiah*, trans. Margaret Kohl (Minneapolis : Fortress, 2001), 323.

하고 있다. 그것 이상은 아니다."[30]

표준적인 고대의 자원들은 그 자체로 흥미롭다. 그러나 그 자원들이 제공하는 도움에는 한계가 있다. 70인역은 "새기다"를 "그림을 그리다"로 간주함으로써 이 이미지를 수정하고,[31] "벽들"을 다음 구절의 주어가 아니라 이 동사의 목적어로 취한다. "보라, 나는 내 손바닥 위에 네 벽들을 그렸고, 너는 내 앞에 계속 있을 것이다."[32] 구약을 넘어 많이 인용되는 고대 근동의 유비가 있다. "기원전 2100년경 라가쉬(Lagash)의 수메르 통치자 구데아(Gudea)의 현존하는 조각상 안에는 두드러진 평행이 있다. 이 조각상에서 그는 자신의 무릎에 아마도 그가 건축가로 간주되었을 도시의 지도를 붙잡고 있다."[33] 그러나 이런 유비는 사실상 확실하게 뚜렷하지는 않다. 왜냐하면 자신의 무릎에 지도를 붙잡고 있는 건축가는 우리가 야웨의 손 위에 있는 것이 구체적으로 무엇인지를 어떻게 연상할 수 있는지에 관해 아무런 빛도 비추지 않기 때문이다.

그러므로 16a절과 관련한 역사적 논증과 상상력의 측면에서 우리는 18세기의 주교 로버트 로우스(Robert Lowth)의 다음과 같은 논평을 넘어 진보하지 못했고, 아마도 진보하지 못할 것이다.

이것은 확실히 그 당시의 유대인들 사이에서 흔했던 어떤 관습에 대한 암시다. 그들은 도시나 성전에 대한 일종의 표시 또는 상징으로 자신들의 애정과

---

30 C. C. Torrey, *The Second Isaiah* (Edinburgh : T. & T. Clark, 1928), 386.

31 불가타도 비슷하다. *descripsi te*, 즉 "나는 너를 그렸다."

32 Albert Pietersma and Benjamin Wright (eds.), *New English Translation of the Septuagint* (Oxford University Press : 2007), 863.

33 R. N. Whybray, *Isaiah 40-66*, NCB (London : MMS, 1975), 144.

열의를 보여주기 위해 피부에 상처를 내어 자신의 손이나 팔에 흔적을 만든다.[34]

그것은 우리가 그 이상 도달할 수 없는 부정확한 "어떤 관습"이다. 그러나 분명한 것은 유비에 의해 인간의 관습이 하나님 자신의 편에서 연상된다는 것이다. 이는 그 밖의 다른 곳에서 구약이 무지개의 징조로 하나님을 상기시키는 것을 묘사하는 방식과 같다. 이런 묘사는 의복에 달린 술이 이스라엘을 상기시키는 것과 유사한 방식이다(창 9:8-17; 민 15:37-41).

그러나 이사야서가 기독교의 기준틀 안에서 상황화될 때 어떤 차이점이 발생하게 될까? 한 가지 명백하고 중대한 상상력의 공명이 존재한다. 마이클 톰슨(Michael Thompson)이 말한 것처럼 "그리스도인들은 하나님의 사랑의 지워지지 않는 증거, 즉 그리스도의 상처 난 표식들과의 평행을 인지하는 데 거의 실패할 수 없다."[35] 그럼에도 불구하고 "그리스도인들이 평행을 인지하는 데 거의 실패할 수 없다"는 내용은 증거를 통해 거의 입증되지 않는다. 기독교 학자들은 주로 학문적이지 않은(설령 학문적이라고 할지라도) 교회의 청중을 위해 논평할 때도 일반적으로 그 평행에 대해 언급하지

---

34 Robert Lowth, *Isaiah. A New Translation; With a Preliminary Dissertation, and Notes Critical, Philological, and Explanatory*, vol. II, 5th ed. (Edinburgh: Caw, 1807), 305. Lowth는 당대의 순례 관습들을 증거로서 제시한다.

35 Michael E. W. Thompson, *Isaiah 40-66* (London: Epworth Press, 2001), 81.

구약 설교, 어떻게 할 것인가?

않는다.[36] 물론 가끔 언급이 나타날 때도 있지만 말이다.[37] 심지어 정경적 접근의 선두적인 옹호자이자 전문가인 브레바드 차일즈와 크리스토퍼 자이츠(Christopher Seitz)조차도 그들의 주석에서 그것을 언급하지 않는다.[38]

그러므로 우리는 이런 맥락에서 그리스도의 상처에 대한 언급을 어떻게 평가할 수 있을까? 그것은 모리아로 희생제사의 나무를 지고 가는 이삭과 골고다로 자신의 십자가를 지고 가는 예수 사이의 유명한 유비 이상일까? 아니면 정확히 동일한 것일까? 이런 유비는, 비록 연상시키는 것이라고 할지라도, 창세기 22장 또는 십자가 처형을 다루는 내러티브들의 중심 소재를 활용하는 데 실질적으로 공헌하지 않는다.[39] 그것은 우연한 창의적 연관성과는 다른 것일까? 이는 처음에는 놀라운 것일 수 있으나, 만약 우리가 그것과 함께 머무른다면 시온의 재건과 재번성에 관한 이사야의 그림에서 다른 곳으로 정신을 돌리게 할 가능성이 높을 것이다. 우리는 그것

---

36 나는 다음의 책에서 아무런 언급도 찾을 수 없다. 예를 들면 G. W. Grogan, "Isaiah," in Frank Gaebelein (ed.), *The Expositor's Bible Commentary*, vol 6 (Grand Rapids : Zondervan, 1986), 286 ; Paul Hanson, *Isaiah 40-66*, IBCTP (Louisville : Westminster John Knox, 1995, 『이사야 40-66』, 한국장로교출판사 역간), 134 ; Barry Webb, *The Message of Isaiah*, BST (Leicester : Inter-Varsity Press, 1996), 196 ; Walter Brueggemann, *Isaiah 40-66*, WBC (Louisville : Westminster John Knox, 1998), 116 ; John Goldingay, *Isaiah*, NIBC (Peabody : Hendrickson/Carlisle : Paternoster, 2001), 285 ; John Oswalt, *The Book of Isaiah : Chapters 40-66*, NICOT (Grand Rapids : Eerdmans, 1998), 306.

37 예를 들어 Alec Motyer, *The Prophecy of Isaiah* (Leicester : Inter-Varsity Press, 1993), 394은 다음과 같다. "종의 고난이 요약될 때(사 50:6 ; 53:4 이하) 그의 손은 언급되지 않는다. 그것은 후일을 위해 보류된다"(요 20:19-20). 그리고 John Oswalt의 두 번째 주석, *The NIV Application Commentary : Isaiah* (Grand Rapids : Zondervan, 2003, NIV 적용주석 『이사야』, 솔로몬 역간), 558은 다음과 같다. "그가 우리의 이름들에 대해 '내 손바닥 위에 새겨져 있다'고 말할 때(사 49:16), 우리는 하나님의 아들의 손에 못 박은 상처를 생각한다. 그가 우리를 위해 그것을 했다면 어떻게 우리를 잊을 수 있겠는가?"

38 Brevard Childs, *Isaiah*, OTL (Louisville : Westminster John Knox, 2001), 391 ; Christopher Seitz, "Isaiah 40 - 66," in Leander Keck et al. (eds.), *NIB*, vol. 6 (Nashville : Abingdon, 2001), 307-552(431-434).

39 나는 이것을 내 저서 *The Bible, Theology, and Faith : A Study of Abraham and Jesus*, CSCD (Cambridge University Press : 2000), 특히 133-134에서 주장했다.

에 관해 지나가는 말로 하는 우아한 언급 이상의 것을 만들어야 할까? 크리스토퍼 노스(Christopher North)가 표현한 것처럼 "야웨의 '성흔'(stigmata)은 그가 사랑하는 도시의 스케치, 그가 자신의 손을 볼 때마다 떠오르는 스케치"일까?[40]

나는 이 질문에 대한 응답으로 세 가지 성찰을 간략하게 제시한다. 첫째, 현대의 이사야서 주석들과 관련된 상황은 내가 보기에 기독교 해석의 역사를 반영한다. 이런 기독론적 공명은 알려져 있지만 오직 간헐적으로만 등장한다. 만약 로버트 윌켄(Robert Wilken)이 최근에 발간한 것으로서 교부들과 중세 주석가들의 이사야서에 대한 가치 있는 모음집을 참조한다면, 우리는 이사야 49:16에 관해 히에로니무스와 암브로시우스가 그리스도의 수난을 명백하게 언급하지 않는다는 것을 발견할 수 있다.[41] 물론 우리가 교부들처럼 시온이 손에 새겨진 것이 아니라 그려져 있다고 말하는 그리스어로 된 이사야서를 읽는다면 수난과의 상상력 풍부한 연결은 덜 명백할 것이다. 게다가 루터나 칼뱅도 그것을 전혀 언급하지 않는다.[42]

그러나 17세기의 예수회 주석가인 코르넬리우스 아 라피데(Cornelius à Lapide)는 확연히 다른 그림을 제공한다. 이사야 49:16에 대한 그의 주석은 연상되는 역사적 관습에 대한 일련의 제안들로 시작하고 이어서 아래와 같이 계속된다.

---

40 Christopher North, *The Second Isaiah* (Oxford: Clarendon, 1964), 195.

41 Robert Wilken, *Isaiah: Interpreted by Early Christian and Medieval Commentators*, The Church's Bible (Grand Rapids: Eerdmans, 2007), 376-378.

42 *Luther's Works, Vol. 17: Lectures on Isaiah, Chapters 40-66*, ed. Hilton Oswald (St Louis: Concordia, 1972), 184-185; John Calvin, *Commentary on the Book of the Prophet Isaiah*, vol. 4 (Grand Rapids: Baker, 2005; repr. of ET by William Pringle in Calvin Translation Society), 31.

둘째로 그 진정한 의미는 그리스도가 교회, 그의 배우자, 그리고 그의 신실한 개별적인 백성을 그의 상처의 흔적에 묘사했다는 사실이다. 이는 그들을 위해 그의 손에 받은 것이며, 항상 그리고 영원까지 지니고 있을 상처다. 왜냐하면 그는 그것을 잉크가 아니라 그의 피로, 펜이 아니라 못과 성흔(stigmata)으로, 피부가 아니라 육체에 그렸기 때문이다. 그것은 너무 깊어서 시간도 영원도 그것을 결코 제거하지 못한다. 거기서 은혜의 선물, 교회의 성찬, 모든 선한 영적인 특징이 흐를 것이다. 그것으로 그는 교회의 벽들을 영원히 보호하고 강화한다. 따라서 성 암브로시우스(St. Ambrose)⋯성 키릴로스(St. Cyril)는 "손 위에"라는 표현으로 힘과 능력이 지칭된다는 것을 발견한다. 그래서 그리스도의 손 위에 결코 정복될 수 없는 교회의 힘이 세워진다. 그는 이렇게 말한다. "그리스도의 수난, 귀중한 십자가, 그리고 그의 손의 못자국은 안전함과 결코 뚫리지 않는 벽이 되었다." 따라서 그리스도의 상처는 환난 또는 핍박 중에 있는 모든 신실한 자들을 위해 확실하고 안전한 피난처이자 성소가 된다. 그러므로 두려워하거나 슬퍼하거나 괴로워하는 누구든지 여기서 피난처를 찾으라. 성 아우구스티누스(St. Augustine)는 다음과 같은 기도로 말한다(*Soliloquies*, Ch. 2). "주여, 당신의 손이 나를 만들고 나를 형성했습니다. 진실로 그 손은 나를 위해 못으로 고정되었습니다. 주여, 당신의 손의 행사를 무시하지 마소서. 나는 당신께서 당신의 손의 상처를 바라보시기를 기도합니다. 보소서, 주 하나님, 당신은 당신의 손 위에 나를 그렸습니다. 그 적은 것(*scripturam*)을 읽으시고 나를 구원하소서⋯"[43]

여기서 우리는 이사야 49:16과 요한복음 20:20, 27 사이의 강한 연결을 본

---

43 *Commentaria in Quatuor Prophetas Maiores: In Isaiam* (Antwerp: Martin Nutius, 1622), 440(저자 번역).

다. 비록 몇몇 교부가 "당신의 손 위에"를 오직 힘과 지지의 이미지로만 이해한다고 할지라도, 예수가 자신의 상처를 보여주는 것이 이사야서 본문에서 사랑받는 자에 대해 적는/그리는 것과 연결될 때, 우리는 라피데가 처음에 정교하게 설명하고 아우구스티누스가 심오하게 사용한 상상력이 풍부한 시나리오를 갖게 된다("당신은 당신의 손 위에 나를 그렸습니다. 그 적은 것을 읽으시고 나를 구원하소서").

둘째, 이사야서 자체의 맥락과 관심에서 벗어나서 우리가 못 자국이 난 그리스도의 손 위에 있는 **우리의** 이름들이라는 이미지에 그렇게 몰두하게 될 수 있다는 것은 의심의 여지가 없다. 그리고 아마도 어떤 설교들은 변함없이 똑같을 것이다. 그럼에도 불구하고 이것은 필연적인 결론은 아니다. 특별히 만약 우리가 자신의 부활을 "증명하기" 위해서가 아니라 오히려 부활한 자로서 자신의 정체성을 확립하기 위해 그의 제자들에게 자신의 상처를 보여주는 부활한 예수의 핵심, 즉 부활한 자는 유일하게 그리고 항상 십자가 위에서 스스로 고난당하고 죽은 존재라는 핵심을 취한다면, 우리는 시온을 재건하는 이 하나님의 정체성에 대한 기독교적 구성과 함께 이사야서의 본래 맥락으로 돌아갈 수 있다. 여기서 재건을 포함하는 하나님의 긍휼은 전적인 자기-희생(self-giving)으로 정당하게 이어진다. 즉 시온에 대한 하나님의 관심의 깊이는 하나님의 정체성을 정의하는 그리스도의 자기-희생을 통해 그것의 가장 깊은 내용이 그리스도인들에게 제시되는 것으로 이해된다. 시온에 대한 하나님의 관심의 깊이는 어머니의 사랑을 능가하고, 믿음과 희망의 눈으로 상상해야 하는 다가오는 회복을 통해 제시된다(사 49:18). 이것은 예언자가 하나님에 관해 말한 것에 대한 그 자신의 이해는 아니었을 것이다. 그러나 그것은 기독교의 기준틀 내에서 본문을 사용하는 합리적인 방법이 된다.

　　　　　　　　　　　　　　　구약 설교, 어떻게 할 것인가?

마지막으로 나는 이사야서와 예수 사이의 이런 특별한 연결이 다양한 형태로 등장할 것이라는 점을 인정한다. 나는 니콜라스 래쉬가 이런 상상력의 사용에 관해 의구심을 가질 수 있다고 생각한다. 반면에 A. K. M. 아담은 그것을 환영할 것이다. 그러나 모든 설교는 그것을 듣는 모든 자에게 동일하게 말하지 않는다. 다르게 표현하면 마치 우리가 성서를 따라 신앙의 여정을 떠나는 것처럼, 구약에 대한 신학적 해석과 설교는 한 가지 이상의 방식으로 행해질 수 있으며, 지속적으로 갱신될 수 있는 과업이다. 특별히 설교와 관련하여 우리는 청중의 특징과 상황에 적합한 메시지의 종류에 관해 결정을 내릴 필요가 있다. 맥락, 중심 소재, 상상력에 관한 내 일반적인 언급은 이사야 49:16에서 하나님의 손 위에 새기는 것에 관해 기독론적인 독서를 요구하지 않는다. 그럼에도 불구하고 나는 어떻게 이런 유서 깊은 구성이, 비록 정기적으로 무시되지만, 구약 본문을 활용하고 그것을 통해 그리스도를 설교할 수 있는 의미 있고 정당한 방법이 될 수 있는지를 보여주려고 노력했다.[44]

추천 도서

Davis, Ellen F., *Wondrous Depth: Preaching the Old Testament* (Louisville: Westminster John Knox, 2005).

Ferguson, Sinclair B., *Preaching Christ from the Old Testament* (London: Proclamation Trust, 2002).

Moberly, R. W. L., *The Bible, Theology and Faith* (Cambridge University Press: 2000).

---

44 나는 초안에 대해 유용한 논평을 해 준 것에 대해 Richard Briggs와 내 아내 Jenny에게 감사한다.

성서 색인

▶ 구약성서

창세기

구약 설교, 어떻게 할 것인가?

구약 설교, 어떻게 할 것인가?

한국구약학연구소 총서 004

구약 설교, 어떻게 할 것인가?
구약 설교의 이론과 실제

Copyright ⓒ 새물결플러스 2019

1쇄 발행 2019년 8월 22일

지은이	대니얼 I. 블록 외
엮은이	그렌빌 J. R. 켄트 외
옮긴이	차준희
펴낸이	김요한
펴낸곳	새물결플러스

편 집	왕희광 정인철 박규준 노재현 한바울 정혜인 이형일 서종원 나유영 노동래
디자인	윤민주 황진주
마케팅	박성민 이원혁
총 무	김명화 이성순
영 상	최정호 조용석 곽상원
아카데미	차상희

홈페이지	www.holywaveplus.com
이메일	hwpbooks@hwpbooks.com
출판등록	2008년 8월 21일 제2008-24호
주 소	(우) 04118 서울특별시 마포구 마포대로19길 33
전 화	02) 2652-3161
팩 스	02) 2652-3191

ISBN 979-11-6129-119-2 93230

책값은 뒤표지에 있습니다.

이 도서의 국립중앙도서관 출판예정도서목록(CIP)은 서지정보유통지원시스
템 홈페이지(seoji.nl.go.kr)와 국가자료공동목록시스템(nl.go.kr/kolisnet)
에서 이용하실 수 있습니다. CIP2019030477